Werner Schimanofsky
Prozess- und Kundenorientierung

Techno-ökonomische Forschung und Praxis

Herausgegeben von Prof. Dr. Ulrich Bauer,
Prof. Dr. Hubert Biedermann, Prof. Dr. Josef W. Wohinz

Ausgewählte Arbeiten aus Forschung und Praxis bei der interdisziplinären Behandlung von ökonomischen und technologischen Fragestellungen bilden den Inhalt dieser Schriftenreihe. In theoretisch fundierter Modellbildung wie in konkreter Anwendung werden insbesondere die Themen Wissensmanagement, Innovationsmanagement, Technologiemarketing, Prozessmanagement und Controlling, Instandhaltung und Qualitätsmanagement behandelt. Die Beiträge richten sich gleichermaßen an MitarbeiterInnen in Wissenschaft und Praxis.

Werner Schimanofsky

Prozess- und Kundenorientierung

Analyse - Konzeption - Umsetzung

Deutscher Universitäts-Verlag

Die Deutsche Bibliothek – CIP-Einheitsaufnahme

Schimanofsky, Werner:
Prozess- und Kundenorientierung : Analyse – Konzeption – Umsetzung / Werner Schimanofsky. – Wiesbaden : DUV, Dt. Univ.-Verl., 1999
(DUV : Wirtschaftswissenschaft) (Techno-ökonomische Forschung und Praxis)
Zugl.: Graz, Techn. Univ., Diss., 1998

ISBN 978-3-8244-0489-6   ISBN 978-3-322-99368-7 (eBook)
DOI 10.1007/978-3-322-99368-7

Alle Rechte vorbehalten
© Deutscher Universitäts-Verlag GmbH, Wiesbaden, 1999

Lektorat: Ute Wrasmann / Monika Mülhausen

Der Deutsche Universitäts-Verlag ist ein Unternehmen der
Bertelsmann Fachinformation GmbH.

Das Werk einschließlich aller seiner Teile ist urheberrechtlich geschützt. Jede Verwertung außerhalb der engen Grenzen des Urheberrechtsgesetzes ist ohne Zustimmung des Verlages unzulässig und strafbar. Das gilt insbesondere für Vervielfältigungen, Übersetzungen, Mikroverfilmungen und die Einspeicherung und Verarbeitung in elektronischen Systemen.

http://www.duv.de

Die Wiedergabe von Gebrauchsnamen, Handelsnamen, Warenbezeichnungen usw. in diesem Werk berechtigt auch ohne besondere Kennzeichnung nicht zu der Annahme, daß solche Namen im Sinne der Warenzeichen- und Markenschutz-Gesetzgebung als frei zu betrachten wären und daher von jedermann benutzt werden dürften.

Meinen Eltern

Danksagung

Herzlichen Dank meinen akademischen Lehrern

em.Univ.-Prof. Dipl.-Ing. Dr.techn. Walter Veit
o.Univ.-Prof. Dipl.-Ing. Dr.techn. Ulrich Bauer

für die sorgfältige Betreuung, kollegiale Beratung und Begutachtung meiner Arbeit.

Für anregende Gespräche und konstruktive Kritik danke ich meinen Kollegen an der Abteilung für Betriebswirtschaftslehre und Betriebssoziologie. Erst durch dieses freundschaftlich-kollegiale Umfeld wurde es mir ermöglicht, die Arbeit erfolgreich abzuschließen.

Mein besonderer Dank gilt Frau Heidrun Zankl für die fach- und tatkräftige Unterstützung bei der schriftlichen Ausarbeitung der Dissertation.

Werner Schimanofsky

Inhaltsverzeichnis

1. EINLEITUNG 1

   1.1 Problemstellung und Ausgangssituation 1

   1.2 Zielsetzung und Adressaten der Arbeit 2

   1.3 Einordnung der Arbeit 2

   1.4 Forschungsmethodik 6

   1.5 Aufbau der Arbeit 7

2. MARKETING: FÜHRUNG DER UNTERNEHMUNG VOM KUNDEN HER 9

   2.1 Einleitung 9

      2.1.1 Geschichtlich Entwicklung 9

      2.1.2 Spannungsfelder der marktorientierten Unternehmungsführung 10

      2.1.3 Begriffsdefinitionen 11

         2.1.3.1 Objektspezifische Begriffsdefinitionen 12

         2.1.3.2 Prozeßbezogene Definitionen 13

         2.1.3.3 Beziehungsrelevante Definitionen 14

         2.1.3.4 Managementbezogene Definition 14

   2.2 Dimensionen des Marketings 15

      2.2.1 Marketingleitbild und Marketingzielsetzung 15

         2.2.1.1 Bekanntheitsgrad und Image 16

      2.2.2 Marketingstrategie 19

      2.2.3 Operatives Marketing 22

   2.3 Kundenorientierung und Kundenzufriedenheit 22

      2.3.1 Begriffsdefinitionen 23

      2.3.2 Merkmale der Kundenorientierung 24

      2.3.3 Einfluß der Kundenorientierung auf das Marketing 25

      2.3.4 Auf dem Weg zur Problemlösungskompetenz 26

3. UNTERNEHMUNGSPROZESSDARSTELLUNG: ANWENDUNG AUF DAS MARKETING 30

3.1 Begriffsdefinitionen 30

3.2 Methodische Aspekte der Prozeßgestaltung 32

   3.2.1 Prozeßstrukturdarstellung 32

   3.2.2 Die Wertkette nach Porter 35

      3.2.2.1 Servicequalität als Beispiel für erhöhten Abnehmerwert 37

      3.2.2.2 Verknüpfung von Wertketten 38

      3.2.2.3 Möglichkeiten zur Abnehmerwertermittlung 40

   3.2.3 Einfluß der Standardisierung auf den Prozeßablauf 43

      3.2.3.1 Marktbearbeitungsstrategien zur Standardisierung 46

         3.2.3.1.1 Undifferenzierte Marktbearbeitungsstrategie 47

         3.2.3.1.2 Ansatzpunkte zur Standardisierung 48

         3.2.3.1.3 Differenzierte Marktbearbeitungsstrategie 49

         3.2.3.1.4 „Segment-of-one-approach" Marktbearbeitungsstrategie 50

      3.2.3.2 Automation und Flexibilisierung des Leistungserstellungsprozesses 51

      3.2.3.3 Produkt- und Leistungsgestaltung 51

3.3 Der Geschäftsablaufprozeß 54

   3.3.1 Die Wertbestimmung 55

   3.3.2 Die Werterstellung 55

   3.3.3 Die Wertvermittlung 55

3.4 Die Gestaltung des Marketingprozesses 56

   3.4.1 Definition Marketingprozeß 56

   3.4.2 Determinanten der Teilprozesse 58

      3.4.2.1 Analyse der Marketingchancen 58

         3.4.2.1.1 Chancen im Marketingumfeld 59

      3.4.2.2 Untersuchung und Auswahl von Zielmärkten 61

         3.4.2.2.1 Definition Markt 61

         3.4.2.2.2 Marktsegmentierung 62

         3.4.2.2.3 Zielmarktbestimmung 64

      3.4.2.3 Planung von Marketingstrategien 64

      3.4.2.4 Planung von Marketingprogrammen 65

      3.4.2.5 Umsetzung und Steuerung von Marketingprogrammen 66

         3.4.2.5.1 Eingliederung der Marketingabteilung 66

3.4.2.5.2 Umsetzung von Marketingprogrammen 68
3.5 Unternehmungsprozeßdarstellung und Kundenorientierung 69
   3.5.1 Prozeßparameter 70
   3.5.2 Der Untersuchungsprozeß zur Erhebung der Kundenzufriedenheit 72
   3.5.3 Der Kundenkommunikationsprozeß 74
      3.5.3.1 Arten von Informationsaustausch 75
      3.5.3.2 Möglichkeiten zur Vermeidung von Kommunikationsdifferenzen ... 78
   3.5.4 Der Prozeß der Entstehung von Kundenzufriedenheit 81
      3.5.4.1 Einflußfaktoren auf den Prozeß der Erwartungsbildung 84
      3.5.4.2 Typologien von Kundenanforderungen 85

4. UNTERNEHMUNGSAUSRICHTUNG AUF DIE KUNDENZUFRIEDENHEIT 88

4.1 Umfassende Begriffsdefinition 89

4.2 Dimensionen der Kundenorientierung 93
   4.2.1 Interne und externe Sichtweise 95
   4.2.2 Einflußparameter auf die Kundenzufriedenheit 96
      4.2.2.1 Einflußfaktor Kundenvertrauen 98
      4.2.2.2 Vertrauen und Leistungsindividualität 99
      4.2.2.3 Leistungsindividualität und Kosten 103
   4.2.3 Kundenklassifizierung 107
      4.2.3.1 Beurteilung von Kunden 107
      4.2.3.2 Schlüsselkundensegmentierung über Beziehungsstufen 110

4.3 Relationship-Marketing: Erfolgsfaktor in der Kundenorientierung 113
   4.3.1 Begriffsdefinition 114
   4.3.2 Strategische Gestaltungsaspekte des Beziehungsmarketings 115
      4.3.2.1 Integration in der Geschäftsbeziehung 115
      4.3.2.2 Interaktion und Kundenlebenszyklus 119
         4.3.2.2.1 Teilphasen des Kundenlebenszyklus 120
      4.3.2.3 Beziehungsintensitäten 124
      4.3.2.4 Lebensumsatzbetrachtungen 127
      4.3.2.5 Verbindung von Produkt- und Kundenlebenszyklus 128
         4.3.2.5.1 Allgemeine Betrachtung 128
         4.3.2.5.2 Neue Kunden erleben den Produktlebenszyklus 129

4.3.2.5.3 Reife Kunden erleben den Produktlebenszyklus ... 130
4.3.2.5.4 Überreife Kunden erleben den Produktlebenszyklus ... 131
4.3.2.5.5 Überblick über alle Situationen ... 132
4.3.3 Operatives Beziehungsmarketing ... 133
4.3.4 Die Geschäftsbeziehung als Determinante der Beziehungsstufe ... 136
4.3.4.1 Individualisierung und Intensivierung der Geschäftsbeziehung ... 137
4.3.4.2 Ebenen von Geschäftsbeziehungen ... 138
4.3.4.3 Dimensionen der Geschäftsbeziehung ... 140
4.3.5 Fragen-Checkliste Beziehungsmarketing ... 143
4.3.6 Beziehungsmarketing am Beispiel Industriegüterbereich ... 144
4.3.6.1 Personen der Geschäftsbeziehung ... 147
4.3.6.2 Die Gestaltung der Geschäftsbeziehung ... 151
4.3.6.3 Der Ablauf der Geschäftsbeziehung ... 152

4.4 Instrumente der Kundenorientierung ... 153

4.4.1 Kundenorientierung durch Marketingcontrolling ... 153
4.4.1.1 Einleitung ... 153
4.4.1.2 Finanzielle Auswirkungen zufriedener Kunden ... 157
4.4.1.3 Der Prozeß des Marketingcontrollings ... 157
4.4.1.3.1 Die Jahresplankontrolle ... 158
4.4.1.3.2 Das Aufwands- und Ertragscontrolling ... 160
4.4.1.3.3 Die Effizienzkontrolle ... 160
4.4.1.4 Der Kundenkapitalwert: Steuerungsinstrument im Marketingcontrolling ... 161
4.4.1.5 Schlußbetrachtung ... 164
4.4.2 Kundenorientierung durch Servicequalität ... 165
4.4.3 Kundenorientierung mit Databased Marketing ... 168
4.4.4 Kundenorientierung durch Kernkompetenzen ... 173
4.4.5 Kundenorientierung durch ECR ... 178

4.5 Chancen und Gefahren der Kundenorientierung ... 179

4.5.1 Chancenaspekte ... 180
4.5.2 Gefahrenaspekte ... 181
4.5.3 Konklusio ... 184

4.6 Methoden zur Messung der Kundenzufriedenheit ... 185

4.6.1 Qualitative Methoden ... 186
4.6.1.1 Beschwerdemanagement und Vorschlagssysteme ... 186
4.6.1.1.1 Beschwerdeverhalten der Unternehmung ... 187

INHALTSVERZEICHNIS

4.6.1.1.2 Der Beschwerdemanagementprozeß ... 189
4.6.1.1.3 Unzufriedenheit und rechtlicher Mangel ... 190
4.6.1.2 Critical Incident Methode ... 192
4.6.1.3 Sequentielle Ereignismethode und Kundenprozeßanalyse ... 194
4.6.2 Quantitative Methoden ... 194
4.6.2.1 Diskrepanzmodelle ... 194
4.6.2.2 Direkte Befragung nach der Gesamtzufriedenheit ... 195
4.6.2.3 Multiattributive Messung ... 195
4.6.3 Methoden der Auswertung ... 196
4.6.3.1 Problem-Frequenz-Relevanz-Analyse ... 196
4.6.3.2 Zufriedenheitsprofile ... 198
4.6.3.3 Kano-Methode ... 198

5. DIE MARKE: ERFOLGSFAKTOR IN DER KUNDENORIENTIERUNG ... 200

5.1 Einleitung und Begriffsdefinitionen ... 201

5.2 Dimensionen der Markierung ... 203

5.2.1 Vertrauensbildung ... 205
5.2.1.1 Vertrauensbildung bei Produkten ... 206
5.2.1.2 Vertrauensbildung bei Dienstleistungen ... 206
5.2.2 Langfristigkeit und Konstanz ... 206
5.2.3 Kommunikation von Ersatzindikatoren ... 207
5.2.4 Umkehrung der Kommunikationsziele ... 208
5.2.5 Erweiterte Kommunikationszielgruppen ... 211
5.2.6 Die 3-Phasen-Kommunikation ... 212

5.3 Der Prozeß der Markenentstehung ... 213

5.4 Der Markenlebenszyklus ... 216

5.4.1 Teilphasen des Markenlebenszyklus ... 216
5.4.2 Aufeinanderfolgende Markenlebenszyklen ... 220

5.5 Markenstrategien ... 221

5.5.1 Die Monolythische Strategie ... 221
5.5.2 Die Individual-Strategie ... 222
5.5.3 Die Bekräftigungs-Strategie ... 222
5.5.4 Internationalität von Markenstrategien ... 222
5.5.5 Erfolgsprinzipien der Markenführung ... 224

5.6 Die Markenbewertung in finanzieller Hinsicht 226

    5.6.1 Faktoren des Markenwertes 226

    5.6.2 Markenbewertung des Konsumenten 227

5.7 Die Marke als Mittel zur Kundenorientierung 229

    5.7.1 Kundennutzen durch Markenschutz 231

5.8 Sonderformen der Markierung 233

    5.8.1 Das Badge Engineering 233

        5.8.1.1 Die Entwicklungsstufen 234

        5.8.1.2 Die Anforderungen 235

        5.8.1.3 Die Auswirkungen 236

    5.8.2 Verkaufsförderung durch Produkt- und Markenverbund 237

6. MODELL ZUR UNTERNEHMUNGSAUSRICHTUNG AUF DIE KUNDENZUFRIEDENHEIT 239

6.1 Einleitung 239

6.2 Die Konzeption 240

    6.2.1 Ebenen der Konzeption 241

    6.2.2 Die Konzeptionsphase 242

        6.2.2.1 Die Umfeldanalyse 242

            6.2.2.1.1 Instrumente der Umfeldanalyse 244

        6.2.2.2 Die Phase der Strategieformulierung 245

            6.2.2.2.1 Ansätze zur Formulierung von Marketingstrategien 245

            6.2.2.2.2 Wettbewerbsstrategien nach *Porter* und die Kundenzufriedenheit 246

        6.2.2.3 Die Leistungsdefinition 248

            6.2.2.3.1 Das 7S-Modell nach McKinsey 248

            6.2.2.3.2 Leistungstypologien 250

        6.2.2.4 Die Anforderungsdefinition 252

6.3 Die Implementierung 253

    6.3.1 Determinanten der Implementierung 254

        6.3.1.1 Kontinuierliche und diskontinuierliche Implementierung 254

        6.3.1.2 Aufgabenverteilung im Implementierungsprozeß 255

        6.3.1.3 Die Bedeutung des internen Marketings bei der Implementierung 257

INHALTSVERZEICHNIS XV

    6.3.1.4 Implementierungsprinzipien nach TQM 259
    6.3.1.5 Ursachen für das Scheitern der Implementierung 260
6.4 Prozeßmodell zur Konzeption und Implementierung von Kundenorientierung 262
    6.4.1 Managementvorgabe 262
    6.4.2 Prozeßinput und Prozeßoutput 263
    6.4.3 Kontroll- und Steuerungsprozeß 264
        6.4.3.1 Typologien von Kontrollgrößen 265
        6.4.3.2 Instrumente in der Kontroll- und Steuerungsphase 266
6.5 Das Kundenzufriedenheits-Implementierungs-Prozeßmodell 266

7. KUNDENORIENTIERUNG IN DER BETRIEBLICHEN PRAXIS 268

7.1 Analyse der Kundenzufriedenheit in einem Betrieb der öffentlichen Hand 268
    7.1.1 Grundlagen der Untersuchung 268
        7.1.1.1 Vorgehensweise 269
        7.1.1.2 Der Österreichische Gesundheitsmarkt 269
        7.1.1.3 Anforderungen an Krankenanstalten 270
        7.1.1.4 Der Qualitätsbegriff in der Medizin 271
        7.1.1.5 Repräsentanz der Untersuchung 273
        7.1.1.6 Methoden der Marktforschung 274
            7.1.1.6.1 Benchmarking 274
            7.1.1.6.2 Die Primärerhebung 276
    7.1.2 Ergebnisse der Teiluntersuchungen 278
        7.1.2.1 Ergebnisse des Benchmarking 278
        7.1.2.2 Ergebnisse der Bedürfnisumfrage 281
        7.1.2.3 Ergebnisse der Patientenbefragung 283
    7.1.3 Zusammenführung der Teilergebnisse und Konklusion 286
7.2 Empirische Untersuchung der Kundenzufriedenheit in der LKW-Kurzzeitvermietung 287
    7.2.1 Grundlagen der Untersuchung 287
        7.2.1.1 Vorgehensweise 288
        7.2.1.2 Repräsentanz der Untersuchung 288
    7.2.2 Ergebnisse der Untersuchung 288
    7.2.3 Zusammenfassung und Konklusion 292

7.3 Kundenorientierung und Servicestrategien im Maschinenbau 293
    7.3.1 Grundlagen der Untersuchung 293
        7.3.1.1 Vorgehensweise 293
        7.3.1.2 Repräsentanz der Untersuchung 293
    7.3.2 Ergebnisse der Untersuchung 294
        7.3.2.1 Ergebnisse zum Thema Servicestandard am Markt 295
        7.3.2.2 Ergebnisse zum Thema internes Benchmarking 296
    7.3.3 Zusammenfassung und Konklusion 297
7.4 **Zusammenfassung der Ergebnisse** 298

8. ZUSAMMENFASSUNG UND AUSBLICK 299

8.1 **Zusammenfassung** 299

8.2 **Ausblick** 302
    8.2.1 Zukunftsperspektiven des Marketings 302
    8.2.2 Zukunftsperspektiven der Kundenorientierung 303

8.3 **Implikationen für zukünftige Forschungstätigkeiten** 305

LITERATURVERZEICHNIS 307

Abbildungsverzeichnis

KAPITEL 1:

Abb. 1.1: Aufbau der Arbeit 8

KAPITEL 2:

Abb. 2.1: Spannungsfelder der marktorientierten Unternehmungsführung in den 90er Jahren nach Meffert 11
Abb. 2.2: Die Lenkleistung von Strategien nach Becker 21
Abb. 2.3: Beeinflussungsfaktoren der Kundenzufriedenheit 24
Abb. 2.4: Marketing der Kundenzufriedenheit 26
Abb. 2.5: Problemlösungskompetenz 27
Abb. 2.6: Produktkategorien 28

KAPITEL 3:

Abb. 3.1: Das Prozeßmodell 30
Abb. 3.2: Prozeßstrukturdarstellung 35
Abb. 3.3: Wertdefinition nach Porter 36
Abb. 3.4: Ergebnisparameter Kundenzufriedenheit 37
Abb. 3.5: Wertkettenverknüpfung nach Porter 39
Abb. 3.6: Wertkette als Grundlage des Dienstleistungsprozesses 43
Abb. 3.7: Prozeßeffizienz durch Teilprozeßmodularisierung 44
Abb. 3.8: Marktbearbeitungsstrategien 47
Abb. 3.9: Produktgestaltung und Akquisition bei Produktindividualisierung 53
Abb. 3.10: Definition Marketingprozeß 57
Abb. 3.11: Der Marketingprozeß 58
Abb. 3.12: Geschäftsprozeß und Geschäftsbeziehung 70
Abb. 3.13: Eisberg der Prozeßparameter nach Reiß 71
Abb. 3.14: Der Untersuchungsprozeß zur Erhebung der Kundenzufriedenheit 73
Abb. 3.15: Kommunikationsdifferenzen bei der Leistungserstellung 76
Abb. 3.16: Kundenintegration in der Investitionsgüterbranche 80
Abb. 3.17: Prozeß der Entstehung von Kundenzufriedenheit 82

KAPITEL 4:

Abb. 4.1: Definition Kundenorientierung ... 90
Abb. 4.2: Definition Kundenzufriedenheit ... 91
Abb. 4.3: Dimensionen der Kundenzufriedenheit ... 94
Abb. 4.4: Eisberg der Beziehungsparameter ... 97
Abb. 4.5: Spannungsfeld zwischen Variabilität und Standardisierung der Leistung ... 101
Abb. 4.6: Kostenentwicklung in der Kundenintegration ... 105
Abb. 4.7: Outpacing Strategy ... 106
Abb. 4.8: Das Kunden-Portfolio ... 108
Abb. 4.9: Schlüsselkunden verschiedener Beziehungsstufen ... 112
Abb. 4.10: Definition Beziehungsmarketing ... 114
Abb. 4.11: Kunden-Integrationsportfolio ... 117
Abb. 4.12: Der Kundenlebenszyklus ... 122
Abb. 4.13: Verschiedene Beziehungsintensitäten ... 125
Abb. 4.14: Die Produkt-Kundenmatrix ... 128
Abb. 4.15: Individualisierung und Intensivierung der Kundenbeziehung ... 138
Abb. 4.16: Stufen einer Geschäftsbeziehung ... 139
Abb. 4.17: Der Kaufentscheidungsproßeß bei Industriegütern ... 146
Abb. 4.18: Personen eines Buying-Centers ... 148
Abb. 4.19: Mehrstufiges Beziehungsmarketing im Investitionsgüterbereich ... 151
Abb. 4.20: Dualität der Unternehmungsziele ... 155
Abb. 4.21: Controllers's Dimensionen in der Kundenorientierung ... 156
Abb. 4.22: Der (Marketing-)Controlling-Prozeß ... 159
Abb. 4.23: Ermittlung des Kundennettowertes ... 163
Abb. 4.24: Auswirkungen der Servicequalität ... 166
Abb. 4.25: Definition Databased Marketing ... 169
Abb. 4.26: Gliederung des Databased Marketing ... 171
Abb. 4.27: Kundenzufriedenheit durch Kernkompetenzen ... 176
Abb. 4.28: Vorgehen zur Ermittlung der Kernkompetenzen ... 177
Abb. 4.29: Strategien des ECR ... 179
Abb. 4.30: Der direkte Beschwerdemanagementprozeß ... 189
Abb. 4.31: Handlungsweisen unzufriedener Kunden ... 191
Abb. 4.32: Beispiel für eine Problem-Frequenz-Relevanz-Analyse ... 197
Abb. 4.33: Der Auswertungsprozeß nach Kano ... 199

KAPITEL 5:

Abb. 5.1: Definition Marke, Markenname und Markenzeichen 202
Abb. 5.2: Die 6 Dimensionen der Markenentstehung 204
Abb. 5.3: Imagewerbung für eine Internet-Seite eines
Mineralwasserherstellers 210
Abb. 5.4: Imagewerbung Automobilhersteller 211
Abb. 5.5: Die Markenentstehung 213
Abb. 5.6: Einflüsse auf die Markenentstehung 215
Abb. 5.7: Der Markenlebenszyklus 217
Abb. 5.8: Markenwachstum und -erosion 218
Abb. 5.9: Lebenszyklus eines Stils 220
Abb. 5.10: Gelieferter, wahrgenommener und verlorener Wert 228

KAPITEL 6:

Abb. 6.1: Aufbau und Inhalt von Konzeptionen 241
Abb. 6.2: Chancen Matrix - Gefahren Matrix 243
Abb. 6.3: Das 7S-Modell nach McKinsey 249
Abb. 6.4: Ursachen für das Scheitern von Strategien 261
Abb. 6.5: Der Kontroll- und Steuerungsprozeß 264
Abb. 6.6: Das Kundenzufriedenheit-Implementierungsprozeßmodell 267

KAPITEL 7:

Abb. 7.1: Der Benchmarkingprozeß 274
Abb. 7.2: Abhängigkeit von aufgewendeter Zeit und dem Verständnis
der Erklärung 285

Tabellenverzeichnis

KAPITEL 1:

Tab. 1.1: Abgrenzungskriterien nach Scheuch 5

KAPITEL 2:

Tab. 2.1: Mögliche Marketingzielsetzungen 18
Tab. 2.2: Kundenbindungs- statt Marktanteilsstrategie 28

KAPITEL 3:

Tab. 3.1: Verfahren zur Marktsegmentierung 63
Tab. 3.2: Die Eingliederung der Marketingabteilung in die Unternehmung 67
Tab. 3.3: Typologien von Kundenanforderungen 86

KAPITEL 4:

Tab. 4.1: Veränderung der Marketingschwerpunkte 92
Tab. 4.2: Matrix zur Kundengruppierung 111
Tab. 4.3: Krisenindikatoren in Geschäftsbeziehungen 126
Tab. 4.4: Lebensumsatz eines Kunden 127
Tab. 4.5: Systematik von Geschäftsbeziehungen nach Bruhn/Bunge 142
Tab. 4.6: Fragen zur Implementierung einer Beziehungsmarketingkonzeption 144
Tab. 4.7: Instrumente des Marketing-Controllings 158
Tab. 4.8: Methoden zur Messung der Kundenzufriedenheit 186

KAPITEL 6:

Tab. 6.1: Schema von Kundenerwartungen bei einer Dienstleistung 252
Tab. 6.2: Aufgaben im Implementierungsprozeß 256

KAPITEL 7:

Tab. 7.1: Leistungen einer Krankenanstalt 281
Tab. 7.2: Bewertung der Leistungsbereiche 284

*„Kein Wind ist demjenigen günstig,
der nicht weiß, wohin er segeln will."*
Montaigne

1 Einleitung

1.1 Problemstellung und Ausgangssituation

Die Ausrichtung der Unternehmungen auf die Wünsche und Bedürfnisse der Kunden ist, seitdem Marketing sich als wichtige Unternehmungsfunktion etabliert hat, ein dominierendes Thema in der wissenschaftlichen Forschung und Praxis. Kundenzufriedenheit nimmt heute in den Zielsystemen vieler Unternehmungen der verschiedenen Branchen eine führende Rolle ein. Beträchtliche Ressourcen werden in Programme zur Steigerung der Kundenzufriedenheit, in sogenannte Customer Focus-Programme, investiert.[1]

Hat das Management einmal Kundenzufriedenheit als Maxime definiert, beginnen aber erst die Probleme. Angefangen bei der Frage, wer denn überhaupt die eigenen Kunden sind, bis hin zu den Maßnahmen, die tatsächlich zur Erhöhung der Kundenzufriedenheit beitragen, entsteht eine schier unüberschaubare Anzahl an Handlungsalternativen und Vorgehensmöglichkeiten. Die große Bandbreite der Programme birgt viele Gefahren in sich und viele Hürden warten darauf, überwunden zu werden. Fehlgeschlagene Projekte rufen rasch Kritiker auf den Plan, und so steht das Thema Kundenzufriedenheit heute bereits wieder stark im Kreuzfeuer der Kritik. Schlagworte, wie Auslieferung an den Kunden, der König Kunde als Gefahr oder Profitorientierung vor Kundenorientierung, können immer öfter vernommen werden.[2]

Tatsache ist, daß eine Unternehmung ohne Abnehmer nicht existieren kann. Ein Produkt zu produzieren, welches niemand braucht, oder eine Dienstleistung anzubieten, die niemand nachfragt, ist eben nicht nur unsinnig, sondern gefährdet auch rasch die gesamte Handlungsfähigkeit der Unternehmung.

---

[1] vgl. SIMON, H.; HOMBURG, C.: Kundenzufriedenheit, Konzepte - Methoden - Erfahrungen, Wiesbaden 1995, S. 5

[2] vgl. SPRENGER, R.: Das Märchen vom König Kunde, S. 94; in: Trend (1997) 5, S. 94 - 95

Somit öffnet sich ein Spannungsfeld, welches auf der einen Seite größtmöglichen Dienst am Kunden und auf der anderen Seite unternehmerische Gewinnorientierung zum Inhalt hat. In diesem Spannungsfeld gilt es, Strategien zur Steigerung der Kundenzufriedenheit zu entwickeln.

1.2 Zielsetzung und Adressaten der Arbeit

Zielsetzung dieser Arbeit ist die Darstellung eines Konzeptes zur Ausrichtung der Unternehmung auf die Kundenzufriedenheit unter Berücksichtigung einer Prozeßdarstellung im Marketing.

Durch eine Analyse verschiedener Möglichkeiten und Methodiken zur Unternehmungsprozeßdarstellung soll ausgehend vom allgemeinen Unternehmungsprozeß eine Darstellung des Marketingprozesses entwickelt werden. Auswirkungen, die sich dadurch auf ein zeitgemäßes Marketing-Management ergeben, sollen aufgezeigt und systematisiert werden.

Ausgehend von der Begriffsdefinition der Kundenzufriedenheit soll ein gesamtheitlicher Überblick über den „State of the Art" dieser Thematik gegeben werden, der sowohl für produzierende Unternehmungen als auch für Dienstleistungsunternehmungen umfassende Geltung haben soll. Die Unterschiede zwischen diesen Branchen sollen gezielt nebeneinandergestellt werden, um so vergleichende Aussagen treffen zu können.

Abschließende Zielsetzung der vorliegenden Arbeit ist der Entwurf einer Vorgehensmethodik zur Umsetzung eines auf Kundenzufriedenheit basierenden Marketing-Managements. Dadurch soll nicht nur dem Wissenschaftler gedient sein, sondern auch dem Praktiker wird dadurch die Möglichkeit gegeben, das Marketing auf Kundenbedürfnisse umzustellen.

1.3 Einordnung der Arbeit

Die bewußte Ausrichtung des betrieblichen Handelns an die Bedingungen des Marktes, in den eine Unternehmung eingebettet ist, und an die dort zu beobachtenden Engpässe führten zu einem Marketing-Ansatz als Führungskonzeption für die

EINLEITUNG

gesamte Unternehmung. Durch die Erkenntnis, daß nicht nur die Kundenorientierung alleine den betrieblichen Engpaßfaktor darstellte, sondern auch andere Umwelt- und Unternehmungsbereiche zu dominierenden Engpässen werden können, entwickelte sich dieser Marketing-Ansatz weiter zu einer gesellschaftsorientierten Theorie der Unternehmungsführung.[3] Um dieser Entwicklung gerecht zu werden, sollen in dieser Arbeit sowohl Aspekte des Managements als auch Aspekte des Marketing-Ansatzes in Übereinstimmung gebracht werden.

Durch diese zwei verschiedenen Themenbereiche, die einerseits die Unternehmungsprozeßdarstellung und andererseits die Kundenzufriedenheit in den Mittelpunkt der Betrachtungen stellen, kann die vorliegende Arbeit in zwei Teilbereiche der allgemeinen Betriebswirtschaftslehre eingeordnet werden.

Der erste Bereich ist jener des Managements. Darunter werden alle Aufgaben, die die Leitung einer Unternehmung mit sich bringen, verstanden.[4] Diese Aufgaben gehen von Fragen der Aufbau- und der Ablauforganisation bis hin zu Themenbereichen, wie Unternehmungspolitik, Strategiefestlegung oder unternehmerische Zielplanung. Die in Kapitel 3 erarbeiteten Unternehmungs-prozeßdarstellungen rechtfertigen somit die Zuordnung der Arbeit in diesen Teilbereich der Betriebswirtschaftslehre.

Der zweite Bereich, dem die Arbeit zugeordnet werden kann, ist der Absatz. Der Absatz vollendet den betrieblichen Leistungsprozeß und schließt den Wertkreislauf der Unternehmung, da er durch den Verkauf von Gütern oder Dienstleistungen den Rückfluß der eingesetzten Geldmittel einleitet, die zur Fortsetzung des Produktionsprozesses benötigt werden.[5] Ein Teilbereich des Absatzes ist das Marketing und somit auch das Marketing der Kundenzufriedenheit, dem der Hauptteil der vorliegenden Arbeit gewidmet ist.

---

[3] vgl. RAFFÉE, H.: Gegenstand, Methoden und Konzepte der Betriebswirtschaftslehre, S. 42; in: Baetge, J. et al. (Hrsg.): Vahlens Kompendium der Betriebswirtschaftslehre, Band 1, München 1984

[4] vgl. GABLER - Wirtschafts-Lexikon, 13. Auflage, Wiesbaden 1993, S. 2179

[5] vgl. VEIT, W.: Betriebswirtschaftslehre, Vorlesungsskriptum an der TU Graz, Graz 1995

EINLEITUNG

Eine weitere Einordungsmöglichkeit orientiert sich an sektoralen Gliederungen und deren Abgrenzungskriterien.

Aufgrund von Veränderungen im Realbereich und in den theoretischen Wissenschaftsansätzen entstehen innerhalb der wissenschaftlichen Disziplinen neue Objektbereiche.[6] Ausgelöst durch das Problem, daß Aussagen allgemeiner Art verschiedene Gültigkeiten auf einem speziellen Anwendungsgebiet haben, resultiert die Aufstellung bestimmter Abgrenzungskriterien. Innerhalb der, durch diese Kriterien geschaffenen, Differenzierungsebenen können Aussagen als gültig erkannt werden, während dieselben Aussagen bei Verlassen der Ebene ihre Gültigkeit (Richtigkeit) verlieren.

---

[6] vgl. SCHEUCH, F.: Marketing, 4.Auflage, München 1993, S 473

EINLEITUNG

Scheuch beschreibt folgende Abgrenzungskriterien im Fachbereich Marketing:

Abgrenzungskriterium	Abgrenzungsbegriffe
Wirtschaftsstufe	Konsumgüter-Marketing
	Großhandels- bzw. Investitionsgütermarketing
Organizational Buying (Kaufentscheidung als kollektiver Prozeß)	Konsumgüter Investitionsgüter
Regionale Abgrenzung	Binnenmarketing
	Internationales Marketing
	Exportmarketing
Güterart	Dienste-Marketing
	Nominalgütermarketing
	Marketing für Persönlichkeiten bzw. deren Eigenschaften und Fähigkeiten
Zielinhalte der anbietenden Organisation	Nonprofit- und Profit-Organisationen
Branchen	gewachsene standespolitisch motivierte Brancheneinteilung

Tab. 1.1: Abgrenzungskriterien nach *Scheuch*[7]

Zur branchenspezifischen Abgrenzung ist noch anzumerken, daß diese Einteilung eine Ebene tiefer angesetzt ist als die anderen Kriterien. Innerhalb einer Branche kommt es oft zu Inhomogenitäten, die gültige Aussagen verhindern. Andererseits existieren branchenübergreifende Kriterien, die einen wesentlich höheren Allgemeinheitsgrad haben.

---

[7] vgl. SCHEUCH, F.: a.a.O., S. 473ff.

Die vorliegende Arbeit behandelt die meisten der dargestellten Abgrenzungkriterien und Gliederungen und versucht Gemeinsamkeiten oder Unterschiede in der Gültigkeit der getroffenen Aussagen aufzuzeigen.

1.4 Forschungsmethodik

Als betriebswirtschaftliche Methoden sind systematisch aufgebaute Verfahrensregeln zur Darstellung von betrieblichen Sachverhalten und zur Lösung der sich daraus ableitenden Probleme anzusehen.[8] Dabei hat die Betriebswirtschaftslehre einerseits das Ziel, den Betriebsprozeß in allen seinen Einzelheiten zu erklären, andererseits die für die Gestaltung des Betriebsprozesses im Hinblick auf die Zielsetzungen optimalen Handlungsalternativen aufzuzeigen.[9]

Die Methodik der in dieser Arbeit durchgeführten betriebswirtschaftlichen Forschung ist daher in folgende Schritte eingeteilt worden:

- Die Definition der Problemstellung erfolgte aufgrund von Denkanstößen sowohl aus der Wissenschaft als auch aus der betrieblichen Praxis.

- Durch die wissenschaftliche Arbeit wurde versucht, eine strukturierte Ausarbeitung der Problemstellung zu erreichen.

- Die in der wissenschaftlichen Forschung entwickelten Konzeptionen und Vorgehensmethodiken wurden durch praktische Umsetzung bestätigt, widerlegt oder modifiziert.

- Anhand dreier Projekte mit Unternehmungen im Bereich der öffentlichen Hand, im Maschinenbau und im Dienstleistungsbereich eines Fahrzeuganbieters wurde erreicht, daß praktische Problemstellungen in die Modellentwicklung Eingang finden konnten. Dies beinhaltete sowohl die Verifizierung als auch die Falsifizierung und anschließende Überarbeitung einzelner Modellbausteine. Teile des aufgestellten Modells konnten dadurch in der Praxis zur Anwendung gebracht werden.

---

[8] LECHNER, K.; EGGER, A.; SCHAUER, R.: Einführung in die allgemeine Betriebswirtschaftslehre, Wien 1992, S. 44
[9] vgl. WÖHE, G.: Einführung in die allgemeine Betriebswirtschaftslehre, München 1976, S. 28

Für alle Teile der Arbeit kann geltend gemacht werden, daß sowohl induktive als auch deduktive Schlüsse angewendet wurden. Dadurch sollte erreicht werden, daß den Grundsätzen der Hermeneutik als Methode des Wahrnehmens und Verstehens von Sachverhalten im Hinblick auf deren äußere Ordnung und deren Sinngehalt entsprochen werden konnte. Zur Lösung einiger spezieller Problemstellungen wurden konzeptionelle und empirische Techniken angewendet. So wurden Primärerhebungen vorbereitet und durchgeführt sowie die erzielten Ergebnisse zur weiteren Forschung herangezogen.

1.5 Aufbau der Arbeit

Die vorliegende Arbeit ist nach zwei Systematiken gegliedert. Entsprechend dem Forschungsprozeß ist eine Gliederung in vier Teilbereiche vorgenommen worden. Diesen Teilbereichen sind die einzelnen Kapitel zugeordnet.

Am Beginn steht der Teilbereich Grundlagen, der sich mit dem Kapitel 1 deckt. Hier sollen zunächst einmal grundlegende Fragen des Marketings diskutiert werden, um für die späteren Überlegungen die Informationsbasis zu bereiten.

Der darauf folgende Teilbereich Analyse beinhaltet die Kapitel 3, 4 und 5. In Kapitel 3 wird eine Systematik der Unternehmungsprozeßdarstellung erarbeitet und diese im Speziellen auf das Marketing angewendet. In Kapitel 4 werden als zweites Standbein die Begriffe Kundenorientierung und Kundenzufriedenheit erarbeitet und es werden Möglichkeiten zur kundenorientierten Unternehmungsführung dargestellt. In Kapitel 5 wird der Einfluß der Marke auf die Zufriedenheit des Kunden untersucht.

In Kapitel 6 werden die aus den Kapitel 3, 4 und 5 gewonnenen Erkenntnisse zusammengeführt und miteinander verbunden. In diesem Teilbereich, der Entwicklung, entsteht so ein Modell zur Ausrichtung der Unternehmung auf die Bedürfnisse des Kunden.

Im Teilbereich Praxis, der sich mit Kapitel 7 deckt, werden die aus den anderen Kapitel gewonnenen Erkenntnisse anhand von konkreten Problemfällen aufgearbeitet und umgesetzt.

Das abschließende Kapitel 8 gibt einen zusammenfassenden Überblick über die in der Arbeit angestellten Überlegungen und weist auf weitere, dem Autor als forschungsrelevant erscheinende Bereiche im Marketing der Kundenzufriedenheit hin.

8 EINLEITUNG

Das Schema des Arbeitsablaufes ist in Abbildung 1.1 dargestellt.

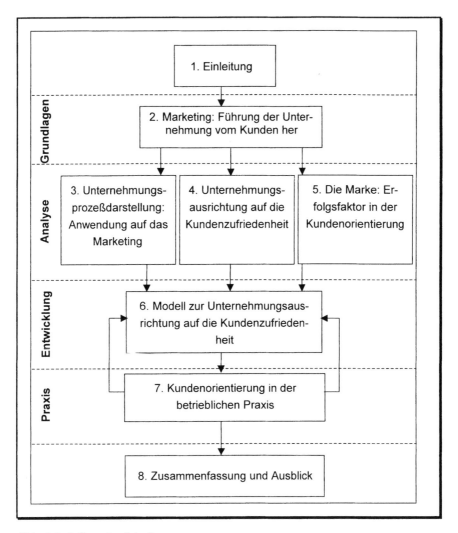

Abb. 1.1: Aufbau der Arbeit

2 Marketing: Führung der Unternehmung vom Kunden her

In diesem Kapitel sollen die Grundlagen erarbeitet werden, auf denen die weiteren Kapitel dieser Arbeit aufbauen. Ausgehend von der geschichtlichen und begrifflichen Entwicklung des Marketings, wird der Begriff Kundenzufriedenheit definiert.

2.1 Einleitung

Zunächst soll die geschichtliche Entwicklung des Marketings betrachtet werden. Anschließend sollen Spannungsfelder der marktorientierten Unternehmungsführung und verschiedene Definitionen des Begriffes Marketing gegenübergestellt werden. Dabei ist zu vermerken, daß die verwendeten Begriffsdefinitionen sehr eng mit der Zeit, in der sie aufgestellt wurden, und den damit verbundenen Auffassungen über die Aufgaben des Marketings zusammenhängen.

2.1.1 Geschichtliche Entwicklung

Der Grundpfeiler und Motor der konsequenten Entwicklung, die das Marketing in den letzten 30 Jahren durchschritten hat, ist zweifelsohne der nachhaltige Wandel des lange Zeit in allen Bereichen der Wirtschaft vorherrschenden Verkäufermarktes hin zu dem auch derzeit noch in weitere Regionen unseres Wirtschaftssystems vordringenden Käufermarkt[1]. Hatte, bedingt durch die generell starke Position der Unternehmung dem Abnehmer gegenüber, das Marketing in den 50er Jahren - wenn überhaupt - nur Distributionsfunktion, so hat sich mit wachsender Informationsvielfalt und -geschwindigkeit, die Konsumenten der 90er Jahre zur Verfügung stehen, die Notwendigkeit eines Wandels des Marketings hin zum marktorientierten Führungskonzept ergeben.

Die Unternehmungen sehen sich zunehmend mit einem globaler werdenden Wettbewerb konfrontiert, auf dem es sich zu behaupten gilt. Zwar nimmt seitens der Nachfrager die Zahl in den meisten Wirtschaftsbereichen zu, dem gegenüber steht aber ein Wandel der Anbieterstruktur in zweierlei Art:

---

[1] vgl. MEFFERT, H.: Marketing Management: Analyse - Strategie - Implementierung, Wiesbaden 1994, S. 3ff.

- Nur mehr ganz wenige Wirtschaftssparten erfreuen sich eines (teils staatlich gestützten und geschützten) Angebotsmonopols oder -oligopols. Der potentielle Konsument bekommt die Möglichkeit, aus immer mehr Alternativen zu wählen und dadurch seine Position gegenüber der Unternehmung zu stärken. Schlagworte, die in diesem Zusammenhang oft bemüht werden, sind die Deregulierung oder Liberalisierung der Märkte.

- Nimmt nun die Zahl der Konkurrenten nicht direkt zu und verstärkt somit den Wettbewerbsdruck, so findet zumindest eine Verschiebung auf Ebene der zur Verfügung stehenden Informationen statt. Durch das Schlagwort der „Informationsgesellschaft" wird deutlich, daß es den Abnehmern nun oft erstmals möglich wird, aus dem von ihnen wahrgenommenen Bild von Anbietermonopol bzw. -oligopol herauszutreten. Außerdem ergibt sich durch bessere Informationsgenerierung plötzlich das Wahrnehmen einer zumindest teilweise atomistischen Konkurrenzsituation, obwohl sich die Struktur des Marktes direkt nicht verändert hat, diese aber unter neuen Voraussetzungen gesehen werden kann.

2.1.2 Spannungsfelder der marktorientierten Unternehmungsführung

Eine weitere Herausforderung an das Marketing resultiert aus der Entwicklung der Gesellschaft in den letzten 50 Jahren. Steigende Mobilität und wachsendes Anspruchsdenken haben dazu geführt, daß aus den unterschiedlichen Gesellschaftsstrukturen zunehmend ein „Global Village" geworden ist, in dem Ansprüche und deren Erfüllung einheitlichere Formen angenommen haben. Dem gegenüber steht der latente Wunsch nach Individualität, nach einer sogenannten „lokalen Gesellschaft".

In Abbildung 2.1 ist dargestellt, wie verschiedene Einflußfaktoren auf die Gesellschaft ein Spannungsfeld aufbauen, in welchem sich Unternehmungen zu behaupten haben. Dieses Spannungsfeld besteht dabei nicht aus in sich homogenen Gruppen mit klar festzustellenden Gesellschaftsausprägungen, sondern die gesellschaftsbeeinflussenden Faktoren prägen beinahe jedes Individuum auf spezielle und nicht klar zu definierende Weise.

Diese sogenannte bifokale Gesellschaft[2] macht bislang erfolgreiche Marketingkonzeptionen unwirksam und läßt schnell den Ruf nach dem „Abschied vom Marketing" laut werden.

---

[2] vgl. MEFFERT, H.: a.a.O., S. 14f

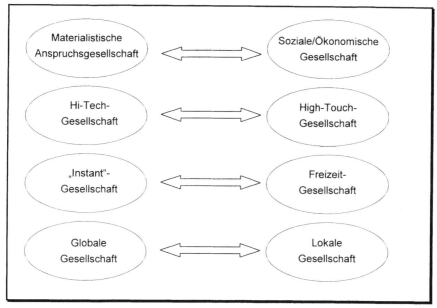

Abb. 2.1: Spannungsfelder der marktorientierten Unternehmungsführung in den 90er Jahren nach *Meffert*[3]

Die Aufgabe eines zeitgemäßen Marketingverständnisses muß es sein, sich diesen modifizierten Rahmenbedingungen zu stellen und dieses Spannungsfeld und die damit verbundenen Chancen zu nutzen.

2.1.3 Begriffsdefinitionen

Aufgrund der sich wandelnden Bedeutung und erweiterter Aufgabenbereiche des Marketings ist es fast unmöglich, eine einzige Begriffsdefinition festzustellen. Die gebrauchten und in der Literatur festgelegten Definitionen sind immer auch Zeichen ihrer Zeit und dem darin vorherrschenden Marketingverständnis.

Marketing wird häufig als Führung der Unternehmung vom Markt her bezeichnet. Märkte sind dabei durch Wettbewerb gekennzeichnet, in dem nur das Unternehmen eine Überlebenschance besitzt, das die Kundenbedürfnisse besser als andere Unternehmungen erfüllen kann. Marketing kann daher als Erzielung, Pflege und Ausbau von Wettbewerbsvorteilen bezeichnet werden.[4]

2.1.3.1 Objektspezifische Begriffsdefinitionen

Meyer[5] definiert Marketing in seiner versorgungsobjektspezifischen Begriffsbestimmung folgend: „Marketing ist die substantivierte Umschreibung der Tätigkeiten des „in den Markt hineingehen" (amerikanisch: „to go into the market"). Marketing ist also Aktion, und da sich auf dem Markt Anbieter und Nachfrager gegenüberstehen, ist Marketing Interaktion von Menschen. „Marketing ist praktizierte wirtschaftliche Verhaltensweise"; dies schränkt die Summe der Interaktionen auf wirtschaftliche Interaktionen ein."

Ein in der Literatur sehr verbreiteter Ansatz faßt Marketing gleichzeitig als Maxime, Mittel und Methode auf.[6] *„Marketing als Maxime"* bzw. Denkhaltung betont den Anspruch des Marketing als Führungskonzeption, nach dem Unternehmen „von den Märkten her und auf die Märkte hin"[7] bzw. konsequent kundenorientiert geführt werden sollen. *„Marketing als Mittel"* bezieht sich auf die Maßnahmenebene im Rahmen der Aktions- und Informationsaufgabe. Kernpunkt sind die 4 p's des Marketing-Mix, bestehend aus Product, Price, Place und Promotions. Diese Einteilung wird meist auf Sachleistungen angewendet.

---

[3] MEFFERT, H.: a.a.O., S. 14
[4] KLEINALTENKAMP, M.; FLIESS, S.; JACOB, F.: Customer Integration - Von der Kundenorientierung zur Kundenintegration; Wiesbaden 1996, S. 29
[5] MEYER, A.: Dienstleistungs-Marketing: Erkenntnisse und praktische Beispiele, Augsburg 1990, S. 13 (u.a. zitiert in: MEYER, P. W.: Die machbare Wirtschaft, Grundlagen des Marketing, Essen 1973, S. 84 u. S. 11; und MEYER, P. W.; HERMANNS, A.: Theorie der Wirtschaftswerbung - Ein Beitrag zum Wissenschafts-Praxis-Transfer, Stuttgart 1981, S. 22ff.)
[6] vgl. NIESCHLAG, R.; DICHTL, E.; HÖRSCHGEN, H.: Marketing, 15. Auflage, Berlin 1988, S. 8
[7] RAFFÉE, H.: Gegenstand, Methoden und Konzepte der Betriebswirtschaftslehre, S. 42; in: BAETGE, J. et al. (Hrsg.): Vahlens Kompendium der Betriebswirtschaftslehre, Band 1, München 1984

Bei Dienstleistungen schlagen verschiedene Autoren[8] Erweiterungen dieser vier p's auf z.B. 7 p's vor. „Marketing als Methode" meint den Katalog theoretisch fundierter und systematischer Verfahren der Entscheidungsfindung.[9]

Drucker[10] unterstellt dem Marketing, daß es die Absicht verfolgt, das Verkaufen überflüssig zu machen. „Die Bestrebungen sind darauf gerichtet, den Kunden so gut zu kennen und zu verstehen, daß das Produkt oder die angebotenen Dienste genau auf ihn zugeschnitten sind und sich quasi von selbst verkaufen."

Meffert[11] bezeichnet in den 70er Jahren Marketing als die „bewußt marktorientierte Führung des gesamten Unternehmens oder marktorientiertes Entscheidungsverhalten in der Unternehmung."

2.1.3.2 Prozeßbezogene Definitionen

Kotler/Armstrong[12] verstehen „Marketing als Aktivität, die darauf gerichtet ist, Bedürfnisse und Wünsche durch Austauschprozesse zu befriedigen." Sie heben sich bei ihrer Definition erheblich von den vorgenannten Definitionen ab, da sie den Marketing-Begriff nicht nur auf die sog. „Profit-Organisationen", also Unternehmungen beziehen, sondern eine erweiterte Perspektive auf alle Austauschprozesse erkennen.

Umfassendere Definitionen des Marketings gehen weg von der Definition „... steuern der Unternehmung vom Markt her" hin zu Marketing als „Steuerungskonzeption einer Organisation von der Umwelt her und auf die Umwelt hin."

Kotler/Bliemel[13] sehen „Marketing als einen Prozeß im Wirtschafts- und Sozialgefüge, durch den Einzelpersonen und Gruppen ihre Bedürfnisse und Wünsche befriedi-

---

[8] Die Autoren Bitner, M.J.; Zeithaml, V.A.: Fundamentals in Services Marketing; in: Surprenant, C. (ed.): Add Value to Your Service, Proceedings Series, Chicago 1987, z.B. plädieren neben anderen Autoren für die Hinzunahme weiterer drei p's, nämlich „Physical Evidence", „Participants" und „Process", um das herkömmliche Marketing-Mix für Dienstleistungen zu erweitern. Auch Magrath, A. J.: When Marketing Services, 4 P's Are Not Enough, S. 45; in: Business Horizons (1986) 3, S. 44 - 50 schlägt die Erweiterung des Marketing-Mix um „Personnel", „Physical Facilities" und „Process Management" vor.
[9] vgl. Hentschel, B.: Dienstleistungsqualität aus Kundensicht: Vom merkmals- zum ereignisorientierten Ansatz, Wiesbaden 1992, S. 7f
[10] Kotler, P.; Armstrong, G.: Marketing: eine Einführung, Wien 1988, S. 5
[11] Meffert, H.: Marketing, Wiesbaden 1977, S. 33
[12] Kotler, P.; Armstrong, G.: a.a.O., S. 5
[13] KOTLER, P.; BLIEMEL, F.: Marketing Management: Analyse, Planung, Umsetzung und Steuerung, Stuttgart 1995, S. 7

gen, indem sie Produkte und andere Dinge von Wert erzeugen, anbieten und miteinander austauschen."

2.1.3.3 Beziehungsrelevante Definitionen

Neuere Entwicklungen der Marketingwissenschaft definieren die verschiedensten Ansätze.

Unter dem „Mimetischen Marketing" versteht *v. Bergen* eine Fortentwicklung des Marketings nach innen und außen. Zukünftig werden seiner Auffassung nach die Beziehungen des Unternehmens nach innen und außen zu einem zentralen Faktor (Parallel Marketing oder Mimesis). Im Vordergrund steht dabei eine außerordentlich starke Kundenorientierung, das „Verschmelzen mit dem Kunden": die inneren Überzeugungen unternehmerischen Handelns sollen nach außen getragen werden und für den Markt entsprechend sichtbar, erlebbar und faßbar gestaltet werden.[14]

Da Marketing einst vom Absatzmarkt ausgegangen ist, und damit nur die Beziehungen der Unternehmungen zu seiner Umwelt in die Überlegungen (Kundenbeziehungen) einbezogen hat, kommen hier unter der Sicht des marktorientierten Führungskonzeptes nach aktueller Betrachtung auch die unternehmensinternen Beziehungen (Mitarbeiterbeziehungen) hinzu.

2.1.3.4 Managementbezogene Definition

Unter dem Aspekt des marktorientierten Führungskonzeptes sind neben der formalen Organisationsstruktur („Structur leads to Strategy") in zunehmenden Maße Aspekte, wie der Aufbau einer geeigneten Planungsorganisation (Bildung strategischer Geschäftseinheiten) und die Planung der Unternehmenskultur, der Human-Ressources (Mitarbeitermotivation) sowie insgesamt einer tragfähigen Unternehmensidentität (Corporate Identity) im Sinne des Aufbaus von Erfolgspotentialen im Marketing, zu beachten. Dabei werden im Marketing-Management teilweise Gestaltungsvorschläge vorgelegt, die etwa die Planungsorganisation, die finanzielle Unternehmungssteuerung oder das Weltbild der Manager betreffen.[15]

---

[14] vgl. v. BERGEN, H.: New Marketing - die Zukunft inszenieren, Freiburg im Breisgau 1988, S. 107
[15] vgl. WIEDMANN, K.P.; KREUTZER, R.: Strategische Marketingplanung - Ein Überblick, S. 66; in: RAFFÉE, H.; WIEDMANN, K.P. (Hrsg.): Strategisches Marketing, Stuttgart 1989, S. 66 - 141

2.2 Dimensionen des Marketings

Ausgehend vom übergeordneten Unternehmungsleitbild sollen - angewendet auf die Bereiche des Marketings - die Marketingzielsetzung und das Marketingleitbild, die Marketingstrategie und das operative Marketing diskutiert werden.

Während dem Marketing von Vertretern des Faches selbst eine zentrale Bedeutung im Rahmen des strategischen Managements zugewiesen wird, ist sein tatsächlicher Stellenwert in der Diskussion um das strategische Management eher gering geblieben. In diesem Zusammenhang wird die Marketing-Planung häufig als Kernbestandteil der strategischen Unternehmungsplanung angesehen.[16]

2.2.1 Marketingleitbild und Marketingzielsetzung

So wie das Unternehmungsleitbild Ausdruck der Grundeinstellung der Unternehmung sich selbst und seiner Umwelt gegenüber ist, so bildet das Marketingleitbild die Grundlage für eine Einheitlichkeit und Stabilität zur Abwicklung von Marketingaktivitäten, ohne permanent Grundsatzdiskussionen veranlassen zu müssen. Das Leitbild soll weitgehend dauerhaften Charakter besitzen, aber von Zeit zu Zeit einer Überprüfung auf generelle Gültigkeit unterzogen werden.[17] Das Marketingleitbild muß systematisch aus den Unternehmungsgrundsätzen erarbeitet werden und darf keinesfalls diesen entgegen stehen. Oft reicht es, die für das Marketing relevanten Teile des Unternehmungsleitbildes explizit zu betrachten; es muß kein eigenes Marketingleitbild konstruiert werden.

Ausgehend von einem existierenden Marketingleitbild oder vom Unternehmungsleitbild, kann in weiterer Folge an die Formulierung von Marketingzielen gegangen werden. Als Marketingziele sind jene Bereichsziele, denen bei marktorientierten Unternehmungen besondere Bedeutung zukommt, zu bezeichnen.[18]

Sie sind als Handlungsanweisungen nur dann einsetzbar, wenn sie sich konsistent in das Zielsystem der Unternehmung einfügen. Das setzt einerseits eine Zielordnung der Marketingziele selbst sowie andererseits auch die richtige Einordnung der Marketingziele in die Zielhierarchie der Unternehmung als Ganzes voraus. Bisher wurde

---

[16] vgl. KÖHLER, R.: Beiträge zum Marketing-Management, Planung, Organisation, Controlling, Stuttgart 1993, S. 21
[17] vgl. HABERFELLNER, R.: Unternehmungsführung und Organisation, Vorlesungsskriptum an der TU-Graz, Graz 1993, S. 3 - 7
[18] BECKER, J.: Grundlagen des strategischen Marketing-Managements, München 1988, S. 47

bei Zielfragen stark auf ökonomische Größen gesetzt. In letzter Zeit hat die Einsicht in Marktreaktionsfunktionen dazu geführt, daß verstärkt psychologische, d.h. vorökonomische Meßkategorien (vor-ökonomisch deshalb, da ihre psychologische Wirkung der ökonomischen Wirkung etwa in Form von Umsätzen quasi vorgelagert ist) als grundlegende Ziel- bzw. Wirkgrößen verstanden werden. Dies sind zum Beispiel der Bekanntheitsgrad und das Image (= Vorstellungsbild im Sinne einer spezifisch wertenden Ansicht oder Haltung) einer Marke, welche als Positionierungsziele angesehen werden können und eng mit dem Ziel Preispositionierung und den Positionszielen Marktanteil und Distribution verknüpft sind. Durch den Aufbau ganz spezifischer, eigenständiger Imageprofile vermögen Unternehmungen Positionen am Markt aufzubauen, die zu sogenannten Firmenmärkten führen können.[19]

Firmenmärkte sind solche Märkte, die das Unternehmen selbst zu steuern und zu kontrollieren sowie gegenüber der Konkurrenz abzugrenzen vermag. Dabei sind allerdings unterschiedliche Intensitätsgrade möglich. Speziell in Märkten mit starkem Wettbewerb und in gesättigten Märkten kommt dieser bewußt von der Konkurrenz abgrenzenden Profilierung von Produkten und/oder Unternehmen eine grundlegende Bedeutung für die Durchsetzung der Oberziele einer Unternehmung zu. Oft ist es heute so, daß es nur noch auf diese Weise gelingt, ertragsorientierte Preise am Markt durchzusetzen. Verbunden mit einem hohen Imageprofil wird meist auch versucht, einen hohen Bekanntheitsgrad zu erreichen. Dieser ist oft Voraussetzung für die Imageprofilierung, zumindest aber eine Stütze derselben.

2.2.1.1 Bekanntheitsgrad und Image

Der Bekanntheitsgrad ist der Prozentsatz der potentiellen Kunden, denen eine Marke bekannt ist. Der Bekanntheitsgrad ist somit eine Kennzahl für die Effektivität von Werbemaßnahmen.[20]

Image ist die Gesamtheit aller Meinungen, die eine Person oder eine Gruppe von Personen in bezug auf ein Objekt vertritt.[21]

Bekanntheitsgrad und Image eines Produktes oder einer Leistung verändern sich unterschiedlich und können durch das Marketing oft nicht beliebig gesteuert werden. Während der Bekanntheitsgrad durch verstärkte PR-Aktivitäten noch relativ einfach

---

[19] vgl. STEFFENHAGEN, H.: Wirkung absatzpolitischer Instrumente. Theorie und Messung der Marktreaktionen, Stuttgart 1978, S. 74
[20] vgl. GABLER-WIRTSCHAFTS-LEXIKON, 13. Auflage, Wiesbaden 1993, S. 383
[21] vgl. KOTLER, P.: Marketing Management: Analyse, Planung und Kontrolle, Stuttgart 1982, S. 493

gesteigert werden kann, hinkt das Image meist hintennach. Einer Unternehmung kann das Image eines zweitklassigen Wettbewerbers noch lange anhaften, obwohl sie sich schon längst zu einer erstklassigen Unternehmung entwickelt hat. Ein bestimmter Bekanntheitsgrad ist relativ einfach und unter Verwendung geringer Mittel zu verifizieren. Möchte man darüber hinaus aber den Bekanntheitsgrad weiter erhöhen, so sind dazu oft unverhältnismäßig hohe finanzielle Mittel notwendig.

Maßnahmen zur Steigerung des Bekanntheitsgrades und zur Verbesserung des Images sind immer Funktionen des abzusetzenden Produktes oder der zu verkaufenden Leistung und des Marktes, in dem eine Unternehmung tätig ist.

In Folge kann die Erstellung einer Marketing-Zielhierarchie angegangen werden, welche in Tabelle 2.1 beispielhaft dargestellt ist. Diese Zielsetzungen haben für den gesamten Marketingprozeß der Unternehmung Grundsatzcharakter, was bedeutet, daß sie einen Raster für die Ableitung adäquater Marketingstrategien darstellen. Hauptaugenmerk liegt dabei vor allem auf der Erfassung bzw. der optimalen Ausschöpfung komplementärer Zielbeziehungen zur Erfüllung der gewinnorientierten Oberziele der Unternehmung.

Zentrale Positionsgrößen ("Eckwerte") im Marketing	Marketingzielsetzung der Unternehmung X für die Produktgruppe B
Marktanteil	Es wird ein Marktanteil von 25% wertmäßig und 18% mengenmäßig angestrebt.[22]
Distribution	Die Distribution soll sich numerisch/gewichtet auf 60/90 einpendeln.[23]
Preissegment	Die Produktgruppe B soll im Konsummarkenbereich innerhalb des Preisbandes von 100 Schilling bis 150 Schilling (EVP[24]) angesiedelt werden.
Image	Das Produktprofil soll auf folgende Säulen aufgebaut werden: natürliche Rohstoffe, neue Wirkstoffkombination XY, die Unternehmung X ist Spezialist.
Bekanntheitsgrad	Für die Produktgruppe B wird ein ungestützter Bekanntheitsgrad von mindestens 50% angestrebt.

Tab. 2.1: Mögliche Marketingzielsetzungen

In der unternehmerischen Tätigkeit sind Zielkonflikte unter den Zielsetzungen häufig anzutreffen. Meist sind gerade für Zielbeziehungen, in denen auch Marketingziele tangiert werden, gemischte Zielstrukturen typisch. Zum Beispiel existiert oft ein partieller Zielkonflikt zwischen Image und Rentabilität. Man kann hier häufig die Tendenz der Imagebildung als „l'art pour l'art" feststellen, was soviel bedeutet wie, daß man sich ab einer gewissen Imageposition jenseits der Möglichkeiten bewegt, das Imagepotential auch zu kapitalisieren. Überinvestitionen in den weiteren Ausbau des Images zahlen sich im erzielbaren Absatzpreis nicht mehr aus, die Marketingaktivitäten bezüglich imagegestaltender Maßnahmen werden zu einem aufwendigen Selbstzweck und führen insgesamt zu einer rückläufigen Rentabilität. Ein weiterer partieller Zielkonflikt ist jener zwischen Image und Bekanntheitsgrad. Marktführer-

---

[22] Die Unternehmung will sich demnach im höherpreisigen Bereich ansiedeln.
[23] Mit einer numerischen Distribution von 60% sollen die umsatzstarken Geschäfte erfaßt werden, die 90% des Umsatzes ausmachen.
[24] Endverbraucherpreis

schaft ist zum Beispiel im allgemeinen eher an ein überdurchschnittliches Markenimage als an einen überdurchschnittlichen Bekanntheitsgrad gebunden. Demnach ist es sinnvoll, ein ausgewogenes Verhältnis von Markenimage und Bekanntheitsgrad für eine Marke aufzubauen. In der Regel ist dies aber nicht gleichzeitig möglich, sondern man muß versuchen, konfliktbehaftete Beziehungen zwischen diesen beiden Zielen zu vermeiden und möglichst in Harmoniezonen zu bleiben.

In der Phase der Produkteinführung ist wohl zuerst der Bekanntheitsgrad für eine Marke aufzubauen. Der Imageaufbau erfolgt mit einem bestimmten „time-lag" und folgt so dem Bekanntheitsgrad hinten nach. Tritt das Produkt nun im fortgeschrittenen Produktlebenszyklus in den verstärkten Wettbewerb mit Nachahmer-Produkten ein, so wird der weitere Bekanntheitsgradzuwachs nicht mehr umzusetzen sein. Es kann sogar zu Bekanntheitsgradeinbußen kommen. Hier muß nun der Imageaufbau via Kommunikationspolitik einsetzen. Wird versucht, durch einen radikalen Wechsel der Marketingmaßnahmen den Bekanntheitsgrad weiter zu erhöhen, so kann es sogar zu einem Imageverlust kommen, der damit begründet ist, daß Strukturen, die für eine gewisse Imageposition nötig waren, zwecks Steigerung des Bekanntheitsgrades durchbrochen wurden.

2.2.2 Marketingstrategie

Die Differenzierung und partielle Desintegration von Theorien, Konstrukten und paradigmatischen Denkschulen im Bereich des strategischen Managements führten dazu, daß der Entwicklungsstand der Strategieforschung heute als der beste aller Zeiten angesehen werden kann. Aufgrund der Unübersichtlichkeit des Erkenntnisobjektes aber stellt sich dieser Entwicklungsstand zugleich als schwierig für den Forscher dar.[25]

Dabei orientiert sich die betriebswirtschaftlich orientierte Strategieforschung am klassischen Managementprozeß, an dessen Anfang die Planung und an dessen Ende die Kontrolle steht.[26]
Strategisches Marketing muß in diesem Kontext gesehen werden und muß sich demnach auf eine strategische Planung zur Sicherung und zum Ausbau von Wettbewerbsvorteilen stützen und diese Wettbewerbsvorteile konsequent in Einklang mit

---

[25] vgl. PRAHALAD, C.K.; HAMEL, G.: Strategy As a Field of Study: Why Search For a New Paradigm? in: Strategic Management Journal (1994) 15, S. 6
[26] vgl. LEHNER, J.M.: Implementierung von Strategien: Konzeptionen unter Berücksichtigung von Unsicherheit und Mehrdeutigkeit, Wiesbaden 1996, S. 17

den operativen Werkzeugen des Marketing bringen. Das bedeutet in vielerlei Hinsicht, daß die grundlegenden Unternehmensstrategien („Leitstrategien") in erster Linie Marketingstrategien sind. Alle anderen Strategien sind durchwegs mehr Folge- oder Begleitstrategien.[27] Der Marketingsektor hat, vor allem bezogen auf die längere Disposition Dominanzcharakter.

Unternehmerisches Handeln ist dadurch zweck- oder zielorientiert und auf die Erreichung der Ziele ausgerichtet. Die Gestaltung des Managementprozesses ist aus einer Vielzahl von Teilfunktionen zusammengesetzt, welche alle einen Teilbeitrag zur Erreichung der formulierten Ziele leisten müssen. Daraus erkennt man, daß die Gestaltung dieses Prozesses eine äußerst komplexe Aufgabe ist und eine kaum überblickbare Anzahl von Instrumenten zur Verfügung hat. Es muß also zu einer Kanalisierung des Instrumenteneinsatzes kommen. Jede Steuerung des Instrumenteneinsatzes setzt aber wiederum als entscheidenden Ansatzpunkt die Ableitung und Realisation von Strategien voraus.

Strategien sind somit Hilfsmittel, unternehmerische Entscheidungen bzw. den Mitteleinsatz in der Unternehmung zu kanalisieren[28].

Die Wirkung einer vorhandenen Strategie kann anhand folgender einfachen Grafik verdeutlicht werden (siehe Abb. 2.2):

Es ist dies eine vergleichende Gegenüberstellung von strategischen und nicht strategischen Vorgehensweisen. Die Problemstellung ist in jedem Fall die gleiche. Ausgehend von einem gegebenen Ausgangspunkt versucht man, ein gestecktes Ziel zu erreichen. Der Weg, der vom Ausgangspunkt aus eingeschlagen werden kann, sollte in Richtung des Zieles zeigen. Daher wurde darauf verzichtet, ein Bild darzustellen, bei welchem der Weg der Zielerreichung dazu führt, sich noch weiter von diesem zu entfernen, wenngleich dies in der betrieblichen Praxis nicht immer als gegeben angesehen werden kann.

---

[27] vgl. BECKER, J.: a.a.O., S.116
[28] vgl. BECKER, J.: a.a.O., S. 113 - 114

MARKETING: FÜHRUNG DER UNTERNEHMUNG VOM KUNDEN HER 21

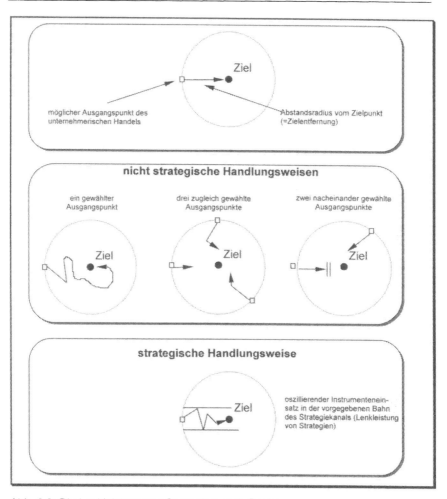

Abb. 2.2: Die Lenkleistung von Strategien nach *Becker*

Der Mittelpunkt des Kreises stellt das zu erreichende Ziel dar. Der Kreis selbst kennzeichnet alle möglichen Ausgangspunkte, die zur Implementierung unternehmerischer Handlungen gewählt werden können. Die Lenkleistung der strategischen Handlungsweise wird dabei in der letzten Abbildung deutlich. Im Gegensatz zu allen anderen Vorgehensmodellen wird der mögliche Weg zum Ziel bereits von vornherein eingegrenzt und es wird dadurch die Zielerreichungswahrscheinlichkeit beträchtlich erhöht.

2.2.3 Operatives Marketing

Die operative Ebene des Marketings stellt im Allgemeinen die Umsetzung der Marketingstrategien mittels einer Kombination von Marktbearbeitungsvorgängen dar. Diese Konzeptionsebene wird im allgemeinen als Wesen oder Dimension des Marketing-Mix[29] bezeichnet und stellt so das letzte Glied in der marketingkonzeptionellen Kette dar.[30]

Aufgrund der Vielzahl von Marketinginstrumenten und ihrer mannigfaltigen Ausprägungen stellt der Marketing-Mix eine sehr komplexe Aufgabe dar. Da es bei weitem nicht mehr ausreicht, die Instrumente des Mix isoliert zu betrachten und die Marktbearbeitung Schritt für Schritt an ihnen auszurichten, sondern erst durch geeignete Integration der Betrachtungsweisen die optimale Mittelkombination erreicht werden kann, wird diese Komplexität weiter vergrößert. Dies führt in Unternehmungen vielfach dazu, daß Teilaspekte des Marketing-Mix-Instrumentariums außer Acht gelassen oder schlichtweg übersehen werden.

Für diesen Fall eine einfache, checklistenartige Vorgehensweise zu erarbeiten, ist oft ein geeignetes Mittel zur Systematisierung der Marktbearbeitung. Jedes System aber birgt die Gefahr, auf geänderte Bedingungen nicht oder nicht richtig (weil nur innerhalb der gesetzten Systemgrenzen) zu reagieren. Das vorgelagerte Agieren wird oftmals gänzlich außer Acht gelassen.

2.3 Kundenorientierung und Kundenzufriedenheit

Als Vorgriff auf das Kapitel 4 der Arbeit erfolgt nun der Einstieg in den Themenbereich der Kundenorientierung. Wird Marketing als marktorientierte Unternehmungsführung verstanden, so wird klar, daß es relevant ist, den subjektiv vom Kunden wahrgenommenen Qualitätslevel eines Produktes oder einer Dienstleistung in den Mittelpunkt der Betrachtungen zu stellen. Dazu hat ein Paradigmenwechsel stattzufinden. Die Kundenorientierung muß die Herstellerorientierung verdrängen. Man muß versuchen, sich in den Kunden hineinzuversetzen, zu überlegen, welche Probleme der Kunde morgen haben könnte, um heute dafür die passenden Lösungen zu fin-

---

[29] Der Begriff „Marketing-Mix" bzw. seine Ausdeutung geht auf Borden zurück, der damit das Phänomen umschreibt, daß Marketingziele bzw. Marktleistungen am Markt erst dann realisiert werden können, wenn eine Vielzahl von Marketinginstrumenten koordiniert eingesetzt wird.
[30] vgl. BECKER, J.: a.a.O., S. 439

den.[31] Operativ ist es notwendig, aus der Sicht der Unternehmung einen Wechsel der Betrachtungsposition vorzunehmen. Nicht mehr die aus der eigenen Perspektive mit dem Produkt oder der Dienstleistung verbundenen Qualitätsfaktoren werden als relevant für die Kaufentscheidung des Abnehmers angesehen, sondern nur die - von diesem auch wirklich als ausschlaggebend empfundenen - materiellen und immateriellen Indikatoren steuern Angebot und Nachfrage.

2.3.1 Begriffsdefinitionen

Der seit Ende der siebziger Jahre etablierte Bergriff der Kundenzufriedenheit hat trotz verbreiteter Forschung noch immer keine einheitliche Definition hervorgebracht. Zentraler Maßstab für die vom Nachfrager wahrgenommenen materiellen wie auch immateriellen Teilqualitäten unterschiedlicher Leistungsfaktoren und somit für das erzielte Gesamtqualitätsniveau ist die über geeignete Verfahren gemessene Kundenzufriedenheit. Sie ist das Ergebnis individueller Abgleichprozesse zwischen den Erwartungen und Ansprüchen der Nachfrager an bestimmte Leistungen mit den tatsächlich erhaltenen Leistungen, wie sie der einzelne Kunde subjektiv wahrgenommen hat.[32]

Kundenzufriedenheit kann demnach als individuelle Einstellung angesehen werden, die durch den permanenten Vergleich der tatsächlich wahrgenommenen Unternehmungsleistung und den Erwartungen bezüglich dieser Unternehmungsleistung entsteht.[33]

Die Unternehmungsleistung wird dabei durch das Produkt, die Dienstleistung oder durch eine Kombination daraus sichtbar. Der Konsument vergleicht die wahrgenommenen Leistungsfaktoren mit den von ihm erwarteten. Decken sich Leistungsanspruch und Leistungswahrnehmung, so stellt sich beim Abnehmer Kundenzufriedenheit ein.

---

[31] vgl. KOPPELMANN, U.: Produktmarketing: Entscheidungsgrundlagen für Produktmanager, Berlin 1997, S. 1
[32] MEYER, A.; DORNACH, F.: Das Deutsche Kundenbarometer - Qualität und Zufriedenheit, S. 164; in: SIMON, H.; HOMBURG, C.: Kundenzufriedenheit: Konzepte - Methoden - Erfahrungen, Wiesbaden 1995, S. 161 - 178
[33] RAPP, R.: Kundenzufriedenheit durch Servicequalität: Konzeption - Messung - Umsetzung, Wiesbaden 1995, S. 26

2.3.2 Merkmale der Kundenorientierung

In Abbildung 2.3 sind Faktoren, die einerseits die Kundenerwartungen und andererseits die Kundenwahrnehmungen charakterisieren, dargestellt. Sowohl die Erwartungen als auch die Wahrnehmungen sind durch besondere Merkmale geprägt.

Abb. 2.3: Beeinflussungsfaktoren der Kundenzufriedenheit

Strebt man mit einem Produkt oder einer Dienstleistung Kundenzufriedenheit an, so bedeutet dies, daß ständig eine flexible und schnelle Anpassung an die aus der Abnehmersicht relevanten Leistungsprozesse und Handlungen des Anbieters zu erfolgen hat. Diese können sich durch Änderung der Leistungswahrnehmungen und durch eine Änderung der Konkurrenzsituation in rascher Folge wandeln. Leistungskomponenten und -umfänge, die zu einem Zeitpunkt Kundenzufriedenheit hervorrufen, können zu einem anderen Zeitpunkt als nicht ausreichend beurteilt werden und dadurch Unzufriedenheit erwecken.[34]

---

[34] vgl. MEYER, A.; DORNACH, F.: a.a.O., S. 165

2.3.3 Einfluß der Kundenorientierung auf das Marketing

Ein Kunde ist die wichtigste Person in der Unternehmung. Er ist nicht von dieser abhängig, sondern die Unternehmung ist von ihm abhängig. Er bedeutet keine Unterbrechung der Arbeit, sondern ist ihr Inhalt. Er ist kein Außenseiter des Geschäftes, sondern ein Teil von ihm. Er ist niemand, mit dem man einen Streit oder eine Auseinandersetzung gewinnen kann. Er ist eine Person, die der Unternehmung Wünsche mitteilt und damit die Basis schafft, diese Wünsche zu seiner Zufriedenheit zu erfüllen.

Hat diese Denkhaltung in einer Unternehmung Platz gegriffen, so hat sich das Marketing der Kundenwünsche als Führungskonzeption für die gesamte Unternehmung etabliert. Dies gilt für externe Kunden gleich wie für interne.

Das interne Marketing als „planmäßige Gestaltung der unternehmerischen Austauschbeziehungen mit internen Systemelementen zu absatzorientierten Zwecken"[35] kümmert sich um die Mitarbeiter. Das externe Marketing kümmert sich um die tatsächlichen, außerhalb der Unternehmungsgrenzen angesiedelten Kunden.

In Abbildung 2.4 sind verschiedene Instrumente dargestellt, die helfen, das Marketing auf die Zufriedenheit der Kunden auszurichten.

---

[35] STAUSS, B.: Internes Marketing, S. 477; in: DILLER, H.: Vahlens großes Marketing Lexikon, München 1992

26 MARKETING: FÜHRUNG DER UNTERNEHMUNG VOM KUNDEN HER

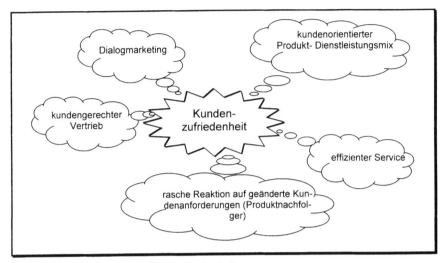

Abb. 2.4: Marketing der Kundenzufriedenheit

Aus der permanenten Notwendigkeit, die Leistung den Kundenanforderungen anzupassen, folgt für das Marketing der Bedarf eines effizienten Kundenmanagements. Das Marketing muß dialogorientiert gestaltet werden. Vertrieb und Service müssen kundennahe sein. Praktisch nie erreicht ein Produkt alleine volle Kundenzufriedenheit. Erst durch eine Kombination aus Produkt und Dienstleistung können die Kundenanforderungen zur Gänze gedeckt werden.

2.3.4 Auf dem Weg zur Problemlösungskompetenz

Je nachdem, welche Komponente überwiegt, hat die Dienstleistung unterstützende Funktion für das abzusetzende Produkt (Einschulung auf ein neues Produkt), oder zur Konsumation der Dienstleistung werden unterstützend Produkte angeboten, die erst volle Zufriedenheit mit der Dienstleistung ermöglichen (Arbeitsunterlagen begleitend zur Dienstleistung).

MARKETING: FÜHRUNG DER UNTERNEHMUNG VOM KUNDEN HER

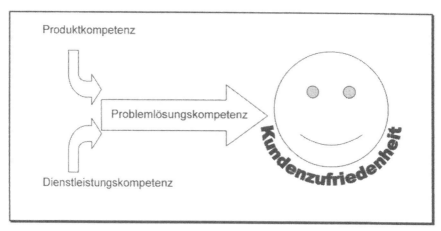

Abb. 2.5: Problemlösungskompetenz

Aus dieser Kombinationsmöglichkeit (siehe Abb. 2.5) geht hervor, daß man nicht nur Produktkompetenz oder Dienstleistungskompetenz, sondern wirkliche Problemlösungskompetenz realisieren muß, um einer strategisch festgelegten Kundenorientierung Kundenzufriedenheit folgen zu lassen.

In diesem Zusammenhang definiert eine weitergehende Begriffsfassung das Wort Produkt als Faktorkombination unterschiedlicher Teilfaktoren.[36] Dadurch entstehen mehrere Produktkategorien (siehe Abb. 2.6).

---

[36] vgl. GUTENBERG, E.: Grundlagen der Betriebswirtschaftslehre, Die Produktion, Berlin 1983, S. 299

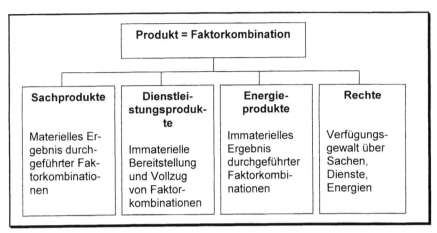

Abb. 2.6: Produktkategorien[37]

Diese durch die unterschiedlichen Faktorkombinationen entstandenen Produkte verlangen unterschiedliche Aktivitäten im Marketing der Kundenorientierung. Je besser die Kommunikation mit dem Markt funktioniert, um so wahrscheinlicher ist die Qualität der Leistung deckungsgleich mit den an sie gestellten Anforderungsmerkmalen. Die weitestgehenden Auswirkungen der verstärkten Kundenorientierung betreffen die strategische Ausrichtung der Unternehmung. Auf bisher wachsenden Märkten erfolgreich erscheinende Marktanteilsstrategien werden durch die Ausrichtung auf die Kundenzufriedenheit in gesättigten Märkten abgelöst (siehe Tabelle 2.2).

	Marktanteilsstrategie	Kundenbindungsstrategie
Typisch für...	wachsende Märkte	gesättigte Märkte
Strategietyp...	offensiv	defensiv
Orientierung am...	Konkurrenten	Kunden
Erfolgsmaßstab...	Marktanteil	Kundentreuerate
Ziel...	Gewinnung von Neukunden	Kundenloyalität
Marktanteil ist...	eher quantitativer Natur	eher qualitativer Natur

Tab. 2.2: Kundenbindungs- statt Marktanteilsstrategie

---

[37] vgl. GUTENBERG, E.: a.a.O., S. 299

Der Orientierung an der Konkurrenz folgt eine Orientierung am Kunden und als Erfolgsmaßstab ist oft nicht mehr der Marktanteil, sondern die Kundentreuerate oder eine ähnliche Kennzahl relevant.

3 Unternehmungsprozeßdarstellung: Anwendung auf das Marketing

Am Anfang dieses Kapitels steht die Prozeßdarstellung im Allgemeinen. Darauf aufbauend wird der Geschäftsablaufprozeß und in weiterer Folge der Marketingprozeß erarbeitet. Im letzten Abschnitt des Kapitels wird dann die Verbindung zur Ausrichtung der Unternehmung auf die Kundenzufriedenheit hergestellt und es werden Prozesse dargestellt, die in den weiteren Kapitel der vorliegenden Arbeit Verwendung finden.

3.1 Begriffsdefinitionen

Der Grundgedanke jeder Prozeßdarstellung ist, daß jede Art von Produktion, Dienstleistung, Vertrieb usw. in Prozesse untergliedert werden kann. Diese Prozesse können hintereinander oder nebeneinander ablaufen. Dabei ist es notwendig, abteilungs- und bereichsübergreifende Ansätze der Prozeßdarstellung zu finden und traditionell gewachsene unternehmungsinterne und unternehmungsexterne Grenzen zu überschreiten. Diese Tatsache betrifft im Speziellen das Marketing.

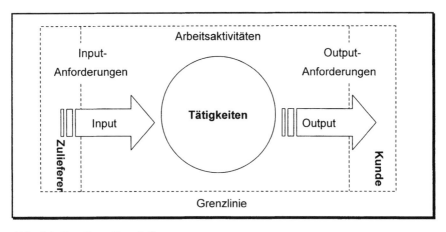

Abb. 3.1: Das Prozeßmodell[1]

---

[1] vgl. MASSING, W.: Handbuch Qualitätsmanagement, München 1994, S. 54

UNTERNEHMUNGSPROZESSDARSTELLUNG

Der Gedanke des „Führen der Unternehmung vom Markt her" impliziert in allen Bereichen des Herstellungsprozesses von Produkten oder des Entstehungsprozesses von Dienstleistungen die Berücksichtigung markt- und somit kundenorientierter Ansätze.

Ein Prozeß ist jede Art von einzelner oder zusammengesetzter Tätigkeit,[2] die dazu führt, ein materielles oder immaterielles Produkt zu erzeugen, das den Anforderungen des Kunden oder Abnehmers entspricht. Ein Prozeß hat einen meßbaren In- und Output, fügt Wert hinzu und ist wiederholbar.[3]

Unter einem Produktionsprozeß wird ein technologisch, zeitlich und örtlich bestimmtes effizientes Zusammenwirken von Produktionsfaktoren zur Herstellung einer abgegrenzten Gütermenge in bestimmter Qualität verstanden.

Die hier gewählte Prozeßdefinition ist somit wertschöpfungsorientiert. Im Prozeß erfolgt ein Zusammenwirken von Menschen, Maschinen, Material und Verfahren zur Erstellung einer Dienstleistung oder Erzeugung eines Produktes.[4] Der betrachtete Prozeß kann in Abhängigkeit einer horizontalen Gliederung in Geschäftsprozesse, Hauptprozesse, Teilprozesse und Tätigkeiten gegliedert werden.[5]

Die Wertschöpfungskette bildet dabei die höchste Aggregationsstufe von Prozessen. Die zeitliche Verknüpfung der Aufgaben führt zu einer ablauforientierten Prozeßkette.

Bezüglich einer weiterführenden Aufarbeitung der Thematik Prozeßmanagement sei an dieser Stelle auf die Ausführungen von *Wünschl* verwiesen.[6]

---

2 vgl. BEA, F.X.; SCHNAITMANN, H.: Begriff und Struktur betriebswissenschaftlicher Prozesse, S. 279; in: Wirtschaftswissenschaftliches Studium (1995) 6, S. 278 - 282

3 KLEINSORGE, P.: Geschäftsprozesse, S. 52; in: MASSING, W.: a.a.O., S. 49 - 64

4 vgl. HAIST, F.; FROMM, H.: Qualität im Unternehmen: Prinzipien, Methoden, Techniken, München 1989, S. 93; zitiert in: NIEMAND, S.: Target Costing für industrielle Dienstleistungen, München 1996, S. 70

5 vgl. NIEMAND, S.: a.a.O., S. 74

6 vgl. WÜNSCHL, D.: Prozeßmanagement und Controlling-relevante Aspekte im Rahmen des Prozeßmanagements, Graz 1997, S. 52ff.

3.2 Methodische Aspekte der Prozeßgestaltung

Heutige und zukünftige Marktanforderungen lassen sich nur in dem Maße erfüllen, wie sämtliche innerbetrieblichen Abläufe in der Lage sind, sich kontinuierlich den dynamisch ändernden Märkten anzupassen.[7]

Ausgehend vom Dienstleistungsbereich, konnte weitestgehend Einigkeit in der wissenschaftlichen Forschung darüber erzielt werden, daß die Integration des unternehmungsexternen Faktors Kunde in den Prozeß der Leistungserstellung dazu führt, daß der Abnehmer sich selbst aktiv an der Leistungserstellung beteiligt, indem er sich selbst oder eines seiner Güter in den Prozeß einbringt oder aber bestimmte Aufgaben übernimmt.[8]

Dieses, für Dienstleistungen charakteristische Merkmal, gilt aber heute mehr und mehr für produzierende Unternehmungen, die im Wettbewerb nur bestehen können, wenn die von ihnen erbrachte Leistung sich mit den vom Abnehmer gestellten Anforderungen denkt.

Mit zunehmender Zahl an Interaktionen wird der Prozeßcharakter immer deutlicher und es entsteht so ein Geschäftsablaufprozeß, der die Leistungserstellung aus der Sicht des Kunden mit allen seinen Kontaktsituationen und deren Bewertung beschreibt.

3.2.1 Prozeßstrukturdarstellung

Ausgehend von den in der Unternehmung bereits vorhandenen oder eventuell noch zu eruierenden Daten kann eine Prozeßdokumentation zusammengestellt werden. Diese Prozeßdokumentation enthält:[9]

- Prozeßstrukturdarstellung
- Prozeßkennzahlen

---

[7] GOUILLART, F.; KELLY, J.: Business Transformation, Wien 1995, S. 890; zitiert in: BÜCHNER, U.; KÜNZEL, H.: Interne Kundenzufriedenheit messen, in: Qualität und Zuverlässigkeit (1996) 8, S. 887 - 890

[8] vgl. STAUSS, B.; SEIDEL, W.: Prozessuale Zufriedenheitsermittlung und Zufriedenheitsdyamik bei Dienstleistungen, S. 184; in: SIMON, H.; HOMBURG, C.: Kundenzufriedenheit: Konzepte - Methoden - Erfahrungen, Wiesbaden 1995, S. 179 - 203

[9] vgl. GAITANIDES, M.; SCHOLZ, R.; VROHLINGS, A.; RASTER, M.: Prozeßmanagement: Konzepte, Umsetzungen und Erfahrungen des Reengineering, München 1994, S. 38

UNTERNEHMUNGSPROZESSDARSTELLUNG 33

- Leistungsvereinbarungen
- Richtlinien

Mittels dieser Punkte kann dann ein Prozeßverantwortlicher („Process Owner") bestimmt werden, der mit seinen Mitarbeitern die Prozeßsteuerung und -durchführung praktiziert.

Primäre Aufgabe ist es aber, die Prozeßstrukturdarstellung so auszuarbeiten, daß durch die Erfassung, Strukturierung und Darstellung von Arbeitsabläufen, Transparenz bezüglich der Prozeßstruktur geschaffen wird. Das wichtigste Hilfsmittel dazu ist die Visualisierung von Prozeßabläufen.

Demnach ist ein Prozeß durch die Faktoren Input, Verarbeitung und Output gekennzeichnet. Diese Dreiteilung gilt für Prozesse, auf allen Prozeßebenen. Die auf verschiedenen Ebenen beheimateten Prozesse unterscheiden sich von ihrer Struktur her lediglich durch die unterschiedliche Anzahl, der zu einem Prozeß zusammengefaßten Arbeitsschritte. Die Summe der Prozeßebenen ergibt die Prozeßstruktur, die folgenden Anforderungen genügen muß:[10]

- Die Strukturdarstellung muß verständlich und prägnant zu überblicken sein.

- Der Detaillierungsgrad muß sich an den Erfordernissen jener Personen orientieren, die an der Leistungserstellung im Prozeß beteiligt sind. Darzustellen sind auch organisatorische[11] und prozessuale[12] Schnittstellen.

- Die Abfolgen, Abhängigkeiten und Beziehungen der in den Teil- bzw. Gesamtprozessen durchgeführten Prozeßschritte sind darzustellen.

- Die im Prozeß durchgeführten Arbeitsschritte und Tätigkeiten sind den dafür verantwortlichen Stellen- bzw. Funktionsbereichen zuzuordnen.

---

[10] vgl. GAITANIDES, M.; SCHOLZ, R.; VROHLINGS, A.; RASTER, M.: a.a.O., S. 41ff.

[11] das sind Schnittstellen zwischen Aufgaben- und Verantwortungswechsel innerhalb eines Prozeßsegments

[12] das sind Schnittstellen zwischen Unternehmungsprozessen und externen Personen (Kunden, Servicegeber)

- Weiters ist zu klären, womit die im Prozeß angegebenen Tätigkeiten durchgeführt werden bzw. welche Hilfsmittel verwendet werden können.

- Einer der wichtigsten Punkte ist die Frage der Festlegung der Faktoren zur Überprüfung der Prozeßperformance. Diese Faktoren können in die Prozeßdarstellung mit aufgenommen werden.

- Zusätzlich können in der Prozeßdokumentation noch Prozeßabwicklungskriterien enthalten sein.

Aufgrund dieser Anforderungen kann gesagt werden, daß eine übersichtliche visuelle Aufbereitung ab der vierten Ebene schwer zu erreichen ist. Da aber die tatsächlichen Bearbeitungsvorgänge exakt wiedergegeben werden müssen, kommt es damit oft zu Schwierigkeiten in der Übersichtlichkeit der Darstellung.

Als Basis zur Beschreibung der Prozesse soll im Weiteren die kundenorientierte Prozeß-identifikation verwendet werden.[13] Hierbei geht man von der Festlegung des Unter-nehmenszwecks (Business Mission) aus, von dem in weiterer Folge kundenorientierte Unterprozesse zu formulieren sind. Zusätzlich können die Prozesse in kundenorientierte (Kernprozesse) und unterstützende Prozesse (unternehmungsinterne Kunden-/Lieferantenbeziehungen) unterteilt werden. Diese Ein- und Unterteilung ist im Sinne einer gesamten Unternehmungsprozeßaufnahme durchzuführen, wobei zuerst die Prozesse je nach ihrer Rangordnung in Prozeßebenen einzuordnen sind.

---

[13] vgl. GAITANIDES, M.; SCHOLZ, R.; VROHLINGS, A.; RASTER, M.: a.a.O., S. 43ff.

UNTERNEHMUNGSPROZESSDARSTELLUNG 35

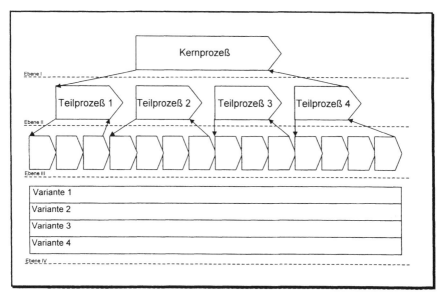

Abb. 3.2: Prozeßstrukturdarstellung[14]

Dabei ist für jeweils zwei Ebenen zuerst die Aufgabe des übergeordneten Prozesses zu definieren und dann sind daraus Teilaufgaben (Teilprozesse) abzuleiten. Als nächstes sind organisatorische und prozessuale Schnittstellen zu definieren. Diese versetzten den „Process-Owner" in die Lage, zu erkennen, welche organisatorischen Teilbereiche der Unternehmung an den Prozessen und an der Leistungserstellung beteiligt sind und somit koordiniert werden müssen.

Ist keine eindeutige Festlegung von Teilprozessen möglich (mehrere Ausprägungen des Teilprozesses möglich), so müssen Prozeßvarianten definiert werden, die in Abhängigkeit von den diesen Teilprozeß determinierenden Variablen unterschiedlich gestaltet sind.

3.2.2 Die Wertkette nach Porter

Betrachtet man eine Unternehmung als Ganzes, so erkennt man, daß Wettbewerbsvorteile aus den vielen einzelnen Tätigkeiten in den Bereichen Entwurf, Fertigung,

---

[14] vgl. GAITANIDES, M.; SCHOLZ, R.; VROHLINGS, A.; RASTER, M.: a.a.O., S. 40ff.

Marketing, Auslieferung und Unterstützung des Produktes entstehen.[15] Jede dieser Tätigkeiten kann einen Beitrag zur relativen Kostenposition einer Unternehmung leisten und eine Differenzierungsbasis schaffen. *Porter* verwendet zur Ergründung von Wettbewerbsvorteilen eine systematische Methode zur Untersuchung aller Aktivitäten einer Unternehmung und deren Wechselwirkungen. Dieses als Wertkette bezeichnete System gliedert eine Unternehmung in strategisch relevante Tätigkeiten, um dadurch hervorgerufene Auswirkungen zu verstehen.

Im Wettbewerbsrahmen ist Wert derjenige Betrag, den die Abnehmer für das, was eine Unternehmung ihnen zur Verfügung stellt, zu zahlen bereit sind.

Abb. 3.3: Wertdefinition nach *Porter*[16]

Das Ziel der Überlegungen zur Wertkette ist es, für den Abnehmer einen Wert zu schaffen, der über seinen Kosten liegt. Im Wettbewerbsfeld wird diejenige Unternehmung erfolgreich sein, die in der Lage ist, für den Abnehmer den größten Wert zu schaffen.

Die Steigerung des Abnehmerwertes und somit die Maximierung der Kundenzufriedenheit für den Kunden, welche in weiterer Konsequenz einen höheren Preis rechtfertigt, ist nach *Porter*[17] durch zwei mögliche Handlungsweisen zu erreichen: Entweder senkt man die Abnehmerkosten oder man erhöht die Abnehmerleistung. Kann eine Unternehmung die Kosten des Abnehmers senken oder dessen Leistung erhöhen, so ist dieser bereit, einen höheren Preis zu bezahlen.

---

[15] PORTER, M.E.: Wettbewerbsvorteile, Spitzenleistungen erreichen und behaupten, Frankfurt 1992, S. 59ff.
[16] PORTER, M.E.: a.a.O., S. 64
[17] PORTER, M.E.: a.a.O., S. 178

3.2.2.1 Servicequalität als Beispiel für erhöhten Abnehmerwert

Die verbesserte Servicequalität ist ein Teil der für den Abnehmer wertsteigernden Maßnahmen (Primäre Aktivität Kundendienst). Die Kundenzufriedenheit als Ergebnisparameter setzt sich üblicherweise aus den Prozeßparametern Zeit, Kosten und Qualität zusammen.[18] Für den Fall des Services als Kernkompetenz[19] der Unternehmung kann dieser als werterhöhender Parameter in die Bestimmungsgrößen des Abnehmerwertes mit aufgenommen werden (siehe Abbildung 3.4).

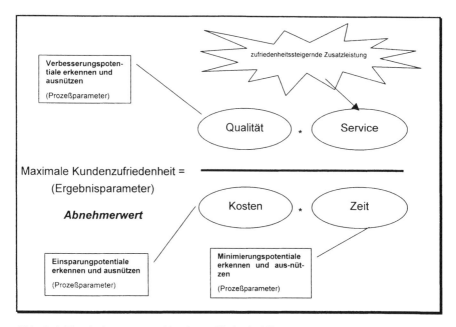

Abb. 3.4: Ergebnisparameter Kundenzufriedenheit[20]

Die Abbildung zeigt, daß in diesem Fall erst der wertbestimmende Faktor Service in der Lage ist, den Abnehmerwert zu optimieren und so eine maximale Zufriedenheit

---

[18] vgl. GAITANIDES, M.; SCHOLZ, R.; VROHLINGS, A.; RASTER, M.: a.a.O., S. 15

[19] vgl. JOHANSSON, H.J.: Business Process Reengineering - BreakPoint Strategies for Market Dominance, New York 1993; zitiert in: HINTERHUBER, H.H.; HANDLBAUER, G.; MATZLER, K.: Kundenzufriedenheit durch Kernkompetenzen, Wien 1997, S. 6

[20] vgl. JOHANSSON, H.J.: a.a.O., S. 6

des Kunden mit dem Produkt oder mit der Leistung erzielt werden kann. Technisch ausgereifte Lösungen von Nachfragerwünschen alleine sind ein zunehmend unzureichendes Instrument zur Erlangung von tragfähigen Marktpositionen. Wettbewerbsvorteile können heute erreicht werden, indem Unternehmungen aktiv an der Verbesserung der Produktionsprozesse ihrer Kunden und deren Marktstellung mitwirken. Somit werden aus Leistungsprodukten Leistungsprozesse, auf die der Nachfrager aktiven Einfluß ausüben kann, will oder muß[21]. Dies gilt ins besondere für den Service (siehe Kapitel 4.4.2 Kundenorientierung durch Servicequalität).

Auf diese Art und Weise können nicht nur Ausgangspunkte für Differenzierungsstrategien gefunden und erfolgreich vermarktet werden, sondern die Steigerung des Abnehmerwertes führt zum Aufbau einer Beziehung zwischen Abnehmer und Unternehmung und weiter zur Integration des Kunden in die eigene Wertkette und letztendlich zur Kundenbindung auf längere Sicht.

3.2.2.2 Verknüpfung von Wertketten

In weiterer Folge soll nun die Wertkette und deren Einfluß auf die Erfüllung der Kundenanforderungen untersucht werden.

---

[21] vgl. EHRET, M.; GLOGOWSKY, A.: Customer Integration im industriellen Dienstleistungsmanagement, S. 204, in: KLEINALTENKAMP, M.; FLIESS, S.; JACOB, F.: Customer Integration - Von der Kundenorientierung zur Kundenintegration, Wiesbaden 1996, S. 204 - 218

UNTERNEHMUNGSPROZESSDARSTELLUNG 39

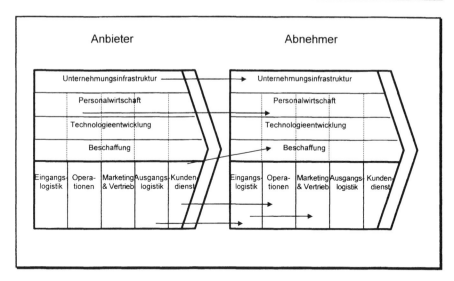

Abb. 3.5: Wertkettenverknüpfung nach *Porter*

Auch Abnehmer haben Wertketten und das Produkt einer Unternehmung stellt in der Kette des Abnehmers einen gekauften Input dar.

Die Abb. 3.4 zeigt, wie die Wertkette einer Unternehmung auf die Wertkette des Nachfragers wirken kann. Der Kundendienst des Anbieters zum Beispiel beeinflußt die Beschaffungs- und die Marketingfunktionen des Kunden. Die Unternehmungsinfrastrukturen der anbietenden Unternehmungen wirken auf die Kundenunternehmung.

Dieser Einfluß geht oft bewußt oder unbewußt weit über den Bereich hinaus, der sich mit der vorhersehbaren Verwendung des Produktes oder der Dienstleistung befaßt. Es kommt dazu, daß für den Kunden der tatsächliche Abnehmerwert über den wahrgenommenen Wert hinausgeht, es kann aber auch der Fall sein, daß der wahrgenommene Wert vom tatsächlichen Abnehmerwert nicht erreicht wird.[22]

Welche Verbindungen zwischen der Wertkette der einen Unternehmung und der Wertkette eines Abnehmers bestehen, hängt davon ab, wie das Produkt der Unternehmung vom Abnehmer tatsächlich verwendet wird.

---

[22] siehe dazu PORTER, M.E.: a.a.O., S. 189ff.

Der Abnehmerwert hängt nicht davon ab, wie er es beabsichtigt zu verwenden. Selbst die sorgfältigste Produktgestaltung kann nur unbefriedigende Ergebnisse zeitigen, wenn der Abnehmer das Produkt weder zu installieren noch zu benutzen imstande ist, noch es instand zu halten versteht, oder wenn es für einen Zweck verwendet wird, für den es nicht bestimmt ist. *Backhaus* schreibt in diesem Zusammenhang, daß es notwendig ist, die gesamte Wertkette auf die anvisierte Marktposition auszurichten.[23]

Der Einfluß der eigenen Wertkette auf die Wertkette des Abnehmers ist natürlich nicht nur für die nachgelagerte Wertschöpfungsstufe wirksam. Über alle Stufen der Wertschöpfungsprozesse hat die Wertkette der eigenen Unternehmung einen Einfluß auf die Wertketten der Abnehmer. *Porter* bezeichnet die gesamte Abfolge von Wertketten als Wertsystem.[24]

Hat eine Unternehmung für den im Wertsystem nachgereihten Abnehmer einen Mehrwert geschaffen, so bedeutet das noch nicht, daß dieser Nachfrager imstande ist, seinen Abnehmern oder dem Endverbraucher ebenfalls einen Mehrwert zu vermitteln. Das Interesse der eigenen Unternehmung muß es aber im Sinne der langfristigen Sicherung des Unternehmungserfolges sein, durch jene Zwischenprodukte oder Systeme, in denen ihre Erzeugnisse verbaut sind, auch den nachgereihten Kunden den Mehrwert weiter zu vermitteln. Es ist also notwendig, auch auf höheren Beziehungsstufen Einfluß auf die Wertkette des, in diesem Fall nicht direkt nachgereihten, Abnehmers zu nehmen. Da aber der Mehrwert für diesen nachliegenden Kunden ein anderer ist, als jener für den direkt folgenden, muß auch die Einflußnahme auf dessen Wertkette differenziert erfolgen.

3.2.2.3 Möglichkeiten zur Abnehmerwertermittlung

Die Leistungsprozeßgestaltung umfaßt Aufgabenbereiche, wie das Definieren der Leistungsvereinbarungen mit den Prozeßverantwortlichen, nach Maßgabe der seitens der Kunden geforderten Qualität, das Eliminieren der zur Erreichung der Kundenanforderungen nicht notwendigen Prozesse und die funktionenübergreifende Koordination nach innen.

---

[23] vgl. BACKHAUS, K.: Industriegütermarketing, München 1997, S. 34
[24] vgl. PORTER, M.E.: a.a.O., S. 60

Eine Möglichkeit zur Ermittlung der Kundenanforderungen der gesamten Wertkette ist eine retrograde Abnehmerwertanalyse. Diese hat ihren Ausgangspunkt bei den wirklichen (externen) Abnehmern (Endkunden) und erhebt von dort ausgehend, die Anforderungen an die Kern- und Teilprozesse (interne Kunden) in den jeweiligen Prozeßebenen.[25]

Das bedeutet, daß es notwendig ist, dem Prozeßverantwortlichen Informationen zukommen zu lassen, die über seine eigene Kunden-Lieferantenbeziehung hinausgeht, um ihm auch die Möglichkeit zu geben, auf Kundenanforderungen in höheren Beziehungsstufen einzugehen.

Hammer/Champy empfehlen in diesem Zusammenhang die Etablierung eines Kundenmanagers, der als im Prozeßmanagement erfahrene Führungskraft Kenntnis darüber besitzt, wie die Geschäftsabläufe des Kunden funktionieren und welchen Beitrag die eigenen Prozesse zu den Aktivitäten und Unternehmungsprozessen des Kunden leisten können.[26]

Um überhaupt bewußt einen Mehrwert für die Kunden schaffen zu können, muß die Unternehmung erst einmal wissen, wie die Abnehmer ihrerseits diese Produkte einsetzen und verwenden.

Dazu ist es notwendig, einen Dienstleistungsprozeß zu initiieren, der die Wertkette der einzelnen Kunden analysiert. Dieser Dienstleistungsprozeß ist in Abbildung 3.5 dargestellt und besteht aus vier Teilprozessen:[27]

1. Im ersten Teilschritt wird die Wertkette des Kunden dargestellt und durchleuchtet. Die eigene Unternehmung erhält somit Klarheit über die Art der Verwendung des eigenen Erzeugnisses oder der eigenen Leistung beim Kunden.

---

[25] Zu phasenbezogenen Marketingentscheidungen für Entscheidungsprozesse beim Marketing komplexer Anlagen siehe BACKHAUS, K.: a.a.O., S. 431
[26] vgl. HAMMER, M.; CHAMPY, J.: Business Reengineering, Frankfurt am Main 1994, S. 157
[27] vgl. PORTER, M.E.: a.a.O., S. 62 und SHOSTACK, G.L.: Service Positioning Through Structural Change; in: Lovelock (1991), S. 147 - 160

2. Im zweiten Teilschritt kommt es zur Analyse von möglichen Interaktionspotentialen. Dabei kann es sich zum Beispiel um Projektassistenzmöglichkeiten für den Kunden oder auch um mögliche Mitarbeiterschulungen beim Kunden handeln.

3. Intern kommt es nun zu einer Auswahl der tatsächlich anzubietenden Interaktionsvorschläge. Es wird beispielsweise fixiert, daß eine Schulung beim Kunden oder Projekt-assistenz in schwierigen Projektphasen angeboten wird.

4. Als vierter Punkt kommt es zur Umsetzung der beschlossenen Interaktionsmaßnahmen. Schulungspersonal wird zur Verfügung gestellt oder die eigene Projekterfahrung und unternehmungsinterne Marktforschungsressourcen fließen in den Wertschöpfungsprozeß des Kunden ein.

Den Kern dieser Wertkettenanalyse stellt die Suche nach Verbesserungspotentialen in der Wertkette des Kunden dar, aus denen in weiterer Folge Optimierungspotentiale für den eigenen Leistungserstellungsprozeß abgeleitet werden können.

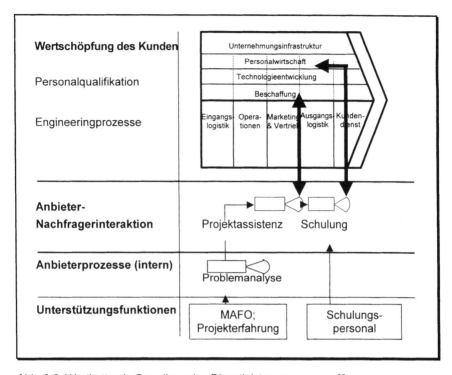

Abb. 3.6: Wertkette als Grundlage des Dienstleistungsprozesses[28]

Aus der Kenntnis der Wertkette des Kunden ergibt sich die Möglichkeit, den Ablauf der Interaktion und die Prozeßabläufe an sich zu standardisieren. Die Standardisierung ist eine der möglichen Ausgangspunkte zur systematischen Steigerung der Prozeßleistung.

3.2.3 Einfluß der Standardisierung auf den Prozeßablauf

Die Kombination von Teilprozessen ergibt, zu einem Hauptprozeß zusammengesetzt, die individuell auf Nachfragerbedürfnisse abgestimmte Leistungsspezifikation. Diese Prozeßmodule können - einem Baukastensystem gleich - zusammengesetzt

---

[28] vgl. PORTER, M.E.: a.a.O., S. 62 und SHOSTACK, G.L.: a.a.O., S. 147 - 160

werden und so neben einer bestmöglichen Leistungsindividualität zusätzlich eine kostengünstige Leistungserstellung garantieren.[29]

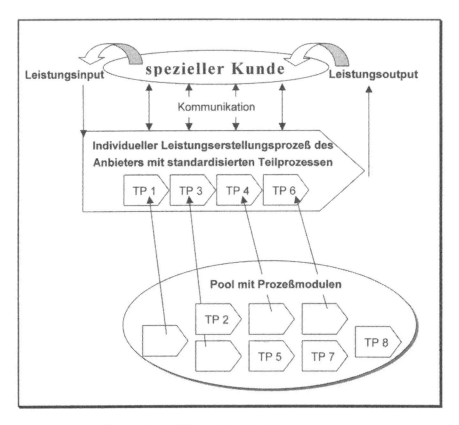

Abb. 3.7: Prozeßeffizienz durch Teilprozeßmodularisierung

Ist ein zur Leistungserstellung benötigter Teilprozeß nicht in dem Prozeßpool enthalten, so muß dieser entweder in Abänderung eines schon bestehenden Teilprozesses erstellt oder gänzlich neu geschaffen und als neuer Teilprozeß in den Pool

---

[29] vgl. REISS, M.; BECK, T.: Mass Customization-Geschäfte: Kostengünstige Kundennähe durch zweigleisige Geschäftssegmentierung; in: Thexis (1995) 3, S. 30 - 36; zitiert in: EHRET, M.; GOLGOWSKY, A.: Customer Integration im industriellen Dienstleistungsmanagement, S. 206, in: KLEINALTENKAMP, M.; FLIESS, S.; JACOB, F.: a.a.O., S. 203 - 218

aufgenommen werden. Der gesamte Prozeßpool wird dadurch erweitert, und es steht für zukünftige Leistungserstellungsprozesse ein erweitertes Teilprozeßangebot zur Verfügung.

Je feiner die Unterteilung in standardisierte Teilprozesse vorgenommen wird, desto genauer kann die erbrachte Leistung mit den Kundenanforderungen in Deckung gebracht werden. Auf der anderen Seite erhöhen sich wiederum der Koordinationsaufwand und die Anzahl der notwendigen Interaktionen mit dem Abnehmer.[30] Bei steigender Teilprozeßanzahl nähert sich der daraus kombinierte Leistungserstellungsprozeß immer stärker einem nicht standardisierten Prozeß an.

- **Standardisierung und Kundenlebenszyklus**

Das Prozeßstandardisierungspotential ist am Beginn des Kundenlebenszyklus gering. Mit weiterem Fortschreiten des Abnehmers auf der Lebenszykluskurve wird dieses Potential größer. In der Reifephase ist schließlich die größte Möglichkeit zur Standardisierung des Leistungserstellungsprozesses gegeben.

- **Standardisierung und Kundenzufriedenheit**

Ein bestimmtes Maß an Standardisierung der Leistungserstellung impliziert auch eine Standardisierung der Geschäftsbeziehung mit dem Kunden.
Dem gegenüber steht die gewünschte Leistungsindividualität. Ziel des kundenorientierten Anbieters ist es, auf die jeweiligen Wünsche des Abnehmers hinsichtlich der Leistungsgestaltung soweit wie möglich einzugehen und ihm eine individuelle, maßgeschneiderte Problemlösung anzubieten. Individualisierung ist eine einzelwirtschaftliche Vorgehensweise einer Anbieterunternehmung, die das Ziel verfolgt, ein spezifisches Leistungsergebnis kundenindividuell für den einzelnen Nachfrager zu gestalten.[31] Eine Individualisierung der Leistungserstellung benötigt Informationen als Ausgangspunkt, die aus den Anforderungen des einzelnen Kunden an der Prozeß der Leistungserstellung eruiert werden müssen.

---

[30] *Meffert* rückt das Entscheidungsproblem zwischen Standardisierung und Differenzierung in den Mittelpunkt der Maßnahmenplanung für das internationale Marketing. Standardisierungsobjekte stellen neben den Marketinginhalten für ihn die Marketingprozesse dar. siehe dazu: MEFFERT, H.: Marketing-Management: Analyse - Strategie - Implementierung, Wiesbaden 1994, S. 1155

[31] vgl. KLEINALTENKAMP, M.; FLIESS, S.; JACOB, F.: a.a.O., S. 166

3.2.3.1 Marktbearbeitungsstrategien zur Standardisierung

Verschiedene Anbieter-Kundenbeziehungen binden Ressourcen in unterschiedlichem Ausmaß. Betrachtet man den Prozeßablauf des Marketing bei der Interaktion mit dem einzelnen Kunden so kann erkannt werden, daß es in Abhängigkeit von der beiderseitigen Erfahrung bei der Leistungsprozeßabwicklung unterschiedliche Möglichkeiten der Prozeßstandardisierung gibt.[32]

Daraus ergeben sich in weiterer Folge verschiedene Marktbearbeitungsstrategien, die kommend aus den Dienstleistungsbereichen, heute verstärkt auch in produzierenden Branchen Gültigkeit erlangen. Das Standardisierungspotential ist dabei grundsätzlich durch die Intensität des Einflusses des externen Faktors (Kunde) auf den Leistungserstellungsprozeß bzw. auf die Leistung an sich determiniert. In diesem Zusammenhang können unterschiedliche Marktbearbeitungsstrategien formuliert werden: [33]

Diese Strategiealternativen sind die undifferenzierte Marktbearbeitung, die differenzierte Marktbearbeitung und die „Segment-of-one-approach"-Maktbearbeitungsstrategie.

---

[32] vgl. KLEINALTENKAMP, M.; FLIESS, S.; JACOB, F.: a.a.O., S. 101
[33] vgl. MEFFERT, H.; BRUHN, M.: Dienstleistungsmarketing, Grundlagen - Konzepte - Methoden, Wiesbaden 1995, S. 186

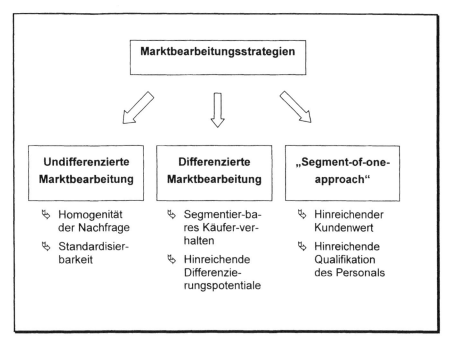

Abb. 3.8: Marktbearbeitungsstrategien[34]

3.2.3.1.1 Undifferenzierte Marktbearbeitungsstrategie

Im Rahmen der undifferenzierten Marktbearbeitungsstrategie werden von einer Unternehmung Standardleistungen angeboten. Diese Marktbearbeitungsstrategie stellt nicht auf die Unterschiede in den Bedürfnissen und Verhaltensweisen ab, sondern versucht die Gemeinsamkeiten der Marktteilnehmer auszunützen. Das bedeutet für den Konsumenten, daß es zu einer Vereinheitlichung des Service- bzw. des Qualitätsniveaus kommt. Da die Haupt-Standardisierungsobjekte die Prozesse sind, kann gegenüber den individuellen Erstellungsprozessen eine Verringerung der Qualitätsunterschiede erreicht werden.

---

[34] MEFFERT, H.; BRUHN, M.: a.a.O., S. 186

Corsten definiert für Dienstleistungen drei Arten der Standardisierung:[35]

- **Die Standardisierung der gesamten Dienstleistung**
  Ist die Dienstleistung im voraus exakt determiniert und hat der externe Faktor keinen direkten Einfluß auf die Leistungserstellung, so ist die Standardisierung der gesamten Dienstleistung möglich.

- **Die Standardisierung von Teilkomponenten einer Dienstleistung**
  Übt der externe Faktor verstärkten Einfluß auf die Dienstleistung aus und beeinflußt so den Leistungserstellungsprozeß, so können Teilkomponenten standardisiert werde. Diese Standardleistungen werden durch individuelle Zusatzleistungen ergänzt.

- **Die Standardisierung des Kundenverhaltens**
  Ist es möglich, einen starken externen Einfluß auf die Erstellung einer Dienstleistung zu verringern, so kann ein gewisses Standardisierungspotential ausgeschöpft werden. Dazu bedarf es einer Standardisierung des Kundenverhaltens.

3.2.3.1.2 Ansatzpunkte zur Standardisierung

Ansatzpunkte für Aktivitäten zur Standardisierung sind die zu erwartenden positiven Auswirkungen auf die unternehmerische Tätigkeit und auf die Beziehung zu den Abnehmern. Folgende Auswirkungen können angeführt werden:[36]

- Kostenersparnis durch Ausnutzung von Volumen-, Spezialisierungs- und Lerneffekten

- Erleichterung der Koordination zwischen Mutter- und Tochtergesellschaften

- Förderung eines einheitlichen Erscheinungsbildes im Sinne der Corporate Identity

- Erleichterung einer globalen Optimierung der Marketingaktivitäten

Ist sowohl auf Anbieter- als auch auf Nachfragerseite kein Vorwissen über den Leistungserstellungsprozeß vorhanden, so wird auch der Leistungserstellungsprozeß an sich nicht von vornherein klar zu strukturieren sein. In der Ansprache des Kunden und in dessen Einbindung in die Generierung der Leistung muß in Abhängigkeit von

---

[35] vgl. CORSTEN, H.: Die Produktion von Dienstleistungen, Betriebswirtschaftliche Studien, Nr.51, Berlin 1985; zitiert in: MEFFERT, H.; BRUHN, M.: a.a.O., S. 186

[36] vgl.: RALPH, B.; FANTAPIE ALTOBELLI, C.; SANDER, M.: Internationale Marketingpolitik, Berlin 1997, S. 19

der Kommunikation mit dem Kunden entschieden werden, wie und mit welchen Mitteln der Leistungsempfänger bearbeitet wird. Von einer Standardisierung kann in diesem Fall noch nicht gesprochen werden.

- **Know-how-Vorsprung der Unternehmung**

Weiß der Anbieter über den Leistungserstellungsprozeß Bescheid, so hat dieser die Möglichkeit, mit von ihm standardisierten Prozessen auf den Kunden zuzugehen und ihn nach seinen Ermessen in die Leistungserstellung zu integrieren. Die Gefahr besteht dabei darin, daß er diese Mittel nicht aufgrund der Kommunikation mit dem Kunden zu variieren in der Lage ist, sondern sich auf seine bisher getätigten Erfahrungen verläßt und dabei eventuell übersieht, wenn standardisierte Prozesse nicht mehr den Kundenanforderungen entsprechen.

- **Know-how-Vorsprung des Kunden**

Ist auf Anbieterseite vergleichsweise wenig Prozeß-Know-how vorhanden und wird dieses verstärkt von der Kundenseite eingebracht, so begibt sich der Leistungsersteller in die Situation, daß er sich stark vom Nachfrager steuern lassen muß und in ein Abhängigkeitsverhältnis zu diesem geraten kann. Eine Standardisierung der Prozeßsteuerung kann in diesem Fall nur vom Kunden aus erfolgen.

Eventuell kann der Anbieter sich über die Dauer der Geschäftsbeziehung eigenes Know-how aneignen und wird so immer mehr zum mitbestimmenden Faktor. Die Standardisierungsinstrumente des Kunden müssen aber in jedem Fall greifen, um ein anforderungsgerechtes Prozeßergebnis zu erreichen.

3.2.3.1.3 Differenzierte Marktbearbeitungsstrategie

Im Rahmen der differenzierten Marktbearbeitungsstrategie werden die ausgewählten Marktsegmente durch zielgruppenspezifischen Einsatz der Marketinginstrumente bearbeitet. Es wird versucht, sich auf die Besonderheiten der unterschiedlichen Kundengruppen einzustellen. Entsprechend der anzusprechenden Kundengruppe kann aus dem Pool der Teilprozesse jener Leistungsprozeß zusammengestellt werden, der in der Lage ist die Anforderungen der Kundengruppe bestmöglich zu erfüllen.

Eine Analyse des Produkt- und des Leistungsspektrums einer Unternehmung führt häufig zu dem Ergebnis, daß Kunden des gleichen Nachfragesegments und der identischen Nachfrageausprägung eine Vielzahl von verschiedenen Leistungen oder Leistungsvarianten angeboten bekommen. Durch eine Reduktion der Produktpalette lassen sich bei dieser differenzierten Marktbearbeitung mehrere Zielsetzungen miteinander verbinden.

Ausgehend von einer durchsichtigeren Organisationsstruktur für Management, Mitarbeiter und auch Kunden, fließen die Anstrengungen nicht mehr in die Beherrschung der Komplexität, sondern in die Konzentration auf die Kernfähigkeiten. In sich homogene Kundengruppen können mit gleichen Produkt- und Leistungsspektren zufriedengestellt werden.

Als Gefahr ist zu werten, daß die Vereinheitlichung des gebotenen Leistungsspektrums oder des produzierten Produktes über die Grenzen der eigenen Unternehmung hinaus, schlußendlich dazu führen kann, daß die erreichbare Kundenbindungsintensität abnimmt.[37] Wird dem Kunden ein Differenzierungsmerkmal gegenüber der Konkurrenz nicht durch Kommunikation der eigenen Besonderheite mitgeteilt und dadurch ein Mehrwert klargemacht, so sind bei bereits kleinen Änderungen am Markt (Preis-, Qualitäts-, Zeitänderungen) Abwanderungstendenzen zur Konkurrenz möglich.

3.2.3.1.4 „Segment-of-one-approach" Marktbearbeitungsstrategie

Im Rahmen der „Segment-of-one-approach" Maktbearbeitungsstrategie wird der Forderung Rechnung getragen, daß jede Leistung so stark individualisiert werden soll, daß sie für jeden Konsumenten ein individuelles Ergebnis entsteht.[38] Im vielen Dienstleistungsbereichen ist dieser Ansatz automatisch realisiert. Es ist oft nicht möglich, eine Standardisierung anzubieten. Die Leistung ist von ihrem Anforderungsprofil her so komplex, daß der geforderte Leistungoutput nur durch einen individuell auf die Kundenanforderungen zugeschnittenen Leistungserstellungsprozeß erhalten werden kann. *Meffert* gibt dazu eine systematische Aufstellung der Strategiedimensionen im Rahmen des strategischen Marketings.[39]

---

[37] vgl. REICHERT, E.: Kundenbindung im Computergeschäft - Veränderungen und Chancen in einer zunehmend offenen Systemwelt, S. 72ff.; in: Wissenschaftliche Gesellschaft für Marketing und Unternehmungsführung e.V.; Dokumentation des Workshops Münster 1994, S. 70 - 87

[38] vgl. MEFFERT, H.; BIRKELBACH, R.: Customized Marketing; in: Thexis (1992) 1, S. 18 - 19; zitiert in: MEFFERT, H.; BRUHN, M.: a.a.O., S. 189

[39] vgl.: MEFFERT, H.: (1994), a.a.O., S. 124

3.2.3.2 Automation und Flexibilisierung des Leistungserstellungsprozesses

Sowohl für Fertigungsbetriebe als auch für Dienstleistungsunternehmungen stellt die Automation einen wesentlichen Faktor zur Prozeßvereinfachung dar. Damit zusammenhängende stärkere zeitliche Flexibilität schafft zusätzlichen Kundennutzen. Dabei denke man zum Beispiel an Bankomaten, die ein 24 Stunden-Service ermöglichen oder an Tankstellenautomaten, die auf der einen Seite Personalkapazität einsparen und auf der anderen Seite die zeitlichen Bindungen der Kunden an Öffnungszeiten verringern.

Flexibilisierung bedeutet nicht nur, einen variantenreicheren Fertigungsablauf zu erreichen, sondern zielt auch auf einen richtig gestalteten Einsatz der unternehmerischen Ressourcen ab. Eine dieser Ressourcen sind die Mitarbeiter. Um deren Einsatzbereich flexibler gestalten zu können, ermöglichen Konzepte des flexiblen Personaleinsatzes es, ein hohes Maß an Flexibilität sicherzustellen.

Gilmore/Pine definieren vier Wege, um einen Produzenten von Massenprodukten auf die nötige Flexibilität in der Leistungserstellung auszurichten:[40]

1. Aufbau eines automatisierten Kundendialoges zur Bedürfniserhebung und weitest mögliche kundenindividuelle Produktgestaltung
2. Adaptive Produktgestaltung ermöglicht es dem Kunden selbst, das Produkt individuell zu gestalten und auf seine Anforderungen hin zu adaptieren.
3. Unterschiedliche Präsentation und Darbietung des Produktes machen aus einem ursprünglichen Standardprodukt ein den individuellen Kundenanforderungen entsprechendes Produkt.
4. Kundenindividuelle Produktgestaltung durch Kenntnis der Anforderungen

3.2.3.3 Produkt- und Leistungsgestaltung

Die Anforderungen zur Steigerung der Prozeßperformance können erst durch gezielte Kommunikation und Interaktion mit dem Kunden erhoben und ausgewertet werden und schlußendlich in die Leistung oder in das Produkt einfließen.

---

[40] vgl. GILMORE, J.H.; PINE, J.: Massenproduktion auf den Kunden zugeschnitten, S. 106ff.; in: Harvard Business manager (1997) 4, S. 105 - 113

Diese Forderung wird durch eine sogenannte akquisitionssynchrone Produktgestaltung erfüllt.[41] Bei dieser Art der Produktgestaltung wird der individuelle Kunde in den Akquisitionsprozeß, in die Anforderungsanalyse und in die Leistungsgestaltung mit einbezogen (siehe Abbildung 3.9).

Ist die Gestaltung des Produktes oder der Leistung getrennt vom individuellen Abnehmer festgelegt, so spricht man von einer der akquisitionsvorgelagerten Produktgestaltung (siehe Abbildung 3.9).

Dabei werden die Kundenanforderungen sehr wohl ermittelt, aber man versucht, ein für alle Kunden gemeinsames oder eventuell nach Kundengruppen selektiv gültiges Anforderungsprofil zu ermitteln. Dieses Profil trifft die beim individuellen Kunden vorhandenen Leistungsanforderungen nicht mit der gleichen Genauigkeit, wie dies bei akquisitionssynchroner Produktgestaltung der Fall wäre. Aber auf der anderen Seite ergibt die mögliche Standardisierung einen Kostenvorteil für die Unternehmung, der falls er an den Kunden weitergegeben wird, bei diesem positiven Einfluß auf die Kaufentscheidung haben kann.

---

[41] vgl. JACOB, F.: Produktindividualisierung: Ein Ansatz zur innovativen Leistungsgestaltung im Business-to-Business-Bereich, Wiesbaden 1995, S. 8f

UNTERNEHMUNGSPROZESSDARSTELLUNG 53

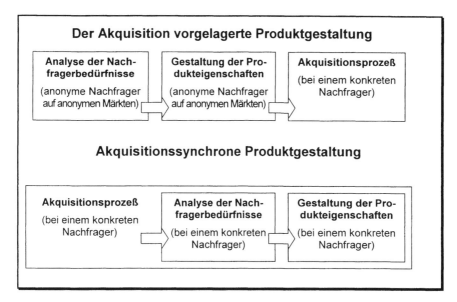

Abb. 3.9: Produktgestaltung und Akquisition bei Produktindividualisierung[42]

Er ist sozusagen bereit, auf einen Teil seiner speziellen Leistungsanforderungen zu verzichten, wenn er für die gesamte Leistung weniger zu bezahlen hat. Vielfach ist es in so einem Fall aber notwendig, daß aktiv von der Seite der Unternehmung erhoben wird, ob der Individualitätsanspruch des Kunden oder das Preisbewußtsein im Vordergrund für eine Kaufentscheidung relevant ist.

In Abbildung 3.9 sind die Teilschritte der akquisitionssynchronen und der akquisitionsvorgelagerten Produktgestaltung dargestellt.

In weiterer Folge werden nun der Geschäftsablaufprozeß und anschließend der Marketingprozeß analysiert. Dadurch kommt es zu einer Anwendung der Prozeßdarstellung auf den Geschäftsablauf im Allgemeinen und auf das Marketing im Besonderen.

---

[42] vgl. JACOB, F.: a.a.O., S. 9

3.3 Der Geschäftsablaufprozeß

Der Zweck jeder unternehmerischen Tätigkeit besteht darin, auf gewinnbringende Weise Wertangebote für einen Markt zu erschaffen. Wie dieser Wert geschaffen wird, kann auf zwei verschiedene Arten festgelegt werden. Die herkömmliche Betrachtungsweise geht vom Produkt aus und definiert Tätigkeiten wie Produktentwurf, Materialbeschaffung oder Produktherstellung. Anschließend hat der Vertrieb die Aufgabe, dieses Erzeugnis zu verkaufen. Dazu ist der Preis festzulegen, ein Angebot zu erstellen, Verkaufsförderung zu betreiben, die Warenlogistik zu regeln und es sind etwaige Kundendienste einzurichten.[43]

Nach diesem Prozeßmodell ist der Aufgabenbereich des Marketings am hinteren Prozeßende angesiedelt. Dieser Prozeß ist auf einem Markt erfolgversprechend, der ähnlich dem reinen Verkäufermarkt, den Wünschen des Konsumenten nicht viel Bedeutung beimißt.[44]

Ist der Markt aber dadurch gekennzeichnet, daß der Kunde entscheidet, welche Auswahlmöglichkeit er bevorzugt, so muß es zu einer Umstrukturierung des Geschäftsablaufprozesses kommen.

In einer Unternehmung muß dann ein Prozeß durchlaufen werden, der Wertangebote für den Zielmarkt hervorbringt. Bei dieser Betrachtungsweise steht das Marketing am Anfang des Geschäftsplanungsprozesses. Die Teilprozesse sind dabei die Wertbestimmung, die Werterstellung und die kommunikative Wertvermittlung.[45]

---

[43] vgl. PORTER, M.E.: a.a.O., S. 74

[44] vgl. KOTLER, P.; BLIEMEL, F.: Marketing Management: Analyse, Planung, Umsetzung und Steuerung, Stuttgart 1995, S. 134

[45] vgl. KOTLER, P.; BLIEMEL, F.: a.a.O., S. 132ff.

UNTERNEHMUNGSPROZESSDARSTELLUNG 55

3.3.1 Die Wertbestimmung

Die Wertbestimmung legt fest, welche Prozeßschritte vom Marketing und in der Unternehmung als Ganzes vollzogen werden müssen, bevor es zur Produktion, zu Produkten oder zur Erstellung einer Dienstleistung kommt.[46]

Zu absolvierende Teilschritte:

- Segmentierung, Bedürfnis- und Werterforschung
- Selektion und Fokussierung auf Zielsegmente
- Wertmäßige Positionierung

3.3.2 Die Werterstellung

Nach Fixierung des Wertangebotes kommt es zur Werterstellung. Das Produkt oder die Dienstleistung wird genau spezifiziert und anschließend hergestellt oder geleistet.

Zu absolvierende Teilschritte:

- Produktentwicklung
- Entwicklung des Leistungsangebotes
- Preisfestlegung
- Beschaffung, Herstellung
- Warenverteilung, Kundendienste

3.3.3 Die Wertvermittlung

Um das Produkt am Markt verkaufen zu können und um für die Leistung Konsumenten zu finden, muß es zu einer kommunikativen Wertvermittlung kommen. Auch unternehmungsintern ist es notwendig, eine Kommunikationsfunktion zu etablieren,

---

[46] zu einer Auflistung ausgewählter Prozesse in der Unternehmung siehe: SOMMERLATTE, T.; WEDEKIND, E.: Leistungsprozesse und Organisationsstruktur,S. 30; in: LITTLE, A.D.: Management der Hochleistungsorganisation, Wiesbaden 1990, S. 25 - 41; zitiert in: MEFFERT, H.: Marketing: Grundlagen marktorientierter Unternehmungsführung: Konzepte - Methoden - Praxisbeispiele, Wiesbaden 1998, S. 923

die Mitarbeitern betriebliche Funktionen verdeutlicht und so eine Sensibilisierung für Bedürfnisse und Probleme der Nachfrager erreicht.[47]

Einzubindende Unternehmungsfunktionen:

- Vertrieb
- Verkaufsförderung
- Werbung

Durch diesen wertorientierten Prozeß wird verdeutlicht, daß der Geschäftsablaufprozeß beim Kunden beginnt, noch ehe das Produkt oder die Leistung entsteht. Der Prozeß begleitet Produkt oder Leistung auf dem Weg zum Kunden und orientiert sich ständig an dessen Anforderungen.

Der Geschäftsablaufprozeß soll als Grundlage zur Analyse des Marketingprozesses dienen.

3.4 Die Gestaltung des Marketingprozesses

Eine Prozeßstruktur folgt dem Problemlösungsmuster in problemadäquater Adaption. Dabei geht es darum, möglichst wirkungsnahe Problemfelder zu entwickeln; Prozeßfelder, die auch in der Praxis als Einheiten verstanden werden. Innerhalb der Prozeßfelder sollte ein möglichst ähnliches Denken und Handeln die verbindende Klammer bilden.[48]

3.4.1 Definition Marketingprozeß

Marketingsysteme sind auf Dauer angelegte standardisierte oder teilstandardisierte Regelungen und Verfahren, die hauptsächlich routinierte Marketingaufgabenstellungen erleichtern, indem sie Informationen zur Verfügung stellen sowie Kontrollen ermöglichen bzw. erleichtern. Marketingsysteme können den verschiedensten organisatorischen Einheiten zugeordnet werden. Alle in einer Unternehmung laufenden

---

[47] vgl. MEFFERT, H.: (1994), a.a.O., S. 52
[48] KOPPELMANN, U.: Beschaffungsmarketing, Berlin 1995, S. 48

UNTERNEHMUNGSPROZESSDARSTELLUNG 57

Systeme, wie die Organisationsstruktur, Vergütungssysteme, Leistungsbewertungssysteme, Berichterstattungssysteme etc., beeinflussen den Marketingprozeß.[49]

Indem Manager, die im Bereich des Marketings tätig sind, ihre Aufgaben wahrnehmen, initiieren sie einen Prozeß, der als Marketingprozeß bezeichnet werden soll und der in untenstehender Definition formuliert ist.

Der Marketingprozeß besteht aus der Analyse Marketingchancen, der Ermittlung und Auswahl von Zielmärkten, der Erarbeitung von Marketingstrategien, der Planung des taktischen Vorgehens mit Marketingprogrammen sowie der Organisation, Planung, Durchführung und Steuerung der Marketingaktivitäten.

Abb. 3.10: Definition Marketingprozeß[50]

Als nächstes werden nun die Teilprozesse dieses Marketingprozesses einzeln betrachtet und analysiert (siehe Abbildung 3.11). Diesen Teilschritten sind Begriffe und Instrumentarien zugeordnet, die in weiterer Folge genauer untersucht werden sollen.

---

[49] vgl. HILKER, J.: Marketingimplementierung, Wiesbaden 1993, S. 164
[50] vgl. KOTLER, P.; BLIEMEL, F.: a.a.O., S. 134

58 UNTERNEHMUNGSPROZESSDARSTELLUNG

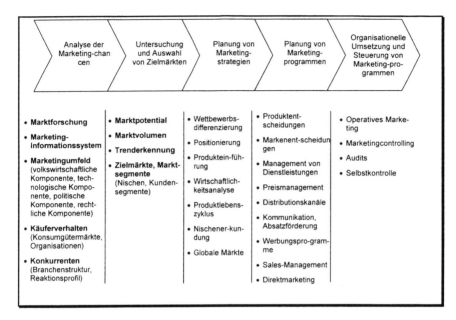

Abb. 3.11: Der Marketingprozeß[51]

Als Prozeßoutput stellt der Marketingplan eines der wichtigsten Ergebnisse des Marketingprozesses dar. Dieser Plan repräsentiert eine Kurzfassung der wichtigsten Ziele und Vorschläge in unterschiedlichen Detaillierungsgraden. Darin sind eine Analyse der Chancen, Gefahren und Problemstellungen, eine Darstellung von Planzielen und Strategien im Marketing, eine Ausformulierung taktischer Arbeitsprogramme, sowie Ergebnisprognosen und Erläuterungen der Methoden von Planfortschrittskontrollen enthalten.

3.4.2 Determinanten der Teilprozesse

3.4.2.1 Analyse der Marketingchancen

Zur Analyse der Marketingchancen ist zu allererst eine breite Informationsbasis notwendig. Dazu ist es wichtig zu erkennen, welche Daten man zur Entscheidung

---

[51] vgl. KOTLER, P.; BLIEMEL, F.: a.a.O., S. 134

UNTERNEHMUNGSPROZESSDARSTELLUNG 59

über welche Tatbestände benötigt und welche außer Acht gelassen werden können. Werden die Daten in Abhängigkeit von der Ebene der Entscheidungsträger systematisch aufbereitet und strukturiert, so spricht man von einem Marketing-Informationssystem. Dieses besteht aus Personen, technischen Einrichtungen und Verfahren zur Gewinnung, Zuordnung, Analyse, Bewertung und Weitergabe zeitnaher und zutreffender Informationen, die dem Entscheidungsträger bei Marketingentscheidungen helfen.[52]

Neben einem innerbetrieblichen Berichtssystem, welches Daten über die Auftragseingänge, die Absatzentwicklung, den Lagerbestand, die Höhe der Forderungen und die Höhe der Verbindlichkeiten darstellt, ist das Marketing-Forschungssystem eine wichtige Informationsbasis im Marketinginformationssystem.[53]

Der Marketingforschungsprozeß konzipiert, ausgehend von einer Definition des Marketingproblems, den Forschungsplan. Anschließend erfolgt die Datenerhebung und deren Analyse. Der Prozeß ist beendet, wenn die gefundenen Informationen in zielgruppenspezifischer Weise aufgearbeitet und dargestellt wurden und so zu einer Verbesserung der Informationsbasis für die entscheidungsbefugten Manager beigetragen haben.[54]

3.4.2.1.1 Chancen im Marketingumfeld

Der wesentliche Aspekt bei der Beurteilung der Marketingchancen ist das Marketingumfeld. Aus diesem erwachsen ständig neue Chancen, aber auch Gefahren für die unternehmerische Tätigkeit. Besonders das Marketing ist dabei gefordert, Informationen zu sammeln und die nötigen Schritte zur Anpassung der strategischen Ausrichtung zu setzen. Anpassungsnotwendigkeiten können verschiedene Ursachen haben:

---

[52] KOTLER, P.; BLIEMEL, F.: a.a.O., S. 181
[53] siehe dazu auch Kapitel 4.4 Instrumente der Kundenzufriedenheit
[54] vgl. BEREKOVEN, L.; ECKERT, W.; ELLENRIEDER, P.: Marktforschung. Methodische Grundlagen und Praktische Anwendung, Wiesbaden 1991, S. 33

UNTERNEHMUNGSPROZESSDARSTELLUNG

- **Veränderungen im Makroumfeld**

Bei diesen Veränderungen geht es um kurzfristig und unvorhersehbar auftauchende Modeerscheinungen, die ein extrem schnelles Handeln von der Unternehmung verlangen. Sind diese Modeerscheinungen eine Abfolge von Ereignissen, die einiges an Dauerhaftigkeit innehaben, so spricht man von einem Trend, der nach eingehender Analyse eine Modifikation der Unternehmungsleistungen an die geänderten Anforderungen des Marktes ermöglicht. Die Fähigkeit Trends zu erkennen, stellt sowohl für die Unternehmung als auch für die Einzelperson ein beträchtliches Erfolgspotential dar. Trends werden ausgelöst durch verschiedene Faktoren. Diese sind Struktur und Zusammensetzung der Marktteilnehmer, die Einkommenssituation und Kaufkraft der Bevölkerung, die Umwelt, in welcher die Marktteilnehmer leben, die technologische Komponente, die politisch rechtliche Situation und die Gesellschaft mit ihren Wertvorstellungen und Normen.[55]

- **Analyse des Käuferverhaltens**

Betrachtet man nicht das Makroumfeld, sondern die einzelnen Personen oder Personengruppen, so sind andere Aspekte relevant. Es gilt zu erkennen, in welchem Markt eine Unternehmung tätig ist, ob man es mit Konsumgütern zu tun hat, die von einzelnen Konsumenten erworben werden oder ob das Kaufverhalten von Organisationen zu untersuchen ist.[56]

- **Analyse der Konkurrenzsituation**

Komplett wird diese Analyse erst durch die genaue Analyse der Konkurrenzsituation, in welcher eine Unternehmung agiert und reagiert. Die Ziele, Strategien und Benchmarks der Konkurrenz zu kennen, trägt viel zur Konkurrenzfähigkeit und somit zum Fortbestand der Unternehmung bei.

---

[55] siehe dazu NAISBITT, J.: Megatrends, Ten New Directions Transforming Our Lives, New York 1982; und NAISBITT, J.: Megatrends 2000, New York 1990; und NAISBITT, J.: Megatrends Asia, New York 1997

[56] zur Analyse des Käuferverhaltens von Industriegüterunternehmungen und die organisationsbezogenen Einflußgrößen des Beschaffungsprozesses vgl. BACKHAUS, K.: a.a.O., S. 90ff.

Generell gilt, daß bei Branchen, die ihre Tätigkeitsfelder in enger Abstimmung mit dem Kunden gestalten und modifizieren, große Anstrengungen notwendig sind, um den sich ständig ändernden Anforderungen gerecht werden zu können. [57]

3.4.2.2 Untersuchung und Auswahl von Zielmärkten

In diesem zweiten Teilprozeß des Marketingprozesses geht es um die Bestimmung von Marktgrößen, die Festlegung von Umsatzpotentialen, um Umfeldprognosen und um Methoden den Markt zu testen. Weiters werden davon ausgehend die Möglichkeiten zur Bestimmung von Zielmärkten, Absatzsegmenten und -nischen dargestellt.

3.4.2.2.1 Definition Markt

Ein Markt ist die Gesamtheit der möglichen Käufer eines Produktes. Die Größe des Marktes hängt von der Zahl der möglichen Käufer ab, die man einem bestimmten Marktangebot begrifflich zuordnet. Die möglichen Käufer werden nach den Faktoren Interesse, Kaufkraft und Zugang zum Marktangebot beurteilt.[58] Am Markt treffen Angebot und Nachfrage aufeinander.[59]

Auf diesem Markt interessiert die Gesamtnachfrage nach einem Produkt oder nach einer Leistung. Diese ist vom gesamten Volumen abhängig, welches von einer spezifischen Kundengruppe in einem gewissen Gebiet innerhalb eines bestimmten Zeitraumes, in einem spezifischen Marketingumfeld und unter Einsatz eines spezifischen Marketingprogrammes gekauft würde. Die Obergrenze der Gesamtnachfrage bildet dabei das Marktpotential, welches höchstmögliches Niveau der branchenweiten Marketingaufwendungen voraussetzt. Die unternehmungsspezifische Umsatzprognose geht von einem festgelegten Marketingplan und spezifischen Annahmen über das Marketingumfeld aus und ermittelt den erwarteten Unternehmungsumsatz.

Betrachtet man nicht nur die gegenwärtige Situation, sondern möchte eine Unternehmung auch die zukünftige Entwicklung erfassen, so müssen die Nachfragepotentiale in der Zukunft erhoben werden. In Märkten mit wenig aggressivem Wettbewerb

---

[57] vgl. BOUTTELLIER, R.; VÖLKER, R.: Erfolg durch innovative Produkte: Bausteine des Innovationsmanagements, München 1997, S. 53ff.

[58] vgl. KOTLER, P.; BLIEMEL, F.: a.a.O., S. 394

[59] vgl. SCHEUCH, F.: Marketing, München 1993, S. 13

und konstanten Bedarfsentwicklungen ist diese Aufgabe relativ leicht zu bewältigen. Ist die Struktur des Marktes jedoch von Umsatzschwankungen, Modeerscheinungen und starker Konkurrenzsituation gekennzeichnet, so kommt der Umfeldprognose erhebliche Bedeutung zu.

3.4.2.2.2 Marktsegmentierung

Modernes strategisches Marketing beinhaltet das sogenannte STP-Marketing. Dieses setzt sich aus den Begriffen Segmenting für Marktsegmentierung, Targeting für Zielmarktfestlegung und Positioning für Positionierung zusammen.[60]

Dabei meint Segmenting die Abkehr von einem Massenmarketing hin zu einer Marktsegmentierung und zu einer Erarbeitung von Segmentprofilen.

Targeting meint die Abschätzung der Attraktivität jedes Marktsegmentes und die Auswahl der Zielsegmente.

Positioning bedeutet eine Aufstellung möglicher Positionierungskonzeptionen in jedem Zielsegment.

---

[60] vgl. KOTLER, P.; BLIEMEL, F.: a.a.O., S. 422

UNTERNEHMUNGSPROZESSDARSTELLUNG

Ein Verfahren zur Marktsegmentierung kann aus drei Phasen bestehen und ist in Tabelle 3.1 dargestellt:

	Phasenbeschreibung
1. Datenerhebung	• Durchführung von Interviews, Motivations-, Einstellungs-, Verhaltensforschung • Marketingforschung über: Produktmerkmalsbeurteilung, Markenbeurteilung, Produktverwendungsprofile, Produktkategorisierungen, demografische und psychografische Daten von Kunden
2. Datenanalyse	• Clusteranalyse der Einflußfaktoren mit dem Ziel, Segmente zu bilden. Cluster soll in sich homogen und anderen Clustern gegenüber heterogen sein.
3. Marktprofilerstellung	• Analyse der Cluster nach verschiedenen Merkmalen • Benennung der Cluster • Identifikation der Zielcluster

Tab. 3.1: Verfahren zur Marktsegmentierung[61]

Eine einmalige Segmentierung reicht nicht aus. In Abhängigkeit von der Änderungsgeschwindigkeit des Marktes muß dieses Verfahren wiederholt und die Segmentierung aufs neue vorgenommen werden.

Ansätze zur Marktsegmentierung gehen entweder von allgemeinen Verbrauchermerkmalen aus und schließen auf demografische (Alter, Geschlecht, Einkommen), geografische (Regionen, Ortsgrößen, Bevölkerungsdichte) und psychografische (soziale Schichten, Lebensstil, Persönlichkeit) Merkmale oder sie betreffen spezielle Verhaltensmerkmale, wie Einstellungen (positiv, neutral, negativ), Verwendung (stark, mittel, schwach), Nutzenangebote (Qualität, Service, Wirtschaftlichkeit) oder Anlässe (gewöhnliche oder spezielle Anlässe).[62]

---

[61] vgl. KOTLER, P.; BLIEMEL, F.: a.a.O., S. 427f
[62] vgl. KOTLER, P.; ARMSTRONG, G.: Marketing: eine Einführung, Wien 1997, S. 298ff.

Bei Segmentierungsansätzen von industriellen Märkten sind zusätzlich wichtig die Beschaffungskonzepte der Kunden, situationsbedingte Faktoren, wie Dringlichkeit, Auftragsumfang oder spezifische Produktanwendungen und andere mehr.[63]

3.4.2.2.3 Zielmarktbestimmung

Die durch die Marktsegmentierung aufgezeigten Chancen müssen nun bewertet werden, und es muß zu einer Fokussierung der unternehmerischen Tätigkeiten auf die Zielsegmente kommen. Faktoren, die bei der Segmentbewertung beachtet werden müssen, sind die Größe und das Wachstum des Segmentes, die strukturelle Attraktivität und die Übereinstimmung mit den Zielsetzungen und Ressourcen der Unternehmung.[64]

3.4.2.3 Planung von Marketingstrategien

In diesem Teilprozeß des Marketingprozesses geht es um Ansätze zur Differenzierung und Positionierung im Wettbewerb. Diese Differenzierung kann entweder über das Produkt erfolgen oder über Zusatzleistungen wie das Service. Auch die Mitarbeiter oder die Unternehmungsidentität können zur Differenzierung beitragen.

In der Literatur werden vielfältige Strategiekonzeptionen diskutiert. Dabei kann zwischen Partialansätzen und integrativen Ansätzen unterschieden werden. Partialansätze behandeln in der Regel nur einen Ausschnitt des strategischen Entscheidungsproblems. Integrative Ansätze versuchen das gesamte, sich aus den Aufgaben der strategischen Marketingplanung ergebende Entscheidungsspektrum grundsätzlicher Marketingstrategien abzudecken und zu systematisieren.[65]

Wichtig ist es auch, das Risiko einer neuen Produkteinführung zu minimieren. Ein Prozeß mit den Teilprozessen Wirtschaftlichkeitsrechnung, Überprüfung der Produktentwicklung, Markterprobung, Markteinführung und Adoption (Annahme am Markt) bzw. Diffusion ermöglicht eine Beurteilung des Risikos einer erfolgter Produkt-

---

[63] vgl. KOTLER, P.; ARMSTRONG, G.: a.a.O., S. 310f

[64] bezüglich der Zielmarktbestimmung und der damit zusammenhängenden strategischen Anpassung siehe: PATT, P.J.: Der Handel als Zielgruppe der Industrie - Strukturen und Konzeption im Handel: Internationalisierung im Einzelhandel; in: IRRGANG, W.: Vertikales Marketing im Wandel: aktuelle Strategien und Operationalisierung zwischen Hersteller und Handel, München 1993, S. 81 - 95

[65] vgl. MEFFERT, H.: (1994), a.a.O., S. 109ff.

oder Leistungsinnovationen. Wichtig ist in dieser Phase das Wissen über den Stand der Erzeugnisse im Produktlebenszyklus. Dieser beschreibt, wie ein potentieller Kunde von dem neuen Produkt hört, es ausprobiert, annimmt oder ablehnt. Die Unternehmung muß diesen Prozeß verstehen, um eine effektive Strategie zur schnellen Marktdurchdringung entwickeln zu können. Aus diesen Einzelbestandteilen können anschließend Strategien entwickelt werden, die auf die Stellung der Unternehmung im Wettbewerb abgestimmt sind (Marktführer, Herausforderer, Mitläufer, Nischenbesetzer oder Global Player).[66]

In der Einführungsphase stellt sich die strategische Entscheidung, mit welcher Stärke der Markteintritt vorgenommen wird. In der Wachstumsphase ist die strategische Entscheidung zu treffen, in welchem Ausmaß die errichtete Marktposition konsolidiert und verstärkt oder verändert werden soll. In der Reifephase ist die Frage zu stellen, welche Alternativen für die Verteidigung oder für den Ausbau des Marktanteils zweckmäßig sind. In der Sättigungs- und Schrumpfungsphase muß schließlich die Entscheidung getroffen werden, in welcher Form bei den etablierten Marktpositionen die harte Wettbewerbskonfrontation am erfolgreichsten durchgestanden werden kann.[67]

3.4.2.4 Planung von Marketingprogrammen

Die Planung von Marketingprogrammen betrifft in erster Linie die als Marketingmix bekannte Kombination der vier (oder mehr) p`s.

Betrachtet man zuerst einen Produktionsbetrieb, so geht es darum, Produkhierarchien zu erarbeiten und Produktmix- und Produkthierarchieentscheidungen zu treffen.[68] Auch Überlegungen, die die Markierung betreffen, sind in dieser Prozeßphase anzustellen.

---

[66] vgl. KOTLER, P.; BLIEMEL, F.: a.a.O., S. 467 - 655

[67] vgl. MEFFERT, H.: Strategische Unternehmungsführung und Marketing, Beiträge zur Marktorientierten Unternehmungspolitik, Wiesbaden 1988, S. 53

[68] zur produktbezogenen Planung von Marketingaktivitäten siehe BRUHN, M.: Marketing: Grundlagen für Studium und Praxis, Wiesbaden 1997, S. 129ff.

66 UNTERNEHMUNGSPROZESSDARSTELLUNG

Bei Dienstleistungen geht es um die Definition der Leistung und um die Frage, ob ein eventuell gemeinsam mit der Leistung abzusetzendes Produkt bei der Vermarktung im Vordergrund stehen soll oder ob die Dienstleistung die Hauptkomponente ausmacht und das Produkt nur einen quasi Zusatznutzen für den Leistungskonsumenten darstellt.

Das Preismanagement befaßt sich mit den Aufgabenbereichen der erstmaligen Preisbildung, den preispolitischen Zielsetzungen, mit einer Analyse von Konkurrenzpreisen und -angeboten, mit Methoden zur Schätzung von empfundene Werten, mit Preismodifizierungen und Preisänderungen.

Das Distributionssystem bedarf einer Analyse nach den Kundenanforderungen und -wünschen. Außerdem bedarf es einer ablauforientierten, managementorientierten und konfliktorientierten Untersuchung.

Der Kommunikations- und Absatzförderungsmix benötigt ein Zielpublikum und ein Kommunikationsobjekt sowie formulierte Wirkungsziele. Die Wahl der Kommunikationskanäle stellt an viele Marketingabteilungen eine Herausforderung. Werbeprogramme benötigen die Festlegung von Werbezielen, Werbebudgets, Werbebotschaften und Werbeträgern.

Public-Relations-Programme stellen wie auch das Verkaufsmanagement und Direktmarketing-Programme weitere Aufgaben in diesem Teilprozeß des Marketingprozesses dar. Darin fallen vor allem Fragen des Managements der Kundenbeziehung und der Identifikation von Schlüsselkunden.

3.4.2.5 Umsetzung und Steuerung von Marketingprogrammen
Nach der Analyse der strategischen und taktischen Aspekte gilt es nun, im letzten Teilschritt des Marketingprozesses die organisatorische Seite zu betrachten. Dabei geht es um die Aufbauorganisation und um die Ablauforganisation der Durchführung, Kontrolle und Steuerung von Marketingaktivitäten.

3.4.2.5.1 Eingliederung der Marketingabteilung
Behandelt man die Frage, wie die Marketingabteilung in einer Unternehmung einzubinden ist, so ergeben sich mehrere Möglichkeiten (siehe Tabelle 3.2):

Geht es um den Aufbau der Marketingabteilung an sich, so ist darauf zu achten, daß der Aufbau der Abteilung so gestaltet ist, daß die Marketingziele bestmöglich erreicht werden können. Die funktionale Gliederung ist die verbreitetste Form.[69] Unterschiedliche Marketingfunktionen werden von unterschiedlichen Marketingspezialisten wahrgenommen. In der geographisch orientierten Organisation steht das zu bearbeitende Marktgebiet im Vordergrund.

	Beschreibung
Marketing als Assistentenstelle bei der Verkaufsleitung	Resultiert aus der Unterteilung der Unternehmung in die fünf Grund-funktionen Finanzen, Personal, Produktion, Verkauf und Buchhaltung (geringe Marketingaktivitäten)
Marketing als Unterabteilung im Verkauf	Durch Ausweitung der Marketingaktivitäten und –aufgabenbereiche notwendig geworden
Marketing als Hauptabteilung neben dem Verkauf	Komplexere Wettbewerbsumfelder und größere Unternehmung machen Ausweitung der Marketingfunktionen und Aufwertung der Marketingabteilung nötig
Marketing als Ressort im Vorstand oder in der Geschäftsleitung	Aufwertung des Marketings zu einem fortschrittlichen Ressort. Der Marketingvorstand wird zum Garanten für die Markt- und Kundenorientierung der gesamten Unternehmung

Tab. 3.2: Die Eingliederung der Marketingabteilung in die Unternehmung [70]

---

[69] zu weiteren Formen der Marketingorganisation siehe auch: SCHEUCH, F.: Marketing, München 1993, S. 208ff.
[70] KOTLER, P.; BLIEMEL, F.: a.a.O., S. 1116ff.

Den Gebiets-Sales-Managern sind Marketingspezialisten zur Seite gestellt. In der Produktmanagement-Organisation stehen die Marketingspezialisten den Produktmanagern der verschiedenen Produkte oder Produktgruppen zur Seite.[71]

3.4.2.5.2 Umsetzung von Marketingprogrammen

In diesem Abschnitt wird nun die Frage erläutert, wie die Marketingmanager eine effektive Umsetzung der Marketingpläne in die betriebliche Realität gewährleisten können. Dabei ist die Marketingumsetzung jener Prozeß, durch den Marketingpläne in aktionsfähige Aufgaben umgewandelt werden und durch den sichergestellt wird, daß diese Aufgaben so durchgeführt werden, daß sie die Ziele des Planes erfüllen.[72]

Eine effektive Umsetzung der Programme geht mit der unternehmerischen Bewältigung folgender Problemgebiete einher:[73]

1. Erkennen und Diagnostizieren von Problemstellungen

2. Lokalisieren von Problemen in der Systemstruktur

3. Umsetzung der Plandurchführung

4. Bewertung der Durchführungsgüte

Weitere Instrumente zur Steuerung der Marketingaktivitäten sind das Marketingcontrolling, das Marketing-Auditing und die Selbstprüfung. Beim Marketingcontrolling sei auf Kapitel 4.4 Instrumente der Kundenzufriedenheit verwiesen.

Das Audit im Marketing stellt eine umfassende, systematische, nicht weisungsgebundene und regelmäßige Untersuchung von Marketingumwelt, -zielen, -strategien und -aktivitäten einer Unternehmung oder einer strategischen Geschäftseinheit dar. Es dient der Aufdeckung von Problembereichen und Chancen sowie der Erstellung

---

[71] vgl. KOTLER, P.; ARMSTRONG, G.: a.a.O., S. 99ff.

[72] KOTLER, P.; BLIEMEL, F.: a.a.O., S. 1143

[73] vgl. BONOMA, T.V.: The Marketing Edge: Making Strategies Work, New York 1985; zitiert in: KOTLER, P.; BLIEMEL, F.: a.a.O., S 1143

eines Maßnahmenplanes, der auf eine Verbesserung der Marketingleistungen abzielt.[74]

Die Selbstprüfung einer Unternehmung dient dazu, das Vermögen, Spitzenleistungen zu erbringen sowie ethische und soziale Verantwortung zu repräsentieren, zu überprüfen.

3.5 Unternehmungsprozeßdarstellung und Kundenorientierung

Ausgehend von einem Input-Prozeß-Output-Schema kann das Bereitstellen der für einen Prozeß erforderlichen Materialien und Daten (=Input) als Lieferantenbeziehung, die Lieferung des Produktes oder die Erstellung der Leistung (=Output) eines Prozesses analog als Kundenbeziehung interpretiert werden.[75]

Ob diese Lieferanten-Kundenbeziehung nun tatsächlich eine Markttransaktion oder eine interne Austauschbeziehung darstellt, ist für die Prozeßbetrachtung an sich nicht relevant. Relevant ist nur, daß diese Beziehung gewollt, planmäßig und institutionalisiert durch eine gemeinsame Zielvorgabe an vorher definierten Schnittstellen abläuft. Ist dies der Fall, so spricht man von einer Geschäftsbeziehung.

Maßgebend für die Zielvorgabe ist das Anforderungsprofil des Abnehmers, also die vom Prozeßkunden oder vom wirklichen Kunden gewünschte Qualität in der gewünschten Zeit zu einem gewissen Preis.

---

[74] vgl. KOTLER, P.; BLIEMEL, F.: a.a.O., S. 1170
[75] vgl. GAITANIDES, M.; SCHOLZ, R.; VROHLINGS, A.; RASTER, M.: a.a.O., S.15ff.

70 UNTERNEHMUNGSPROZESSDARSTELLUNG

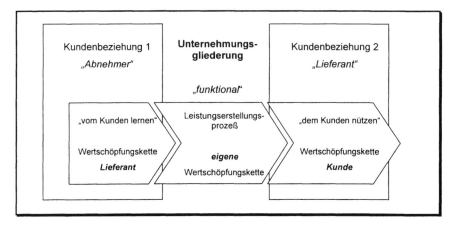

Abb. 3.12: Geschäftsprozeß und Geschäftsbeziehung

3.5.1 Prozeßparameter

Prozeßorientierung ist keine Modellierungs-Methodik, die sich in den Prozeßparametern der Vorgangsanalyse erschöpft.[76] Die für die strategische Unternehmungsausrichtung auf die Kundenzufriedenheit relevanten Einflußparameter (Bestimmgrößen) befinden sich quasi unter der Wasserlinie eines Eisberges aus Prozeßparametern (siehe Abbildung 3.13).

Die Stellgrößen sind die Kundenorientierung und Kompetenzorientierung.[77] Die Prozeßorientierung unterstützt die Bemühungen um Kundenorientierung unter anderem durch marktgetriebene Prozeßkonzepte, konsequente Anwendung des Kunden-Abnehmer-Modells (interne Kundenbeziehungen) und durch die Messung der Prozeßqualität am Kundennutzen. Dadurch wird das Risiko der Blindleistung reduziert. Durch Kompetenzorientierung innerhalb der Prozeßmodellierung wird abgeklärt, welcher Wettbewerbsvorteil durch den jeweiligen Prozeß verkauft wird.

---

[76] das sind Prozeßinput, Transformationsaktivität, Prozeßoutput und Schnittstellen
[77] HORVÁTH, P.: a.a.O., S. 13

UNTERNEHMUNGSPROZESSDARSTELLUNG

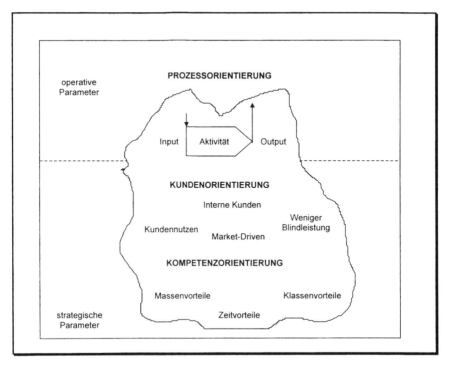

Abb. 3.13: Eisberg der Prozeßparameter nach Reiß[78]

Die Schwierigkeit besteht darin, die relevanten Parameter aus den Stellgrößen Kompetenzorientierung und Kundenorientierung in Größen des Prozeßinputs und des Prozeßoutputs der einzelnen Teilprozesse des Leistungserstellungsprozesses überzuführen.[79]

---

[78] REISS, M.: Reengineering: Radikale Revolution oder realistische Reform?; in: HORVÁTH, P.: Kunden und Prozesse im Fokus, Controlling und Reengineering, Stuttgart 1994, S. 12

[79] *Kleinaltenkamp/Rieker* fordern in diesem Zusammenhang die Anbindung aller konkret an der Erstellung einer Leistung beteiligten Personen an eine kundenverantwortliche Instanz oder Abteilung, um einer unwirtschaftlichen Ressourcennutzung vorzubeugen. vgl. KLEINALTENKAMP, M.; RIEKER, S.A.: Kundenorientierte Organisation, S. 171 - 172; in: KLEINALTENKAMP, M.; PLINKE, W.: Geschäftsbeziehungsmanagement, Berlin 1997, S. 161 - 215

3.5.2 Der Untersuchungsprozeß zur Erhebung der Kundenzufriedenheit

Die Ausrichtung an den Anforderungen der Kunden stellt Unternehmungen verstärkt vor die Tatsache, neue Geschäftsfelder erforschen und sich Gedanken über Planung und Durchsetzung von Innovationen am Markt und bei den Kunden machen zu müssen. Relevante Marktforschungsbereiche sind heute neu entstehende Kundenbedürfnisse, die Neuordnung von Kundensegmenten, die Synergien und Kernkompetenzen von Innovationen, die kaufentscheidenden Faktoren, die Fragen zur Marktpositionierung und Fragen der Umsetzungs- und Akzeptanzbarrieren.[80]

Eine Kundenzufriedenheitsanalyse beginnt mit der Festlegung der zu untersuchenden Zielgruppe (siehe Abbildung 3.14). Diese kann durch bestehende und abgewanderte Kunden sowie durch Kunden der Konkurrenz gebildet werden. Durch die Befragung der Konkurrenzkunden lassen sich die Unterschiede in der wahrgenommenen Qualität der Produkte und Dienstleistungen aus der Sicht der Kunden genau ermitteln und Wettbewerbsnachteile identifizieren. Abgewanderte Kunden geben Auskunft über die ausschlaggebenden Schwächen der eigenen Unternehmung. Ebenso erhält man so konkrete Informationen, was von den Kunden als Mindestleistung angesehen wird. Ist es nur schwer möglich, den Endkunden mit einer Zufriedenheitsanalyse zu erreichen, so können auch Zwischenkunden (Händler) die Zielgruppe der Untersuchung darstellen.[81]

---

[80] vgl. TROMMSDORF, V.; BINSACK, M.: Wie Marketinginnovationen durchsetzen, S. 62f; in: Absatzwirtschaft (1997) 11, S. 60 - 65

[81] vgl. HINTERHUBER, H.H.; HANDLBAUER, G.; MATZLER, K.: a.a.O., S. 63

UNTERNEHMUNGSPROZESSDARSTELLUNG

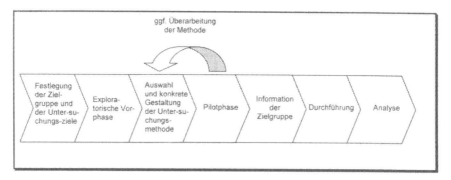

Abb. 3.14: Der Untersuchungsprozeß zur Erhebung der Kundenzufriedenheit[82]

In der sogenannten exploratorischen Vorphase wird versucht, ein möglichst umfassendes Bild der zu lösenden Kundenprobleme, der versteckten und artikulierten Kundenerwartungen sowie der Anwendungsbedingungen und des Produkt- oder Leistungsumfeldes zu erhalten. Betreffend die in dieser Phase zu verwendenden Methoden sei auf Kapitel 4.6 Methoden zur Messung der Kundenzufriedenheit und in diesem Kapitel auf die qualitativen Methoden, verwiesen.

In der Phase der Auswahl und der konkreten Gestaltung der Untersuchungsmethode geht es darum, festzulegen, ob es möglich ist, eine Vollerhebung durchzuführen oder ob es notwendig ist, eine Stichprobe aus der Grundgesamtheit der Zielgruppe zu ermitteln. Weiters muß die Methode der Marktforschung definiert werden, die es ermöglicht, möglichst relevante und genügend genaue Erhebungsdaten zu erhalten. Dazu sei ebenfalls auf Kapitel 4.6 und darin speziell auf die quantitativen Methoden zur Messung der Kundenzufriedenheit verwiesen.

Vor der Durchführung der eigentlichen Hauptstudie ist es noch notwendig, in einer Pilotphase die ausgewählte Methode zur Erhebung der Kundenzufriedenheit zu testen. Dieser Pretest überprüft, ob beim Fragebogen Probleme bei der Beantwortung der Fragen bezüglich Formulierung und Antwortmöglichkeit auftauchen können, die gegebenen Falls einer Überarbeitung bedürfen.[83]

---

[82] in Anlehnung an: HINTERHUBER, H.H.; HANDLBAUER, G.; MATZLER, K.: a.a.O., S. 63
[83] vgl. GABLER-WIRTSCHAFTS-LEXIKON, 13. Auflage, Wiesbaden 1993, S. 2643

In den meisten Fällen folgt auf den Pretest die eigentliche Erhebungsphase In einigen Fällen von Zufriedenheitsanalysen kann es aber sinnvoll sein, vor der Erhebung die, in der Zielgruppe erfaßten Personen über die Umfrage vorab zu informieren. Dies ermöglicht der befragten Person, sich bei schwierigen Thematiken auf die Untersuchung vorzubereiten. Befragte Vertragspartner können so zum Beispiel benötigte Informationen zusammentragen. Dies ist speziell bei telefonischen Interviews wichtig, da bei unvorbereiteter Untersuchungsdurchführung das Ergebnis der Befragung schnell nicht mehr mit den tatsächlichen Merkmalsausprägungen übereinstimmt.

In der Erhebungsphase werden die Fragebögen ausgesendet und die Interviews durchgeführt. Dabei sind Einflüsse, die den Wahrheitsgehalt der Umfrage negativ beeinflussen, möglichst auszuschließen.[84]

Der Untersuchungsprozeß zur Erhebung der Kundenzufriedenheit wird durch die Analysephase abgeschlossen. In dieser Phase kommt es zu einer Auswertung und Aufbereitung der erhobenen Daten. Die Ergebnisse sind umso dringlicher zu beachten, je häufiger eine Unzufriedenheit genannt wird, je stärker der Grad der Unzufriedenheit vom Kunden wahrgenommen wird und je eher die Ursache für die Unzufriedenheit von der Unternehmung beseitigt werden kann.[85] Zur Darstellung von Methoden der Auswertung und Interpretation von Kundenzufriedenheitsanalysen sei auf Kapitel 4.6 und hier auf den Teil Auswertungsmethoden verwiesen.

3.5.3 Der Kundenkommunikationsprozeß

Voraussetzung für umgesetzte Kundenorientierung ist immer die Kommunikation zwischen dem Anbieter einer Leistung und dem Nachfrager, der diese Leistung seinen Anforderungen entsprechend erhalten möchte. Oft ist sich der Kunde aber gar nicht im Klaren darüber, welche Leistung er überhaupt benötigt oder aus welchen Komponenten sich seine erwünschte Problemlösung zusammensetzen muß. Damit verbunden ist meist ein Manko an Informationsübermittlung.

---

[84] siehe dazu BEREKOVEN, L.; ECKERT, W.; ELLENRIEDER, P.: a.a.O., S. 33

[85] vgl. HINTERHUBER, H.H.; HANDLBAUER, G.; MATZLER, K.: a.a.O., S. 79

3.5.3.1 Arten von Informationsaustausch

Der Hersteller würde zur Leistungserstellung Informationen vom Kunden benötigen, die dieser aber nicht oder nicht zur richtigen Zeit in der Lage ist zu liefern. Diese Kommunikationsdifferenzen wirken sich auf den gesamten Prozeß der Leistungserstellung aus und führen dazu, daß das Prozeßergebnis sich nicht mit den an den Prozeß gestellten Erwartungen deckt.

Wie stark die Kommunikationsdifferenz ausgeprägt ist, hängt von der Situation ab, in der sich Anbieter und Nachfrager befinden.

Im Idealfall wissen beide Seiten der Geschäftsbeziehung, wie der Leistungserstellungsprozeß zustande kommt und zu welchem Zeitpunkt wo, welche Informationen benötigt werden.[86] Sie sind in der Lage, diese Informationen auch bereitzustellen. Damit ist die Voraussetzung dafür geschaffen, daß das Leistungsergebnis ein Optimum wird. Dieser Idealfall wird in der Praxis nur bei bereits gut etablierten Geschäftsbeziehungen relevant sein, wo sich obendrein das nachgefragte Leistungsspektrum von Geschäftsabschluß zu Geschäftsabschluß nicht zu stark verändert.

Um verschiedene Einflußebenen zwischen dem Kunden und der Unternehmung festzulegen, können Linien als Verdeutlichung von Interaktionsgrenzen gezogen werden. Die Line of Visibility als Linie, die die Trennung in, für den Nachfrager einsichtige oder nicht einsichtige Bereiche der eigenen Unternehmung kennzeichnet, ist in diesem Fall weit tiefer angesetzt als bei den noch nachfolgenden Fällen. Das bedeutet, daß der Anbieter dem Kunden weitestgehend Einblick in seine eigenen Strukturen und Abläufe nehmen läßt und diesem so die Möglichkeit gibt, effizient am Prozeßablauf mitzuarbeiten.

Der Kunde vertraut dem Anbieter und gibt Informationen über die Verwendung der Leistung oder des Erzeugnisses an den Produzenten weiter und ermöglicht dadurch, daß die Leistungsausprägungen optimal an seine Anforderungen angepaßt sind.

---

[86] zu den Einflußfaktoren auf die Kommunikationswirkung siehe: MEFFERT, H.: (1998), a.a.O., S. 674ff.

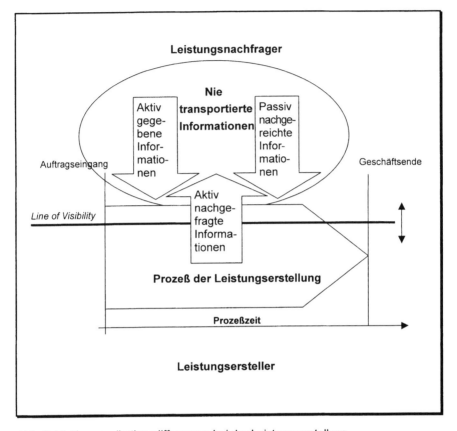

Abb. 3.15: Kommunikationsdifferenzen bei der Leistungserstellung

Im schlechtesten Fall verfügen weder Anbieter noch Nachfrager über genaues Wissen darüber, welche Informationen der Anbieter einerseits zur Leistungserbringung benötigt und welche genauen Leistungsspezifikationen der Nachfrager andererseits wünscht.

Die negativsten Auswirkungen auf die Leistungserstellung hat diese Situation auf den Anfang des Leistungserstellungsprozesses. Mit zunehmender Kooperationsdauer sollte sich auch die Qualität der Geschäftsbeziehung verbessern und sollten die Kommunikationsdifferenzen abnehmen. Trotzdem besteht für diesen Fall die permanente Gefahr, daß das Prozeßergebnis nicht mit den Leistungsanforderungen in Übereinstimmung gebracht werden kann. Eventuell kann durch Nachbesserungen

UNTERNEHMUNGSPROZESSDARSTELLUNG 77

noch ein zufriedenstellendes Ergebnis erzielt werden, oder aber die Geschäftsbeziehung hat zu keinem verwertbaren Ergebnis geführt.

Die Realität liegt zwischen diesen beiden Extremfällen:

Verfügt der Anbieter über Erfahrungen in der Kundenintegration, so wird er seine Geschäftsbeziehung dementsprechend ausrichten. Sollte der Kunde für den Prozeß der Leistungserstellung benötigte Informationen nicht von sich aus liefern, so werden diese vom Hersteller nachgefragt und soweit eruierbar schlußendlich vom Kunden doch zur Verfügung gestellt.[87] Solange der Faktor Zeit nicht den Prozeßengpaß darstellt, wird das Prozeß-ergebnis nicht weit vom Optimum abweichen. Der Vorteil für den Anbieter liegt darin, daß er seine Line of Visibility höher ansetzen kann und so dem Abnehmer nur wenig Einsicht in interne Prozesse und Strukturen geben muß. Für den Abnehmer ergibt sich der Vorteil, daß er sich keine Gedanken über eine Interaktion mit dem Anbieter machen muß und sich soweit die Anbieterkompetenz ausreichend ist, darauf verlassen kann, daß die gewünschte Leistung erbracht wird.

Verfügt der Abnehmer über die ausgeprägtere Prozeßkompetenz, so sieht sich der Anbieter mit der Situation konfrontiert, daß er zur Erbringung der vereinbarten Leistung auf die Kommunikation mit dem Kunden angewiesen ist. Die Line of Visibility liegt somit tiefer und der Prozeß der Leistungserstellung selbst, ist zu weiten Teilen vom Abnehmer einsehbar, ja sogar steuerbar. Das Leistungsergebnis wird dann optimal, wenn der Kunde den Hersteller soweit zu steuern vermag, daß dieser dadurch die notwendige Leistungsfähigkeit erlangt. Für den Leistungsersteller bedeutet dies, daß er sich dem Kunden weit öffnet und diesem gewährt, auf die eigenen Strukturen und Prozesse Einfluß zu nehmen.

Diese Prozeßoffenheit wird über die Dauer des Prozesses der Leistungserstellung gleich bleiben oder eher ausgeprägter werden. Bei zukünftigen Geschäftsabwicklungen kann der Anbieter das erworbene Know-how einsetzten und die Line of Visibility mehr und mehr nach oben verlagern und den Kunden aktiv von sich aus integrieren.

---

[87] Ein richtig abgestimmtes Informations- und Kommunikationssystem mit dem Kunden wird speziell bei Investitionsgüterunternehmungen oft als ein großes Defizit bei Geschäftsbeziehungen wahrgenommen.
vgl. dazu: SENN, C.: Key Account Management für Investitionsgüter: Ein Leitfaden für den erfolgreichen Umgang mit Schlüsselkunden, Wien 1997, S. 139f

Für alle Fälle der Kommunikationsdifferenz gilt aber, daß das Ergebnis des Prozesses der Leistungserstellung solange den Leistungsanforderungen entspricht, wie den in Geschäftsbeziehung stehendem Anbieter und Nachfrager die Situation, in der sich jeder befindet, klar ist und der Interaktions- und Informationsaustauschprozeß dementsprechend gestaltet ist.

3.5.3.2 Möglichkeiten zur Vermeidung von Kommunikationsdifferenzen

- **Ausschreibung**

Ist eine nachfragende Unternehmung an einer Leistung oder an einem Produkt interessiert, so wird sie dieses Interesse in der Regel in Form einer Ausschreibung den möglichen Anbietern kund tun. Diese Ausschreibung legt die Kundenanforderungen fest und gibt dem Anbieter am Beginn einer möglichen Geschäftsbeziehung die zur Geschäftsbeurteilung nötige Informationsgrundlage. Die Ausschreibung dient somit als erste Kommunikationsbasis mit dem Kunden.

- **Kommunikationscheckliste**

Können die in der Ausschreibung spezifizierten Kundenanforderungen vom Leistungserbringer erfüllt werden, kann als weiteres Kommunikationsmittel eine Checkliste eingesetzt werden.

In diesem Stadium tritt zum ersten Mal eine direkte Kommunikation mit dem Kunden auf. Es werden über den gesamten Verlauf der Leistungserstellung hinweg Punkte fixiert, die vom Leistungserbringer und vom Kunden zu realisieren sind. Dadurch wird eine erste Prozeßtransparenz erreicht. In vielen Situationen ist es möglich, mittels einer oder mehrerer Checklisten eine ausreichende Kommunikationsbasis zu erreichen. Bei komplizierteren Prozessen zur Leistungserbringung sind weitere, die Kommunikationsbasis vertiefende Instrumente notwendig.

- **Flußdiagrammdarstellung**

In weiterer Folge ist nun ein Wechsel in der Betrachtungsrichtung sinnvoll. Man visualisiert die gesamte Leistungserstellung aus der Sicht des Kunden und macht den Kundenprozeß zum Ausgangspunkt der Überlegungen. In der Literatur ist dieser Ansatz unter dem Begriff „Service Mapping" zu finden (siehe Abbildung 3.16).[88] Anhand eines horizontal dargestellten Ablaufdiagramms kann die Folge von Interaktionen chronologisch erfaßt und der Kundenpfad festgelegt werden. Dabei werden die Teilphasen des Gesamtprozesses definiert und deren Abläufe systematisch auf der Grundlage von Flußdiagrammen analysiert.[89]

Mit Hilfe dieses sogenannten Blue-Print der Prozesse mit dem Kunden können Haupt- und Teilprozesse, die zur Erfüllung der Kundenanforderungen notwendig sind, effizient herausgearbeitet werden. In Abb. 3.16 ist dies für eine Auftragsabwicklung bei der Erstellung einer Automatisierungsanlage geschehen.

Beginnend bei der erstmaligen Kontaktaufnahme zwischen nachfragender und anbietender Unternehmung bis zur endgültigen Auftragsfreigabe ist die Struktur des Kommunikationsprozesses dargestellt.

---

[88] vgl. GUMMESSON, E.: Quality Management in Service Organizations, ISQA 1993; und GUMMESSON, E.; KINGMAN-BRUNAGE, J.: Service Design and Quality: Applying Service Blueprinting And Service Mapping to Railroad Services; in: KUNST, P.; LEMMINK, J.: Quality Management in Services, Maastrich 1992, S. 101 - 114; zitiert in: HOMBURG, C.; SIMON, H.: a.a.O., S. 189

[89] vgl. SHOSTACK, G.: Planning the Service Encounter; in: CZEPIEL, J.; SOLOMON, M.; SURPRENANT, C.: The Service Encounter, Lexington 1985, S. 243 - 253; und SHOSTACK, G.: Service Positioning Through Structural Change; in: Journal of Marketing (1987) 51, S. 134 - 143

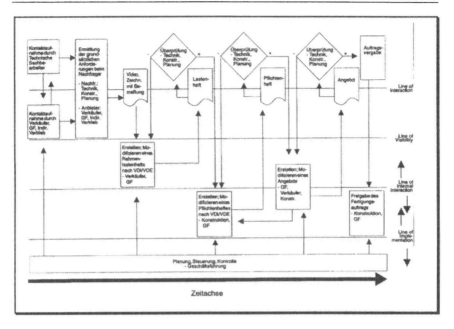

Abb. 3.16: Kundenintegration in der Investitionsgüterbranche[90]

Diese Form der Ablaufdarstellung eignet sich nicht nur dazu, bestehende Abläufe abzubilden und so dem Kunden zu zeigen, wo und in welcher Art er am Prozeß der Leistungsentstehung mitwirken muß oder kann, sondern ermöglicht auch ein interaktives Entwerfen der Teilprozesse und Kommunikationsanforderungen mittels eines kommunikativen Informationsaustausches mit dem Abnehmer.

---

[90] siehe dazu auch WEIBER, R.; JACOB, F.: Kundenbezogene Informationsgewinnung; in: KLEIN-ALTENKAMP, M.; PLINKE, W.: Technischer Vertrieb - Grundlagen; Berlin 1995, S. 569

UNTERNEHMUNGSPROZESSDARSTELLUNG 81

Anhand dieser Ablaufdarstellung kann in weiterer Folge versucht werden, die Strukturen soweit zu verändern, daß ein optimales Interaktionsverhältnis zum Abnehmer erreicht wird. Umgesetzt wird dieser Optimierungsprozeß einerseits über die Zeitachse und andererseits über verschiedene Ebenen der Kundenintegration in vertikaler Sicht.[91]

Die Line of Interaction stellt jene Grenze dar, wo anbietende Unternehmung mit anfragender Unternehmung zusammentreffen.

Die Line of Visibility kennzeichnet die Trennung in, für den Nachfrager einsichtige oder nicht einsichtige Bereiche der eigenen Unternehmung. Noch tiefer unternehmungsintern ist die Line of Internal Interaction angesetzt.

Diese trennt Funktionsbereiche, die direkt mit Kundenorientierung zu tun haben, von solchen, die nur mittelbar damit zu tun haben.

Schlußendlich kann noch unterschieden werden in Bereiche, die Planungs-, Steuerungs- oder Kontrollaufgaben beinhalten, und in Bereiche, die für die Implementierung von Kundenzufriedenheit an sich zuständig sind. Diese Grenze wird durch die Line of Implementation dargestellt.

Die vertikale Position dieser Linien ist keineswegs als gegeben anzusehen, sondern muß sowohl in Abhängigkeit von der Zeit als auch in Abhängigkeit der zu erbringenden Leistung festgelegt werden.

3.5.4 Der Prozeß der Entstehung von Kundenzufriedenheit

Kundenzufriedenheit entsteht durch einen Vergleichsprozeß. Kunden bilden sich vor dem Kauf der Produkte oder vor der Konsumation einer bestimmten Leistung bestimmte Erwartungen. Die wahrgenommenen Leistungen werden dann mit den erwarteten verglichen. Werden diese nicht erfüllt, entsteht Unzufriedenheit. Eine Erfüllung der Erwartungen führt zu einem neutralen Gefühl, gewissermaßen zu einer Indifferenz, die Leistungen der Unternehmung werden als austauschbar wahrgenommen. Erst wenn die wahrgenommene Leistung die Erwartungen übertrifft, entsteht

---

[91] vgl. KLEINALTENKAMP, M.; FLIESS, S.; JACOB, F.: a.a.O., S. 18

Zufriedenheit. Somit ist Kundenzufriedenheit die vom Kunden wahrgenommene Diskrepanz zwischen den erwarteten und erlebten Leistungen der Unternehmung.[92] Der Prozeß zur Entstehung der Kundenzufriedenheit kann in drei Teilprozesse eingeteilt werden (siehe Abbildung 3.17).

Der erste Teilprozeß ist jener der Erwartungsbildung. Hier ist der zukünftige Konsument entweder noch gar nicht in Kontakt mit der Unternehmung oder er hat bereits erste Informationen eingeholt. Auf die Erwartungen wirken also seine Bedürfnisse, seine Erfahrungen, die Mund-zu-Mund-Kommunikation und die Unternehmungskoordination.[93]

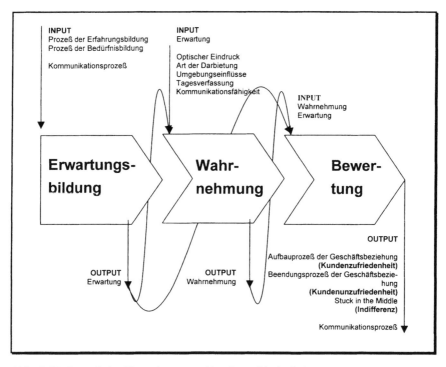

Abb. 3.17: Prozeß der Entstehung von Kundenzufriedenheit

---

[92] vgl. HINTERHUBER, H.H.; HANDLBAUER, G.; MATZLER, K.: a.a.O., S. 15
[93] vgl. HINTERHUBER, H.H.; HANDLBAUER, G.; MATZLER, K.: a.a.O., S. 15f

Je nachdem mit welchem Erwartungsniveau der Kunde in weiterer Folge mit der Unternehmung in Kontakt tritt, ist mit ihm umzugehen. Sind die Erwartungen zu tief angesetzt, ist der Beziehungspartner Unternehmung in der angenehmen Situation, bereits in dieser Phase einen Beitrag zur Kundenzufriedenheit leisten zu können, da er die Kundenerwartungen übertreffen kann. Sind die Erwartungen realistisch, so ist ebenso alles in Ordnung. Sind die im Prozeß der Erwartungsbildung erlangten Anforderungen aber unrealistisch, so ist es wichtig, bereits in dieser Prozeßphase eine Korrektur der Erwartungen vorzunehmen. Dies ist zwar eventuell keine leichte Aufgabe, aber es kann dadurch erreicht werden, daß am Ende des Entstehungsprozesses doch noch Kundenzufriedenheit erreicht wird. Eine erfolgreiche Korrektur von zu hohen Anfangserwartungen am Ende des Kundenzufriedenheitsprozesses ist nicht möglich. Unzufriedenheit ist zwangsläufig die Folge.

Der zweite Teilprozeß ist jener der Wahrnehmung. Das Produkt wird wahrgenommen. Die damit in Zusammenhang stehende Dienstleistung wird konsumiert. Ob dieser Teilprozeß einen positiven Beitrag zur Kundenzufriedenheit leistet, ist von mehreren Einflußfaktoren abhängig. Erstens wirken die im ersten Teilprozeß gewonnenen Erwartungen. Zweitens wirkt die Qualität des Produktes oder der Leistung. Weiters sind aber noch viele andere Faktoren an der Wahrnehmung beteiligt. Dies können zum Beispiel Umgebungseinflüsse sein, die das Produkt in einem besseren Licht erscheinen lassen. So ist zum Beispiel die Tageszeit, verbunden mit erhöhter oder verringerter Aufnahmefähigkeit des Konsumenten, dafür verantwortlich, daß ein positiver Eindruck verstärkt oder unmöglich gemacht wird. Zu hinterfragen sind in diesem Zusammenhang die Art und die Ausprägung der Faktoren der Kundenzufriedenheit. Oft ist mit einfachen Mitteln in dieser Phase viel zur Zufriedenheit beizutragen.

Der dritte und letzte Teilprozeß ist jener der Bewertung. Erwartung und Wahrnehmung wirken gemeinsam, werden miteinander in Relation gesetzt, und das Bewertungsergebnis heißt Kundenzufriedenheit oder Unzufriedenheit. In der Phase der Bewertung ist es wichtig, ob die Abweichung von Wahrnehmung und Erwartung so groß ist, daß der Zustand der Indifferenz überschritten wird. Zu diesem Teilprozeß sei auch auf die von *Maslow*[94] definierten Defizit- und Wachstumsmotive verwiesen. Fehlende Befriedigung der Defizitmotive für danach zu Krankheit, Befriedigung zu Gesundheit oder Genesung. Eine Erfüllung der Wachstumsmotive führt zu einer als

---

[94] vgl. MASLOW, A.H.: A Theory of Human Motivation, Psychological Review, New York 1943

Prozeß verstandenen Selbstverwirklichung. Die Aktivierung der Wachstumsmotive ist nur auf Grundlage befriedigter Defizitmotivation möglich.[95] Auf die Kundenzufriedenheit übertragen, bedeutet dies folgendes:

Mit einem Anstieg der Kundenanforderungen steigt das Individuum auf der Bedürfnispyramide immer weiter nach oben. Neue Wachstumsmotive kommen zu den bisher vorhandenen dazu und bisherige Wachstumsmotive werden zum Teil zu Defizitmotiven. Für die Erfüllung der Kundenanforderungen und für die Erreichung der Zufriedenheit des Kunden heißt dies aber, daß Anforderungen, die sich bisher bei Nichterfüllung nicht negativ ausgewirkt haben, nach und nach zu Unzufriedenheit führen können.

3.5.4.1 Einflußfaktoren auf den Prozeß der Erwartungsbildung

Der Teilprozeß der Erwartungsbildung stellt den Ausgangspunkt möglicher Kundenzufriedenheit dar. An den Erwartungen des Kunden haben sich die anderen zwei Teilprozesse zu orientieren.

Erwartungen entstehen einerseits durch passiv erhaltene Information über das zu erwerbende Produkt oder über die zu konsumierende Dienstleistung. Auf der anderen Seite kreiert der Konsument Erwartungen durch aktiv nachgefragte Information. Es kommt also zu einer Kommunikation zwischen dem Konsumenten und mehreren Personengruppen im und außerhalb des Einflußbereiches der Unternehmung. Am Schluß dieser Erwartungsbildung stehen die Kundenanforderungen.

Rosenstiel/Kirsch definieren in diesem Zusammenhang den Prozeß der Kaufentscheidung wie folgt:[96]

1. Das Individuum erkennt ein bestimmtes Problem, das es durch eine Kaufhandlung lösen könnte.

2. Dazu legt das Individuum bestimmte Ziele oder Sollanforderungen fest, denen das zu kaufende Produkt genügen muß.

---

[95] vgl. ROSENSTIEL, L.: Grundlagen der Organisationspsychologie, Stuttgart 1992, S. 368

[96] vgl. ROSENSTIEL, L.; KIRSCH, A.: Psychologie der Werbung, Rosenheim 1996, S. 193 - 194

UNTERNEHMUNGSPROZESSDARSTELLUNG 85

3. Es beschafft sich Informationen, um herauszufinden, welche Produkte überhaupt in Frage kommen und welche Eigenschaften diese Produkte haben.

4. Auf Basis der Information bewertet das Individuum die Kaufmöglichkeiten danach, inwieweit Produkte geeignet sind, die festgelegten Ziele zu erfüllen.

5. Zusätzlich schätzt das Individuum die Wahrscheinlichkeit ab, daß die vermutete Zielerfüllung tatsächlich erreicht wird. Es schätzt also die Risiken des Irrtums ab.

6. Es wählt schließlich die Variante aus, die nach dem Grad der Zielerreichung und Risikoabschätzung optimal ist.

7. Es führt die getroffene Entscheidung aus und kontrolliert, ob der erwartete Erfolg auch eingetreten ist.

3.5.4.2 Typologien von Kundenanforderungen

Tabelle 3.3 gibt eine systematische Aufstellung der möglichen Ausprägungen von Kundenanforderungen wieder. Dabei wurde untersucht, wann sich in Abhängigkeit von einem gewissen Typ von Anforderungen beim Kunden Unzufriedenheit, Indifferenz, Zufriedenheit oder sogar Begeisterung einstellt.[97]

---

[97] *Kano* definiert in diesem Zusammenhang Basisanforderungen, Leistungsanforderungen und Begeisterungsanforderungen. vgl.: KANO, N.: Attractive Quality and Must-be Quality; in: HINSHITSU: The Journal of Japaneses Society for Quality Control (1984) 4, S. 39 - 48; zitiert in: HINTERHUBER, H.H.; HANDLBAUER, G.; MATZLER, K.: a.a.O., S. 17

	Erfüllung/Nichterfüllung führt zu......			
	Unzufriedenheit (Beziehungsende)	Zufriedenheit/ Indifferenz (Seitensprunggefahr)	Begeisterung (Beziehungsfestigung)	Beispiele
Basisanforderung	Stark ausgeprägt bei Nichterfüllung	Bei Erfüllung und bei Übererfüllung	Nicht erreichbar!	Verbesserung der Pünktlichkeit bei Verkehrsbetrieben führt zu keiner Steigerung der Zufriedenheit. Verstärkte Unpünktlichkeit führt zu starker Unzufriedenheit.
Leistungsanforderungen	Bei Nichterfüllung	Bei Erfüllung	Bei starker Übererfüllung	Stationsansagen in Straßenbahnen, die schlecht verständlich sind, lösen Unzufrieden-heit aus. Erst bei außergewöhnlich guter Qualität und Inhalt wird dies in Er-innerung bleiben.
Begeisterungsanforderungen	Nicht möglich!	Nicht möglich!	Bei Erfüllung	Beschleunigungsmaßnahmen für den öffentlichen Verkehr (Ampelschaltungen, Busspuren etc.) wurden außerordentlich positiv angenommen. Mit der Zeit wurde diese Maßnahme der Kundenorientierung aber zur Indifferenzanforderung.

Tab. 3.3: Typologien von Kundenanforderungen[98]

Zuerst sollen die Basisanforderungen betrachtet werden. Diese sind aus Sicht des Konsumenten unbedingt zu erfüllen. Jede Nichterfüllung führt zu stark ausgeprägter Unzufriedenheit. Werden die Basisanforderungen erfüllt, so wird dies als normal hingenommen. Trotz eventueller Übererfüllung kann es nicht geschafft werden, beim Abnehmer Begeisterung auszulösen. *Herzberg*[99] spricht in seiner Zweifaktorentheorie der Arbeitszufriedenheit in ähnlichem Kontext von Hygienefaktoren. Diese helfen

---

[98] siehe dazu auch KANO, N.: a.a.O., S. 39 - 48

[99] vgl. HERZBERG, F.: Work and the Nature of Man, Cleveland 1966

in Analogie zur Medizin, gesundheitsschädliche Einflüsse aus der Umwelt fernzuhalten, ohne selbst Gesundheit aufzubauen oder zu festigen. Auf die Erfüllung von Basisanforderungen umgelegt bedeutet das, daß diese zwar zur Erlangung von Zufriedenheit notwendig sind (sie senken durch Erfüllung den Grad der Unzufriedenheit!), jedoch sind sie alleine nicht in der Lage, Zufriedenheit zu bewirken.

Die zweite Faktorenkategorie von *Herzberg* sind die Motivatoren. Die durch die Erfüllung dieser Faktoren erreichte Zufriedenheit ist als zweite, von der Verringerung der Unzufriedenheit unabhängige Dimension zu sehen. Deren erlebnismäßige Verbesserung führt zu einer Steigerung der Zufriedenheit, während ihre Verschlechterung die Zufriedenheit senkt, ohne allerdings Unzufriedenheit herbeizuführen.[100] Die Leistungsanforderungen stellen in diesem Zusammenhang ein Mittelding zwischen Hygienefaktoren und Motivatoren dar. Sie sind die erste Chance für eine Unternehmung, den Kunden wirklich zufrieden zu stellen. Werden sie annähernd erfüllt, so stellt sich beim Kunden zumindest Indifferenz ein. Entspricht der Grad der Erfüllung den Erwartungen, so stellt sich Zufriedenheit ein und werden diese Erwartungen stark übertroffen, so ist der Kunde eventuell sogar zu begeistern. Werden die Indifferenzanforderungen jedoch nicht erfüllt, so stellt sich Unzufriedenheit ein.

Die echte Chance für eine gute Geschäftsbeziehung bietet sich aber erst bei den Begeisterungsanforderungen, die den Motivatoren nach *Herzberg* entsprechen. Schafft es eine Unternehmung, solche Anforderungen des Kunden zu erkennen und kann sie diese auch erfüllen, so führt das beim Konsumenten zu Begeisterung, und einer Intensivierung der Geschäftsbeziehung sollte von Seiten des Kunden nichts mehr im Wege stehen. Können solche Begeisterungs-anforderungen nicht gefunden und somit auch nicht erfüllt werden, so trübt das auch nicht die Qualität der Beziehung, aber es unterstreicht quasi die Austausch-barkeit der eigenen Leistung. Gefährlich wird eine Nichterfüllung von Begeiste-rungsanforderungen möglicherweise, wenn man einen längeren Zeitraum betrachtet. Übersieht man, daß aus einer Begeisterungsanforderung unterdessen eine Leistungs- oder sogar eine Basisanforderung geworden ist, so kann dessen andauernde Nichterfüllung negative Einflüsse auf zukünftige Geschäftsbeziehungen haben.

---

[100] vgl. ROSENSTIEL, L.: a.a.O., S. 77

4 Unternehmungsausrichtung auf die Kundenzufriedenheit

Stagnierende Märkte in vielen Bereichen der Wirtschaft und der damit einhergehende Verdrängungswettbewerb, der zunehmend die Akquisition neuer Kunden erschwert, führten dazu, daß in letzter Zeit das Thema Kundenzufriedenheit steigendes Interesse und Beachtung in Wissenschaft und Praxis gefunden hat. Aspekte der Kundenbindung gewinnen vor dem Hintergrund zunehmender Austauschbarkeit von Produkten und Leistungen und durch steigenden Kosten- und Ertragsdruck in vielen Branchen als Erfolgsfaktor im Wettbewerb stetig an Bedeutung.

Die Kosten der Kunden-Neuakquisition betragen im Schnitt das Fünffache jener Kosten, die für die Pflege von Altkunden aufzubringen sind. Im Gegensatz dazu orientiert sich Marketing heute noch überwiegend an der Realisation von Erstverkäufen.[1] Mehr als 70% des Umsatzes entfallen auf Wiederholungskäufe und nicht auf erstmalige Kaufentscheidungen.[2] Sowohl Hersteller als auch Händler können nicht mehr auf das lukrative Aftermarket-Geschäft verzichten. Die durch die Ausrichtung auf Kundenbedürfnissen erhoffte Kundenzufriedenheit ist aber gerade in diesen Geschäftsbereichen eine zwingende Voraussetzung für unternehmerischen Erfolg.[3]

In den Dienstleistungsbereichen schon länger von entscheidender Bedeutung und im Investitionsgüterbereich permanent wichtig, werden die Kunden (externe und in weiterer Folge auch interne) nun auch in den Produktionsbetrieben immer stärker in den Mittelpunkt des unternehmerischen Handelns gestellt. Auch in der Werbeindustrie wird gezielt mit dem Thema Kundenzufriedenheit geworben und man versucht, neue Kunden mit Strategien zu gewinnen, die mit Kundenzufriedenheit zusammenhängen und einmal gewonnene Kunden durch Mechanismen der Kundenbindung zu behal-

---

[1] MEFFERT, H.: Einführung in die Problemstellung, S. 1; in: Beziehungsmarketing - neue Wege zur Kundenbindung, Dokumentation des Workshops, Wissenschaftliche Gesellschaft für Marketing und Unternehmungsführung e.V., Münster 1994, S. 1 - 5

[2] GRIFFIN, A.; GLEASON, G.; PREISS, R.; SHEVENAUGH, D.: Die besten Methoden zu mehr Kundenzufriedenheit, S. 65; in: Harvard Business manager (1995) 3, S. 65 - 76

[3] vgl. REINHARDT, W.A.: Kundenbindung im Servicebereich eines Automobilherstellers, S. 65; in: Beziehungsmarketing - neue Wege zur Kundenbindung, Dokumentation des Workshops, Wissenschaftliche Gesellschaft für Marketing und Unternehmungsführung e.V., Münster 1994, S. 64 - 69

ten. Die Entwicklung führt dabei weg von der bisher oft angewendeten Ausrichtung auf eine heterogene Kundenzielgruppe hin in Richtung einer Fokussierung auf den individuellen Kunden und auf den Anteil am Unternehmungserfolg, den dieser Kunde beisteuert.

Die tatsächlichen Gründe für eine Ausrichtung auf den Kunden sind vielschichtig und von Unternehmung zu Unternehmung verschieden. Es kann dies zum Beispiel der Bedarf nach spezifischen Problemlösungen, die Bedeutung einzelner Konsumentenschichten oder schlicht der Zwang des Wettbewerbes sein.

In diesem Kapitel soll zunächst eine umfassende Definition der Begriffe Kundenorientierung und Kundenzufriedenheit gegeben werden und es werden die verschiedenartigen Dimensionen dieser Thematik dargestellt. Im dritten Teil wird das Relationship Marketing vorgestellt und als Erfolgsfaktor in der Kundenorientierung erörtert. Teil vier stellt ausgewählte Instrumente der Kundenorientierung vor und Teil fünf geht auf die Chancen und Gefahren der unternehmerischen Ausrichtung auf die Anforderungen des Kunden ein. Der abschließende sechste Teil stellt schließlich Methoden zur Messung der Kundenzufriedenheit vor.

4.1 Umfassende Begriffsdefinition

Nach *Steffenhagen* steht bei vielen Fragestellungen des Marketings das Denken in stufenweisen Marktreaktionen im Vordergrund. Dies bedeutet, daß stufenweise ökonomische und auch außerökonomische Austauschprozesse zu betrachten sind. In dieser Kette der Marktreaktionen müssen stets ökonomische Sachverhalte enthalten sein. Die schnellen Veränderungen der Märkte sowie die wechselnden Wettbewerbsbedingungen machen es notwendig, bei den Einzeltheorien die prozeßorientierte Sichtweise stärker zu berücksichtigen. Funktionsübergreifende Analysen und Analysemethoden, die Schnittstellen zum Marktbezug aufweisen ohne die Ganzheit der Marketingwissenschaften aus den Augen zu verlieren, sind notwendig.[4]

Somit geht es bei Kundenorientierung nicht nur darum, die richtigen Dinge zu tun oder die Dinge richtig zu tun, sondern die Devise muß lauten, die richtigen Dinge

---

[4] STEFFENHAGEN, H.: Wirkung absatzpolitischer Instrumente: Theorie und Messung der Marktreaktionen, Stuttgart 1978

90   UNTERNEHMUNGSAUSRICHTUNG AUF DIE KUNDENZUFRIEDENHEIT

richtig zu tun.[5] Eine Definition des Begriffes Kundenorientierung kann somit wie folgt lauten:

Kundenorientierung ist die Gesamtheit der Unternehmungsgrundsätze, Leitbilder und Einzelmaßnahmen zur langfristigen zielgerichteten Selektion, Anbahnung, Steuerung und Kontrolle von Geschäfts- und Kundenbeziehungen.

Abb. 4.1: Definition Kundenorientierung[6]

In dieser Definition ist im Speziellen auf die Bedeutung folgender Aspekte zu achten:

- Das in der Definition vorkommende Wort „langfristig" erklärt, daß es nicht um den einmaligen Geschäftsabschluß, sondern um den Aufbau einer langfristigen Geschäftsbeziehung geht.

- Die Ausdrücke „Selektion", „Anbahnung", „Steuerung" und „Kontrolle" deuten auf den Prozeßgedanken hin, der dem Thema Kundenorientierung zugrunde liegt.

- Das Wort „zielgerichtet" meint eine Abkehr von gleichen Marketingaktivitäten für alle Abnehmerschichten hin zu selektiv auf die Gruppierungen der Abnehmerschichten abgestimmten Aktivitäten.

---

[5] vgl. GRIFFIN, A.; GLEASON, G.; PREISS, R.; SHEVENAUGH, D.: a.a.O., S. 69

[6] vgl. dazu DILLER, H.: Bestandsaufnahme und Entwicklungsperspektiven des Beziehungsmanagements, S. 6; in: Beziehungsmarketing - neue Wege zur Kundenbindung, Dokumentation des Workshops, Wissenschaftliche Gesellschaft für Marketing und Unternehmungsführung e.V., Münster 1994, S. 6 - 30

UNTERNEHMUNGSAUSRICHTUNG AUF DIE KUNDENZUFRIEDENHEIT 91

Die unternehmungsinterne Orientierung an den Wünschen und Anforderungen der Abnehmer hat als Ziel die Erreichung der Kundenzufriedenheit.[7] Kundenorientierung war dann erfolgreich, wenn das Ergebnis aus der Sicht des Konsumenten Kundenzufriedenheit und nicht Unzufriedenheit ist. Kundenzufriedenheit hat in Gegensatz zur Kundenorientierung somit eine unternehmungsexterne Perspektive und kann wie folgt definiert werden:

Kundenzufriedenheit entsteht als Empfindung des Kunden durch seinen Vergleich von wahrgenommenem Wertgewinn (als Resultat des Kaufs) und erwartetem Wertgewinn (vor dem Kauf)

Abb. 4.2: Definition Kundenzufriedenheit[8]

Was unterscheidet nun aber das traditionelle Marketing in seinen Schwerpunkten von der Ausrichtung auf den Kunden und dessen Bindung an die Unternehmung? In der Tabelle 4.1 sollen anhand charakteristischer Kriterien Unterschiede der Marketingschwerpunkte dargestellt werden. Dabei liegt das Hauptaugenmerk in der Umsetzung des Relationship Marketings als Werkzeug der Kundenorientierung. Dessen Aufgabe liegt in der Schaffung von Kundenloyalität, die vor allem in der Nachkaufphase durch ein interaktives Marketing aufgebaut werden soll und sich hauptsächlich der Instrumente des Direktmarketings bedient.[9]

---

[7] *Bruhn* zählt Kundenzufriedenheit zu den wichtigen psychologischen Marketingzielen.
vgl. BRUHN, M.: Marketing: Grundlagen für Studium und Praxis, Wiesbaden 1997, S. 29

[8] KOTLER, P.; BLIEMEL, F.: Marketing-Management: Analyse, Planung, Umsetzung und Steuerung, Stuttgart 1995, S. 54

[9] vgl. SCHÖN, T.: Erfahrungsberichte aus der Unternehmerpraxis; Dienstleistungsbranche: Management von Kundenbindungssystemen, S. 56; in: Beziehungsmarketing - neue Wege zur Kundenbindung, Dokumentation des Workshops, Wissenschaftliche Gesellschaft für Marketing und Unternehmungsführung e.V., Münster 1994, S. 56 - 63; zur Definition des Relationship Marketings siehe Kapitel 4.3

92 UNTERNEHMUNGSAUSRICHTUNG AUF DIE KUNDENZUFRIEDENHEIT

	Traditionelles Marketing	Relationship Marketing
Zielsetzung	Neukundengewinnung	Steigerung der Kundenloyalität
Fokus	Vorkaufphase	Nachkaufphase
Zeithorizont	kurzfristig	mittel- bis langfristig
Marketing Modell	Marketing-Mix	Interaktives Marketing
Kundensicht	Preis	Value
Kommunikation	Werbung und Verkaufsförderung	Direkt Marketing
Typisch für	wachsende Märkte	gesättigte Märkte

Tab. 4.1: Veränderung der Marketingschwerpunkte[10]

Das Gesamtsystem der Strategien und Maßnahmen zur Kundenorientierung ist dazu geeignet, daß es zu einer entsprechenden kundenorientierten Steuerung betrieblicher Prozesse kommt. Die Verantwortung für die Kundenbeziehung wird auf die gesamte Unternehmung übertragen. Der Aufbau von Vertrauen als Grundvoraussetzung jeder Beziehung kann nur dann erreicht werden, wenn sich alle Mitarbeiter der Unternehmung in gleicher Weise der Kundenorientierung verpflichtet fühlen. Dies setzt eine starke Corporate Identity voraus und trägt zur marktorientierten Vernetzung der betrieblichen Funktionsbereiche bei.[11]

Da Corporate Identity als eine Reaktion und darauffolgende Aktion auf Werte- und Nachfrageverschiebungen gesehen werden kann, ist somit sichergestellt, daß auch auf geänderte Marktbedingungen eine kundenbezogene Anpassung der Strategien und Maßnahmen zur Kundenorientierung folgt.[12] Da jede unternehmerische Tätigkeit

---

[10] vgl. FORNELL, C.: A National Customer Satisfaction Barometer: The Swedish Experiance; in: Journal of Marketing (1992) 1, S. 6 - 21; zitiert in: HINTERHUBER, H.H.; HANDLBAUER, G.; MATZLER, K.: Kundzufriedenheit durch Kernkompetenzen, München 1997, S. 10

[11] vgl. MEFFERT, H.: Marketing-Management: Analyse - Strategie - Implementierung, Wiesbaden 1998, S. 25

[12] vgl. VEIT, W.: Corporate Identity im Tourismusbereich, S. 7; in: Der Wirtschaftsingenieur (1990) 1, S. 7 - 9

auf Erfolg und somit auf qualitatives und quantitatives Wachstum der Marktanteile und einen kontinuierlichen Cash-Flow ausgerichtet ist, stellt ein hohes Maß an Kundenzufriedenheit eine der verläßlichsten Erfolgsmaßstäbe dar. *Hanan/Karp* bringen es auf den Punkt: „Customer satisfaction is the ultimate objective of every business: not to supply, not to sell, not to service, but to satisfy the needs that drive customers to do business." [13]

4.2 Dimensionen der Kundenorientierung

Die oft einzig wahrgenommene Dimension der Kundenorientierung ist die in der Abbildung 4.3 als herkömmliche Kundenorientierung bezeichnete. Doch die tatsächliche Umsetzung des Gedankens der Unternehmungsausrichtung auf Kundenbedürfnisse muß auch die extern gerichtete indirekte Kundenorientierung und die intern gerichtete direkte und indirekte Kundenorientierung umfassen.

---

[13] HANAN, M.; KARP, P.: Customer satisfaction, how to maximise, measure and market your company's ultimate product, New York 1989; zitiert in: HINTERHUBER, H.H.; HANDLBAUER, G.; MATZLER, K.: a.a.O., S. 8

94 UNTERNEHMUNGSAUSRICHTUNG AUF DIE KUNDENZUFRIEDENHEIT

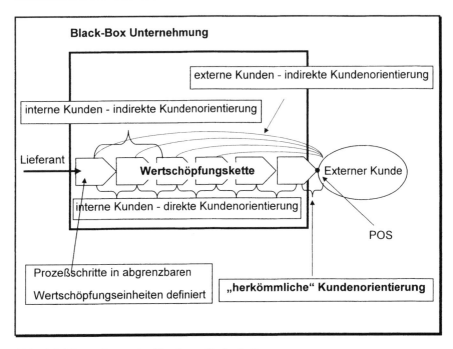

Abb. 4.3: Dimensionen der Kundenzufriedenheit

Der Erfolg der Unternehmung wird nicht nur dadurch bestimmt, wie gut jede funktionale Abteilung die Arbeit ausführt, sondern auch dadurch, wie gut die unterschiedlichen Abteilungsaktivitäten koordiniert werden und wie gut alle Abteilungen gemeinsam an funktionsüberschreitenden Prozessen Hand in Hand arbeiten, um den Kunden zufriedenzustellen.[14]

Anhand der Abbildung 4.3 sollen nun die verschiedenen Aspekte der Kundenorientierung betreffend der Dimension unternehmungsinterne und unternehmungsexterne Kunden erörtert werden.

---

[14] vgl. KOTLER, P.; BLIEMEL, F.: a.a.O., S. 62

UNTERNEHMUNGSAUSRICHTUNG AUF DIE KUNDENZUFRIEDENHEIT

4.2.1 Interne und externe Sichtweise

Interne Kundenorientierung (Mitarbeiterorientierung) und externe Kundenorientierung unterscheiden sich nur bei erster Betrachtung wesentlich voneinander. Einzelne Abteilungen, die ein Produkt in seiner Entstehungsphase durchläuft und dabei an Wert gewinnt, haben viel mit Unternehmungen gemeinsam, die ihrerseits mit anderen Unternehmungen in Kundenbeziehungen stehen.

- **Makro-Betrachtung**

Die Makro-Betrachtung der Kundenorientierung führt über die Beziehungen von, in der Kundenkette miteinander in Verbindung stehenden Unternehmungen zum Wertsystem nach *Porter*.[15]

Das Beziehungsmarketing unterstützt dabei Maßnahmen zum Aufbau von Geschäftsbeziehungen und Kundenbindung sowie die übrigen unternehmerischen Erfolgsfaktoren. Ohne der Wirkung von Geschäftsbeziehungen würde die Wirkungen der übrigen Erfolgsfaktoren sogar stark herabgemindert werden.[16]

- **Mikro-Betrachtung**

Die Mikro-Betrachtung der Kundenorientierung ist im Gegensatz zur Makro-Betrachtung unternehmungsintern gerichtet und führt zur Betrachtung des unternehmerischen Wertschöpfungsprozesses. Dabei geht es vor allem um die Messung der internen Kundenzufriedenheit. Unternehmungen, die Kundenzufriedenheit als Unternehmungsziel definieren, müssen erreichen, daß sich die innerbetrieblichen Abläufe am Mitarbeiter orientieren und sich gemeinsam mit diesem dynamisch verändern. Hierzu ist es erforderlich, die Faktoren der Kundenzufriedenheit in der Unternehmung entlang der Prozeßkette zu kennen und sie kontinuierlich zu verbessern.[17]

Entgegen der Tendenz, alle Mitarbeiter an den Kundenanforderungen zu orientieren, steht oft die Feststellung, daß bei großen Konzernunternehmungen, wie zum Bei-

---

[15] vgl. PORTER, M.E.: Wettbewerbsvorteile, Spitzenleistungen erreichen und behaupten, Frankfurt 1992, S. 59f

[16] vgl. VOLK, H.: Eine Profilierungschance: Besserer Umgang mit Kunden, S. 19; in: io Management Zeitschrift (1994) 3, S. 19 - 21

[17] zu weiteren Ausführungen betreffend die interne Kundenzufriedenheit siehe STEGMAIER, P.: Erfolgreiche Kundenbindung: Checklisten, Sofortmaßnahmen, Tips, Praxisbeispiele, Tests und Fragebögen, Kissing 1997, Kapitel 6

spiel der Automobilbranche, nur relativ wenige Mitarbeiter durch direkten Kontakt mit dem Kunden zur Kundenzufriedenheit beitragen können.[18] Der Begriff der internen Kundenzufriedenheit hat aber zwei verschiedene Wirkungsdimensionen:

- Erstens ist der in der Kette der Leistungserstellung tätige Mitarbeiter durch seinen Arbeitsbeitrag für die Leistungscharakteristik des fertigen Produktes mitverantwortlich und trägt somit indirekt zur Kundenzufriedenheit des externen Kunden bei.[19]

- Zweitens betrifft Kundenzufriedenheit intern betrachtet die Kunden-Lieferanten-Beziehungen in der Unternehmung selbst. Das bedeutet, daß jeder Mitarbeiter direkten Einfluß auf die Kundenzufriedenheit des in der Wertschöpfungskette nach ihm gereihten Kunden und indirekten Einfluß auf die Kundenzufriedenheit des externen Kunden hat.

Die Denkweise der internen Kunden-Lieferanten-Beziehung erscheint als sinnvoller Ansatz, die notwendige permanente Marktausrichtung und die damit verbundenen Veränderungen innerbetrieblicher Strukturen schnell und konsequent zu gestalten.[20]

4.2.2 Einflußparameter auf die Kundenzufriedenheit

Die Einflußparameter auf die Beziehung und somit auf die Zufriedenheit des Kunden liegen entweder auf sachlogischer Ebene (Hard-facts) oder im persönlichen Bereich der Beziehungspartner (Soft-facts). Verdeutlicht können die Unterschiede in den Beziehungsparametern durch einen Vergleich mit einem Eisberg werden (siehe Abb. 4.4):

---

[18] BÜCHNER, U.; KÜNZEL, H.: Interne Kundenzufriedenheit messen, S. 887; in: Qualität und Zuverlässigkeit (1996) 8, S. 887 - 890

[19] *Bruhn* definiert Mitarbeiterorientierung als eine Säule des internen Marketings. Diese wiederum sei die systematisierte Optimierung unternehmungsinterner Prozesse mit Instrumenten des Marketing- und Personalmanagements, um durch eine konsequente Kunden- und Mitarbeiterorientierung das Marketing als interne Denkhaltung durchzusetzen, damit die marktgerichteten Unternehmungsziele effizienter erreicht werden. vgl. BRUHN, M.: Internes Marketing, Integration der Kunden- und Mitarbeiterorientierung, Grundlagen - Implementierung - Praxisbeispiele, Wiesbaden 1995, 22; zitiert in: MEFFERT, H.: (1998), a.a.O., S. 1030

[20] BÜCHNER, U.; KÜNZEL, H.: a.a.O., S. 890

UNTERNEHMUNGSAUSRICHTUNG AUF DIE KUNDENZUFRIEDENHEIT 97

Während die Hard-facts über der Wasserlinie zu finden und somit wesentlich leichter zu erkennen und zu beurteilen sind, so liegen die Soft-facts unter der Wasserlinie und wirken wesentlich stärker im Hintergrund auf die Geschäftsbeziehung. Nur etwa 10 Prozent der Ursachen bestehender Probleme in einer Unternehmung und zwischen Geschäftspartnern sind auf der sachlogischen Ebenen zu finden, alle anderen im persönlichen Bereich der Beziehungspartner.[21]

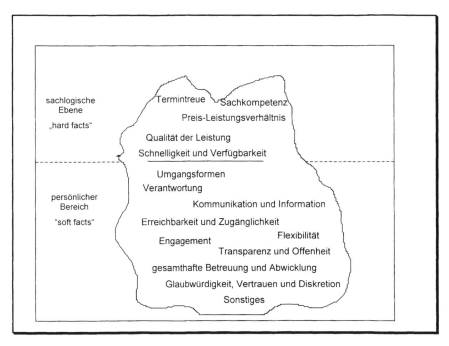

Abb. 4.4: Eisberg der Beziehungsparameter

Damit interne wie externe Kundenorientierung ein Beitrag zur Fokussierung der ganzen Unternehmung auf alle Bereiche der Kundenzufriedenheit sein kann, müssen für interne gleich hohe Standards angesetzt werden wie für externe Kunden-Lieferanten-Beziehungen. Dadurch erreicht man, daß in den Köpfen aller Mitarbeiter die Ausrichtung auf die Zufriedenheit der unternehmungsintern direkt nachgelagerten

---

[21] BÜCHNER, U.; KÜNZEL, H.: a.a.O., S. 889

und der unternehmungsextern indirekt nachgelagerten Kunden fest verankert wird. Zusätzlich bedeutet interne Kundenorientierung, daß die eigenen Mitarbeiter als Kunden der Unternehmung betrachtet und mit ihnen eine dauerhafte (Geschäfts-) Beziehung eingegangen wird.[22] Diese interne Beziehung bedarf wie die externe der Pflege und unterliegt ebenso den Phasen des Kundenlebenszyklus.[23]

4.2.2.1 Einflußfaktor Kundenvertrauen

Grundvoraussetzung dafür, daß der Konsument sich für ein Produkt oder für eine Dienstleistung entscheidet, ist das Vorhandensein von Vertrauen in die Fähigkeit der Leistungserstellung. Der Beschluß des Konsumenten, die endgültige Kaufentscheidung zu modifizieren, aufzuschieben oder ganz zu unterlassen, wird stark vom subjektiv wahrgenommenen Risiko beeinflußt. Die Unsicherheit über das Kauf- oder Leistungsresultat ruft beim Abnehmer Angst hervor, und er wird versuchen diese Angst zu verringern.[24]

Bei Produkten kann diese Vertrauensposition bei wiederholter Erwerbstätigkeit durch den Faktor Erfahrung gefestigt werden. Bei Dienstleistungen kann von einem Erfahrungspotential meist nur in abgeschwächter Form gesprochen werden, da jede neuerliche Leistungserbringung individuell neue Leistungsausprägungen hervorruft. Jedoch die Wahrscheinlichkeit, daß bei der nochmaligen Inanspruchnahme einer bereits vormals konsumierten Leistung die Leistungsanforderungen wiederum erfüllt sind, ist oft höher, als bei erstmaliger Leistungskonsumation. Auch in diesem Fall ist aber das Vertrauen des Konsumenten relevant. Er muß darauf vertrauen können, daß sich an der Art der Leistungserstellung nichts geändert hat. Eine etwaige Leistungsmodifikation kann für den Nachfrager erkennbar oder aber nicht erkennbar stattgefunden haben. Ob sich die Personen, die eine Dienstleistung erstellen, geändert haben, kann leicht festgestellt werden, aber ob eine Person bei nochmaliger Leistungserstellung die gleiche Sorgfalt wie bei erstmaliger Erstellung aufwendet, kann erst nach Konsumation der Leistung beurteilt werden.

---

[22] KRICSFALUSSY, A.: Vom kurzfristigen Verkaufen zur langfristigen Geschäftsbeziehung, S. 247; in: Marketing Journal (1996) 4, S. 242 - 248

[23] siehe Abb. 4.12: Der Kundenlebenszyklus

[24] vgl. KOTLER, P.; BLIEMEL, F.: a.a.O., S. 315

- **Definition**

Vertrauen ist keinesfalls nur rationelles Abwägen, sondern auch das Ergebnis unbewußter, oft lange zurückliegender Erfahrungen.[25] *Plöttner* definiert Vertrauen als die Erwartung gegenüber einer Person oder Personengruppe, daß diese hinsichtlich eines bewußtgemachten Ereignisses dem Vertrauenden gegenüber zumindest nicht opportunistisch verhalten hat bzw. verhalten wird.[26]

Vertrauen hat sowohl eine interne wie auch eine externe Komponente. Kann es aus unternehmungsexterner Sicht sehr wohl eintreten, daß eine gewonnene Vertrauensposition dem Kunden gegenüber durch Nichterfüllung der Leistungsanforderungen schnell verloren ist, so ist der Aufbau eines Vertrauensverhältnisses eine nur langfristig zu bewerkstelligende Unternehmungsaufgabe. Ein Bruch des Vertrauensverhältnisses hat fast immer ein Ende der Geschäftsbeziehung zur Folge. Der Kunde ist an die Konkurrenz verloren.

Unternehmungsinterne Vertrauensverhältnisse sind ebenso wichtig für die Leistungserstellung, da auf Managementebene vereinbarte Zielsetzungen als quasi Selbstverpflichtung bei jedem Mitarbeiter verankert werden müssen. Dem steht in der Realität häufig die Situation des Mißtrauens vor allem über hierarchische Ebenen gegenüber. Das Wesen einer sogenannten Vertrauensorganisation ist es, die Rechtfertigung für Vertrauen und Mißtrauen ständig zu hinterfragen und die Balance zwischen Vertrauen und Mißtrauen immer wieder offen zu diskutieren.[27]

4.2.2.2 Vertrauen und Leistungsindividualität

Nicht die Preisfrage entscheidet in erster Linie, sondern das Vertrauen in die Qualität.[28] Dabei gibt es zwei konträr zueinander verlaufende Tendenzen zu bemerken, welche in der Abbildung 4.5 veranschaulicht werden.

---

[25] STAHL, H.K.: Die Vertrauensorganisation: Wie sie entsteht, welche Vorteile sie schafft, wo ihre Grenzen liegen, S. 30; in: io Management Zeitschrift (1996) 9, S. 29 - 32

[26] vgl. PLÖTTNER, O.: Das Vertrauen des Kunden: Relevanz, Aufbau und Steuerung auf industriellen Märkten, Wiesbaden 1995, S.36

[27] vgl. STAHL, H.K.: a.a.O., S. 30

[28] DOMIZLAFF, H.: Die Gewinnung des öffentlichen Vertrauens: Ein Lehrbuch der Markentechnik, Hamburg 1992, S. 38

Als auslösender Faktor für die Kaufentscheidung wirken beim Abnehmer die beiden Faktoren Vertrauen und Erfahrung. Diese sind in der Lage, die empfundene Angst vor dem Kaufrisiko zu verringern. Bei Leistungen, die das erste Mal konsumiert werden und bei denen daher noch keine Erfahrung vorhanden ist, oder bei Leistungen, bei denen die Leistungsausprägung nicht standardisierbar ist, steht der Faktor Vertrauen im Vordergrund. Konnte aus früheren Geschäftsbeziehungen bereits Erfahrung gesammelt werden, so verringert der Faktor Erfahrung das empfundene Risiko und die damit verbundene Angst.

Wie vertragen sich aber der Wunsch nach Variantenreichtum und der Wunsch nach vorhersehbarer Leistungsausprägung miteinander, und wann sollte von seiten des Anbieters welchen Faktoren der Vorzug gegeben werden?

UNTERNEHMUNGSAUSRICHTUNG AUF DIE KUNDENZUFRIEDENHEIT 101

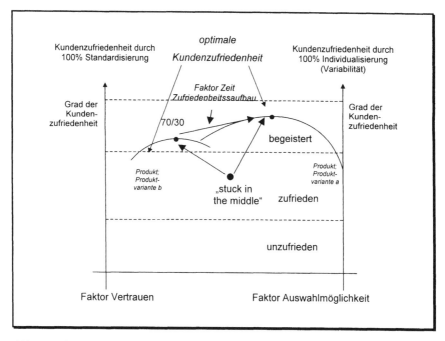

Abb. 4.5: Spannungsfeld zwischen Variabilität und Standardisierung der Leistung

Der Weg zur Erreichung der optimalen Kundenzufriedenheit kann ausgehend von der Position „stuck in the middle" in zwei verschiedene Richtungen gewählt werden:[29]

1. Eine Standardisierung des Leistungsangebotes führt dazu, daß der Abnehmer mit größerer Sicherheit die zu konsumierende Leistung abschätzen und beurteilen kann. Allerdings muß er auf die speziell für ihn ausgearbeitete Problemlösung zugunsten einer bereits früher eingesetzten Leistungsvariante verzichten. Sein Risiko verringert sich durch Leistungsstandardisierung. Sein Individualitätsanspruch kann nicht zu 100 Prozent erfüllt werden.

2. Eine Leistungsindividualisierung führt dazu, daß der Kunde zwar von der theoretischen Leistungsmöglichkeit her ein genau auf seine Bedürfnisse abgestimmtes Angebot erwartet, daß er aber wenig Sicherheit dafür erhält, dieses Angebot

---

[29] zur Risikowahrnehmung und Risikomanagement in unterschiedlichen Kulturen siehe: KARMASIN, H.; KARMASIN, M.: Cultural Theory: ein neuer Ansatz für Kommunikation, Marketing und Management, Wien 1997, S. 204ff.

auch seinen Vorstellungen nach in die Tat umgesetzt zu bekommen. Der Individualitätsanspruch wird erfüllt, das empfundene Risiko kann nicht verringert werden.

Bei beiden Varianten ist es möglich, durch gezielte Marketingaktivitäten den jeweiligen Nachteil für den Kunden zu minimieren und so den Grad der Kundenzufriedenheit zu optimieren. Ergebnis dieser Überlegungen sind Maßnahmen, die entweder vermehrt die Vertrauenskomponenten der Kaufentscheidung oder vermehrt die Individualisierungsansprüche betreffen.

Das Diagramm stellt nun dem erreichbaren Grad der Kundenzufriedenheit die möglichen Individualisierungs- und Standardisierungsmöglichkeiten gegenüber. Ganz links steht lediglich eine einzige Standardlösung für den Konsumenten zur Verfügung. Die Möglichkeit der Anpassung an individuelle Bedürfnisse ist nicht gegeben. Ganz rechts wird eine Leistung angeboten, die keinen einzigen standardisierten Teilschritt in der Leistungserstellung beinhaltet. Das Leistungsergebnis hängt vollkommen von der Interaktion zwischen Leistungsersteller und Leistungskonsumeten ab. Die tatsächliche Leistung liegt zwischen diesen beiden Extremen. Teilschritte sind standardisiert und Leistungsvarianten geben die Möglichkeit der Leistungsmodifikation.

Für das im Diagramm eingezeichnete Produkt *a* gilt, daß dieses schon mit einer geringen Variantenanzahl für den Kunden interessant erscheint. Das Kundenzufriedenheitsoptimum liegt bei einem Verhältnis von Standardlösung zu Individuallösung bei 70/30. Das bedeutet, daß zwar der Faktor Individualität wichtig ist, daß der Kunde aber sehr wohl auch darauf bedacht ist, seinen Drang nach Individualität auf die Basis eines gesicherten Vertrauensverhältnisses zu stellen. Ändert sich das Verhältnis noch weiter nach rechts, so können zwar theoretisch weitere Variantenansprüche befriedigt werden, aber der Kunde hat nicht mehr das nötige Vertrauen in deren Realisierbarkeit - die Kundenzufriedenheit nimmt wieder ab.

Bei Produkt oder Leistung *b* ist der Überhang deutlich auf der Seite der Individualisierung zu sehen. Der potentielle Abnehmer möchte zwar zwischen einigen standardisierten Teilschritten oder Komponenten wählen, aber wichtigstes Entscheidungskriterium ist für ihn, daß er die Art und Weise der Leistungserstellung individuell an seine tatsächlichen Anforderungen anpassen kann.

Legt man bei Abbildung 4.5 auch noch die zeitliche Komponente als Maßstab an, so ergibt sich, daß neue Produkte oder wenig bekannte Dienstleistungen eher links, also auf der Seite der Ausrichtung auf Vertrauen zu finden sein sollten. Am Beginn des Produktlebenszyklus muß zuerst eine Vertrauensbasis zum Abnehmer geschaffen werden. Es hat keinen Sinn durch eine unüberschaubare Angebotspalette für Variantenvielfalt zu sorgen, weil damit eher Verwirrung gestiftet wird.

Später kann das aufgebaute Markenbild, das Unternehmungsimage oder vorhandene Kundenbindungen dazu genutzt werden, um durch Individualisierung des Angebotes die Kundenzufriedenheit weiter zu optimieren.

Sieht man Produkt *a* und *b* nicht als zwei unterschiedliche Erzeugnisse oder Leistungen an, so kann man die Abbildung auch folgendermaßen interpretieren: Aus der Leistung *a*, welche relativ standardisiert angeboten wurde, um dem Kunden die Möglichkeit der Vertauensbildung zu geben, entwickelte sich mit der Zeit die Leistung *b*. Die Leistung *b* soll auf dem nun vorhandenen Vertrauensverhältnis aufbauen, durch einen größeren Individualisierungsgrad noch breitere Kundenschichten ansprechen und durch individuelle Lösungen die Zielgruppe (den Marktanteil) vergrößern. In einer frühen Phase konnten Kunden durch ein Standardprodukt *a* mit wenigen Varianten zufriedengestellt werden. Mit der Zeit wurden immer unterschiedlichere Leistungen nachgefragt, und Produkt *b* erfüllt nun die Anforderungen. Daraus erkennt man, daß die Anforderungen an die Ausrichtung der Unternehmung auf Kundenzufriedenheit stetiger Anpassung über den Verlauf der Zeit bedürfen und daß auf die Umsetzungsphase des Konzeptes die Phase der ständigen Konzeptverifizierung und -adjustierung folgen muß.

4.2.2.3 Leistungsindividualität und Kosten

Da sich ein zu erfüllender Leistungsprozeß sowohl aus standardisierten und individuell auf den Kunden bezogenen Teilprozessen zusammensetzt, stellt sich nun die Frage, wo für den Abnehmer und für den Anbieter das optimale Verhältnis aus standardisierten Prozessen und Prozessen mit Interaktionsanforderungen aus Kostensicht zu finden ist. Für den Kunden befindet sich dieses Optimum in jenem Bereich, in dem er seine Leistungsanforderungen bestmöglich erfüllt bekommt und dafür einen noch akzeptablen Preis zu bezahlen hat. Für die anbietende Unternehmung ist das Optimum dort zu finden, wo der Prozeß der Leistungserstellung die Unternehmungsressourcen bestmöglich ausnutzt und gleichzeitig die Kundenanforderungen erfüllt werden können.

Was bedeutet dies aber für die Unternehmung, die sich überlegen muß, wieweit sie mit standardisierten und somit relativ ressourcensparenden oder aber mit auf die Individualanforderungen abgestimmten und somit vergleichsweise ressourcenintensiven Kommunikations- und Leistungsprozessen an den Kunden heran- und mit diesem in Interaktion treten soll?

Abbildung 4.6 zeigt sowohl den Verlauf des Kundennutzens als auch die zur Erreichung dieses Nutzens notwendigen Kosten. Die Kosten für den Interaktionsprozeß zwischen Anbieter und Nachfrager steigen mit zunehmender Individualisierung. Der Kundennutzen erreicht sein Maximum bei bestimmten Kosten und damit bei einem bestimmten Individualisierungsgrad. Die Unternehmung hat nun die Möglichkeit, den Kundennutzen bewußt zu senken, um damit günstiger zu werden oder den optimalen Kundennutzen bei dementsprechenden Kosten zu erreichen.

UNTERNEHMUNGSAUSRICHTUNG AUF DIE KUNDENZUFRIEDENHEIT 105

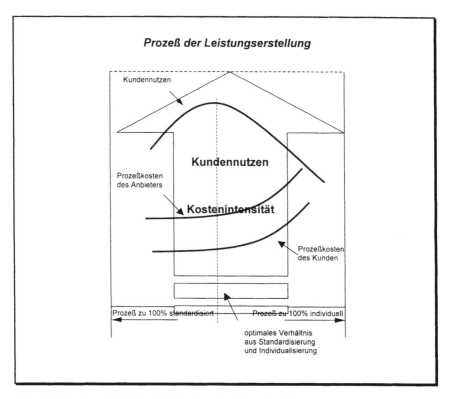

Abb. 4.6: Kostenentwicklung in der Kundenintegration[30]

Wichtige Voraussetzung zur erfolgreichen Umsetzung einer optimalen Abwägung von Standardisierung und Individualisierung ist, daß sich die Unternehmung in Hinblick auf die strategische Zielsetzung und die Ressourcenausstattung darüber im Klaren ist, welche Rolle sie selbst im Wettbewerb spielen möchte und kann.

---

[30] vgl. JACOB, F.; KLEINALTENKAMP, M.: Einzelkundenbezogene Produktgestaltung - Ergebnisse einer empirischen Erhebung: Arbeitspapier Nr. 4 der Berliner Reihe „Business-to-Business-Marketing", Berlin 1994, S. 31

106 UNTERNEHMUNGSAUSRICHTUNG AUF DIE KUNDENZUFRIEDENHEIT

Um eine sogenannte Spitzenreiter-Strategie in der Unternehmung einführen zu können, muß einer von zwei möglichen Wegen beschritten werden: [31]

- Man ist selbst in der Rolle des Innovators und in der Lage, die Standards zu definieren. Dann wird es gelingen, jene Käuferschichten zu erschließen, die als die frühen Annehmer bezeichnet werden. Für diese stellt die neue Leistung oder das neue Produkt einen Mehrwert gegenüber bisherigem dar und sie sind bereit für diesen Mehrwert einen höheren Preis zu bezahlen.[32] Um in weiterer Folge auch die weiteren Kundengruppen zu erschließen, kann die Outpacing Strategy durch Kostensenkung aus Erfahrungskurveneffekten erreicht werden (siehe Outpacing Strategy 1).

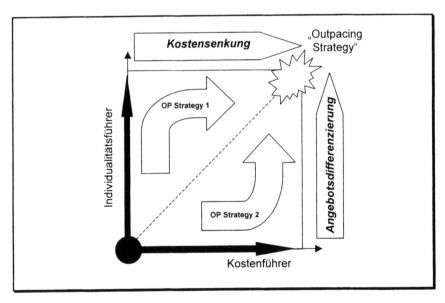

Abb. 4.7: Outpacing Strategy[33]

---

[31] vgl. GILBERT, X.; STREBEL, P.J.: Strategies to Outpace the Competition; in: Journal of Business Strategy (1987) 8, S. 28 - 36

[32] vgl. KLEINALTENKAMP, M.; FLIESS, S.; FRANK, J.: Customer Integration: Von der Kundenorientierung zur Kundenintegration, Wiesbaden 1996, S. 174

[33] vgl. GILBERT, X.; STREBEL, P.J.: a.a.O.; zitiert in: MEFFERT, H.: (1994), a.a.O., S. 116ff.

- Ist man nicht in der Lage, die Standards selbst zu definieren, sondern muß sich nach bereits am Markt vorhandenen richten, so ist es notwendig, zuerst die Prozeß-Performance der Konkurrenz zu erreichen und anschließend zu versuchen, die Outpacing Strategy durch Angebotsdifferenzierung in Nischenmärkte zu erreichen (siehe Outpacing Strategy 2).

In beiden Fällen ist aber die Angebotsindividualisierung bzw. -differenzierung der entscheidende Strategieansatz und somit auch der entscheidende Motivationsfaktor für die Umsetzung. Insgesamt verdeutlicht die Outpacing-Strategie, daß sich nur jene Anbieter langfristig am Markt behaupten können, die - ausgehend von der Qualitäts- oder der Kostenführerschaft - den Nachfragern einen hohen Produktnutzen bei gleichzeitig niedrigen Kosten gewährleisten.[34]

4.2.3 Kundenklassifizierung

Das Wissen über Art und Umfang der Verwendung des eigenen Erzeugnisses oder der eigenen Leistung durch den Kunden zu erlangen, wird mit zunehmender Höhe der Beziehungsstufe immer schwieriger (es liegen immer mehr Nachfrager-Abnehmer-Beziehungen dazwischen). Außerdem wird es immer komplexer, je differenzierter die Einsatzgebiete und Verwendungsmöglichkeiten des Produktes sind. In diesem Zusammenhang wird der Begriff der Informationsseite der Kundenorientierung relevant.[35]

4.2.3.1 Beurteilung von Kunden

- **Das Kunden-Portfolio**

Das Kunden-Portfolio ist eine Möglichkeit der Kundenbeurteilung und Kundenanalyse.[36] Dabei werden Kunden nach ihrer Attraktivität und der Position, die man als Lieferant bei diesen Kunden einnimmt, in einem zweidimensionalen Schema positioniert (siehe Abbildung 4.8).

---

[34] MEFFERT, H.: (1994), a.a.O., S. 118
[35] vgl. DILLER, H.: (1994), a.a.O., S. 11
[36] HOMBURG, C.; DEMMLER, W.: Ansatzpunkte und Instrumente einer intelligente Kostenreduktion, S. 21; in: Kostenrechnungspraxis (1995) 1, S. 21 - 28

108   UNTERNEHMUNGSAUSRICHTUNG AUF DIE KUNDENZUFRIEDENHEIT

In die Beurteilung der Kundenattraktivität können neben dem Abnahmevolumen das Wachstum dieses Volumens, die Erlösqualität, das Image des Kunden (Nutzen als Referenzkunde), seine Kooperationsbereitschaft und weitere ähnliche Kriterien einfließen. Die Lieferantenposition wird in der Regel über den Lieferantenanteil in Relation zum stärksten Wettbewerber gemessen. Die durch die Einordnung der Kunden in das Portfolio erreichte Kundentypologisierung kann als Steuerungsinstrumentarium für die Intensität und Art der Geschäftsbeziehung herangezogen werden.

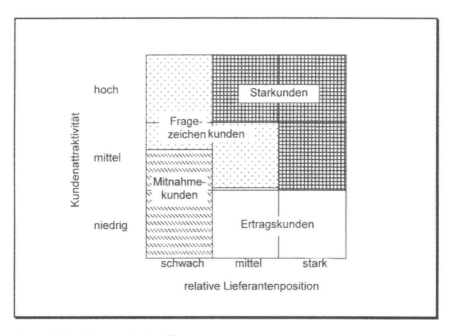

Abb. 4.8: Das Kunden-Portfolio[37]

Starkunden und auch Fragezeichenkunden benötigen, wenngleich auch aus unterschiedlichen Gründen, besonders viel Betreuungsintensität. Starkunden, weil sie besonders wichtig für den eigenen unternehmerischen Erfolg sind, und Fragezeichenkunden, weil sie eventuell besonders wichtig werden können. Ertragskunden sollten möglichst effizient betreut werden. Man hat nicht mehr zu tun als notwendig, aber

---

[37] HOMBURG, C.; DEMMLER, W.: (1995), a.a.O., S. 21 - 28

auch nicht weniger. Bei Mitnahmekunden ist der Aufwand zur Kundenorientierung nur dann gerechtfertigt, solange er sich in genau vorher definierten Grenzen bewegt.[38]

In der Regel bilden Starkunden häufig den Kern des Geschäftes, binden aber auch beträchtliche Ressourcen. Fragezeichenkunden bilden Wachstumspotentiale, weil sie die potentiellen Starkunden von morgen sind. Ertragskunden bilden meist die sichere Basis des Unternehmungserfolges.

- **Kundengruppierung nach *Whitney***

Für *Whitney* gilt es, unter gleichzeitiger Berücksichtigung der Kunden, der Konkurrenten und der Kosten nach bestimmten Kriterien eine Kundenselektion zu treffen. (siehe Tabelle 4.2) Für die Kundenbeurteilung zählen dabei besonders die strategische Bedeutung, die Wichtigkeit nach Umsatz beurteilt, und die Rentabilität der Kunden. Mit diesen Faktoren kann eine Matrix zur Kundengruppierung entwickelt werden.[39]

Dabei wird unter der strategischen Bedeutung eines Kunden jener Beitrag verstanden, den der Abnehmer langfristig am Unternehmungserfolg beiträgt und der insbesondere zum Wachstum der Unternehmung dient.

Der Begriff der Wichtigkeit ist ein Maß für die zukünftigen und gegenwärtigen Erlöse, die ein Kunde zu bringen in der Lage ist. Die Kundenrentabilität soll schlußendlich das Verhältnis zwischen den für die Kundenbearbeitung aufgewendeten und den durch den Kunden erwirtschafteten Finanzmitteln aufzeigen.[40]

---

[38] Beispiele dazu siehe: DEMMLER, W.; HOMBURG, C.: Das Controllingsystem eines Großunternehmens im Maschinenbau - Das Beispiel der KSB AG; in: WITT, F.: Controlling-Profile, München 1993; zitiert in: HOMBURG, C.; DEMMLER, W.: (1995), a.a.O., S. 26

[39] vgl. WHITNEY, J.O.: Welche Kunden und welche Produkte behalten - und welche besser nicht?, S. 103f; in: Harvard Business manager (1996) 4, S. 93 - 105

[40] vgl. WHITNEY, J.O.: a.a.O., S. 103f

110   UNTERNEHMUNGSAUSRICHTUNG AUF DIE KUNDENZUFRIEDENHEIT

4.2.3.2 Schlüsselkundensegmentierung über Beziehungsstufen

Diller versucht, den Geschäftspartner möglichst genau einordnen zu können, indem er ihn nach den folgenden Kriterien beurteilt:[41]

- Verhalten im Wettbewerb
- Umfeld
- zukünftigen Geschäftspotentialen
- möglichen Synergien
- Entwicklungsgeschwindigkeit und -richtung

Um ein Bild von seinen Kunden und Kundeskunden zu erhalten, ist es nötig, eine Kundensegmentierung[42] zu erarbeiten, die zwischen wichtigen Schlüsselkunden und weniger wichtigen Kunden unterscheidet, dies auch unter Berücksichtigung der Einordnung der Abnehmer in bestimmte Beziehungsstufen.

---

[41] vgl. DILLER, H.: (1994), a.a.O., S. 11

[42] Zum Themenbereich Kundensegmetierung und Kundenbewertung siehe auch: STEGMAIER, P.: Erfolgreiche Kundenbindung: Checklisten, Sofortmaßnahmen, Tips, Praxisbeispiele, Tests und Fragebögen, Kissing 1997, Kapitel 8

UNTERNEHMUNGSAUSRICHTUNG AUF DIE KUNDENZUFRIEDENHEIT 111

Strategisch bedeutend	Wichtig nach Umsatz	Rentabel	Handlungsgebot
ja	ja	ja	Schätzen Sie sich glücklich, seien Sie aber auch sehr besorgt. Auf diese ausgezeichneten Kunden sind auch Konkurrenten scharf. Stimmt Ihr Preis-Leistungsverhältnis? Überprüfen Sie das. Haben Sie die besten und engsten Beziehungen zu all denen, die über den Einkauf mitentscheiden? Überprüfen Sie das. Kurzum, konzentrieren Sie die Mittel der Unternehmung auf die derzeitigen und künftigen Bedürfnisse dieser Kunden.
ja	ja	nein	Erste Maßnahme: Versuchen Sie, diese Kunden rentabel zu machen, indem Sie die Preise, den Mix oder das gesamte Leistungsangebot verändern oder mehreres zugleich tun. Zweite Maßnahme: Falls mit dem Vorherigen nichts erreicht wird, an Joint-Ventures denken. Sollte der Kunde Ihnen Zugang zu weiteren Märkten verschaffen, werden Sie auch weiterhin bedienen müssen. Wenn nicht, Maßnahme 3: Bereiten Sie eine geordnete Aufgabe dieses Kunden vor, die dem Ruf Ihrer Unternehmung nicht schadet.
ja	nein	ja	Bewertungssache. Sie werden einen solchen Kunden eher behalten wollen, wenn er Ihnen Gelegenheit gibt, Dinge zu lernen, die Sie auf andere Weise nicht lernen können, oder wenn er Ihnen den Weg zu anderen Märkten oder Kunden öffnet. Sollte dieser Kunde indes Ihre betrieblichen Abläufe komplizieren und wird das von seiner strategischen Bedeutung nicht wettgemacht, führen Sie eine einwandfreie Trennung herbei.
ja	nein	nein	Bewerten Sie - zusammen mit neuen Mitgliedern der Organisation - als erstes neu, wie strategisch bedeutsam dieser Kunde ist. Nach neuen Einsichten forschen. Bleibt der Kunde nach allem strategisch bedeutsam, muß ein Team sehen, wie er rentabler gemacht werden kann. Fällt der Kunde nach einer weiteren Prüfung durch, sollten Sie diese Geschäftsbeziehung rasch abbrechen.
nein	ja	ja	Ein schwieriger Fall. Doch wenn ein solcher Kunde nicht zu Ihrem Kerngeschäft paßt, sollte nicht zugelassen werden, daß er Ressourcen verzehrt und von einer klaren Fokussierung ablenkt. Versuchen Sie, ihn an eine andere Geschäftseinheit weiterzugeben, wo er strategisch bedeutend sein kann, oder überlassen Sie ihn einem Händler. Ansonsten Rückzug.
nein	ja	nein	Volumen allein reicht nicht aus. Versuchen Sie, diesen Kunden an eine andere Geschäftseinheit (gegen eine Ausgleichszahlung) weiter zu reichen, für die er strategisch bedeutsam und rentabel sein wird. Aber sagen Sie sich von ihm los, bevor die Unterhaltung der komplizierten Geschäftsbeziehung zu ihm noch mehr Zeit und Mühe beansprucht.
nein	nein	ja	Es ist immer schwer, sich von einem Kunden zu trennen, besonders wenn er Geld einbringt. Das beste, was Sie bei einem solchen Kunden machen können, ist ihn an eine andere Geschäftseinheit zu übergeben. Aber um einen bekannten Werbeslogan zu zitieren: „Just do it!" Erzielen Sie Ihre Gewinne mit Kunden, mit denen Sie eine gemeinsame Zukunft haben.
nein	nein	nein	Ein leichter Abschied und alles Gute.

Tab. 4.2: Matrix zur Kundengruppierung[43]

---

[43] WHITNEY, J.O.: a.a.O., S. 101

112 UNTERNEHMUNGSAUSRICHTUNG AUF DIE KUNDENZUFRIEDENHEIT

Sind die Schlüsselkunden verschiedener Beziehungsstufen identifiziert, so muß wie folgt vorgegangen werden:[44]

1. Prüfung, inwieweit zu den einzelnen Kunden Bindungen aufgebaut werden können. Dazu muß nach dem möglichen Individualisierungsgrad der eigenen Leistung und nach dem Individualitätsgrad der Kundenanforderungen festgelegt werden, wie stark eine Kundenintegration ausgeprägt werden kann und in welcher Art die Wertkettenverknüpfung nach *Porter* auch über mehrere Beziehungsstufen hinweg realisiert werden kann.

2. Synergiepotentialanalyse, durch welche aufgezeigt werden soll, welche Gemeinsamkeiten die Schlüsselkunden besitzen und wo somit gemeinsame Ansatzpunkte im Beziehungsverhalten gefunden werden können. Für Kunden, denen keine gemeinsamen Merkmale zugeordnet werden können, muß eine Neugestaltung der Elemente Beziehungsgestaltung und Wertkettenverküpfung stattfinden.

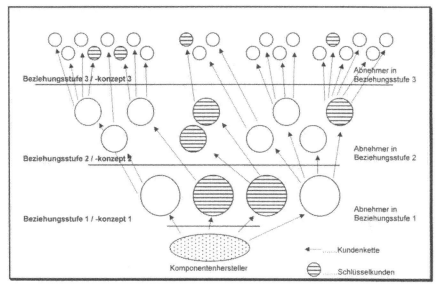

Abb. 4.9: Schlüsselkunden verschiedener Beziehungsstufen

---

[44] zur Segmentierung von Kunden in der Automobilbranchen siehe KOTLER, P.; BLIEMEL, F.: a.a.O., S. 447

Auch *Gaitanides* setzt beim Kundenmanagement voraus, daß die Unternehmung nach Schlüsselkunden bzw. Kundengruppen organisiert ist.[45] Abbildung 4.9 zeigt Schlüsselkunden in der Kundenkette über mehrere Beziehungsstufen.

4.3 Relationship-Marketing: Erfolgsfaktor in der Kundenorientierung

In den Vereinigten Staaten von Amerika sorgt das Wort „Relationship-Marketing" für neue Impulse in der Marketingdiskussion und -forschung. Das ins deutsche übertragenen Äquivalent, das Beziehungsmarketing versucht, die Wirkung der Beziehung zwischen Geschäftspartnern auf den Unternehmungserfolg zu ermitteln und daraus neue strategische Handlungsmöglichkeiten und operative Maßnahmen abzuleiten.

Viele Faktoren, die auf ein Produkt im Laufe des Leistungserstellungsprozesses einwirken, liegen nicht im Einflußbereich der eigenen Unternehmung. Oft ist es notwendig, nicht nur interne Prozesse und Abläufe auf externe und interne Kunden auszurichten, sondern um konsequente Kundenorientierung und -bindung zu erreichen, müssen auch kundenrelevante Prozesse bei Zulieferern und Abnehmern verfolgt, analysiert und wenn nötig beeinflußt werden.

Aus den Erkenntnissen des Managements von Geschäftsbeziehungen kann abgeleitet werden, daß für den Konsumenten bei annähernd vergleichbaren Leistungsquantitäten sowie -qualitäten und bei ähnlichen Qualifikationen des leistungserstellenden Personals, diejenige Unternehmung den höheren Grad der Zufriedenheit erreicht, welche über die besseren Beziehungen zum Kunden verfügt. Diese Beziehungen nicht zu pflegen, wäre ein schwerer Fehler jedweder Unternehmungsführung.[46]

---

[45] vgl. GAITANIDES, M.; SCHOLZ, R.; VROHLINGS, A.; RASTER, M.: Prozeßmanagement: Konzepte, Umsetzungen und Erfahrungen des Reengineering, München 1994, S. 208ff.

[46] LANGE-PROLLIUS, H.: Beziehungsmarketing; in: BELZ, C.: Realisierung des Marketing, S. 997 - 1010; zitiert in: BELZ, C.: Geschäftsbeziehungen aufbauen und gestalten, S. 31; in: Beziehungsmarketing - neue Wege zur Kundenbindung, Dokumentation des Workshops, Wissenschaftliche Gesellschaft für Marketing und Unternehmungsführung e.V., Münster 1994, S. 31 - 55

114 UNTERNEHMUNGSAUSRICHTUNG AUF DIE KUNDENZUFRIEDENHEIT

4.3.1 Begriffsdefinition

Die aus der Geschäftsbeziehung resultierende Vernetzung der Unternehmen und Kunden führt zu anderen Marktmechanismen und stellt die Unternehmungen vor neue Herausforderungen.[47] Mit der Einbindung des Kunden in Leistungsprozesse des Anbieters vollzieht sich der Übergang von der Interaktion zur Integration.

Von Natur aus bedarf jede Geschäftsabwicklung bereits einer gewissen Interaktion, da der Kunde durch die aufgegebene Waren- oder Dienstleistungsbestellung seinen Willen zur Transaktion bekunden muß, die Ware anschließend in Empfang nimmt oder die Dienstleistung konsumiert. Ziel des Beziehungsmarketings ist es aber, diese Interaktion wesentlich weiter zu entwickeln und den Nachfrager an einer Vielzahl von möglichen Stellen bei der Leistungserstellung oder -vorbereitung Einfluß nehmen zu lassen, ihn zu integrieren.

Beziehungsmarketing ist ein Prozeß der bewußten Herbeiführung und Gestaltung von Transaktionen, in dem Einzelpersonen, Gruppen oder Organisationen Sachgüter oder Dienstleistungen von Wert erzeugen und untereinander austauschen, um ihre jeweiligen Bedürfnisse zu befriedigen.

Abb. 4.10: Definition Beziehungsmarketing[48]

Beziehungsmarketing stellt ein Werkzeug zur Erklärung und Gestaltung von Geschäftsbeziehungen dar, welches eine Ausrichtung der Marketingaktivitäten auf individuelle Geschäftsbeziehungen statt auf anonyme Märkte postuliert.

Als zentrale Herausforderung beim Aufbau von langfristigen Kundenbindungen erweisen sich dabei das wachsende Interaktionsbedürfnis der Konsumenten sowie die

---

[47] vgl. DILLER, H.: Beziehungsmarketing, S 442; in: Wirtschaftswissenschaftliches Studium (1995) 9, S. 442 - 447

[48] BRUHN, M.; BUNGE, B.: Beziehungsmarketing als integrativer Ansatz der Marketingwissenschaft, S. 177; in: Die Unternehmung (1996) 3, S. 171 - 194

Integration der modernen Technologien in den Bereichen Fertigung und Kommunikation in ein umfassendes Marketingkonzept.[49] Auch die bisher isoliert als erfolgreich angesehene Strategie der Etablierung einer Markenpersönlichkeit und der daraus erhofften Kundentreue, kann in Zeiten zunehmender Markenerosion und steigender Markenwechselbereitschaft der Konsumenten nicht mehr alleine erfolgreich sein, sondern kann nur im Zusammenspiel aller Bestrebungen zur Hersteller-Kundenbindung beitragen.

4.3.2 Strategische Gestaltungsaspekte des Beziehungsmarketings

4.3.2.1 Integration in der Geschäftsbeziehung

Der Kunde muß oder kann direkt in den Leistungserstellungsprozeß einbezogen werden[50].

Ist dies nicht der Fall, so wird das Produkt oder die Dienstleistung nur im Idealfall vollständig, im Realfall aber nur teilweise mit den Anforderungen und Erwartungen des Kunden übereinstimmen. Dabei ist grundsätzlich zu überlegen, bei welchem Grad der Kundenintegration die Vorteilhaftigkeit für den Konsumenten ein Maximum erreicht und ab wann bereits wieder über eine Lockerung der Hersteller-Kundenbeziehung nachgedacht werden muß. Es kann zwischen zwei Arten der Einflußnahme unterschieden werden: [51]

- Bei der indirekten Einflußnahme werden die Kundenmeinung und -wünsche über die Marketingforschung erhoben und fließen durch deren Berücksichtigung in den Leistungserstellungsprozeß ein. Daraus resultiert eine gewisse Kundenstandardisierung, da ja die Auswertung dieser Erhebungen nur über alle Kunden gemeinsam oder bestenfalls für einzelne Kundengruppen gültige Aussagen liefern kann. Die Relevanz für den individuellen Abnehmer hängt zum Großteil von der Homogenität der befragten Kundengruppen ab.

---

[49] MEFFERT, H.: (1994), a.a.O., S. 3

[50] vgl. ENGELHART, W.H.; FREILING, J.: Integrativität als Brücke zwischen Einzeltransaktionen und Geschäftsbeziehungen; in: Marketing ZFP (1995) 10, S. 37 - 43

[51] *Meffert* schreibt dazu, daß speziell im Bereich der strategischen Überlegungen des Kundenbindungsmanagements es vielfach angebracht ist, durch Lockerung der Kundenbeziehung, die vom Konsumenten empfundene Vorteilhaftigkeit der bestehenden Beziehung zu erhöhen. vgl.: MEFFERT, H.: (1994), a.a.O., S. 3

116 UNTERNEHMUNGSAUSRICHTUNG AUF DIE KUNDENZUFRIEDENHEIT

- Im Gegensatz dazu kann bei der direkten Einflußnahme der einzelne Kundenwunsch getrennt erfaßt und die Leistung danach individuell angepaßt werden. Die direkte Einflußnahme ist im Vergleich zur indirekten Einflußnahme wesentlich stärker von der Leistungstypologie abhängig.[52]

Zum Zwecke der systematischen Einordnung von Kunden-Lieferantenbeziehungen sollen nun verschiedenartige Kundenanforderungen in einem Portfolio den Realisierungsmöglichkeiten im Leistungserstellungsprozeß der Unternehmung gegenübergestellt werden. Je nach Zuordenbarkeit der erstellten Leistung zu einem Quadranten des Integrationsportfolios ist mit unterschiedlichen Ausprägungen der Erwartungsdifferenzen zwischen Erzeuger und Nachfrager zu rechnen (siehe Abbildung 4.11).

---

[52] siehe dazu auch MEISTER, M.; MEISTER, U.: Kundenzufriedenheit im Dienstleistungsbereich, München 1996, S. 40

UNTERNEHMUNGSAUSRICHTUNG AUF DIE KUNDENZUFRIEDENHEIT 117

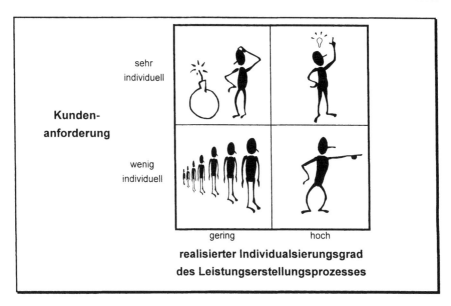

Abb. 4.11: Kunden-Integrationsportfolio[53]

Befindet man sich als Unternehmung in der linken unteren Ecke des Portfolios, so stehen einem starren Leistungserstellungsprozeß weitgehend standardisierte Kundenanforderungen an Produkt oder Dienstleistung gegenüber. Hier hat es keinen Sinn, wesentliche Aktivitäten in eine stärkere Kundenintegration zu stecken. Auszunützen sind vielmehr Kostendegressionseffekte durch wachsende Stückzahlen und Gewinnung von Marktanteilen. Nach den Strategieansätzen von *Porter* würde in diesem Fall zum Beispiel die Kostenführerschaft anzusteuern sein.[54]

In der linken oberen Portfolioecke stehen einem starren Leistungserstellungsprozeß sehr individuelle Kundenforderungen gegenüber. Hier wird es sehr schwierig sein, den Abnehmer in die Fertigung oder in die Entstehung einer Dienstleistung zu inte-

---

[53] SCHIMANOFSKY, W.: Beziehungsmarketing - Erfolgsfaktor in der Kundenorientierung, S. 29, in: Der Wirtschaftsingenieur (1997) 2, S. 28 - 31

[54] vgl. PORTER, M.E.: Wettbewerbsstrategien: Methoden zur Analyse von Branchen und Konkurrenten, Frankfurt/Main 1992, S. 62ff.

grieren, da dies oft nur mit erheblichen Kosten zu bewerkstelligen ist. Der Leistungserstellungsprozeß ist nicht flexibel genug. Es gibt nun zwei mögliche Ausprägungen dieser Situation:

1. Ist man mit der Konkurrenz gemeinsam vor dieses Problem gestellt - der Mitbewerber kann es auch nicht besser - dann wird der Abnehmer zur Befriedigung seines Konsumbedürfnisses unweigerlich auf das/die Standardprodukt/-dienstleistung zurückgreifen, obwohl bei ihm der latente Wunsch nach einer individuelleren Problemlösung besteht. Dies wird er nur so lange tun, bis es ihm möglich ist, seine individuellen Bedürfnisse zu befriedigen.

2. Als Unternehmer, der im linken oberen Quadranten zu finden ist, der sich aber einer Konkurrenz gegenüber sieht, die sehr wohl größere Individualisierungsgrade erreichen kann, gibt es zur Lösung des Problems nur eine quasi „Hopp- oder Dropp-Strategie". Entweder man holt den Wettbewerbsvorsprung der Konkurrenz auf oder man zieht sich aus diesem Markt zurück und besinnt sich zukünftig auf seine Stärken. Es macht in dieser Situation wenig Sinn, über Strategien wie Kostenführerschaft oder Qualitätsführerschaft und damit verbundenen Marketingaktivitäten zu versuchen, individuell vorhandene Kundenanforderungen zu standardisieren. Der Wunsch nach Individualität kann von der Konkurrenz erfüllt werden.

In der rechten oberen Ecke des Portfolios stehen einem hohen möglichen Individualisierungsgrad des Leistungserstellungsprozesses sehr individuelle Kundenanforderungen gegenüber. Hier sollte der seitens der Unternehmung mögliche und von den Abnehmern gewünschte „*Customizing-Prozeß*" voll ausgenützt werden. Customer-Integration kann hier weitestgehend gelebt und angewendet werden. Die Kundenintegration kann dabei soweit führen, daß man von einer sogenannten „Co-Makership" sprechen kann.[55] Das kann bedeuten, daß zum Beispiel auch Fremdpersonal in den eigenen Werkshallen eingesetzt wird.

---

[55] vgl. KLEINALTENKAMP, M.; FLIESS, S.; JACOB, F.: Customer Integration - Von der Kundenorientierung zur Kundenintegration, Wiesbaden 1996

Soweit diese mögliche Individualisierung nicht auch von Konkurrenzunternehmungen erreicht wird, ist ein strategischer Vorsprung vorhanden, der im Stande ist auch künftigen Unternehmungserfolg zu garantieren.

Sollte sich eine Unternehmung in der rechten unteren Ecke befinden, so stehen einem hohen möglichen Individualisierungsgrad bei der Leistungserstellung wenig individuelle Kundenanforderungen gegenüber. Hier gibt es wieder zwei mögliche Handlungsvarianten:

1. Entweder konnte bisher die mögliche Kundenintegration nicht erfolgreich kommuniziert werden und die Abnehmer konnten gegenüber der Konkurrenz keine Differenzierung feststellen. Hier ist nun das Marketing gefragt, die vorhandenen Wettbewerbsvorteile auszunützen und die Marketingaktivitäten entsprechend anzupassen.

2. Oder aber, der Abnehmer hat keinen Bedarf an individuelleren Lösungen und die „Standard-Solution" trifft genau seine Vorstellungen. In dieser Situation muß der Individualitätsbedarf entweder kreiert werden oder es kommt zu einem Rückzug auf Standardlösungen und damit verbundene Kostensenkungspotentiale können voll ausgenützt werden.

Leistungserstellungsprozesse können nicht standardisiert werden, wenn sie aufgrund der Wechselhaftigkeit und Unterschiedlichkeit des menschlichen Verhaltens sowohl auf Anbieter- als auch auf Nachfragerseite mit hohen Integrations- und Individualisierungsanforderungen verbunden sind.[56]

4.3.2.2 Interaktion und Kundenlebenszyklus

Im Gegensatz zum herkömmlichen Marketing und den in diesem Zusammenhang verwendeten 4 p's wird es im Beziehungsmarketing und somit in der Kundenorientierung nicht als vorrangige Aufgabe gesehen, den Kunden in einer Art von „Beeinflussungsmanagement" zu bearbeiten, sondern eine interaktionsbezogene prozessuale Grundhaltung soll dazu führen, daß mit den Abnehmern in möglichst direkten und

---

[56] vgl. MEISTER, M.; MEISTER, U.: a.a.O., S. 47

120   UNTERNEHMUNGSAUSRICHTUNG AUF DIE KUNDENZUFRIEDENHEIT

intensiven Kontakt getreten wird.[57] Erst eine gewisse gegenseitige Verflechtung-verbunden mit spezifischen Investitionen-schafft die Voraussetzung für die charakteristische langfristige Perspektive von Geschäftsbeziehungen. Die Interpretation von Geschäftsbeziehungen als veränderbarer Interaktionsprozeß zwischen Unternehmung und Kunde soll deutlich machen, daß im Laufe einer solchen Beziehung unterschiedliche Phasen durchlaufen und Prozeßzustände erreicht werden können, ohne daß bereits festgelegt ist, welche Qualitäten damit verbunden sind.[58]

Beginnend bei der erstmaligen Kontaktaufnahme zwischen dem Kunden und der Unternehmung, bis hin zur lang andauernden und für beide Beziehungspartner zufriedenstellend verlaufenden Beziehung ist eine Vielzahl unterschiedlicher Parameter wirksam. Durch die Einbettung des Verhältnisses zwischen Anbieter und Abnehmer in das gesamte Umfeld des Marktes unterliegt auch diese Geschäftsbeziehung einer gewissen Erosion und bedarf somit ständiger Pflege. Die Darstellung der verschiedenen Phasen von Geschäftsbeziehungen basiert auf dem Modell des Produktlebenszyklus, der auf die Geschäftsbeziehung übertragen wurde[59] (siehe Abbildung 4.12).

4.3.2.2.1 Teilphasen des Kundenlebenszyklus

Am Anfang der Überlegungen zur Ausrichtung der Unternehmung auf die Kundenzufriedenheit steht die Frage, wann die Wirtschaftsbeziehung zwischen Anbieter und Nachfrager überhaupt beginnt und ab wann es gilt, die neue Geschäftsbeziehung erfolgreich auszubauen. Das herkömmliche Marketing legt dazu oft den Zeitpunkt des ersten Geschäftsabschlusses fest. Bei Unternehmungen, die sich auf Kundenzufriedenheit ausgerichtet haben, beginnt die Geschäftsbeziehung aber bereits vor dem Geschäftsabschluß, nämlich in der Geschäfts-Anbahnungs-Phase. Der Kunde wird bereits-bevor er überhaupt seine Kaufabsicht äußert-von der Anbieterseite mit

---

[57] vgl. DILLER, H.; KUSTERER, M.: Beziehungsmanagement: Theoretische Grundlagen und empirische Befunde; in: Marketing ZFP (1988) 10, S. 211 - 220

[58] DILLER, H.: (1994), a.a.O., S. 6

[59] vgl. WACKMANN, D.B.; SALMON, C.T.; SALMON, C.C.: Developing and Advertising Agency-Client-Relationship; in: Journal of Advertising Research (1986) 4, S. 21 - 28 und: DILLER, H.; LÜCKING, J.; PRECHTL, W.: Gibt es Kundenlebenszyklen im Investitionsgütergeschäft? Ergebnisse einer empirischen Studie, Erlangen - Nürnberg, 1992; zitiert in: DILLER, H.: (1994), S. 9

den Instrumenten der Kundenorientierung bearbeitet.[60] So ist es unter anderem durchaus möglich, die noch nicht von sich aus vorhandene Kaufabsicht im Zuge dieser Pre-Sales-Aktivitäten zu generieren.

Auf die Pre-Sales-Phase folgt der erstmalige direkte Kontakt mit dem Kunden. Dieser Kontakt kann aktiv von der Seite der anbietenden Unternehmung aus erfolgen (Zusendung von Informationsmaterial, direkte Ansprache etc.) oder aktiv vom Konsumenten, der aufgrund eines gewissen Bedarfs mit der Unternehmung in Kontakt tritt (Kundenanfragen, Beschaffung von Informationsmaterial). Es kommt nur zu minimalen Umsätzen.[61]

In der nächsten Phase kommt es erstmals zu Testkäufen oder zum Abschluß sporadischer Geschäfte. Der in dieser Aufbauphase mit dem neuen Kunden getätigte Umsatz wird aufgrund des noch nicht vorhandenen Vertrauensverhältnisses in die Leistungsfähigkeit hinsichtlich der Faktoren Zeit, Kosten und Qualität eher gering ausfallen.

Hat die Leistung oder das Produkt den Vorstellungen des Abnehmers entsprochen, so besteht die Wahrscheinlichkeit, daß er im Falle des neuerlichen Bedarfs die gemachte Erfahrung des Erstgeschäftes als zusätzlichen Nutzen bewertet und sich wiederum für das gleiche oder damit verwandte Produkt entscheiden wird. Es kommt zur Reife der Geschäftsbeziehung. Die getätigten Umsätze sowie die Anzahl der Geschäftsabwicklungen steigen gegenüber dem Erstkauf an und es kommt zur Etablierung einer ausgeprägten Hersteller-Kunden-Beziehung.

---

[60] vgl. KRICSFAUSSY, A.: Vom kurzfristigen Verkaufen zur langfristigen Geschäftsbeziehung, S. 242; in: Marketing Journal (1996) 4, S. 242 - 248

[61] vgl. SCHWANER, J.: Integration von Kunden und Lieferanten: Analyse langfristiger Geschäftsbeziehungen auf Businessmärkten, Wiesbaden 1996, S. 56

122 UNTERNEHMUNGSAUSRICHTUNG AUF DIE KUNDENZUFRIEDENHEIT

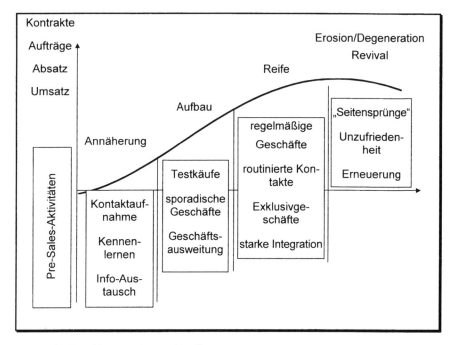

Abb. 4.12: Der Kundenlebenszyklus[62]

Nach der Reifephase kommt es durch beziehungsinterne Faktoren (Unzufriedenheit mit der Leistung, Änderung des Anforderungsprofils) oder durch beziehungsexterne Faktoren (Änderung des Marktes) schließlich zur Erosion der Kundenbeziehung. Der Kunde überlegt einen Anbieterwechsel (Konkurrenz ist billiger oder besser), der Anbieter beendet die Geschäftsbeziehung (z.B.: Versicherung kündigt Kunden, Vermieter kündigt Mieter) oder es kommt zu Leistungsmodifikationen des Anbieters und dadurch zu einer neuerlichen Intensivierung der Beziehung. *Dwyer/Schurr/Oh* bezeichnen die vier Phasen des Kundenlebenszyklus als Awareness, Exploration, Expansion und Commitment.[63]

---

[62] vgl. DILLER, H.: (1994), a.a.O., S. 10

[63] vgl. DWYER, F.; SCHURR, P.; OH, S.: Developing Buyer-Seller Relationships; in: Journal of Marketing (1987) 4, S. 11 - 27; zitiert in: HOMBURG, C.; DAUM, D.: Die Kundenstruktur als Controlling Herausforderung, S. 400; in: Controlling (1997) 12, S. 394 - 405

Vor allem die Endphase dieses Kundenlebenszyklus, in welcher der Kunde verstärkt für Angebote der Konkurrenz sensibilisiert ist, muß dazu genützt werden, den Kunden erneut und eventuell noch fester an die Unternehmung zu binden. Ein Frühwarnsystem, das die Abwanderungstendenzen von Kunden rechtzeitig erkennt, kann dazu beitragen, die Bindedauer des Kunden zu erhöhen. Dieses System besteht aus folgenden Teilschritten:[64]

- **Ermittlung von Frühindikatoren**
  Ermittlung der Gründe, die einen Lieferanten oder einen Kunden dazu veranlassen könnten, die Geschäftsbeziehung zu beenden.

- **Bestimmung der Informationsquellen**
  Um eine Merkmalsausprägung jedes Indikators zu erhalten, müssen Informationsquellen definiert werden (Sekundär- und Primärdaten).

- **Erstellung von Kundenkarteien per EDV**
  Ein elektronisches Kundenblatt erfaßt alle kundenspezifisch relevanten Daten.

- **Festlegung von Kenngrößen zur Bestimmung von Warnbereichen**
  Bezüglich des Problemausmaßes und der Dringlichkeit müssen Soll- und Toleranzgrößen festgelegt werden, bei deren Überschreitung es zu Reaktionen kommt.

- **Einrichtung eines Szenarioteams**
  Zur Festlegung der Soll- und Toleranzgrößen wird ein Team gebildet, das über vielfache Informationsquellen verfügt.

- **Sensibilisierung aller Mitarbeiter in der Unternehmung sowie Entwicklung von Präventivmaßnahmen**
  Zur Sicherung des Erfolges dieses Systems müssen Mitarbeiter als Schnittstellen-Informations-Manager fungieren, die Aktualität der Daten sicherstellen und Präventivmaßnahmen einleiten.

---

[64] vgl. BUTZER-STROHMANN, K.: Den Abbruch von Geschäftsbeziehungen verhindern - Früherkennung von Unzufriedenheit, S. 72ff.; in: Die Absatzwirtschaft (1998) 2, S. 70 - 74

124 UNTERNEHMUNGSAUSRICHTUNG AUF DIE KUNDENZUFRIEDENHEIT

4.3.2.3 Beziehungsintensitäten

Am Markt trifft der Kunde auf die Unternehmung, die in der Lage ist, seine Anforderungen zu erfüllen. Er tritt mit ihr in Kontakt und es kommt zum Aufbau einer Geschäftsbeziehung. Wie eng diese Beziehung wird und wie weit sich der Kunde in eine ständige Interaktion mit der Unternehmung begibt, hängt einerseits vom Markt ab und andererseits davon, wie die betreffende Unternehmung auf diesem Markt auftritt.

Die Abbildung 4.13 verdeutlicht den Bindungsverlauf einer Beziehung zwischen Kunde und Unternehmung[65] (siehe auch Kapitel 4.3 Interaktion und Kundenlebenszyklus):

1. **Kontaktaufnahme:** Kunde mit Bedarf tritt mit Unternehmung, die zur Bedarfsdeckung in der Lage ist, in Kontakt - noch keine Bindungsintensität; Kunde verspürt noch keine Bindung zur Unternehmung

2. **Beziehungsaufbau:** Sporadische Geschäfte - lockere Bindung; der Kunde ist noch anfällig gegenüber den Anziehungskräften der Konkurrenz

---

[65] vgl. WEIBER, R.: Das Management von Geschäftsbeziehungen im Systemgeschäft, S. 326; in: KLEINALTENKAMP, M.; PLINKE, W: Geschäftsbeziehungsmanagement, Berlin 1997, S. 277 - 348

UNTERNEHMUNGSAUSRICHTUNG AUF DIE KUNDENZUFRIEDENHEIT 125

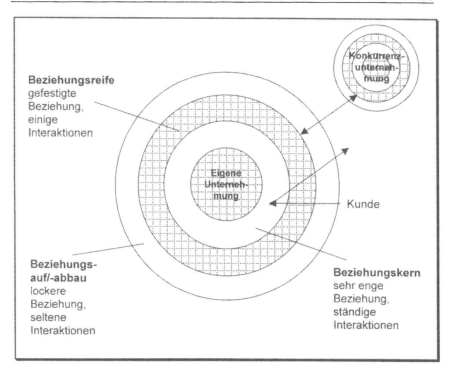

Abb. 4.13: Verschiedene Beziehungsintensitäten[66]

3. **Reifephase:** Regelmäßige Geschäfte - feste Bindung; der Kunde ist fix an die Unternehmung gebunden und verspürt wenig Anziehungskräfte der Konkurrenz.

4. **Erosionsphase:** Wende im Verhalten der Beziehungsintensitäten. Der Kunde entfernt sich immer weiter vom Beziehungskern und wird gleichzeitig offener für Anziehungen von Seiten der Konkurrenz.

Entweder gelingt es der Unternehmung, noch einmal den Kunden durch ein modifiziertes Leistungsprogramm zu einer Umkehr zu bewegen oder der Kunde tritt in eine neue Kundenbeziehung mit der Konkurrenz. Zur frühzeitigen Erkennung des Zeit-

---

[66] zu Maßnahmen zur Steigerung der Kundenbindung siehe STEGMAIER, P.: Erfolgreiche Kundenbindung: Checklisten, Sofortmaßnahmen, Tips, Praxisbeispiele, Tests und Fragebögen, Kissing 1997, Kapitel 5

punktes einer Umkehr in der Geschäftsbeziehung können verschiedene Indikatoren herangezogen werden:

Informationsquelle	Indikator
Eigener Leistungsprozeß	Qualitätsmängel bei Vorleistungen
	Beschaffungsengpässe bei Vorleistungen
	Wechsel eigener Lieferanten
	Produktionsgeschwindigkeit
	Produktionsengpässe
	Ausschußquoten in der Produktion
	Mitarbeiterfluktuation
	Fehlzeiten der Mitarbeiter
	Mitarbeiterzufriedenheit
	Anzahl von Innovationen
	Liefermengen und -geschwindigkeit
	Häufigkeit von Reparaturleistungen
Verhalten der Abnehmer	Bestellhäufigkeiten
	Bestellmengen
	Beschwerderaten
	Kundenzufriedenheit
	Anzahl der Kontakte mit dem Abnehmer
	Wirtschaftliche Situation des Abnehmers
Verhalten im Wettbewerb	Wettbewerb verändert Instrumente des Marketing-Mix
	Neuer Wettbewerber kommt auf den Markt
Umweltbedingungen	Konjunkturelle Lage
	Technologischer Fortschritt
	Änderung der gesetzlichen Rahmenbedingungen

Tab. 4.3: Krisenindikatoren in Geschäftsbeziehungen[67]

Diese Kriterien müssen in ihrer Wirkung auf die Geschäftsbeziehung untersucht werden und es müssen Toleranzgrenzen bestimmt werden, deren Überschreitung Maßnahmen zur Intensivierung der Geschäftsbeziehung auslösen. *Bauer* schlägt zur Erkennung eines Handlungsbedarfs eine 10 Fragen-Checkliste vor, deren Beant-

---

[67] BUTZER-STROHMANN, K.: Den Abbruch von Geschäftsbeziehungen verhindern - Früherkennung von Unzufriedenheit, S. 74; in: Die Absatzwirtschaft (1998) 2, S. 70 - 74

wortung in ein Projekt zur Neu- oder Umgestaltung der Corporate Identity einer Unternehmung führen kann.[68]

4.3.2.4 Lebensumsatzbetrachtungen

Mehrere aneinandergereihte Lebenszyklen eines Kunden ergeben jenen Zeitraum, in dem der Kunden für eine Unternehmung Umsatzbeiträge leistet.

	Potentieller Lebensumsatz je Kunde in DM	Durchschnittliche Dauer der Kundenbeziehung in Jahren	Durchschnittlich realisierbarer Wert in DM
Supermärkte	350.000	4,5	23.000
Automobil	210.000	20,0	70.000
Telekommunikation	100.000	50,0	100.000
Brauereien	20.000	4,0	2.000
Banken	15.000	17,0	7.000
Haushaltsartikel	15.000	20,0	7.500
Windeln	5.000	2,5	2.000
Wochenzeitungen	3.850	5,5	700

Tab.4.4: Lebensumsatz eines Kunden[69]

Je länger ein Kunde an die Unternehmung gebunden werden kann, umso größer wird der potentielle Lebensumsatz.

In den einzelnen Branchen ist die durchschnittliche Dauer der Kundenbeziehung stark verschieden (siehe Tabelle 4.4). Dies hat aber nicht zu bedeuten, daß deshalb die Anstrengungen zur Kundenbindung davon beeinflußt werden sollten.

---

[68] vgl. BAUER, U.: Wettbewerbsfaktor „Corporate Identity"; Ein Erfahrungsbericht als Modell, S. 40; in: Der Wirtschaftsingenieur (1995) 4; S. 39 - 41

[69] vgl. Studie der Boston Consulting Group; zitiert in: HINTERHUBER, H.H.; HANDLBAUER, G.; MATZLER, K.: a.a.O., S. 11

4.3.2.5 Verbindung von Produkt- und Kundenlebenszyklus

Zweck der folgenden Ausführungen ist es, durch Kombination von Produkt- und Kundenlebenszyklus Aussagen zu erhalten, die sowohl von dem Stadium des Produktes auf der Produktlebenszykluskurve als auch vom Stadium der Kundenbeziehung auf der Kundenlebenszykluskurve abhängig sind.

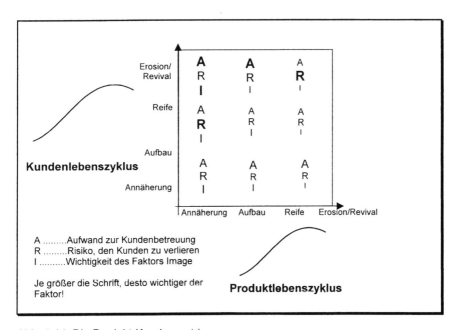

Abb. 4.14: Die Produkt-Kundenmatrix

Betrachtet man die Abbildung 4.14, so kann folgendes festgestellt werden:

4.3.2.5.1 Allgemeine Betrachtung

Kunden in den unterschiedlichen Phasen eines Kundenlebenszyklus treffen auf Produkte, die an verschiedenen Stufen des Produktlebenszyklus plaziert sind. Eine Unternehmung bietet zum Beispiel ein verschiedenartiges Sortiment an Produkten und Dienstleistungen an. Ein Teil des Angebotes befindet sich gerade in der Reifephase und bringt den Großteil der Umsätze. Andere Leistungen sind gerade im Aufbau begriffen und sollen später zu Umsatzträgern werden. Und schließlich werden auch noch Produkte und Leistungen angeboten, die über kurz oder lang aus dem Leistungsspektrum ausgeschieden werden oder gänzlich modifiziert werden müssen. Die Kunden sind ebenso unterschiedlich. Es gibt einige Erstkäufer, die durch hohen Akquisitionsaufwand als Kunden gebunden werden konnten. Diesen Erstkäufern stehen viele Wiederkäufer gegenüber, die bereits früher Leistungen der Unternehmung in Anspruch genommen haben oder deren Produkte erworben haben. Und schließlich gibt es auch noch Kunden, die einen Wechsel zu einer anderen Unternehmung erwägen und eventuell in Zukunft keine weiteren Umsätze bringen werden.

Die Frage, die erörtert werden soll, ist, durch welche Besonderheiten bestimmte Kombinationen aus Produkt- und Kundenlebenszyklus geprägt sind. Die folgende Analyse geht von der Betrachtung des Kunden aus.

4.3.2.5.2 Neue Kunden erleben den Produktlebenszyklus

Diese Situation stellt sich typischer Weise für eine Unternehmung, die ein neues Produkt auf den Markt gebracht hat, um damit neue Käuferschichten zu erschließen. Der hohe Akquisitionsaufwand birgt ein gewisses Risiko. Es existiert noch keine Geschäftsbeziehung und der Kunde hat noch kein oder wenig Vertrauen in die Fähigkeit der Leistungserstellung. Die Kaufabsicht kommt nicht durch Erfahrung früherer Geschäfte, sondern durch aktiv von der Unternehmung oder durch aktiv vom Kunden nachgefragte Informationen zustande. Der Kunde muß sich in dieser Situation bewußt sein, daß das Produkt oder die Dienstleistung am Markt noch nicht erprobt ist, und daß mit eventuellen Kinderkrankheiten zu rechnen sein wird.[70] Der Imageeffekt des frühen Annehmers stellt für ihn aber einen Mehrwert dar und ist oft der kaufentscheidende Faktor.

Etwas anders stellt sich die Situation dar, wenn neue Kunden auf bereits gereifte Produkte treffen. Die Kinderkrankheiten sollten bewältigt sein, und die Anzahl der Informationen, die dem Abnehmer zur Verfügung stehen, ist stark angestiegen. Im

---

[70] zu möglichen Handlungsweisen unzufriedener Kunden siehe KOTLER, P.; BLIEMEL, F.: a.a.O., S. 318

Umfeld des Kunden existiert meist eine breite Schicht von Personen, die mit selbst getätigten Produkterfahrungen dienen können. Kaufentscheidend sind hier Faktoren, wie Mundpropaganda und publizierte Reaktionen der frühen Annehmer.

Eine eher schwierige Situation ist gegeben, wenn neue Kunden auf Produkte am Ende des Produktlebenszyklus treffen. Die Unternehmung befindet sich in der schwierigen Situation, daß der Kunde einen hohen Akquisitionsaufwand benötigt, das Produkt diese Aufwendungen aber nicht mehr rechtfertigen kann. Kaufentscheidend ist in dieser Phase meist der Preis. Ziel der Unternehmung muß es sein, den Kunden mit dem alten Produkt zu gewinnen und möglichst schnell an ein neues Produkt zu binden.

4.3.2.5.3 Reife Kunden erleben den Produktlebenszyklus

Treffen Kunden, die im Kundenlebenszyklus die Reifephase erreicht haben, auf neue Produkte, so wird dies mehrere Auswirkungen haben. Einerseits kann dadurch das Umsatzpotential angehoben werden, da der Kunde breiter an die Unternehmung gebunden werden kann. Die bisher getätigten Erfahrungen stellen für ihn einen Mehrwert dar und er entschließt sich, künftig auch bei neuen Produkten der Unternehmung zu vertrauen. Wichtig für die Unternehmung ist es somit, bei den neuen Produkten den gleichen Qualitätsstandard zu erreichen, den der Abnehmer von den anderen Produkte her kennt.

Andererseits besteht die Gefahr durch Nichterfüllung der Kundenanforderungen beim neuen Produkt, daß der Abnehmer enttäuscht und in weiterer Folge gänzlich an die Konkurrenz verloren wird. Diese Gefahr besteht bei einem neuen Produkt besonders, da eventuell noch nicht alle Kundenanforderungen bekannt sind oder aber durch Anfangsschwierigkeiten diese-obwohl versprochen-nicht erfüllt werden können.

Eine für beide Seiten der Geschäftsbeziehung vorteilhafte Situation stellt sich in jenem Fall dar, bei welchem reife Kunden auf reife Produkte treffen. Der Kunde hat die Möglichkeit, sich ein Bild über das Produkt zu machen. Seine Informationsbasis ist umfangreich. Die Unternehmung hat bereits Erfahrungen mit ihrem Produkt getätigt und konnte Produktmodifikationen durchführen, um die gestellten Kundenanforderungen bestmöglich zu erfüllen. Kaufentscheidend ist somit die Kommunikation zwischen den beiden Beziehungspartnern.

Treffen reife Kunden auf Produkte, die am Ende des Produktlebenszyklus stehen, so ist dies für die Unternehmung eine wenig gefährliche Situation. Ist der Kunde durch die bisherige Geschäftsbeziehung an die Unternehmung gebunden, so ist die Gefahr des Endes dieser Beziehung nicht besonders groß. Auf der Seite des Kunden existiert eine breite Informationsbasis, so daß die Gefahr, enttäuscht zu werden, als gering anzusehen ist. Das Produkt rechtfertigt nur einen geringen Aufwand und der Abnehmer benötigt keine neu gestalteten Betreuungsaktivitäten.

4.3.2.5.4 Überreife Kunden erleben den Produktlebenszyklus

Kunden am Ende des Kundenlebenszyklus benötigen außerordentlich viel Betreuungsaufwand. Sie verfolgen den Markt und die Konkurrenz genau und sind leicht an diese verloren. In dieser Situation muß die Unternehmung versuchen, durch Produktmodifikation oder -variation den Kunden zu halten. Ist dies bei dem betreffenden Produkt nicht möglich, so kann versucht werden, den Kunden zu einem anderen Produkt oder zu einer anderen Leistung überzuführen. Für die Unternehmung sind in diesem Fall die Kundenanforderungen klar zu erkennen (die Geschäftsbeziehung dauert schon lange an) und es muß daher für den Kunden eine maßgeschneiderte neue Lösung seiner Probleme angeboten werden, um ihn halten zu können. Gelingt es, die Beziehung über diesen kritischen Moment hinaus bestehen zu lassen, so ist die Basis für eine weiter lang anhaltende Geschäftsbeziehung gelegt, und ein neues Produkt hat den Weg hin zur Reifephase beschritten.

Der Grund, warum Kunden, die sich in der Erosionsphase des Kundenlebenszyklus befinden, auf reife Produkte treffen, ist vor allem auf der Seite der Unternehmung zu finden. Meist rührt diese Situation daher, daß es an neuen attraktiven Alternativen mangelt. Der Kunde versucht daher, auf das bestehende Ersatzangebot überzuwechseln und bleibt vorerst als Kunde erhalten. Es kommt nun aber darauf an, ob dieses Ersatzangebot die Kundenanforderungen besser erfüllt als das vorige Angebot. Sehr wahrscheinlich ist es nicht, denn sonst hätte der Wechsel bereits früher stattgefunden, als das Ersatzangebot noch neu war. Oder aber der Abnehmer ist zuerst in Warteposition gegangen und erst jetzt nach Ende der Aufbauphase bereit, das neue Angebot anzunehmen. Für die Unternehmung ist es in dieser Situation sehr wichtig, zu erkennen, warum der Kunde erst jetzt den Schritt zum anderen Produkt wählt. Ist die Ursache Vorsicht, so muß zukünftig in der Kommunikation mit dem Kunden stärker darauf geachtet werden. Die Kundenanforderungen haben sich verändert. Ist der Grund das nicht vorhandene Neuprodukt, so ist die Unternehmung kurz davor, den Kunden an eine Konkurrenz, die die Kundenzufriedenheit besser gewährleisten kann, zu verlieren.

Die Situation, daß ein Kunde, der bereits einen Anbieterwechsel erwägt, auf ein Produkt trifft, welches selbst am Ende des Produktlebenszyklus steht, ist selten und für die Unternehmung alles andere als erfreulich. Für den Abnehmer bietet sich nur selten ein Mehrwert, und für die Unternehmung bietet dieser Kunde kein Potential für künftige Geschäftsabschlüsse. Das bedeutet entweder, den Kunden ziehen zu lassen und keine Anstrengungen zu unternehmen, um ihn zu halten, oder es muß schnell ein neues Produkt die Aufmerksamkeit des abtrünnigen Kunden erwecken, um ihm die Möglichkeit des Umstieges zu geben, bevor er die Geschäftsbeziehung beendet.

4.3.2.5.5 Überblick über alle Situationen

Zusammenfassend kann gesagt werden, daß es in einer Beziehung zwischen Unternehmung und Kunde nicht nur darauf ankommt, zu überlegen, wo auf der Produktlebenszykluskurve die Produkte positioniert sind und wie intensiv die Geschäftsbeziehung mit den Kunden gestaltet ist. Vielmehr ist es notwendig, bei jedem einzelnen Kunden zu erkennen, wie sein Verhältnis zur Unternehmung aussieht und welche Produkte oder Leistungen er nachfrägt. Anhand der Kombination aus Kunde und Leistung kann gezielt die Kundenkommunikation abgestimmt werden und können die Kundenanforderungen erkannt und in weiterer Folge erfüllt werden.

- **Beipiele**

Es ist sinnlos, aufwendige Gesamtkataloge an Kundenschichten zu versenden, die erst auf die Produkte aufmerksam gemacht werden. Diese Akquisitionstätigkeit wird vergleichsweise teuer sein und wenig Bestellungen zur Folge haben. In diesem Stadium reicht ein Flugblatt oder ein kleiner Folder.

Ist jemand aber bereits Kunde und hat einen gewissen Umsatz erreicht, so ist das Interesse am gesamten Angebot vorhanden und der Kunde benötigt zusätzlich Informationen, um seine Geschäftsbeziehung erweitern zu können.

In der Phase, wo reife Kunden auf reife Produkte treffen, möchte der Kunde wiederum oft in Ruhe gelassen werden und nicht dauernd auf geringfügige Modifikationen, die für ihn keinen Mehrwert darstellen, hingewiesen werden. Der Kunde weiß sozusagen, was er braucht, und er bekommt es auch.

In dem Moment, wo diese Zufriedenheit beginnt zurückzugehen, ist wiederum maximaler Kommunikationsaufwand zu betreiben. Genau jetzt besteht die Möglichkeit, den Kunden noch fester an die Unternehmung zu binden. Genau jetzt muß Information über neue Produkte und über neue Problemlösungen nachgereicht werden und der Wunsch beim Abnehmer auf einen Umstieg zur nächsten Produktgeneration kreiert werden. Wird dieser Moment versäumt, so hilft oft der größte Aufwand nicht mehr zur Rettung der Geschäftsbeziehung und der Kunde beendet diese.

4.3.3 Operatives Beziehungsmarketing

Früher durch Angebot und Nachfrage geregelte Marktbeziehungen werden durch Beziehungs- und Systemmanagement von quasi „domestizierten Märkten" ersetzt. Markteintrittsbarrieren werden verstärkt, da nicht mehr Marketingstrategien alleine wirken, sondern zusätzlich eine Beziehung zum Kunden aufgebaut werden muß. Als konkretes Anzeichen des umgesetzten Beziehungsmarketings kommt es in bestimmten Abnehmer-Lieferanten-Beziehungen zu einer teils völligen Offenlegung des jeweiligen Leistungserstellungsprozesses. Dazu ist es aber unbedingt notwendig, seine Kunden und Kundengruppen zu kennen und zu verstehen. Abgeleitet aus den Zielen des Beziehungsmarketings und den zur Zielerreichung entwickelten Strategien, kommt es operativ zu einer aktiven und systematischen Steuerung der Geschäftsbeziehungen. Dies inkludiert eine sorgfältige Erforschung des Beziehungsstandes mit den Kundengruppen, eine abwägende Beurteilung und auch eine Zielerreichungskontrolle.

134 UNTERNEHMUNGSAUSRICHTUNG AUF DIE KUNDENZUFRIEDENHEIT

In bezug auf die inhaltlichen Ebenen können 4 Interaktionsebenen unterschieden werden:[71]

1. Sachproblemebene
2. Organissationsebene
3. Machtebene
4. Menschlich-emotionale Ebene

Bei der Umsetzung geht es um die Gestaltung der Transaktionssysteme für die einzelnen Geschäftsbeziehungen. Der Geschäftsverkehr, der sich in Waren-, Informations- und Zahlungsströme gliedert, kann auf vielerlei Art gestaltet werden:[72]

- Die Warenlogistik kann mit dem Kunden gemeinsame Läger umfassen oder Vereinbarungen über Mehrwegverpackungen, Recycling-Lösungen oder Streckenlieferungen beinhalten.

- In der Informationslogistik geht es um Fragen der EDV-Vernetzung der Geschäftspartner, um elektronische Bestellsysteme, um den Austausch von Marktforschungsergebnissen und vieles mehr. Typisch sind zum Beispiel aufeinander abgestimmte und miteinander vernetzte Produktionsplanungssysteme von industriellen Abnehmern und Zulieferern.

- Die Vereinbarung über die Abwicklung der Zahlungsströme kann auf vielfache Weise gestaltet sein und ist einer der wichtigsten Faktoren zur erfolgreichen Kundenbindung im Beziehungsmarketing. Eine mögliche Form der Realisierung ist zum Beispiel der papiergeldlose Zahlungsverkehr mittels elektronischem Datentransfer.[73]

Neben diesen institutionalisiert abzuwickelnden Maßnahmen gibt es eine Reihe kurzfristig notwendiger Entscheidungen, die zum Beispiel die Terminkoordination, die Abwicklung von Sonderwünschen oder das Beschwerdemanagement betreffen. In

---

[71] vgl. DILLER, H.; KUSTERER, M.: Beziehungsmanagement: Theoretische Grundlagen und explorative Befunde, S. 214; in: Marketing ZFP (1988) 10, S. 211 - 220

[72] DILLER, H.: (1994), a.a.O., S. 13

[73] DILLER, H.: (1994), a.a.O., S. 14

UNTERNEHMUNGSAUSRICHTUNG AUF DIE KUNDENZUFRIEDENHEIT 135

diesen Bereich fallen auch die routinemäßigen Geschäftsverhandlungen, bei denen es im Detail um die Bewältigung vielerlei Entscheidungen und Konflikte geht.[74] Weitere in der Unternehmungspraxis angewendete Basiskonzepte zur Umsetzung von Kundenbindungssystemen können die Bildung von Kundenclubs, die Ausgabe von Kundenkarten und die Einrichtung von Kundenshops sein.[75]

Im Vergleich zum traditionellen Marketing fallen beim Beziehungsmarketing erhöhte Ausgaben an, die für den Aufbau einer Kundenbeziehung aufgewendet werden müssen. Das Beziehungsmanagement benötigt nicht nur Arbeitszeit und psychische Energie oder Kreativität, sondern auch finanzielle Mittel zum Aufbau der entsprechenden EDV-Infrastruktur, von Logistik-Sytemen oder zur Anschaffung von Spezialmaschinen, um dem Wunsch des Konsumenten nach Individualität gerecht werden zu können.

- **Outsourcing der Beziehungsaktivitäten**

Zur Umsetzung eines operativen Kundenzufriedenheitsmanagements gibt es die Möglichkeit der Schaffung der dafür nötigen Strukturen in der Unternehmung selbst oder man kann die Leistungen auch von einem spezialisierten Dienstleister erbringen lassen (Outsourcing des Beziehungsmanagements).[76] Solche Dienstleistungsunternehmungen stellen sämtliche Bindeglieder zwischen Verbraucher und Unternehmung in Form von Dienstleistungsbausteinen zur Verfügung, die für ein effizientes Beziehungsmanagement notwendig sind. Dazu gehört die EDV-Hardware, die Entwicklung der kundenspezifischen EDV-Software, die Abstimmung der Direct-Mailing-Aktivitäten oder die Errichtung von Kunden-Servicecentern. Die Schnittstelle zwischen Dienstleister und Unternehmung stellt ein detailliertes Berichtswesen dar, das schnell und zuverlässig Antwort auf zentrale Fragen geben und die wichtigsten Steuerungsparameter zur Anpassung des Kundenzufriedenheitsinstrumentariums an eine sich ändernde Marktsituation beinhalten soll.

Möglicher Ansatzpunkt zum Aufbau einer Interaktionsbasis zwischen Erzeuger und Abnehmer ist die Einführung eines Beschwerdemanagements, um den Kunden die

---

[74] siehe dazu CROTT, H.; KUTSCHKER, M.; LAMM, H.: Verhandlungen, Band I und II, Stuttgart 1977; und FISCHER, R.; URY, W.: Das Havard-Konzept, Frankfurt 1989 und PRUITT, D.G.; CARNEVALE, P.J.: Negotiation in Social Conflict, Buckingham 1993; zitiert in: DILLER, H.: (1994), a.a.O., S.14

[75] vgl. SCHÖN, T.: a.a.O., S. 58

[76] vgl. SCHÖN, T.: a.a.O., S. 59

136   UNTERNEHMUNGSAUSRICHTUNG AUF DIE KUNDENZUFRIEDENHEIT

Möglichkeit zu geben, ihre Seite der Interaktion auch wahrzunehmen. Die Schaffung von Kundentagen, Jahrestreffen, Interessensvereinen (z.b.: Harley-Davidson Owner Groups) oder schlicht die Übermittlung von Unternehmungs- und Produktinnovationen in Form von Postsendungen können Beiträge dazu leisten, daß ein einmal gewonnener Kunde nicht nur kurzfristig zum Erfolg eines Anbieters beigetragen hat, sondern auch künftig mit ihm zu rechnen ist. Diese auf breiter Basis stattfindende Kommunikation kann durchaus auch dazu führen, daß Kunden des einen Produktbereiches auf weitere Produkte aufmerksam werden und in einer Art „cross selling" dann ebenso zu Nachfragern in anderen Bereichen werden. Kundenpflegeprogramme, sofern sorgfältig konzipiert, sind generell anderen Verkaufsförderungsinstrumenten, wie etwa dem Mengenrabatt, weit überlegen, da dadurch auch die Loyalität der Kunden gesteigert werden kann.[77]

4.3.4 Die Geschäftsbeziehung als Determinante der Beziehungsstufe

Am Beginn der Ausrichtung einer Unternehmung auf die Bedürfnisse des Kunden steht die Beziehung zwischen Anbieter und Nachfrager. Erst durch den Aufbau einer solchen Geschäftsbeziehung kann die Kundenzufriedenheit überhaupt erfaßt und als Zielgröße des unternehmerischen Handelns definiert werden.

Starke Veränderungen der Marktstrukturen in vielen Bereichen lassen die Herausforderungen an die Geschäftsbeziehung immer größer werden. Bei jeder Geschäftstransaktion tritt begleitend auch eine Geschäftsbeziehung in Erscheinung.[78] So wird es zum Beispiel durch die Globalisierung des Wettbewerbs notwendig, den Markt im Verbund und in Koopera-tion mit Partnerunternehmungen zu bearbeiten. Das impliziert aber, daß aus bisher als Konkurrenten gegeneinander agierenden Unternehmungen Partner werden, die beide gemeinsam erfolgreich im globalen Wettbewerb bestehen können. Auch in der Wertschöpfungskette nacheinander gelegene Unternehmungen wachsen immer näher aneinander. Daher kommt auch in diesem Fall der Geschäftsbeziehung und der daraus resultierenden Interaktionskompetenz die Rolle einer Schlüsseleigenschaft für ein erfolgreiches

---

[77] vgl. BLATTBERG, R.C.; DEIGHTON, J.: Aus rentablen Kunden vollen Nutzen ziehen, S. 32; in: Harvard Business manager (1997) 1, S. 24 - 32

[78] vgl. DILLER, H.; KUSTERER, M.: Beziehungsmanagement; in: Marketing ZFP (1988) 10, S. 211 - 220; zitiert in: DILLER, H.: Beziehungs-Marketing, S. 442; in: Wirtschaftswissenschaftliches Studium (1995) 9, S. 442 - 447

UNTERNEHMUNGSAUSRICHTUNG AUF DIE KUNDENZUFRIEDENHEIT 137

Agieren auf immer stärker arbeitsteiligen und domestizierten Märkten zu.[79] Die aktive und systematische Analyse und Gestaltung der Geschäftsbeziehungen zwischen zwei Geschäftspartnern kann als eigenständiger und strategisch zunehmend bedeutsamer Aufgabenbereich interpretiert werden.[80]

Die Nähe zum Abnehmer öffnet viele Einsparungspotentiale, welche die Wirtschaftlichkeit, Größen- und Erfahrungskurveneffekte oder auch Time-to-Market-Minimierungen betreffen können. Durch die zunehmende Bindungsdauer des Kunden an die Unternehmung kommt es zu Lerneffekten, die die Beziehungssicherheit weiter erhöhen und das Inter-akionsrisiko vermindern.

4.3.4.1 Individualisierung und Intensivierung der Geschäftsbeziehung

Im Sinne eines Clienting-Ansatzes entspricht Beziehungsmarketing einer ganzheitlichen Sicht des Kunden mit seinen rationalen und emotionalen Bedürfnissen.[81] Aufgrund der Ausrichtung auf diese Bedürfnisse kommt es einerseits zu einer Individualisierung des Leistungsprogramms und andererseits zu einer Intensivierung der Kundenbeziehung[82] (siehe Abbildung 4.15). Das Ergebnis ist ein Integrated Marketing, das sich sowohl durch emotionale Beziehungen als auch durch individuelle Leistungen auszeichnet.

Um die verschiedene Stufen einer Geschäfts- oder Kundenbeziehung zu erläutern, sollen diese in übereinander angeordnete Ebenen eingeteilt werden. Ähnlich der Bedürfnispyramide nach *Maslow,* kann die nächst höhere Stufe durch Bewältigen der darunterliegenden Beziehungsstufen erreicht werden[83] (siehe Abbildung 4.16).

---

[79] vgl. HEIDE, J.B.: International Governance in Marketing Channels; in: Journal of Marketing (1994) 1, S. 71 - 85

[80] DILLER, H.: (1994), a.a.O., S.6

[81] vgl. GEFFROY, E.K.: Clienting - Kundenerfolge auf Abruf, Landsberg/Lech 1995

[82] vgl. KLEINALTENKAMP, M.; FLIESS, S.; JACOB, F.: a.a.O., S. 155

[83] vgl. WAGE, J.L.: Kundenhege - Kundenpflege: Der Baustein zum Verkaufserfolg, Wien 1994, S. 31

138 UNTERNEHMUNGSAUSRICHTUNG AUF DIE KUNDENZUFRIEDENHEIT

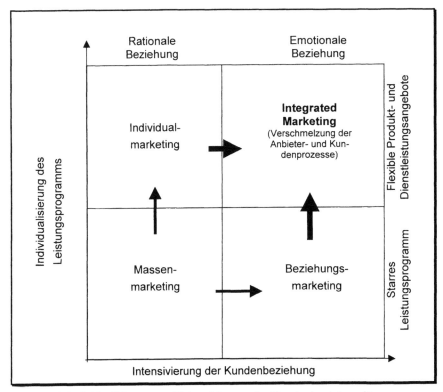

Abb. 4.15: Individualisierung und Intensivierung der Kundenbeziehung[84]

4.3.4.2 Ebenen von Geschäftsbeziehungen

Auf der ersten Ebene der Geschäftsbeziehung ist das Verhalten dem Kunden gegenüber unfreundlich oder sogar feindlich. Diese Einstellung trifft eventuell auf Personen im Umfeld der Unternehmung zu, von denen man nicht vermutet, daß die Möglichkeit des Kundenkontaktes besteht. Trifft nun ein potentieller Kunde auf eine Person in Beziehungsstufe 1 und wird tatsächlich unfreundlich und abweisend behandelt, so wird dieser nie zu Umsätzen der Unternehmung beitragen. Er wird vielmehr bestehende Geschäftsbeziehungen überdenken und durch negative Mundpropaganda zur Kundenabwanderung beitragen.

---

[84] vgl. KLEINALTENKAMP, M.; FLIESS, S.; JACOB, F.: a.a.O., S. 156

UNTERNEHMUNGSAUSRICHTUNG AUF DIE KUNDENZUFRIEDENHEIT 139

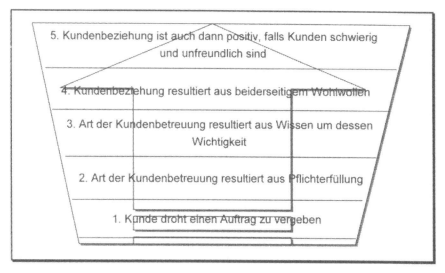

Abb. 4.16: Stufen einer Geschäftsbeziehung[85]

- **Beispiel**: Ein in Hoteluniform gekleideter Mann, der als Privatperson unfreundlich reagiert und damit den Ruf des Hotels schädigt.

Auf der zweiten Ebene resultiert die Art des Umgangs mit dem Kunden aus dem Bewußtsein der notwendigen Pflichterfüllung. Die Bereitschaft, im Interesse der Geschäftsbeziehung weitergehende Leistungen zu erbringen als unbedingt notwendig, ist nicht vorhanden.

- **Beispiel**: Nach Ablauf der Geschäftsöffnungszeiten wird der Kunden nicht mehr bedient, obwohl eventuell noch das Geschäft zum Abschluß gelangt wäre.

Auf der dritten Ebene existiert zum ersten Mal ein persönliches Interesse am Umgang mit dem Geschäftspartner. Aber der Grund für dieses Interesse ist nicht die Sympathie zum Kunden, sondern das Wissen um die eigene Abhängigkeit vom eventuell getätigten Umsatz. Wird es klar, daß der Kunde keinen Beitrag am eigenen

---

[85] in Anlehnung an: WAGE, J.L.: Kundenhege - Kundenpflege: Der Baustein zum Verkaufserfolg, Wien 1994, S. 31

140 UNTERNEHMUNGSAUSRICHTUNG AUF DIE KUNDENZUFRIEDENHEIT

Wohlergehen leisten möchte, so ist es mit der gelebten Kundenorientierung auch schon wieder vorbei.

- **Beispiel**: Das Gehalt des Verkäufers ist auf Umsatzprovision aufgebaut. Die Freundlichkeit ist zweckorientiert und endet in dem Moment, wo er bemerkt, daß der Kunden keine Provision bringt.

Auf der vierten Ebene ist die Freundlichkeit nicht mehr nur zweckorientiert, sondern der Charakter der Geschäftsbeziehung ist durch Sympathie geprägt. Eventuell bestehen Kontakte zwischen den Geschäftspartnern über den Geschäftsabschluß hinaus. Der Hauptgrund der Beziehung ist aber dennoch der Geschäftsabschluß und der damit verbundene unternehmerische Erfolg.

- **Beispiele**: Der Kunde wird auch freundlich bedient, wenn er die Absicht kundtut, sich nur informieren zu wollen.
Der beratende Verkäufer bevorzugt nicht automatisch das Fabrikat oder die Leistung der eigenen Unternehmung, sondern gibt objektive Empfehlungen.

Die fünfte Ebene ist dadurch geprägt, daß auch einem unfreundlich auftretenden Kunden gegenüber Freundlichkeit und Wohlwollen gezeigt wird. Ein möglicher Geschäftsabschluß steht gar nicht im Vordergrund. Es geht in erster Linie einmal darum, das Konfliktverhältnis so gut wie möglich zu lösen und dem Kunden einen positiven Eindruck von der eigenen Seite zu geben. Vielleicht erinnert sich dieser ja zu einem späteren Termin an das positive Verhalten.

- **Beispiel**: Eine Person bringt eine Beschwerde vor, die nicht im Verantwortungsbereich der Unternehmung liegt und ist im Auftreten unfreundlich und aggressiv. Trotzdem wird diese Person freundlich behandelt und nicht abgewiesen.

4.3.4.3 Dimensionen der Geschäftsbeziehung

Als Träger der Geschäftsbeziehung gelten alle potentiellen Beziehungspartner im internen und externen Umfeld der Unternehmung. Das sind zum Beispiel potentielle Kunden, Lieferanten, andere Unternehmungen oder Wettbewerber, aber auch Aktionäre und die Öffentlichkeit im weiteren Sinn und auch die Mitarbeiter im eigenen Unternehmen[86] (zu allen Ausprägungsformen siehe Tabelle 4.5).

---

[86] BRUHN, M.; BUNGE, B.: Beziehungsmarketing: Neuorientierung für Marketingwissenschaft und -praxis?; in: BRUHN, M.; MEFFERT, M.; WEHRLE, H.: Marktorientierte Unternehmensführung im Umbruch: Effizienz und Flexibilität als Herausforderung des Marketing, Stuttgart 1994, S. 41 - 84

Die Richtung der Geschäftsbeziehungen kann horizontal, vertikal oder lateral sein. Als Beispiel einer horizontalen Geschäftsbeziehung gilt der geschäftliche Kontakt zwischen zwei Unternehmungen. Die eine Unternehmung ist in der Kundenkette vorgelagert und die andere ist der eigenen Unternehmung nachgelagert.

Dimension der Geschäftsbeziehung	Form der Ausprägung		Beispiele
Träger	Unternehmungen		Konsumgüter-, Investitionsgüter-, DL-Unternehmungen
	Institutionen		Staat, öffentl. Einrichtungen, Vereine
	Gruppen		Abteilungen, Familien, Aktionäre
	Individuen		Konsumenten, Zwischenhändler, Mitarbeiter
Richtung	extern gerichtet	horizontal	Joint Ventures, strategische Allianzen
		vertikal	Hersteller - Konsument, Buying Center - Selling Center
		lateral	Behörden, Medien, Mafo-Institute
	intern gerichtet	horizontal	Beziehung Marketingleiter - Leiter Vertrieb
		vertikal	Beziehung Filialleiter - Schalterpersonal
		lateral	Beziehung Personalsachbearbeiter - Marketingleiter
Inhaltliche Ebenen	Sachproblemebene		Produkt-/DL-Transaktionen, Preisverhandlungen
	Organisationsebene		Warenlogistik, Zahlungsverkehr, Komm.kanäle
	Machtebene		Abhängigkeit Vorgesetzter - Mitarbeiter (Art/Ausmaß)
	Menschlich-emotionale Ebene		Werttransaktion (Ideen, Meinungen, Normen)
Dauer und Intensität	Dauer	kurz	2-wöchiges Unternehmungsberatungsprojekt
		mittel	2-Jahres-Garantie beim Autokauf
		lang	langjährige Geschäftsbeziehung
	Häufigkeit der Interaktion	gering	Hauserwerb
		mittel	Beziehung Autowerkstatt - Kunde
		hoch	Arbeitsverhältnis, Bank-DL
Symmetrie	asymmetrisch		einseitige Markentreue des Nachfragers Automobilhersteller - abhängiger Zulieferer
	symmetrisch		ausgeglichene „Business-to-Business-Geschäfte"

Tab. 4.5: Systematik von Geschäftsbeziehungen nach *Bruhn/Bunge*[87]

Die vertikale Ebene stellt den Kontakt zum Kunden und die laterale Ebene stellt den Kontakt mit Behörden und anderen Institutionen dar. Auch unternehmungsintern können diese drei Richtungen von Geschäftsbeziehungen erkannt werden:

- Horizontal als Beziehung zwischen Mitarbeitern (gleiche Hierarchiestufen)

- Vertikal als Beziehung zwischen Mitarbeitern unterschiedlicher Hierarchiestufen

---

[87] BRUHN, M.; BUNGE, B.: Beziehungsmarketing als integrativer Ansatz der Marketingwissenschaft, S. 183; in: Die Unternehmung (1996) 8, S. 171 - 194

UNTERNEHMUNGSAUSRICHTUNG AUF DIE KUNDENZUFRIEDENHEIT 143

- Lateral als Beziehung zwischen Mitarbeitern unterschiedlicher Sparten (ohne Berücksichtigung der Hierarchiestufen).

Bezüglich der Dauer einer Geschäftsbeziehung kann man in kurz-, mittel- und langfristige Beziehungen unterscheiden. Zielmaßstab der Geschäftsbeziehung ist eine möglichst optimale Dauer.

Als letzte Dimension gibt es noch die symmetrische und die asymmetrische Geschäftsbeziehung, welche die Ausgeglichenheit der beiden Beziehungspartner näher beschreibt. Eine Zusammenfassung der Systematiken von Geschäftsbeziehungen ist in Tabelle 4.5 dargestellt. Die individuelle Geschäftsbeziehung kann in der Tabelle eingeordnet und systematisch erfaßt werden.

Nach *Kotler* ist es aus Unternehmungssicht zweckmäßig bzw. erforderlich, in sämtlichen Stufen des Marketingentscheidungsprozesses die Perspektive der Geschäftsbeziehungen zu berücksichtigen und somit Marketing als umfassendes Beziehungsmanagementkonzept zu begreifen.[88] Planung und Durchführung von Marketingaktivitäten haben stets in Abhängigkeit von den jeweiligen Typen der relevanten Geschäftsbeziehungen zu erfolgen und müssen sich den im Zeitablauf ändernden Umweltbedingungen kontinuierlich anpassen.[89]

4.3.5 Fragen-Checkliste Beziehungsmarketing

Zusammenfassend stellt nun eine Checkliste zum Beziehungsmarketing Fragen dar, die beantwortet werden müssen, um Beziehungsmarketing in der Unternehmung zu einem erfolgreichen Konzept der Orientierung an die Anforderungen der Kunden werden zu lassen:

---

[88] vgl. KOTLER, P.: Marketing Management: Analysis, Planning, Implementation and Control, Englewood Cliffs 1994, S. 13

[89] BRUHN, M.; BUNGE, B.: Beziehungsmarketing als integrativer Ansatz der Marketingwissenschaft, S. 184ff.; in: Die Unternehmung (1996) 8, S. 171 - 194.

144 UNTERNEHMUNGSAUSRICHTUNG AUF DIE KUNDENZUFRIEDENHEIT

Relevante Frage	Bedeutung
Wer sind meine Kunden, welche Produkte besitzen sie (Leistungen konsumieren sie) und wo stehen sie im Kundenlebenszyklus?	Identifikation der Kunden und Kundeskunden (Lebenszyklusbetrachtungen) sowie der Schlüsselkunden in den einzelnen Wertschöpfungs- bzw. Kundenketten
Wie entsteht mein Produkt oder meine Leistung?	Festlegung der Wertschöpfungsketten
Wie flexibel kann ich die Leistungserstellung gestalten?	Festlegung des möglichen Individualisierungsgrades des Leistungserstellungsprozesses
Welche Kundenanforderungen muß ich erfüllen?	Identifikation der Kundenanforderungen für alle Schlüsselkunden
Wie kann ich die unterschiedlichen Kunden binden?	Ableitung der Kundenintegrationsmöglichkeiten für alle Schlüsselkunden
Was haben die unterschiedlichen Kunden gemeinsam?	Ausarbeitung von Synergiepotentialen zur Bearbeitung der verschiedenen Schlüsselkunden mittels eines identischen Beziehungsmarketingkonzeptes
Wie kann ich auf die Unterschiede der Kunden eingehen?	Erstellung von abweichenden Beziehungsmarketingkonzepten für Schlüsselkunden ohne Synergiepotentialen
Wie kann ich den Wert der Leistung oder des Produktes für den Kunden erhöhen?	Ausarbeitung von Maßnahmen zur Steigerung des Abnehmerwertes mittels der Wertkettenverknüpfung nach *Porter* für alle Schlüsselkunden
Sind die festgelegten Kundenzufriedenheitsfaktoren noch gültig?	Überprüfung der Kundenanforderungen auf mögliche Änderungen und Anpassungsnotwendigkeiten

Tab. 4.6: Fragen zur Implementierung einer Beziehungsmarketingkonzeption

4.3.6 Beziehungsmarketing am Beispiel Industriegüterbereich

Im Vergleich zum Marketing von Konsumgütern ist das Marketing von Industriegütern verschieden zu betrachten. Gemäß der sektoralen Gliederung des Marketings und der Abgrenzungskriterien nach *Scheuch* können gültige Aussagen erst dann getroffen werden, wenn man sich innerhalb einer bestimmten Differenzierungsebene

UNTERNEHMUNGSAUSRICHTUNG AUF DIE KUNDENZUFRIEDENHEIT 145

bewegt.[90] So hat die Vermarktung von Investitionsgütern ihre von Konsumgütern abweichende Besonderheit.

Bei einer Umfrage unter deutschen Industriegüterunternehmungen konnte erhoben werden, daß 80% den Informationsstand über die Zufriedenheit der eigenen Kunden als unzureichend angegeben haben. Produkte machen nach dieser Untersuchung bei Industriegüterunternehmungen nur 20% der Kundenzufriedenheit aus. Viel wichtiger werden die Handhabung der Auftragsabwicklung und die Behandlung von Beschwerden gewertet. Auch die Kommunikation mit dem Kunden wird noch als wichtiger eingestuft als das Produkt an sich.[91]

In der Investitionsgüterbranche ist die Dauer einer Geschäftsbeziehung wesentlich länger als in anderen Branchen, da die Kosten für einen Wechsel des Geschäftspartners erheblich sind. Die Markttransparenz ist ausgeprägter, da nur eine vergleichsweise geringe Anzahl von Anbietern und Kunden am Markt aufeinander trifft. Der Bedarf an industriellen Produkten orientiert sich oft am Bedarf nachgelagerter Wirtschaftsstufen. Eine Unternehmung kauft Industriegüter, um damit eigene Leistungen oder Produkte zu erstellen und ihre Kunden zu bedienen. Bei industriellen Austauschbeziehungen ist oft die mit dem Produkt verbundene Problemlösung als Bündel von Zusatzleistungen und nicht das Produkt alleine zu vermarkten. Dies erhöht einerseits die Komplexität der Marktbearbeitung um ein Vielfaches. Andererseits ist es durch die Komplexität des Geschäftsobjektes notwendig, daß nicht nur zwei Geschäftspartner in die Transaktionsbeziehung eintreten, sondern erst eine sogenannte Multipersonalität und eine Multiorganisationalität ermöglicht die Berücksichtigung aller geschäftsrelevanten Tatsachen.[92]

---

[90] vgl. SCHEUCH, F.: Marketing, München 1993, S. 473ff.

[91] vgl. Kundenzufriedenheit: Produkte weniger wichtig, Kurzbericht über eine Befragung der Wissenschaftlichen Hochschule für Unternehmungsführung, Lehrstuhl für BWL, Marketing Vallendar, S. 10; in: io Management Zeitung (1996) 12, S. 10

[92] vgl. HOMBURG, C.; RUDOLPH, B.; WERNER, H.: Messung und Management von Kundenzufriedenheit in Industriegüterunternehmen, S. 316; in: SIMON, H.; HOMBURG, C.: Kundenzufriedenheit - Konzepte - Methoden - Erfahrungen, Wiesbaden 1995, S. 313 - 365

146 UNTERNEHMUNGSAUSRICHTUNG AUF DIE KUNDENZUFRIEDENHEIT

- **Der Kaufentscheidungsprozeß bei Industriegütern**

Der Kaufentscheidungsprozeß und das Beschaffungsverhalten von Organisationen oder von Unternehmungen unterscheidet sich wesentlich von jenem der Konsumgüterbranche.[93] Auf einen relativ langen Problemlösungs- und Entscheidungsprozeß folgt der Geschäftsabschluß. Für zukünftige Geschäfte gelten in Abhängigkeit von der Art des Wiederkaufs unterschiedliche Voraussetzungen:[94]

- **Neukauf**
  identische Situation wie Erstkauf (großer Entscheidungsaufwand)

- **modifizierter Wiederkauf**
  Informationsbedarf besteht, allerdings vereinfachter Entscheidungsprozeß (mittlerer Entscheidungsaufwand)

- **identische Wiederkauf**
  keine neuen Kaufalternativen berücksichtigt (kein Entscheidungsaufwand)

Abb. 4.17: Der Kaufentscheidungsprozeß bei Industriegütern[95]

---

[93] vgl. BACKHAUS, K.: Industriegütermarketing, München 1992, S. 49

[94] vgl. BACKHAUS, K.: a.a.O., S. 80ff.

[95] in Abänderung von *Webster/Wind,* die den Kaufentscheidungsprozeß in die Phasen identification of need, establishing objectives and specifications, identifying buying alternatives, evaluating alternative buying actions and selecting the supplier unterteilen, siehe WEBSTER, F.E.; WIND, Y.: Organizational Buying Behavior, Englewood Cliffs 1972; in: BACKHAUS, K.: Industriegütermarketing, München 1997, S. 56

UNTERNEHMUNGSAUSRICHTUNG AUF DIE KUNDENZUFRIEDENHEIT 147

Eine genaue Einteilung des Kaufentscheidungsprozesses bei Industriegütern gibt die Abbildung 4.17.

4.3.6.1 Personen der Geschäftsbeziehung

Für Mulitpersonalität steht in diesem Fall auf der Käuferseite der Ausdruck Buying-Center und auf der Anbieterseite der Ausdruck Selling-Center. Buying- und Selling-Center zusammen bilden das Transaction-Center.[96] Nicht alle wahrzunehmenden Funktionen eines Transaction-Centers werden dabei von verschiedenen Personen wahrgenommen.[97]

---

[96] vgl. BACKHAUS, K.: a.a.O., S. 52ff.
[97] vgl. WEBSTER, F.E.; WIND, Y.: Organizational Buying Behavior, Englewood Cliffs 1972, S. 77 und HORVATH, P.: Kunden und Prozesse im Fokus: Controlling und Reengineering, Stuttgart 1994, S. 65

148   UNTERNEHMUNGSAUSRICHTUNG AUF DIE KUNDENZUFRIEDENHEIT

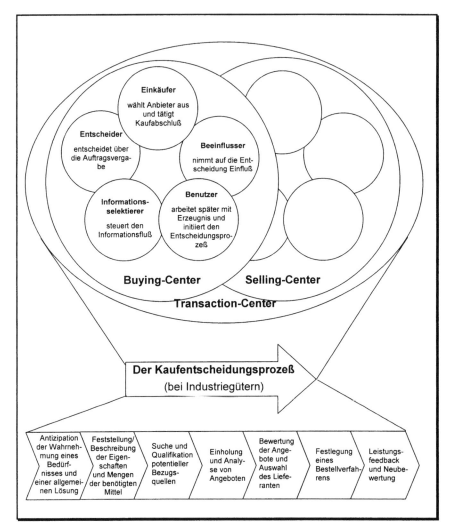

Abb. 4.18: Personen eines Buying-Centers[98]

Der Einkäufer wählt den Lieferanten aus und tätigt die Kaufabschlüsse. Der Benutzer muß in weiterer Folge mit dem erworbenen Produkt arbeiten, ist Erfahrungsträger

---

[98] vgl. HOMBURG, C.; RUDOLPH, B.; WERNER, H.: Messung und Management von Kundenzufriedenheit in Industriegüterunternehmen, S. 317; in: SIMON, H.; HOMBURG, C.: a.a.O., S. 313 - 365 und ROBINSON, P.J.; FARIS, C.W.; WIND, Y.: Industrial Buying and Creative Marketing, Boston 1967, S. 14

UNTERNEHMUNGSAUSRICHTUNG AUF DIE KUNDENZUFRIEDENHEIT 149

und nimmt eine Schlüsselstellung im Kaufentscheidungsprozeß ein. Er ist maßgeblich dafür verantwortlich, daß das gekaufte Produkt zweckadäquat eingesetzt werden kann. Der Beeinflusser entscheidet über die technischen Mindestanforderungen, über die Wahlentscheidungen zwischen Alternativprodukten und über die nötige Informationspolitik. Der Informa-tionsselektierer steuert den Informationsfluß im und in das Buying-Center. Der Entscheider schlußendlich bestimmt aufgrund der Machtposition über die Auftragsvergabe. Oft ist er Mitglied der Unternehmungsleitung.[99]

Folgende weiter Besonderheiten sind am Industriegütermarkt zu beobachten:[100]

- Industriegütermärkte sind in vielen Fällen globale Märkte mit sich rasch verändernden Marktgegebenheiten und kurzen Produktlebenszyklen.

- Auf Industriegütermärkten existiert eine starke Kundenheterogenität.

- Die Kundentypen können Erstausstatter (Produkteinbau in Endprodukt), Nutzerkunden (Produkteinsatz im Produktionsprozeß), Zwischenhändler oder Unternehmungen der öffentlichen Hand sein.

Im weiteren soll nun auf den Kundentypus Nutzerkunde eingegangen werden. Bei den in diesem Beispiel verkauften Investitionsgütern handelt es sich meist um sehr komplexe Anlagen oder Systeme, die im Zuge ihrer Entstehung eine Hersteller-Kunden-Kette in unterschiedlichen Wirtschaftsstufen durchlaufen. Diese Kette beginnt beim Erzeuger von Teilkomponenten und endet mit dem Einsatz des fertigen Systems. Zusätzlich zum sogenannten Kernprodukt erbringen Unternehmungen in der Industriegüterbranche industrielle Dienstleistungen. Diese fördern und unterstützen den Einsatz bzw. die Nutzung des Kernproduktes. Industrielle Dienstleistungen ähneln zwar normalen Dienstleistungen, indem auch auf sie die Eigenschaften der Immaterialität, Untrennbarkeit und Nicht-Lagerfähigkeit zutreffen, es müssen aber zusätzlich Besonderheiten berücksichtigt werden:[101]

---

[99] vgl. BACKHAUS, K.: a.a.O., S. 43f

[100] siehe dazu BINGHAM, F.; RAFFIELD, B.: Business to Business Marketing Management, Homewood 1990

[101] vgl. SIMON, H.: Preispolitik für industrielle Dienstleistungen; in: SIMON, H.: Industrielle Dienstleistungen, Stuttgart 1993, S. 187 - 218 und
BACKHAUS, K.; WEIBER, R.: Das industrielle Anlagengeschäft - ein Dienstleistungsgeschäft?; in: SIMON, H.: Industrielle Dienstleistungen, Stuttgart 1993, S. 67 - 84

150   UNTERNEHMUNGSAUSRICHTUNG AUF DIE KUNDENZUFRIEDENHEIT

- Industrielle Dienstleistungen haben sich an weit kundenspezifischeren Anforderungen zu richten als Dienstleistungen im herkömmlichen Sinn.

- Meist müssen mehrere Personen sowohl auf der ausführenden als auch auf der konsumierenden Seite der Geschäftsbeziehung miteinander in Interaktion zu treten.

- Aufgrund der mit der Spezialisierung verbundenen Kosten muß dem Dienstleistungs-Controlling größtes Augenmerk beigemessen werden.[102]

---

[102] vgl. SEBASTIAN, K.; HILLEKE, K.: Rückzug ohne Risiko, Absatzwirtschaft 1, S. 50 - 55; Absatzwirtschaft 2, S. 45 - 49

UNTERNEHMUNGSAUSRICHTUNG AUF DIE KUNDENZUFRIEDENHEIT 151

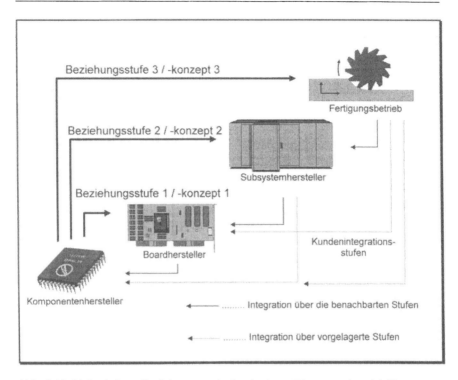

Abb. 4.19: Mehrstufiges Beziehungsmarketing im Investitionsgüterbereich[103]

4.3.6.2 Die Gestaltung der Geschäftsbeziehung

Das Kunden-Integrationsportfolio gilt für jede einzelne dieser Wirtschaftsstufen, und das System des Beziehungsmarketings gilt nicht nur für die nächst nachgelagerte Wirtschaftsstufe, sondern auch für die in der Hersteller-Nachfrager-Kette folgenden Stufen. Es darf somit nicht nur zum Aufbau einer einzigen Kunden-Lieferanten-Beziehung kommen, sondern vielmehr muß für jede einzelne Wirtschaftsstufe ein Beziehungsmarketingkonzept aufgebaut werden. Da aber Ressourcenknappheit vorausgesetzt werden soll, kann ein in sich geschlossenes Beziehungsmarketing nur durch Abstimmung der Anforderungen in der Kundenkette und daraus abgeleiteten Strategien über alle Stufen entstehen. *Diller* spricht in diesem Zusammenhang von „aus der Partnerselektion abgeleiteten Netzwerken, durch welche über mehrere

---

[103] vgl. HOFMAIER, R.; LEUTBECHER, K.: Investitionsgüter zeitgemäß vermarkten, S. 107; in: Harvard Business manager (1996) 3, S. 106 - 110 und vgl. BACKHAUS, K.: a.a.O., S. 331

Partnerunternehmungen hinweg Potentiale erschlossen und Wettbewerbsvorteile aufgebaut werden können."[104]

Ähnliches gilt für den Bereich der möglichen Kundenintegration (siehe Abbildung 4.19). Der Produzent der Komponenten sieht sich nicht nur mit der Aufgabe konfrontiert, den nachgelagerten Kunden bei der Leistungserstellung zu integrieren, sondern auch Subsystemhersteller oder der Investitionsgüter verwendende Fertigungsbetrieb müssen entsprechend des möglichen Individualisierungsgrades eingebunden werden. *Hofmaier/Leutbecher* schreiben in diesem Zusammenhang von einem „Pull"-Effekt in Form einer gezielten Nachfrage nach den vorintegrierten Produkten des Komponentenherstellers.[105] Dieser Effekt wird dadurch erreicht, daß die Ausrichtung der Marketingaktivitäten außer auf den Boardhersteller in Beziehungsstufe 1, auch auf den Systemhersteller und den Fertigungsbetrieb abgestimmt ist. Der Systemhersteller kennt nicht mehr nur den Boardhersteller, sondern auch den Komponentenhersteller und kann so bereits eine Stufe tiefer in der Leistungserstellung integriert werden.[106] Je nach Intensität der Integration gibt es ein gemeinsames Verständnis von Preiselastizitäten, Preisschwellen oder Kostenstrukturen. Aufgrund der so aufgebauten Beziehung kommt es über zwei oder auch mehr Beziehungsstufen hinweg zum „Pull"-Effekt der in der Kundenkette nachgereihten Unternehmung.[107]

Für Forschung und Entwicklung bedeutet dies, daß alle in der Kundenkette vertretenen Unternehmungen den Informationsvorteil nützen können, den sie dadurch erlangen, daß die Kenntnis über mögliche Produktinnovationen der vorgereihten Unternehmung sowie auch der nachgereihten Unternehmung zum Vorteil für die gesamte Kundenkette genutzt werden kann.

4.3.6.3 Der Ablauf der Geschäftsbeziehung

Wie in jeder Beziehung ist die natürliche Konsequenz des „Sich besser verstehen" ein „Näher aneinander rücken" der Beziehungspartner. Dies kann man auch im Industriegüterbereich deutlich erkennen. Je nach der Position im Kunden-

---

[104] DILLER, H.: (1994), a.a.O., S. 11

[105] vgl. HOFMAIER, R.; LEUTBECHER, K.: Investitionsgüter zeitgemäß vermarkten, S. 109; in: Harvard Business manager (1996) 3, S. 106 - 110

[106] vgl. SCHIMANOFSKY, W.: a.a.O., S. 29

[107] zu weiteren Grundsätzen eines mehrstufigen Marketings siehe auch: SCHMÄH, M.; ERDMEIER, P.: Sechs Jahre „Intel inside", S. 129; in: Die Absatzwirtschaft (1997) 11, S. 122 - 129

Integrationsportfolio wird es sinnvoll sein, sich in einem Fall relativ eigenständig in der Kundenkette zu positionieren - es ist nicht gut möglich, den Kunden zu integrieren oder aber um nicht in ein zu starkes Abhängigkeitsverhältnis zu seinem Abnehmer zu geraten - oder aber in einem anderen Fall wird es sinnvoll sein, möglichst nahe mit dem oder den Kunden zusammen zu wachsen und somit aus einer externen Kundenkette sogar eine interne Kundenkette mit einer übergeordneten Mutterunternehmung zu gestalten. Ab diesem Zeitpunkt kommt es zum Wandel der bisher extern betriebenen Marketingaktivitäten hin zum internen Marketing.

4.4 Instrumente der Kundenorientierung

4.4.1 Kundenorientierung durch Marketingcontrolling

Marketingvorhaben müssen nicht nur geplant werden, sondern auch bei ihrer Durchführung mit geeigneten Prüf-, Kontroll- und Feedbackinstrumenten gesteuert und regelmäßig auf ihre Angemessenheit im wirtschaftlichen, technologischen und sozialen Umfeld überprüft werden. Der Einsatz der Steuerungsinstrumente ist notwendig, weil bei der Umsetzung von Marketingplänen viele Möglichkeiten zur Fehlerentwicklung bestehen, die erkannt werden müssen und denen entgegengesteuert werden muß. Die Prüfung auf Angemessenheit sowohl der zugrundeliegenden Strategie als auch der Pläne und Maßnahmen ist notwendig, weil sich das Marketingumfeld ändert und die Unternehmung möglicherweise trotz effizientem Arbeiten die verkehrte strategische Richtung verfolgt. Ein systematisches Vorgehen ist hierbei wichtig, um sicherzustellen, daß die Marketingmaßnahmen und die Marketingprozesse wirkungsvoll durchgeführt werden.[108]

4.4.1.1 Einleitung

Das Spannungsfeld der Unternehmung zwischen Kundenorientierung und ökonomischem Wirtschaften soll in Abbildung 4.20 dargestellt werden. Dabei werden die in der ersten Ebene der strategischen Unternehmungsplanung aus dem formulierten Leitbild abgeleiteten Ziele, in ökonomische Zielsetzungen und in Ziele der Kundenzufriedenheit aufgegliedert. Damit in Verbindung stehende Strategien, Prämissen

---

[108] KOTLER, P.; BLIEMEL, F.: a.a.O., S. 1149

154 UNTERNEHMUNGSAUSRICHTUNG AUF DIE KUNDENZUFRIEDENHEIT

und Maßnahmen folgen in den tiefer gereihten Planungsstufen.[109] Als Objekt zur Zielerreichung soll die Prozeßdarstellung der Unternehmung dienen. Somit können Unterziele durch Teilprozesse fokussiert werden. Für Ziele des Bereiches Marketing ist der Marketingprozeß, für Marketingunterziele sind Teilprozesse aus dem Bereich Marketing das Zielerreichungsobjekt.

Gelingt es, daß zwischen den Zielen der Kundenzufriedenheit und jenen der Wirtschaftlichkeit eine Schnittmenge der Zielharmonie entsteht, können dadurch Erfolgspotentiale erschlossen werden, die ohne der gemeinsamen Betrachtung beider Faktoren nicht realisierbar wären. So können durch Kundenorientierung eventuell höhere Preise oder Marktanteile errungen und somit auch die Wirtschaftlichkeit der Unternehmung verbessert werden.[110] Nach *Meister/Meister* sind regelmäßige Erhebungen der Kundenzufriedenheit für das strategische Controlling unentbehrlich, da sich die Kundenzufriedenheit mittelbar auch quantitativ in der Erfolgsrechnung niederschlägt und daher planbar ist.[111]

---

[109] in Anlehnung an: DEYHLE, A.; GÜNTHER, C.; RADINGER, G.: Controlling Leitlinien - Stammsatz für eine Controller's Toolbox mit Gebrauchsanleitung, Gauting/München 1996, S. 33

[110] vgl. BYRNE, P.M.; MARKHAM, W.J.: Improving Quality and Productivity in the Logistics Process - Achieving Customer Satisfaction Breakthroughs, Council of Logistics Management 1991; in: MEISTER, H.; MEISTER, U.: Kundenzufriedenheit im Dienstleistungsbereich, Oldenburg 1996, S. 21f

[111] vgl. MEISTER, H.; MEISTER, U.: a.a.O., S. 21ff.

UNTERNEHMUNGSAUSRICHTUNG AUF DIE KUNDENZUFRIEDENHEIT 155

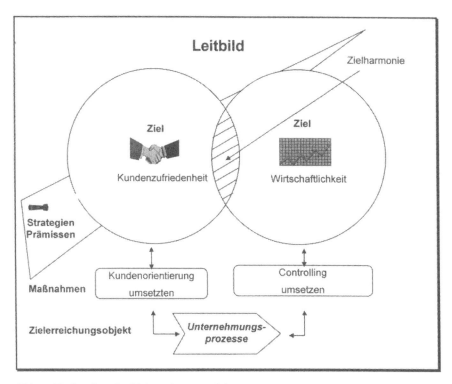

Abb. 4.20: Dualität der Unternehmungsziele

Beim Marketingcontrolling werden systematisch Indikatoren zur Aufdeckung von Problemen und Chancen im Marketing überprüft. Im voraus festgelegte Schlüsseldaten werden periodisch in Soll-Ist-Vergleichen überprüft und bewertet. Toleranzgrenzen für diese Schlüsseldaten können unvorhergesehene Situationen und Kostenüberschreitungen verhindern.

Das Controlling sieht sich somit mit einem erweiterten Aufgabenspektrum konfrontiert. Die Ecken dieses Controller's Spannungsdreieck bilden folgende drei Kategorien[112] (siehe Abbildung 4.21):

---

[112] vgl. dazu das strategische Dreieck nach Horváth; HORVÁTH, P.: Kunden und Prozesse im Fokus: Controlling und Reengineering, Stuttgart 1994, S. 67

156 UNTERNEHMUNGSAUSRICHTUNG AUF DIE KUNDENZUFRIEDENHEIT

- Stellvertretend für die Orientierung am Shareholder-Value, der Unternehmungswert

- Stellvertretend für die Orientierung an den Wettbewerbern, die Nutzung von Benchmarking-Vergleichen

- Stellvertretend für den Kunden, die Einbeziehung der Kundennutzenkomponente.

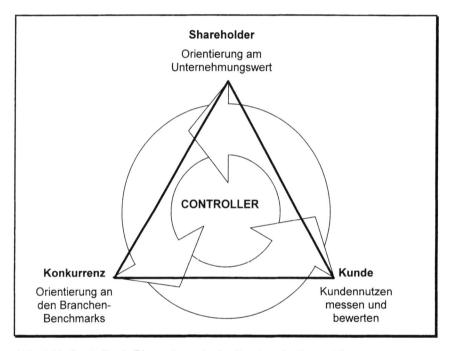

Abb. 4.21: Controllers's Dimensionen in der Kundenorientierung[113]

---

[113] in Anlehnung an: FISCHER, M.: Controlling in Wandel der Zeit - Zukünftige Herausforderungen aus der Sicht des Unternehmungsberaters, S. 195; in: Kostenrechnungspraxis (1996) 4, S. 193 - 196

UNTERNEHMUNGSAUSRICHTUNG AUF DIE KUNDENZUFRIEDENHEIT 157

4.4.1.2 Finanzielle Auswirkungen zufriedener Kunden

Nach *Quartapelle/Larsen* können folgende finanzielle Auswirkungen für die Unternehmung bei Erreichung von Kundenzufriedenheit festgestellt werden: [114]

- Aus zufriedenen Kunden werden treue Kunden, die es für die Unternehmung möglich machen, auf einen sicheren Kundenstamm zurückzugreifen. Dieser Kundenstamm ermöglicht optimierte Marketingaufwendungen, da Aktivitäten zielgerichtet geplant und durchgeführt werden können.

- Zufriedene Abnehmer machen Werbung und vermitteln neue Kunden mittels Mundpropaganda. Dadurch ist es möglich, zusätzliche Marktanteile zu gewinnen.

- Der Mehrwert Kundenzufriedenheit verursacht ein Sinken der Preisempfindlichkeit, da das wahrgenommene Risiko eines Markenwechsels schwerwiegender beurteilt wird als der im Vergleich zur Konkurrenz höhere Preis.

Diese Aussage hat speziell im Dienstleistungssektor Gültigkeit, da hier das Vertrauen in die Leistungsfähigkeit den Schlüsselfaktor für die Konsumentscheidung darstellt. Es ist speziell zu beobachten, daß Preisunempfindlichkeit vor allem beim Wiederkauf oder bei der wiederholten Leistungskonsumation verstärkt wirksam wird. Daraus resultiert die Vorgehensweise einiger Unternehmungen, die mit günstigen Erstangeboten den Kunden locken und an sich zu binden versuchen. Bei der weiteren Kundenbeziehung aber gehen sie davon aus, daß diese Geschäftsbeziehung bestehen bleibt, obwohl sie inzwischen den Faktor Preis gegenüber der Konkurrenz angehoben haben.

- Kunden, die in einem Produkt- oder Leistungsbereich an die Unternehmung gebunden werden konnten, werden mit höherer Wahrscheinlichkeit auch im anderen Geschäftsfeldern Leistungen nachfragen.

4.4.1.3 Der Prozeß des Marketingcontrollings

Der Marketingcontrolling-Prozeß ist ein komplexer und mit der Marketingplanung vernetzter Prozeß. Die vier Typen von Instrumenten sind in Tabelle 4.7 dargestellt

---

[114] siehe dazu auch QUARTABELLE, A.Q.; LARSEN, G.: Kundenzufriedenheit - Wie Kundentreue im Dienstleistungsbereich die Rentabilität steigert, Frankfurt am Main 1996, S. 93

158 UNTERNEHMUNGSAUSRICHTUNG AUF DIE KUNDENZUFRIEDENHEIT

und sollen in Folge den vier Teilprozessen des (Marketing-) Controlling-Prozesses (siehe Abbildung 4.22) zugeordnet und dabei überblicksmäßig erklärt werden.

4.4.1.3.1 Die Jahresplankontrolle

Beim ersten Instrument des Marketing-Controllings dem Umsatzvergleich werden den Umsatzzielgrößen die tatsächlich erreichten Ergebnisse in einem Soll-Ist-Vergleich gegenübergestellt.

Die Umsatz-Varianz-Analyse stellt fest, zu welchem Anteil eine Umsatzabweichung auf verschiedene Faktoren zurückzuführen ist. Die Umsatz-Detail-Analyse identifiziert jene Produkte und Verkaufsgebiete, die ihr Soll nicht erreicht haben.

	Instrumente
1. Jahresplankontrolle	• Umsatzvergleiche • Marktanteilsvergleich • Aufwandsvergleich • Finanzzahlenvergleich • Beobachtung der Kundeneinstellungen
2. Aufwands- und Ertragscontrolling	Aufwands- und Ertragsrechnung für: • Produkte • Gebiete • Kundengruppen • Absatzwege • Auftragsgrößen
3. Effizienzkontrolle	Effizienzstudien für: • Verkauf • Werbung • Verkaufsförderung • Distribution
4. Strategisches Controlling	Effektivitätsprüfung

Tab. 4.7: Instrumente des Marketing-Controllings[115]

---

[115] vgl. KOTLER, P.; BLIEMEL, F.: a.a.O., S. 1151

UNTERNEHMUNGSAUSRICHTUNG AUF DIE KUNDENZUFRIEDENHEIT 159

Um die Stellung der eigenen Unternehmung im Wettbewerb darzustellen und um rechtzeitig Entwicklungstendenzen und Trends erkennen zu können, ist der Marktanteilsvergleich das geeignete Instrument im Marketing-Controlling. Dieses Instrument läßt somit der Messung einer Kennzahl die Diagnose folgen. Die Diagnose erörtert zum Beispiel folgende Fragen:

- Trifft die Änderung der Marktbedingungen die eigene Unternehmung gleich oder stärker als die Konkurrenz?
- Was bedeutet der Vergleich mit dem Marktdurchschnitt für den Vergleich mit direkten Konkurrenzunternehmungen?
- Ist der Marktanteil periodischen Schwankungen unterworfen?

Untergliedert man den Marktanteil in Produktlinien-, Kundentypen- oder Regionalgruppen, so steigt der Gehalt der getätigten Aussagen.

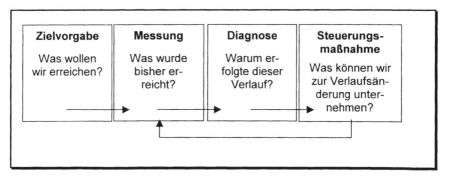

Abb. 4.22: Der (Marketing-)Controlling-Prozeß

Beim Aufwandsvergleich wird der getriebene Aufwand dem Nutzen durch die Erreichung der Umsatzziele gegenübergestellt. So kann der Marketingaufwand in normalen Zeiten zum Beispiel 30% des Umsatzes ausmachen. Aufgesplittet auf die Komponenten Vertriebsanteil, Werbung, Verkaufsförderung, Marketingforschung und Administration kann effizienter Mitteleinsatz transparent gemacht werden. Verändert sich der Gesamtaufwand nur wenig, so können trotzdem in den einzelnen Komponenten große Schwankungen auftreten, die Lenkungsreaktionen hervorrufen müs-

160   UNTERNEHMUNGSAUSRICHTUNG AUF DIE KUNDENZUFRIEDENHEIT

sen. Dadurch folgt auf die gestellte Diagnose eine bewußt und aktiv gesetzte Steuerungsmaßnahme.

Der Finanzzahlenvergleich ermöglicht dem Marketing schließlich zu erheben, ob die eingeschlagenen Strategien und die getätigten Maßnahmen für die Unternehmung gewinnbringend sind.

Zusätzlich zu diesen quantitativen Faktoren soll die Beobachtung der Kundeneinstellungen und der Kundenzufriedenheit als qualitativer Faktor dazu beitragen, eventuelle Veränderungstendenzen des Marktanteils rechtzeitig zu erkennen. Dadurch kann Veränderungen entgegengesteuert werden, bevor sich diese in einem Sinken von Umsatzdaten bemerkbar machen.

4.4.1.3.2   Das Aufwands- und Ertragscontrolling

Durch die Aufwands- und Ertragsanalyse soll im Vergleich aufgezeigt werden, wie groß der Nettoertrag ist, der durch verschiedene Absatzwege, Produkte, Verkaufsgebiete oder andere Marketingeinheiten erwirtschaftet wird und welche Aufwendungen diesem Ertrag gegenüberstehen.

4.4.1.3.3   Die Effizienzkontrolle

Der Marketingcontroller soll dem Marketing helfen, Mittel und Ressourcen im Bereich des Marketings effizienter einzusetzen. Er prüft, ob Ertragspläne eingehalten werden, hilft den Produktmanagern bei Budgetierung, Effizienzermittlung von Verkaufsförderungsaktionen, Analyse der Kosten für Werbemittel, Bewertung der Rentabilität von Kunden und geographischen Gebieten. Weiterhin hilft er dem Marketingpersonal, die finanziellen Auswirkungen von Marketingentscheidungen abzuschätzen.[116]

Bei der Effizienz im Verkauf geht es um Fragen, die die Anzahl und Art der Kundenbesuche betreffen. Wichtig sind Größen, wie der erzielte Umsatz pro Besuch, die

---

[116] vgl. GOODMAN, S.R.: Increasing Corporate Profitability, New York, 1982; zitiert in: KOTLER, P.; BLIEMEL, F.: a.a.O., S. 1165

entstandenen Kosten pro Besuch, die Zahl der neuen und der verlorenen Kunden pro Periode.

Die Effizienzauswertung der Werbung gibt Informationen über Werbekosten pro erreichtem Zielkunden, über den Prozentsatz der angesprochenen Kunden, über Konsumentenmeinungen zur Werbung oder über Einstellungsänderungen zum Produkt, die mit einer Werbekampagne zusammenhängen.

Fragen zu den Themenbereichen Gutscheine, Anzahl der Produktanfragen nach einer Produktvorführung oder verkaufte Menge durch Sonderpreisaktionen werden durch die Kontrolle der Effizienz der Verkaufsförderung beantwortet.

In der Effizienz der Distribution geht es um Fragen der Lagerbestandskontrolle, der Standorte von Verteilungszentren und um die Tranportmittelauswahl.

Abschließend kann gesagt werden, daß für effektives Marketing nicht unbedingt die im Augenblick erbrachten Marketingleistungen verantwortlich sein müssen. Schlechte Ergebnisse einer Sparte können auch daraus resultieren, daß die Rahmenbedingungen keine besseren zulassen. In dieser Situation, das Marketingmanagement auszutauschen, würde die Lage nur weiter verschlechtern. Marketingcontrolling kann helfen, solchen Fehlentscheidungen vorzubeugen.[117]

Für weitergehende Ausführungen zum Thema Controlling und Verknüpfung des Controllings mit dem Faktor Qualität sei an dieser Stelle auch auf die Arbeit von *Multerer* verwiesen.[118]

4.4.1.4 Der Kundenkapitalwert: Steuerungsinstrument im Marketingcontrolling

In vielen Fällen kann der Anspruch an ein optimiertes Marketingkonzept auf eine Abwägung der getätigten Aufwendungen zur Akquisition von Neukunden einerseits und zur Betreuung von Stammkunden andererseits reduziert werden. In einigen

---

[117] siehe dazu KOTLER, P.; BLIEMEL, F.: a.a.O., S. 1168ff.

[118] MULTERER, N.: Qualitätscontrolling - Der betriebswirtschaftliche Blickwinkel auf Qualität, unveröffentlichtes Maunskript, Graz 1998

162 UNTERNEHMUNGSAUSRICHTUNG AUF DIE KUNDENZUFRIEDENHEIT

Branchen wären Aufwendungen zur Kundenpflege recht sinnlos, da der Anteil an Wiederkäufern gering ist. In anderen Branchen sind die zur Kundenneuakquisition notwendigen Aufwendungen um vieles größer als Kundenpflegeaufwendungen, so daß der Kundenpflege eindeutig Vorrang gegenüber der Neuakquisition gegeben werden sollte.

Doch in den meisten Fällen ist es notwendig, sowohl bestehende als auch neue Kundenbeziehungen in die Konzeption eines optimalen Marketings zu integrieren. Vorbedingung ist in jedem Fall aber, sich in einer Unternehmung Klarheit darüber zu verschaffen, zu welchem Teil das Marketingbudget zur Gewinnung neuer Kunden und zu welchem Teil es für das Halten bisheriger Kunden verwendet wird.

Für das Marketingcontrolling ist dabei oft auch die Frage entscheidend, was die Abwanderung unzufriedener oder enttäuschter Kunden der Unternehmung kostet. Diese Frage wird beantwortet, wenn klar ist, mit welchen Aktivitäten darauf reagiert werden kann. Dazu gibt es verschiedene Möglichkeiten:[119]

- Ersatz des Kunden durch einen neuen
- Versuch der Rückgewinnung des alten Kunden
- Produkt- oder Leistungsvariation zur Kompensation der Kundenabwanderung

Die Kosten für diese Aktivitäten sind jenen Kosten gegenüberzustellen, die aufgewendet werden müssen, um durch stete Erfüllung der Kundenanforderungen ein möglichst hohes Niveau der Kundenzufriedenheit zu erreichen und damit die Rate des Kundenschwundes zu verringern.

- **Der Kundennettowert**

Ein Entscheidungskriterium, um die Abstimmungen im Marketing zu optimieren, stellt der Kundennettowert dar.[120] Um diesen Wert rechnerisch zu bestimmen, muß zuerst für jeden Kunden der von ihm erwartete Deckungsbeitrag zu den Strukturkosten der Unternehmung umgelegt auf die angenommene Beziehungsdauer ermittelt wer-

---

[119] vgl. WAGE, J.L.: Kundenhege - Kundenpflege: Der Baustein zum Verkaufserfolg, Wien 1994, S. 17
[120] vgl. BLATTBERG, R.C.; DEIGHTON, J.: Aus rentablen Kunden den vollen Nutzen ziehen, S. 25; in: Harvard Business manager (1997) 1, S. 24 - 32

UNTERNEHMUNGSAUSRICHTUNG AUF DIE KUNDENZUFRIEDENHEIT 163

den[121] (siehe Abbildung 4.23). Die über diese Zeitreihe angefallenen Deckungsbeiträge werden auf den Bezugszeitpunkt diskontiert und anschließend summiert. Daraus ergibt sich der Kundenkapitalwert eines einzelnen Kunden.

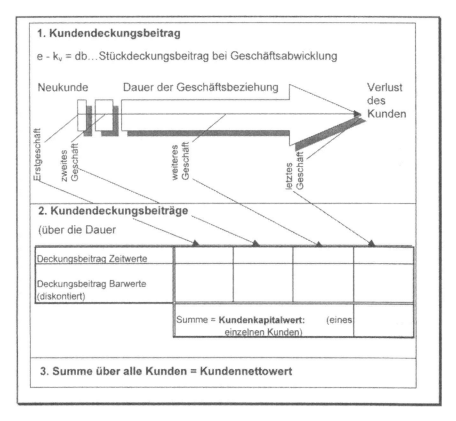

Abb. 4.23: Ermittlung des Kundennettowertes

Addiert man anschließend die Kapitalwerte der Kunden, so erhält man den Kundennettowert der Unternehmung. In der Umsetzung dieser Bestrebungen muß versucht werden, die unterschiedlichen Kunden und Kundengruppen und die damit verbundenen Besonderheiten sowie deren Einfluß auf den Kundenkapitalwert zu berücksichti-

---

[121] vgl. HORVÁTH, P.: Kunden und Prozesse im Fokus: Controlling und Reengineering, Stuttgart 1994, S. 71

gen. Die Marketingaktivitäten sind dann optimal konfiguriert, wenn der Kundennettowert ein Optimum erreicht.

Aufbauend auf diesen Kundennettowert hat die weitere Ausrichtung der Marketingaktivitäten sich nicht mehr nach der Frage zu richten, ob neue Kunden gewonnen oder alte Kunden gehalten werden sollten, sondern entscheidungsrelevant wird die Suche nach Ansatzpunkten zur Steigerung des Kundennettowertes.[122]

- **Auswirkung der Kundenwertbetrachtung**

Es kann zum Beispiel von der Kostenseite her günstiger sein, immer wieder auftretende Mängel bei einem Produkt im Schadensfall zu beheben und nicht gleich die Ursache des Mangels an sich zu beseitigen. Ändert man aber die Betrachtungsweise in Richtung Kundenwert, so sieht man bald, daß durch diese aufgetretenen Mängel Einbußen in der Kundenzufriedenheit hingenommen werden müssen und der Anteil der Wiederkäufer sinkt. Der Kundenwert ist somit weit vom Optimum entfernt.

4.4.1.5 Schlußbetrachtung

Ein Bereichscontrolling, wie es das Marketingcontrolling ist, darf nicht nur einigen Stellen der Unternehmung (z.B. dem Absatz) Informationen zukommen lassen, sondern hat allgemeiner die Aufgabe, alle Entscheidungsträger in einer Unternehmung mit Steuerungsinformationen vom Markt und von den Kundenzielgruppen zu versorgen.

Systematisch aufbereitete Informationen aus dem Rechnungswesen, aus statistischen Datenquellen und aus der Marketingforschung werden verknüpft und verarbeitet, um die Entscheidungsgrundlage so zu erweitern, daß Ziele, Strategien und Maßnahmen an die Anforderungen der Abnehmer angepaßt werden können, ohne dabei zu vergessen, daß diese Anpassung auch finanziert werden muß. Somit ist das Marketingcontrolling zwar nicht unbedingte Voraussetzung für Kundenorientierung in einer Unternehmung, aber es ist Garant für ein erfolgreiches Wirtschaften

---

[122] siehe dazu KRAFFT, M.; MARZIAN, S.: Dem Kundenwert auf der Spur, S. 107; in: Die Absatzwirtschaft (1997) 6, S. 104 - 107

von Unternehmungen, die Kundenzufriedenheit ganz oben auf den Prioritätenlisten gereiht haben.[123]

4.4.2 Kundenorientierung durch Servicequalität

Service ist die Gesamtheit der Leistungen, die der Kunde über das Produkt oder die grundlegende Dienstleistung hinaus in bezug auf den Preis, das Image und den Ruf der Unternehmung erwartet. [124]

---

[123] zu weiteren Betrachtungen von Kosten und Nutzen kundenorientierter Unternehmungen siehe STEGMAIER, P.: Erfolgreiche Kundenbindung: Checklisten, Sofortmaßnahmen, Tips, Praxisbeispiele, Tests und Fragebögen, Kissing 1997, Kapitel 8

[124] vgl. HOROWITZ, J.: Service entscheidet - Im Wettbewerb um den Kunden, Frankfurt/Main 1992, S. 21

166 UNTERNEHMUNGSAUSRICHTUNG AUF DIE KUNDENZUFRIEDENHEIT

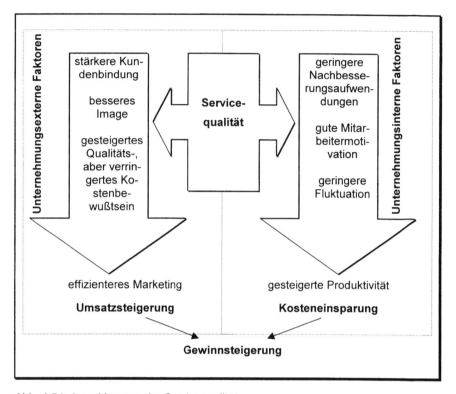

Abb. 4.24: Auswirkungen der Servicequalität

Der Produktservice besteht dabei aus zwei Elementen. Einerseits ist der Grad der Zuverlässigkeit und andererseits die angebotene Zusatzleistung maßgebend für die beim Kunden zu erzielende Servicezufriedenheit.

Auf die Servicequalität wirken sowohl unternehmungsexterne als auch unternehmungsinterne Einflußfaktoren. Verbesserte Servicequalität erreicht unternehmungsextern eine stärkere Kundenbindung, ein besseres Unternehmungsimage und beim Konsumenten ein gesteigertes Qualitäts- aber verringertes Kostenbewußtsein. Unternehmungsintern sind positive Effekte eine bessere Mitarbeitermotivation, eine geringere Fluktuation und geringere Aufwendungen für Nachbesserungen. Die Folge einer Verbesserung der Faktoren ist auf der einen Seite Umsatzsteigerung und auf der anderen Seite Kosteneinsparung. Das Ergebnis ist Gewinnsteigerung.

Viele servicebestimmende Größen ergeben sich aus dem Produkt oder aus der Leistung selbst oder hängen eng mit diesem zusammen. Servicemaßnahmen können dabei als Sekundärleistungen im Verhältnis zu den Primärleistungen der Produkt- und Leistungsmaßnahmen aufgefaßt werden. Als Instrumentalvariable für Produktionsbetriebe erscheinen besonders die folgenden Aspekte bedeutsam zu sein:[125]

- Die Lieferleistungspolitik
- Die Kundendienstpolitik
- Die Garantieleistungspolitik

Bei der Lieferleistungspolitik geht es um die Art der Warenzustellung, die Lieferbereitschaft, die Lieferzuverlässigkeit und die gelieferte Produktqualität. Die Maßnahmen der Kundendienstpolitik umfassen die Punkte Anpassung, Installation und Montage des gelieferten Produktes. Weiters umfassen sie Pflege, Wartung, Reparatur, Ersatzteilversorgung und die Kundendienstorganisation. Die Garantiepolitik betrifft Fragen des Garantieumfanges und der Garantiedauer.

Ein Begriff, der eng mit der Kundenorientierung im Service verbunden ist, ist das Dialog- oder auch Direktmarketing. Dabei geht es um individuelle Kommunikation mit jedem einzelnen Kunden. Dieser Dialog kann vor allem komplexe und vernetzte Presales- und Aftersaleskonzepte erleichtern und unterstützen. Dialogmarketing umfaßt das Anbieten von CD-ROM`s, von Online- und Internet-Diensten, von Telefon-Centern und Service-Hotlines.[126]

- **Beispiel**

Als Beispiel für ein weit fortgeschrittenes Dialogmarketing sei die Pharmaindustrie genannt. Über eine enge Zusammenarbeit mit den Apotheken setzen einige Unternehmungen im Pharmabereich neue Akzente in der zielgruppenspezifischen Ansprache des Endverbrauchers. Hochspezialisierte Datenbanken speichern derzeit viele Apotheken, die zum Teil nach Umsatzkategorien gestaffelt sind. So lassen sich

---

[125] vgl. KOPPELMANN, U.: Produktmarketing: Entscheidungsgrundlagen für Produktmanager, Berlin 1997, S. 476

[126] vgl. MUNKELT, I.: Allzeit bereiter Service, S. 108; in: Die Absatzwirtschaft (1997) 10, S. 108

für die Pharmaunternehmung geeignete Apothekengruppen zusammenstellen und Daten abgleichen. Im Einzugsgebiet einer jeden Apotheke lassen sich dann Kunden identifizieren, die eine vorher festgelegte Affinität zum angebotenen Produkt besitzen. Diese Kunden können in weiterer Folge mit genau auf die Gruppe abgestimmten Marketingmaßnahmen bearbeitet werden und es können Kundenanforderungen definiert und erfüllt werden. Zum Beispiel kann sich ein Hersteller von kosmetischen Produkten im Umkreis der von ihm ausgewählten Apotheke auf seine produktspezifische Zielgruppe, beispielsweise Frauen zwischen 25 und 55 Jahren mit mittlerem bis hohem Status, fokussieren. Diese Zielgruppe ist die Ausgangsbasis für Mailing-Aktionen, Produktvorstellungen und in weiterer Folge für Produktinnovationen.

Auch in anderen Branchen ist mit der Intensivierung von Direktmarketingaktivitäten zu rechnen. Dies gilt zum Beispiel besonders für den Banken- und Dienstleistungsbereich.[127]

4.4.3 Kundenorientierung mit Databased Marketing

Unternehmungs-, Markt-, Kunden- und Konkurrenzdaten dienen im Marketing als umfassende Informationsgrundlage für alle Aufgaben. Das sogenannte Databased Marketing hilft bei der Erfüllung der Anforderungen eines kundenorientierten Marketings.[128]

Zur erfolgreichen Umsetzung von Direktmarketingaktivitäten ist es für Unternehmungen notwendig, ein gut strukturiertes Datenbanksystem zu erstellen. Diese Database muß über eine einfache Adressenliste der Kunden hinausgehen und weit genauere Informationen über die Kunden und Kundengruppen liefern können. Dadurch wird es für die Unternehmung möglich, Daten, Anforderungen und Reaktionen von Kunden zu erfassen und eine Änderung der Verhaltens- und Kaufgewohnheiten zu erkennen.

- **Operatives Databased Marketing**

Die Datenbasis ermöglicht eine Marktaufteilung in getrennt zu bearbeitende Kundencluster. Wie fein diese Einteilung getroffen wird, hängt von der Marktstruktur und von

---

[127] vgl. ZEHETBAUER, R.: Dialogmarketing: Branchenspezifische Presales- und Aftersales-Konzepte, S. 114; in: Die Absatzwirtschaft (1997) 10, S. 112 - 115
[128] vgl. KÖHLER, R.: Target Marketing, S. 123; in: Die Betriebswirtschaft (1994) 54, S 121 - 123

den technischen Möglichkeiten der Datenbank ab. Im Grenzfall ist jeder einzelne Kunde ein Marktsegment (z.B.: Spezialmaschinenbau).

Eine Datenbank für das Direktmarketing ist eine systematisch organisierte Sammlung von Daten über einzelne Kunden sowie über tatsächliche und mögliche Interessenten. Diese Datenbank ist zu Marketingzwecken zugänglich und liefert dem Marketingmanager eine fundierte Entscheidungs- und Handlungsbasis. Die Verwendung dieser Daten zu Zwecken der Anbahnung und Intensivierung der Geschäftsbeziehung mit den Kunden macht aus einem Direktmarketing ein Databased Marketing.

Abb. 4.25: Definition Databased Marketing[129]

- **Datengenerierung**

Unternehmungen bekommen diese Daten über die Auftragsabwicklung, über die Marktforschung, über Panelinstitute und andere Informationsquellen.[130] Kreditkartenunternehmungen verfügen zum Beispiel über gut strukturierte Daten der Kartenverwender. Diese Daten können zu einem kompletten Profil des Abnehmers zusammengefügt werden. Vorsicht ist in diesem Bereich bei Problemen, die den Datenschutz betreffen, geboten. Nicht nur die rechtlichen Rahmenbedingungen sind einzuhalten, sondern auch eine mögliche Verärgerung des Kunden über einen zu offenen Umgang mit Informationen muß bedacht werden, damit nicht aus positiv gemeinter Erfüllung der Kundenanforderungen Verärgerung entsteht.

Aus der Abbildung 4.26 ist die Grundgliederung des Databased Marketing zu ersehen. Die Database wird durch die Interaktionsprozesse Kommunikation, Produktion, Controlling, Datengenerierung und Datenkomplettierung gespeist. Die Kommunikationsmethoden ermöglichen den effizienten und leistungsfähigen Einsatz der Database. Das Databased Management erfaßt die Werkzeuge und Hilfsmittel des daten-

---

[129] Vgl. dazu KOTLER, P.; BLIEMEL, F.: a.a.O., S. 1100

[130] *Munkelt* spricht in diesem Zusammenhang von einem Data-Warehouse als Sammlung qualitativ gesicherter Daten zur Befriedigung der Informationsbedürfnisse eines Managers. Siehe MUNKELT, I.: Neue Erkenntnisse für kreative Prozesse, S. 36; in: Die Absatzwirtschaft (1997) 3, S. 36 - 41

bankgestützten Marketings. Der Teilbereich Unternehmungsorganisation schließt Kooperationen und Zusammenarbeit mit anderen Unternehmungen zum Zweck der noch weitergehenden Datennutzung mit ein.

Beispieldaten, die durch eine Datenbank erfaßt werden könnten, sind Verkaufsmenge, Preise, Bedarfsmengen, Kaufkriterien, besondere Anforderungen, persönliche Hobbys, Bewirtungswünsche, besondere Anlässe, zu denen man gratulieren sollte, und vieles mehr. Diese Daten müssen ständig gewartet und auf den aktuellsten Stand gebracht werden.

UNTERNEHMUNGSAUSRICHTUNG AUF DIE KUNDENZUFRIEDENHEIT

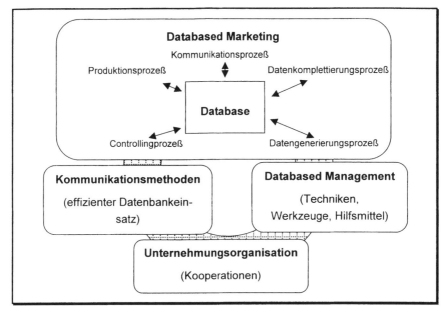

Abb. 4.26: Gliederung des Databased Marketing[131]

Die Daten zum Aufbau einer Kundendatenbank können wie folgt eingeteilt werden:[132]

- **Grunddaten**: Dabei handelt es sich um Daten, die unabhängig von der Geschäftsbeziehung des Kunden zur Unternehmung existieren und längerfristig konstant bleiben (Anrede, Namen, Adresse, Telefonnummer, aber zum Beispiel auch Informationen, wie der Kunde akquiriert wurde). Diese Daten werden überwiegend bereits bei Neueinrichtung des Kundendatensatzes festgelegt. Sie können meist direkt aus der ersten Bestellung übernommen werden.

---

[131] vgl. DUVENECK, D.; REYHER, C.: Mit Database-Marketing zu Information und Wissen über Kunden, S. 38; in: Technologie & Management (1997) 3, S. 36 - 38

[132] vgl. TRIBUKAIT, B.: Direktwerbung, Punktgenauer Katalogeinsatz, S. 36; in: Absatzwirtschaft (1998) 1, S. 36 - 44

- **Potentialdaten**: In dieser Kategorie wird zum Beispiel die Geneigtheit des Kunden auf gewisse Angebote zu reagieren, ermittelt. Für spezifische Zwecke ändern sich Inhalt und Relevanz in Abhängigkeit von Ergebnissen von Spezialanalysen.

- **Aktionsdaten**: Diese belegen, mittels welcher Werbemaßnahme der Kunde innerhalb einer bestimmten Periode angesprochen wurde (welcher Katalog, welche Form der Verkaufsförderung).

- **Reaktionsdaten**: Diese speichern, ob der Kunde auf einen Werbeanstoß reagiert hat, wann, was, wieviel, auf welchem Bestellweg bestellt wurde.

Zur EDV-Bewertung des Kundenpotentials gibt es Rangmodelle, die anhand von Faktoren wie Kaufaktualität, Kaufhäufigkeit oder Bestellwert eine Kundenrangordnung aufstellen und die Kunden in Segmente absteigender Güte einteilen. Zur Ergänzung und Verfeinerung der Datenmodelle können statistisch-mathematische Instrumente herangezogen werden, die in der Lage sind, alle in der Kundendatei verfügbaren Daten zu kombinieren und die Berechnung einer kundenindividuellen, auf den jeweiligen Mailing-Einsatz ausgerichteten Response-Wahrscheinlichkeit durchzuführen.[133]

Ist schließlich eine Segmentierung nach Kunden oder Kundengruppen erreicht, dann muß entschieden werden, welche und wieviele Segmente angesprochen werden sollen. Bewertungsgesichtspunkte dabei sind die Segmentgröße, die geschätzte Berdarfsmenge oder das Wachstumspotential und Konkurrenzverhalten im Segment.

---

[133] vgl. TRIBUKAIT, B.: a.a.O., S. 44

Die Vielfalt der Einsatzzwecke, die permanent sich wandelnden Kontextbedingungen des Marktes und nicht zuletzt die sich rasant weiterentwickelnden Techniken, Methoden und Hardwareausrüstungen in der Informationsverarbeitung erfordern ständig eine Anpassung einmal erarbeiteter Optimierungsmodelle.[134]

Abschließend kann festgehalten werden, daß durch eine gut aufgebaute und in der täglichen unternehmerischen Tätigkeit richtig verwendete Datenbank der Zugang zu den Kunden wesentlich verbessert werden kann. Eine echte Differenzierungschance im Wettbewerb ergibt das alleine allerdings noch nicht, da diese Datensysteme von der Konkurrenz relativ leicht kopierbar sind.[135] Dies ist bei Ansätzen, die sich darauf konzentrieren, für den Kunden wichtige, von ihm auch wahrgenommene und im Wettbewerb dauerhaft gültige Differenzierungsparameter zu erkennen, nicht gegeben.

4.4.4 Kundenorientierung durch Kernkompetenzen

Eng in Zusammenhang mit dem Begriff Kundenorientierung ist der Begriff Kernkompetenzen zu sehen. Ausgehend von einer konsequenten Weiterentwicklung einer eigenen Stärke kommt es durch Bündelung verschiedener Fähigkeiten und Technologien zu einem für den Kunden eindeutig erkennbaren Kundennutzen, welcher dann als Kernkompetenz („Core-Competence") definiert werden kann.[136] Unternehmungen ohne Kernkompetenzen können nur überleben, wenn sie äußere Wettbewerbsvorteile haben, zum Beispiel in Form von Schutzrechten, etabliertem Ruf oder anderen Formen von Barrieren. Gelten diese Barrieren nicht mehr, so tendiert der Unternehmungswert gegen Null.[137]

---

[134] zum Aufbau von Kundendatenbanken siehe auch STEGMAIER, P.: Erfolgreiche Kundenbindung: Checklisten, Sofortmaßnahmen, Tips, Praxisbeispiele, Tests und Fragebögen, Kissing 1997, Kapitel 9

[135] vgl. LAKER, R.M.; PETERSDORF, F.: Moderne Informationstechnologie in Marketing und Vertrieb, Fluch oder Chance?, S. 44; in: Absatzwirtschaft (1997) 6, S. 44 - 47

[136] vgl. HAMEL, G.; PRAHLAD, C.K.: Corporate Imagination and Expeditionary Marketing; in: Harvard Business Review (1991) 7, S. 81 - 92

[137] vgl. HIRZEL; LEDER & Partner: Die dynamische Organisation, Wiesbaden 1996, S. 113

174   UNTERNEHMUNGSAUSRICHTUNG AUF DIE KUNDENZUFRIEDENHEIT

- **Definition**

Erfolgreiche Unternehmungen verfügen über besondere Fähigkeiten, Fertigkeiten und Technologien, die durch langjährige Erfahrungen und kollektive Lernprozesse entstanden sind, die vom Kunden als einzigartig wahrgenommen werden, die von keinem Konkurrenten imitierbar sind und die auf eine Vielzahl von Märkten übertragen werden können. Diese Fähigkeiten bezeichnet man als Kernkompetenzen.[138]

Rasche versteht unter Kernkompetenzen wettbewerbsüberlegene Ressourcen und Fähigkeiten beziehungsweise spezifische Alleinstellungsmerkmale.[139]

Kernkompetenzen zu schaffen ist für eine Unternehmung eine Aufgabe, die bewältigt werden muß, um langfristig den Unternehmungserfolg zu sichern. Kernkompetenzen müssen in der Unternehmung verankert werden und nach außen kommuniziert werden. Der Gedanke, der hinter der Bildung von Kernkompetenzen steht, ist immer der Wunsch, besser zu sein als seine Konkurrenten.

- **Bedeutung von Kernkompetenzen**

Idealer Weise sollte eine Unternehmung trachten, in einem Markt tätig zu sein, der dem Konsumenten möglichst wenig Alternativen zur eigenen Leistung oder zum eigenen Produkt läßt. Vorteilhaft ist ebenso eine nicht allzu ausgeprägte Rivalität unter den etablierten Wettbewerbern. Weiters sind günstige Bedingungen dann gegeben, wenn das Abhängigkeitsverhältnis von den Lieferanten nicht zu stark ausgeprägt ist, wenn der Markteintritt für neue Mitanbieter möglichst schwierig ist, je mehr potentielle Kunden es gibt und je geringer der Organisationsgrad dieser Kunden ausgeprägt ist.

Der Wettbewerb wird in der Realität aber in allen Bereichen immer ausgeprägter. Die Bindungsintensität in der Wertschöpfungskette nimmt stark zu. Die Anzahl der Kunden nimmt zwar in vielen Märkten ebenfalls zu, aber der Organisationsgrad verbessert sich überproportional dazu. Durch die angestrebte Ausrichtung auf die Kunden-

---

[138] HINTERHUBER, H.H.; HANDLBAUER, G.; MATZLER, K.: a.a.O., S. 5

[139] vgl. RASCHE, C. Wettbewerbsvorteile durch Kernkompetenzen: Ein ressourcenorientierter Ansatz, Wiesbaden 1994; zitiert in: MEFFERT, H.: (1998), a.a.O., S. 1004

zufriedenheit bringt sich die Unternehmung in die schwierige Situation, daß sie den Kunden in den Mittelpunkt der unternehmerischen Tätigkeit stellen muß und dessen Launen und Wünsche zu erfüllen hat. Auf der anderen Seite vergißt man oft genau dadurch, zu agieren und nicht nur zu reagieren.

Um in diesem Umfeld erfolgreich zu bleiben und sich weder zu stark den Kunden auszuliefern noch an diesen vorbei zu produzieren, sind vor allem Daten vom Markt notwendig. Können diese Daten ermittelt, verdichtet, ausgewertet und zu Kernkompetenzen übergeleitet werden, so besteht die Möglichkeit, unternehmerischen Erfolg über längere Zeit zu sichern. Die Analyse dieser Kernkompetenzen liegt im Verantwortungsbereich des Marketings.[140]

Die Verbindung von Kernkompetenzen zur exzellenten Erfolgsposition der Unternehmung erhält man über den vom Abnehmer wahrgenommenen Kundenwert. Steigt dieser Wert an, so erhöht sich gleichzeitig die Kundenzufriedenheit. Auf längere Sicht steigt die Loyalität und es kommt zu einer Besserstellung gegenüber der Konkurrenz. Der Wert der Unternehmung steigt und letztendlich steigt das Vertrauen der Geldgeber. Am Schluß dieser Entwicklung stehen neue Entwicklungspotentiale und verbesserte Zukunftsperspektiven der Unternehmung und der Auftrag, auch in dieser geänderten Situation die Kernkompetenzen und die Abnehmerzufriedenheit fest im Visier zu behalten (siehe Abbildung 4.27).

---

[140] KRICSFALUSSY, A.: Vom kurzfristigen Verkaufen zur langfristigen Geschäftsbeziehung, S. 247; in: Marketing Journal (1996) 4, S. 242 - 248

176 UNTERNEHMUNGSAUSRICHTUNG AUF DIE KUNDENZUFRIEDENHEIT

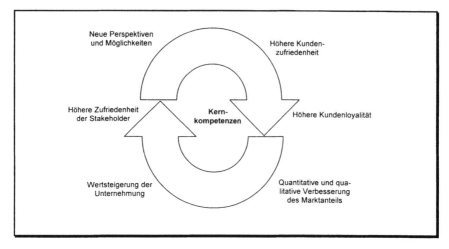

Abb. 4.27: Kundenzufriedenheit durch Kernkompetenzen[141]

Um diese Kernkompetenz bewußt nützen zu können, muß man sie greifbar machen. Die ausgewählten Aktivitäten können durch methodisches Messen der Leistung und der Vorgehensweise bewertet und schließlich optimiert werden. Dabei sind erfolgreiche Unternehmungen in der Lage, durch ihre Kernkompetenzen Kundenwert zu schaffen und somit das Niveau der Kundenzufriedenheit bei den Abnehmern klar über jenem der Konkurrenz zu halten.

- **Kernkompetenzen und Kundenorientierung**

Neue Kernkompetenzen müssen formuliert, ins Visier genommen und umgesetzt werden, auch wenn der Kunde sich die daraus neu entstehenden Produkte oder Dienstleistungen noch gar nicht vorstellen kann. Bestehende Kernkompetenzen müssen durch ein analytisches Instrumentarium erkannt und Kompetenzlücken geschlossen werden. Diese systematische Analyse der Geschäftsfelder, der Geschäftsprozesse und der daraus abgeleiteten Kernkompetenzen ermöglicht es, die Kompetenzen einzelnen Prozessen zuzuordnen. Wird durch eine Änderung der Marktsituation auch eine Anpassung einzelner Prozeßabläufe notwendig, so ist es möglich, in dieser veränderten Struktur wieder die Kernkompetenz aufzubauen oder diese erst gar nicht zu verlieren. Der Prozeß-Verantwortliche muß die durch seinen

---

[141] vgl. HINTERHUBER, H.H.; HANDLBAUER, G.; MATZLER, K.: a.a.O., S. 7

Prozeß erreichten Kernfähigkeiten im Blick behalten, zu Kernkompetenzen ausbauen und ist dafür verantwortlich, daß Strukturveränderungen bei den Prozessen auch zu Anpassungen bei den Kernkompetenzen führen.

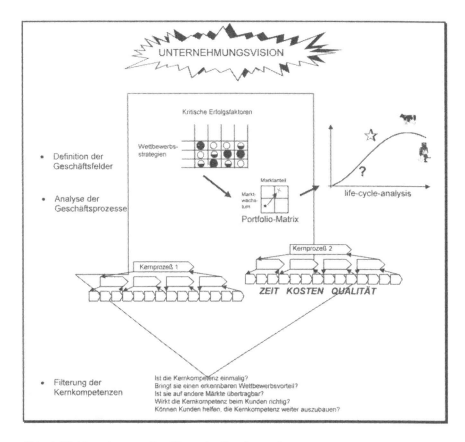

Abb. 4.28: Vorgehen zur Ermittlung der Kernkompetenzen

Die Steuerinformation braucht nicht erst zu einem gesamten Bild über alle Funktionen hinweg zusammengesetzt, von den übergeordneten Verantwortungsstellen beurteilt und wieder in die einzelnen Abteilungen geleitet werden, sondern wird auf der Ebene von Verantwortung, Zuständigkeit und Kompetenz verarbeitet und berücksichtigt. Das bedeutet, daß Geschäftsprozesse die Nachteile der Arbeitsteilung überwinden und andererseits diese überhaupt erst möglich machen.[142]

4.4.5 Kundenorientierung durch ECR

Als Konzeption zur Zusammenarbeit zwischen Hersteller und Handelsunternehmung stellt ECR (Efficient Consumer Response) eine Möglichkeit zur wirkungsvollen Festigung der Geschäftsbeziehung und zur Sicherstellung der Kommunikation zwischen den Beziehungspartnern dar.[143] ECR beinhaltet die intensive Zusammenarbeit aller Stufen der vertikalen Warenflußkette auf der Basis präziser Kenntnisse des Verbraucherverhaltens. Die ECR-Ziele bestehen zum einen in einer deutlichen Steigerung der Kundenzufriedenheit und zum anderen in der Minimierung der Kosten auf allen Stufen der Warenflußkette.[144]

---

[142] vgl. RÜDRICH, G.: Strategisches Beschaffungsmanagement; in: HIRZEL; LEDER & Partner: Die dynamische Organisation, Wiesbaden 1996, S. 120

[143] BECKER, C.: Die Kundenschiene, S. 127; in: Manager Magazin (1997) 6, S. 120 - 128

[144] vgl. MEFFERT, H.: (1998), a.a.O., S. 635

UNTERNEHMUNGSAUSRICHTUNG AUF DIE KUNDENZUFRIEDENHEIT 179

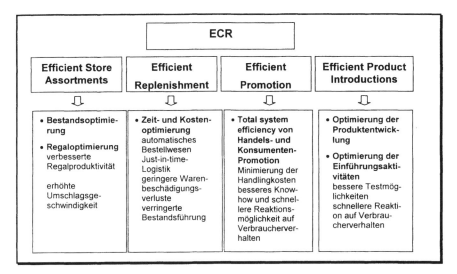

Abb. 4.29: Strategien des ECR[145]

ECR ist einerseits somit die ertragreiche Bewirtschaftung von Warengruppen und andererseits die Effizienzsteigerung der logistischen Warenversorgung durch intensive Kooperation zwischen Industrie und Handel mit dem Ziel, zusätzliche Wertschöpfung für den Konsumenten in den Faktoren Verfügbarkeit, Qualität und Frische zu erreichen.[146] Abbildung 4.29 beschreibt die Basisstrategien des ECR.

4.5 Chancen und Gefahren der Kundenorientierung

Als Unternehmung, die ihr Handeln gänzlich auf den Abnehmer fokussiert, befindet man sich in einer Situation mit besonderen Rahmenbedingungen. Customer-Focus schafft auf der einen Seite Wettbewerbsvorteile gegenüber der Konkurrenz. Auf der anderen Seite aber stehen diesen „Competitive Advantages" auch Gefahren gegenüber, die aus Kundenorientierung leicht Abhängigkeit vom Kunden entstehen lassen. *Kotler/Bliemel* sehen in dieser Gefahr eine Herausforderung, die der Unternehmung aus einer ungünstigen Tendenz oder Entwicklung des Umfeldes erwächst und die

---

[145] PRETZEL, J.: Gestaltung der Hersteller-Handel-Beziehung durch Category Management; in: Markenartikel (1996) 1, S. 21 - 25; zitiert in: MEFFERT, H.: (1998), a.a.O., S. 634

[146] aus der Informationsbroschüre zum ECR-Symposium in Wien am 23.10.1997

180   UNTERNEHMUNGSAUSRICHTUNG AUF DIE KUNDENZUFRIEDENHEIT

die Unternehmung sowie die gesamte Branche bedroht, wenn keine Marketingmaßnahmen dagegen ergriffen werden.[147]

Eine SWOT-Analyse stellt den unternehmungsexternen Chancen und Gefahren unternehmungsinterne Stärken und Schwächen gegenüber. Dadurch ist die Verbindung zwischen unternehmungsinternen und unternehmungsexternen Faktoren sichergestellt und es können daraus Marketingproblemstellungen für die Unternehmung abgeleitet werden.[148] Da in diesem Teil der vorliegenden Arbeit kein Bezug zu einzelnen Unternehmungen gezogen wird, beschränkt sich die Analyse auf die unternehmungsexternen Teilaspekte.

4.5.1 Chancenaspekte

- **Ertragspotential**

Bei allen Aktivitäten, die einen näher an den Kunden bringen, darf man nicht die wirtschaftlichen Unternehmungsziele außer acht lassen. Den Kern aller Bemühungen des Kundenbindungsmanagements bildet immer die Steigerung des Ertragspotentials bestehender Kunden und die Erschließung weiterer Potentiale durch Gewinnung neuer Kunden. Konsequente Orientierung am Kunden bedeutet somit Schaffung von zusätzlichen Ergebnispotentialen.[149]

Der Lebensertrag eines Kunden, also das Produkt aus Beziehungsdauer, Kauffrequenz und Höhe der erzielbaren Umsätze je Kaufakt, ist damit eine entscheidende Erfolgsgröße. Demnach gilt es vor allem, die versteckten Ertragspotentiale aus den bestehenden Kundenbeziehungen zu aktivieren und hierbei insbesondere solche Phasen zu erkennen, in denen die Gefahr des Verlustes von Kunden besteht.[150] Aufgabe der Verantwortungsträger ist es, Kundenorientierung mit Unternehmungsleistung in Form von Betriebskennzahlen zu verbinden. Werden die hierbei gefunde-

---

[147] vgl. KOTLER, P.; BLIEMEL, F.: a.a.O., S. 114

[148] vgl. BRUHN, M.: Marketing: Grundlagen für Studium und Praxis, Wiesbaden 1997, S. 44

[149] vgl. FISCHER, M.: Controlling im Wandel der Zeit - Zukünftige Herausforderungen aus der Sicht des Unternehmungsberaters, S. 195; in: Kostenrechnungspraxis (1996) 4, S 193 - 196

[150] MEFFERT, H.: (1994), a.a.O., S. 4

UNTERNEHMUNGSAUSRICHTUNG AUF DIE KUNDENZUFRIEDENHEIT 181

nen Korrelationen ausgenützt, so wird neben einer effizienten marktorientierten Unternehmungsausrichtung auch wirtschaftlicher Erfolg gesichert sein.[151]

- **Abstimmung in der Kundenkette**

Besteht bei der Erstellung eines Produktes oder einer Dienstleistung sehr starker Kommunikations- und Abstimmungsbedarf, so wird es ohne der integrativen Leistungserstellung nur schwer möglich sein, kundengerechte Ergebnisse zu erzielen. Je stärker die gegenseitigen Abstimmungsmöglichkeiten aber genützt werden, um so besser wird das Ergebnis ausfallen, da möglicherweise effizientere Lösungen ausgearbeitet werden können.

- **Know-how-Übertragung**

Oftmals kann das aus dem Bereich der einen Kundengruppe gewonnene Know-how bei der Bearbeitung der anderen Kundensegmente modifiziert oder im Idealfall unverändert eingesetzt werden.

4.5.2 Gefahrenaspekte

- **Falsches Verständnis**

Kundenorientierung wird bei vielen Unternehmungen falsch interpretiert. So wird zum Beispiel oft Kundennähe hauptsächlich in geographischer Dimension verstanden. Es wird versucht, möglichst nahe beim Kunden zu sein und darüber hinaus vergessen, daß andere Maßnahmen besser und wirtschaftlicher die Anforderungen des Abnehmers zu erfüllen in der Lage wären.[152]

---

[151] vgl. ATKINS, C.: Becoming a Customer-Driven Utility; in: Public Utilities Fortnightly 1992, S. 17 - 20; zitiert in: MACDONALD, S.: Wenn zuviel Kundennähe zur Abhängigkeit führt, S. 96; in: Harvard Business manager (1996) 2, S. 95 - 103

[152] vgl. MACDONALD, S.: Wenn zuviel Kundennähe zur Abhängigkeit führt, S. 99; in: Harvard Business manager (1996) 2, S. 95 - 103

182   UNTERNEHMUNGSAUSRICHTUNG AUF DIE KUNDENZUFRIEDENHEIT

- **Innovationshemmung**

Betroffen sind davon jene Geschäftsfelder, in denen ein Bedarf beim Konsumenten erst kreiert werden muß. Kennt der Abnehmer das Produkt noch nicht oder weiß er noch nicht, welchen Einfluß es auf seine eigene Wertschöpfung haben könnte, wird es für die Kundenorientierung schwierig, ins Schwarze zu treffen. Oft muß ein Bedarf erst kreiert werden, bevor man aufgrund der Abnehmerreaktionen überhaupt steuernde Handgriffe hin zum Kunden tätigen kann.

Die vorangetriebene Kundenbindung führt dann dazu, daß die von außen in die Geschäftsbeziehungen eingebrachten Innovationen zurückgehen.[153] Das führt langfristig dazu, daß Unternehmungen, die auf stark innovativen Märkten tätig sind, sich vermehrt um neue Produktentwicklungen sorgen müssen.

- **Auslieferung an den Kunden**

Nicht nur die eigene Unternehmung erhält Informationen über ihre Kunden, sondern auch der Abnehmer erhält Kenntnis über sein Zulieferunternehmungen. Die Folge aus den erhaltenen Informationen ist die Kenntnis der Situation des Lieferanten. Versuchte Einflußnahme ist dann in der Regel nur mehr eine Frage der Zeit.

- **Ungleichgewicht der Beziehungspartner**

Oft herrscht zwischen Geschäftspartnern ein Ungleichgewicht. Aus diesem Ungleichgewicht resultiert eine Diskrepanz zwischen nachgefragter und angebotener Information.

Sieht sich der stärkere Geschäftspartner als Abnehmer in der Situation, daß er seinen schwächeren Lieferanten speziell auf seine Bedürfnisse ausrichten möchte, so steht der schwächere Lieferant vor der schwierigen Frage, wie weit er sich dem stärkeren Geschäftspartner öffnen kann, ohne sich diesem mit Gedeih und Verderb auszuliefern. Stellvertretend für diese Situation steht die Aussage: „Entweder bekomme ich das Produkt in der von mir gewünschten Qualität und Sie halten sich genau an

---

[153] *Hippel* sieht externe Informationen von den Zulieferern meist als unerläßlich für technische Innovationen an. Existieren deutlich weniger Lieferfirmen (intensivere Geschäftsbeziehungen zu weniger Kunden), so schränkt das den Fluß neuer Ideen ein. Siehe HIPPEL, E.: The Sources of Innovation, Oxford 1988, in: MACDONALD, S.: Wenn zuviel Kundennähe zur Abhängigkeit führt, S. 101; in: Harvard Business manager (1996) 2, S. 95 - 103

meine Spezifikationen oder ich entziehe Ihnen den Auftrag." Aus Abstimmung auf die Kundenbedürfnisse wurde schlicht Abhängigkeit.[154]

Befindet sich der Abnehmer in der schwächeren Situation, so wird er bei ungenügender Kooperationsbereitschaft Gefahr laufen, seinen Zulieferer zu verlieren oder aber er geht das Risiko ein, sich in ein Abhängigkeitsverhältnis zu seinem Zulieferer zu begeben. Diese Situation kann dazu führen, daß der Abnehmer dazu bereit ist, einen höheren Preis zu bezahlen als er dies für ein Konkurrenzprodukt müßte, nur damit er bekannte (Service-) Qualität geliefert bekommt und ihm so zum Beispiel keine Folgekosten anfallen.

In beiden Fällen ist die Eigenständigkeit der schwächeren Unternehmung leicht zu gefährden, wenn gewisse Grenzen der Öffnung gegenüber dem anderen Geschäftspartner überschritten werden.

- **Richtige Kundenanzahl**

Unterschiedliche Problematiken können auch dadurch entstehen, daß Unternehmungen entweder nur einige wenige Kunden haben, mit denen sie eng in Kooperation stehen oder aber sehr viele Kunden und Kundengruppen mit verschieden gelagerten Kundenanforderungsprofilen.

Es ist wesentlich schwieriger, sich vielen kleinen Kunden zu öffnen, als einigen großen. Das Ende einer Geschäftsbeziehung mit einem großen Kunden wiegt aber wiederum wesentlich schwerer, als das Beziehungsende mit einem kleinen Kunden.[155]

- **Fixe Einbindung in Kundenkette**

Hat es eine Unternehmung geschafft, eine weitgehend ausgeglichene Kunden-Lieferantenbeziehung aufzubauen, so besteht trotzdem die Gefahr, daß im Fall von Problemen bei nachgelagerten Beziehungsstufen die in der Kundenkette vorgelagerte Unternehmung ohne Eigenverschulden ebenfalls in Probleme gerät. Dem kann nur durch umgesetztes Beziehungsmarketing über alle Beziehungsstufen hinweg

---

[154] MacDonald spricht in diesem Zusammenhang von einer Entfernung des Anbieters von seinem Kerngeschäft und bei fortgeschrittener Integration von der Gefahr einer fragmentierten Produktpalette und der Vernachlässigung der eigenen Grundlagenforschung. Siehe MACDONALD, S.: Wenn zuviel Kundennähe zur Abhängigkeit führt, S. 100; in: Harvard Business manager (1996) 2, S. 95 - 103

[155] vgl. SULLIVAN, K.; BOBBE, R.; STRASMORE, M.: Transforming the Salesforce in a Maturing Industrie; in: Management Review (1988) 6, S. 46 - 49; zitiert in: MACDONALD, S.: Wenn zuviel Kundennähe zur Abhängigkeit führt, S. 100; in: Harvard Business manager (1996) 2, S. 95 - 103

entgegengewirkt werden. So wird auch eine weitere Gefahr umgangen, nämlich, daß durch starke Ausrichtung auf den Kunden immer nur reaktiv auf dessen Strategien und Strategieänderungen gehandelt werden kann, ohne aktiv im Stande zu sein, mit eigenen Strategien Akzente zu setzen.

- **Kundenorientierung nur als Aufgabe des Marketings**

Kundenorientierung wird nicht zuletzt von den Marketingabteilungen groß geschrieben, da diese Denkweise generell die Bedeutung der Marketingabteilung innerhalb der Unternehmung zu heben scheint.[156] Dem kann aber nur begrenzt zugestimmt werden. Kundenorientierung kann nicht bedeuten, daß nur jene Abteilungen der Unternehmung, die mit dem Kunden direkt in Kontakt treten, auf die Kundenanforderungen eingestellt werden müssen, sondern es muß vielmehr heißen, daß auch jene Unternehmungsbereiche, die bisher kein Marktverständnis zu haben brauchten, nun auf eine breitere Informationsbasis zugreifen können, um den Anforderungen der internen oder der externen Märkte zu entsprechen.

4.5.3 Konklusio

Die Fokussierung auf den Kunden stellt ein anspruchsvolles und keinesfalls leicht zu bewältigendes Konzept dar, das von allen Abteilungen und allen Mitarbeitern einer Unternehmung eine einheitliche Ausrichtung erfordert. Grundsätzlich bleiben die Verbindungslinien zwischen den Marketingwissenschaften und der Betriebswirtschaftslehre im gemeinsamen ökonomischen Bereich. Das heißt, daß Marketing im Kern ökonomische Fragen beantworten muß, an welchen sich mittel- oder unmittelbar die weiteren Fragestellungen orientieren. Marketing als marktorientierte Unternehmungsführung stellt den Markt bzw. die Kundengruppe tatsächlich in den Mittelpunkt der Betrachtung. Bei dem Erkenntnisobjekt des Marketings stehen Strukturen und Prozesse von Märkten und die in ihnen stattfindenden Beziehungen im Vordergrund, die bestimmte Austauschprozesse zwischen Anbietern und Nachfragern aufbauen, gestalten und ablaufen lassen, um letztlich positive ökonomische Ergebnisse zu erzielen.[157]

---

[156] vgl. MACDONALD, S.: a.a.O., S. 102

[157] BRUHN, M.; BUNGE, B.: Beziehungsmarketing als integrativer Ansatz der Marketingwissenschaften, S. 189; in: Die Unternehmung (1996) 3, S. 171 - 194

Von zentraler Bedeutung wird stets die Verpflichtung der Marketingwissenschaften sein, sich selbst die Kernfrage nach dem ihr selbst innewohnenden Nutzen für die Unternehmung als Ganzes zu stellen. In der Literatur findet man dazu auch die Bezeichnung „Need based understanding of Marketing"[158]. Dies sollte die Einzeltheorien und die damit verbundenen Werkzeuge, wie zum Beispiel das Beziehungsmarketing, ebenso beinhalten wie die Ganzheit des Marketings.

4.6 Methoden zur Messung der Kundenzufriedenheit

Kundenzufriedenheit wird als Ziel und Steuerungsgröße erst dann sinnvoll, wenn sie gemessen wird. Dazu gibt es einige verschiedene Ansätze und Methoden.

Die einfachste Methode, eine Aussage über die Zufriedenheit der Kunden zu tätigen, ist die Ableitung der Kundenzufriedenheit aus anderen Leistungsindikatoren. So können eventuell aus Größen, wie Umsatz, Marktanteil, Markentreue, Anteil an Stammkunden oder der Häufigkeit von Garantiefällen, Rückschlüsse auf die Entwicklung der Kundenzufriedenheit gezogen werden. Da diese Größen aber ursprünglich durch andere Einflußfaktoren bestimmt werden, sind die Rückschlüsse auf die Kundenzufriedenheit nicht zuverlässig. Umsatzschwankungen können konjunkturell bedingt sein. Plötzlich erhöhte Marktanteile können aus Lieferschwierigkeiten der Konkurrenz herrühren.

Um der Kundenzufriedenheit an sich auf die Spur zu kommen, ist es notwendig, Methoden zu verwenden, die die Sichtweise des Kunden in direkter Form zur Leistung der Unternehmung in Beziehung setzen.[159] Dazu stehen mehrere Methoden zur Verfügung. Sie können in qualitative und quantitative Methoden eingeteilt werden (siehe Tabelle 4.8).[160]

---

[158] vgl. HOUSTON, F.S.; GASSENHEIMER, J.B.; MASULKA, J.M.: Marketing Exchange Transactions and Relationships, London 1992, S. 130; in: BRUHN, M.; BUNGE, B.: Beziehungsmarketing als integrativer Ansatz der Marketingwissenschaften, S. 189; zitiert in: Die Unternehmung (1996) 3, S. 171 - 194

[159] vgl. SAATWEBER, J.: Kundenorientierung durch Quality Function Deployment: Systematisches Entwickeln von Produkten und Dienstleistungen, München, 1997, S. 70ff.

[160] KOTLER, P.; BLIEMEL, F.: a.a.O., S. 57

Durch qualitative Methoden kann die Unternehmung erfassen, welche Zufriedenheitsprobleme bei den Kunden bestehen. Mit quantitativen Methoden kann die Höhe der Kundenzufriedenheit gemessen werden.

Qualitative Methoden	Quantitative Methoden
• Beschwerde- und Vorschlagssysteme • Critical Incident Methode • Sequentielle Ereignismethode	• Diskrepanzmodelle • Direkte Befragung nach der Gesamtzufriedenheit • Multiattributive Messung

Tab. 4.8: Methoden zur Messung der Kundenzufriedenheit[161]

4.6.1 Qualitative Methoden

4.6.1.1 Beschwerdemanagement und Vorschlagssysteme

Beschwerde- und Vorschlagssysteme bieten ein großes Informationspotential über die (Un-)Zufriedenheit der Kunden. Beschwerden sind Artikulationen von Unzufriedenheit, die gegenüber der Unternehmung oder auch Drittinstitutionen mit dem Zweck geäußert werden, auf ein subjektiv als schädigend empfundenes Verhalten eines Anbieters aufmerksam zu machen, Wiedergutmachung für erlittene Beeinträchtigung zu erreichen und/oder eine Änderung des kritisierten Verhaltens zu bewirken.[162] Sie bringen der Unternehmung viele Informationen, die sie in die Lage versetzt, Probleme eher und schneller zu erkennen und zu lösen. Oft ist es jedoch schwierig, die Kunden zu bewegen, sich bei auftretenden Problemen rechtzeitig oder überhaupt zu beschweren. Um Beschwerden zuverlässig zu erfassen, verteilen Unternehmungen

---

[161] KOTLER, P.; BLIEMEL, F.: a.a.O., S. 56ff.; zu weiteren Methoden zur Erfassung der Kundenzufriedenheit siehe QUARTAPELLE, A.Q.; LARSEN, G.: Kundenzufriedenheit: Wie Kundentreue im Dienstleistungsbereich die Rentabilität steigert, Berlin 1996, S. 132ff.

[162] vgl. WIMMER, F.: Beschwerdepolitik als Marketinginstrument; in: HANSEN, U.; SCHOENHEIT, I.: Verbraucherabteilungen in privaten und öffentlichen Unternehmungen, Frankfurt 1985, S. 225 - 254 und STAUSS, B.: Beschwerdepolitik als Instrument des Dienstleistungsmarketing; in: Jahrbuch der Absatz- und Verbraucherforschung (1989) 1, S. 41 - 62; zitiert in: STAUSS, B.; SEIDEL, W.: Beschwerdemanagement: Fehler vermeiden - Leistung verbessern - Kunden binden, München 1996, S. 27

Beschwerde- bzw. Vorschlagsformulare an ihre Kunden. Sie richten Telefon-Hotlines ein, auf welchen die Kunden kostenlos Anfragen, Beschwerden und Vorschläge deponieren können.

4.6.1.1.1 Beschwerdeverhalten der Unternehmung

Eine Unternehmung kann nicht davon ausgehen, daß allein durch ein Beschwerde- und Vorschlagswesen ein volles Bild der Kundenzufriedenheit erhalten wird. Studien haben gezeigt, daß sich weniger als 5% der unzufriedenen Kunden beschweren. Viele unzufriedene Kunden meinen, daß ihre Beschwerde bei der Unternehmung keine Wirkung habe oder den Aufwand nicht Wert sei. Unternehmungen müssen deshalb auf ihre Kunden zugehen und deren Zufriedenheit aktiv erfassen. *Günter/Huber* geben dazu verschiedene Entscheidungsfelder des Beschwerdemanagements an, nach denen es drei unterschiedliche Möglichkeiten gibt, wie man sich unzufriedenen Kunden gegenüber verhalten kann [163]:

1. Man kann die Unzufriedenheit hinnehmen und die Geschäftsbeziehung als nicht mehr zu retten ansehen. Der Kunde ist in diesem Fall verloren. Hat man Glück, so schadet dieser eine enttäuschte Kunde der Unternehmung nicht auch noch durch Kommunika-tion seiner Unzufriedenheit anderen Kunden gegenüber (Kunde handelt sichtbar).

2. Die zweite Möglichkeit besteht darin, dem unzufriedenen Kunden solange eine Leistungsnachbesserung anzubieten, bis er mit der erhaltenen Gesamtleistung zufrieden ist. Eventuell ist diese Phase der Nachbesserung mit erheblichen Unannehmlichkeiten für den Kunden verbunden, so daß er am Schluß zwar die anfänglich gewünschte Leistung erhalten hat, mit dieser aber trotzdem nicht oder nicht gänzlich zufrieden ist (Kunde handelt unsichtbar).

3. Die dritte Möglichkeit besteht darin, durch ein gut ausgeprägtes Beschwerdemanagement auf die Kritik des Konsumenten einzugehen und darauf auf exzellente Art und Weise zu reagieren. Der Kunde wird erkennen, daß auf seine Beschwerde oder sein Anliegen hin, prompt und zuvorkommend reagiert wurde und ist voll zufriedengestellt. In besonderen Fällen kann ein perfektes Reagieren auf Kun-

---

[163] GÜNTER, B.; HUBER, O.: Beschwerdemanagement als Instrument der Customer Integration, S. 248; in: KLEINALTENKAMP, M.; FLIESS, S.; FRANK, J.: a.a.O., S. 245 - 257

denbeschwerden sogar zu Begeisterung beim Kunden führen (Kunde handelt nicht).

Stauss/Seidel stellen die Ziele, die ein Management der Unzufriedenheit des Kunden erfüllen muß, wie folgt dar: [164]

1. Herstellung von (Beschwerde-) Zufriedenheit
2. Vermeidung von Opportunitätskosten anderer Reaktionsformen unzufriedener Kunden
3. Umsetzung und Verdeutlichung einer kundenorientierten Unternehmungsstrategie
4. Schaffung zusätzlicher akquisitorischer Effekte mittels Beeinflussung der Mundkommunikation
5. Auswertung und Nutzung, der in den Beschwerden erhaltenen Information
6. Reduzierung interner und externer Fehlerkosten.

---

[164] vgl. dazu STAUSS, B.; SEIDEL, W.: Beschwerdemangement: Fehler vermeiden - Leistung verbessern - Kunden binden, München 1996, S. 59

4.6.1.1.2 Der Beschwerdemanagementprozeß

- Am Anfang eines Prozesses zum Beschwerdemanagement steht die Messung und Erfassung der Kundenunzufriedenheit. Dazu ist es notwendig, daß unzufriedene Kunden dazu bewegt werden, die von ihnen wahrgenommenen Probleme gegenüber der Unternehmung vorzubringen.

- Anschließend folgt die Aufnahme der Beschwerde. Diese kann schriftlich, mündlich oder telefonisch erfolgen. Dabei ist es wichtig, die vom Kunden vorgebrachten Anliegen vollständig, schnell und strukturiert aufzunehmen um einen möglichst effizienten Beschwerdeablauf zu garantieren.

- Danach ist die Frage nach der Lösung, die dem Kunden in Hinblick auf seine Beschwerde angeboten werden soll, zu beantworten.

- Mit der Phase der Beschwerdebearbeitung und der Reaktion ist der direkt für den Kunden erkennbare Beschwerdemanagementprozeß abgeschlossen.

In der Unternehmung läuft hingegen noch der indirekte Beschwerdemanagementprozeß ab. In diesem Prozeß werden die im Rahmen der Beschwerdeauswertung gewonnenen Informationen nach verschiedenen Kriterien aufbereitet.

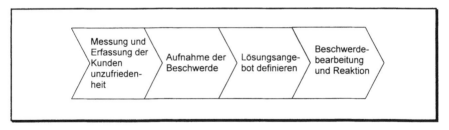

Abb. 4.30: Der direkte Beschwerdemanagementprozeß

Diese aufbereiteten Daten sollen anschließend in einen kontinuierlichen Verbesserungsprozeß einfließen. So ist sichergestellt, daß ein und der selbe Fehler kein zweites Mal begangen wird. Eine weitere Aufgabe besteht in der Durchführung eines Beschwerdemanagement-Controllings. Dadurch wird einerseits die Aufgabenerfüllung des Beschwerdemanagements überwacht und auf der anderen Seite werden

190   UNTERNEHMUNGSAUSRICHTUNG AUF DIE KUNDENZUFRIEDENHEIT

die Kosten, die durch die Abwicklung der Beschwerden entstehen, dem dadurch erreichten Nutzen gegenübergestellt.[165]

4.6.1.1.3 Unzufriedenheit und rechtlicher Mangel

Ein unzufriedener Kunde verspürt Dissonanz und kann darauf auf zwei unterschiedliche Weisen reagieren[166] (siehe Abbildung 4.31):

1. Das Individuum versucht, durch Rückgabe, Wegwerfen des Produktes oder durch Einbringung von Forderungen und Beschwerden seine Dissonanz zu mindern (Kunde handelt).

2. Das Individuum sucht nach Informationen, die seinen Wert hochhalten, kann so mit dem Produkt doch zufrieden sein und erlangt den Abbau von Dissonanz (Kunde handelt aus der Sicht der Unternehmung nicht).

Welche Reaktion eine Beschwerde, eine versuchte Rückgabe des Produktes oder eine Forderung des Konsumenten bei der dafür verantwortlichen Unternehmung auslöst, hängt von der Art der Verfehlung ab. Eine praxisrelevante Thematik bilden dabei mögliche Gewährleistungs- und Schadenersatzforderungen auf dem Rechtswege.[167]

---

[165] vgl. STAUSS, B.; SEIDEL, W.: a.a.O., S. 62ff.

[166] vgl. FESTINGER, L.: A Theory of Cognitive Dissonance, Stanford 1957, S. 260; ROGERS, E.M.: Diffusion of Innovations, New York 1993, S. 185 - 188; zitiert in: KOTLER, P.; BLIEMEL, F.: a.a.O., S. 317

[167] Dichtl/Schneider berücksichtigen in ihrer Darstellung der Verhaltensoptionen bei Unzufriedenheit die möglichen rechtlichen Implikationen nicht. Siehe dazu: DICHTL, E.; SCHNEIDER, W.: Kundenzufriedenheit im Zeitalter des Beziehungsmanagements, in: BELZ, C.; SCHÖGEL, M.; KRAMER, M.: Thexis, Lean Management und Lean Marketing, St. Gallen 1994, S. 6 - 12; zitiert in: MEFFERT, H.: (1998), a.a.O.; S. 358

UNTERNEHMUNGSAUSRICHTUNG AUF DIE KUNDENZUFRIEDENHEIT 191

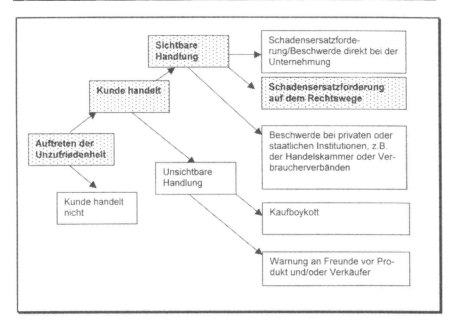

Abb. 4.31: Handlungsweisen unzufriedener Kunden[168]

Wird eine Leistung nicht auf die festgelegte Art und im festgelegten Umfang erbracht, so entsteht ein Mangel, der als Abweichung des Ist- zum vertraglich festgelegten Sollzustand zu gesetzlichen Ansprüchen auf Behebung bis hin zum Vertragsrücktritt führen kann.

Zu Abbildung 4.29 ist der Anspruch auf Gewährleistung hinzuzufügen. Unter Gewährleistung versteht man das besonders bei entgeltlichen Verträgen gesetzlich angeordnete Einstehenmüssen des Schuldners für Sach- und Rechtsmängel, welche die Leistung im Zeitpunkt ihrer Erbringung aufweist.[169] Die Voraussetzung für einen Gewährleistungsanspruch bildet eine mangelhafte Leistung, d.h. ein Fehler, der den Wert oder die Ge- bzw. Verbrauchsfähigkeit mindert oder aufhebt, oder das Fehlen

---

[168] Vgl. DAY, R.L.; LANDON, E.L.: Toward a Theory of Consumer Complaining Behavior; in: WOODSIDE, A.G.; SHETH, J.N.; BENNETT, P.D.: Consumer and Industrial Buying Behavior, New York 1977, S. 432; zitiert in: KOTLER, P.; BLIEMEL, F.: a.a.O., S. 318

[169] KOZIOL, H.; WELSER, R.: Grundriß des bürgerlichen Rechts, Wien 1995, S. 252

einer zugesicherten Eigenschaft. Die zweite Anspruchsvoraussetzung besteht in der Unkenntnis des Käufers über diesen Sachmangel bei Kaufabschluß.[170]

Die gesetzlichen Gewährleistungsansprüche werden häufig durch vertragliche Vereinbarungen geändert. Dies kann entweder durch individualvertragliche Vereinbarungen oder durch die für Massengeschäfte notwendigen allgemeinen Geschäftsbedingungen (AGB) erfolgen.[171] Diese sogenannten Freizeichnungsklauseln sind vom Grundsatz her eng anzulegen, und die Auslegung richtet sich im Zweifelsfall regelmäßig gegen denjenigen, der die Haftung abbedingen will (§5 AGBG nach österreichischem Recht).[172]

So schließen zum Beispiel Banken durch Freizeichnungsklauseln einen Teil von Gewährleistungsansprüchen aus. Als nicht ausschließbar wurde es aber angesehen, wenn die Bank bei einem Überweisungsauftrag nicht verpflichtet ist, die Übereinstimmung der Empfängerkontennamen zu prüfen.[173]

4.6.1.2 Critical Incident Methode

Mit Hilfe dieser Methode der kritischen Ereignisse (Ereignisse, die vom Kunden als außergewöhnlich positiv oder außergewöhnlich negativ wahrgenommen und im Gedächtnis behalten werden) werden Vorkommnisse, die Auswirkungen auf die Zufriedenheit des Kunden haben, aus Kundensicht erfaßt und analysiert. Dazu bedient man sich der Marktforschungsmethode der direkten offenen Befragung in einem persönlich mit dem Kunden geführten Interview. Dieser wird dabei aufgefordert, positive und negative Ereignisse in der Geschäftsbeziehung mit der Unternehmung, deren Mitarbeitern, deren Produkten oder Leistungen zu beschreiben und zu erläutern.

---

[170] vgl. AHLERT, D.; SCHRÖDER, H.: Rechtliche Grundlagen des Marketing, Stuttgart 1996, S. 167

[171] vgl. AHLERT, D.; SCHRÖDER, H.: a.a.O., S. 156

[172] zu einem Überblick über die Haftung für Mängel beim Sachkauf und die Begriffe Garantie, Gewährleistung und Kulanz siehe: AHLERT, D.; SCHRÖDER, H.: a.a.O., S. 157

[173] vgl. KOZIOL, H.; WELSER, R.: a.a.O., S. 252 mwN

UNTERNEHMUNGSAUSRICHTUNG AUF DIE KUNDENZUFRIEDENHEIT

- **Beispielfragen:**[174]

„Denken Sie bitte an ein besonders negatives/positives Erlebnis bei ihrem letzten Besuch bei uns in der Unternehmung!"

„Beschreiben Sie bitte den Vorfall genau und geben Sie bitte alle Einzelheiten an, damit wir uns ein genaues Bild machen können!"

Die Auswertung erfolgt in mehreren Schritten. Zuerst werden jene kritischen Ereignisse ausgewählt, die detailliert genug dargestellt sind, um sich ein klares Bild von der Situation machen zu können. Anschließend werden Kategorien gebildet und die einzelnen Ereignisse werden diesen Kategorien zugeordnet. Das Ergebnis sind Dimensionen der Leistungsqualität, die besonderen Einfluß auf Kundenzufriedenheit oder -unzufriedenheit ausüben.[175]

Folgende Voraussetzungen müssen erfüllt sein, damit eine Kundenzufriedenheitsanalyse mittels der Critical Incident Methode durchgeführt werden kann:[176]

1. starke Ausprägung der (Un-)Zufriedenheit
2. betrachteter Vorgang muß abgeschlossen sein
3. Bericht muß ausreichend detailliert sein, um Interpretation zu ermöglichen

In weiterer Folge werden hinsichtlich jedes Kriteriums konkrete Ansatzpunkte gesucht, wie das vorhandene Leistungsbündel verbessert und ausgebaut werden kann.[177]

---

[174] vgl. BITNER, M.; NYQUIST, J.D.; BOOMS, B.H.: The Critical Incident as a Technique for Analyzing the Service Encounter; in: BLOCH, T.M.; UPAH, G.D.; ZEITHAML, V.A.: Services Marketing in a Changing Environment, Proceedings Series, Chicago 1985, S. 48 - 51; zitiert in: HINTERHUBER, H.H.; HANDLBAUER, G.; MATZLER, K.: a.a.O., S. 79

[175] vgl. HINTERHUBER, H.H.; HANDLBAUER, G.; MATZLER, K.: a.a.O., S. 67ff.

[176] vgl. QUARTAPELLE, A.Q.; LARSEN, G.: Kundenzufriedenheit: Wie Kundentreue im Dienstleistungsbereich die Rentabilität steigert, Berlin 1996, S. 135

[177] vgl. BAILOM, F.; TSCHEMERNJAK, D.; MATZLER, K.; HINTERHUBER, H.H.: Durch strikte Kundennähe die Abnehmer begeistern, S. 55; in: Harvard Business manager (1998) 1, S. 47 - 56

194 UNTERNEHMUNGSAUSRICHTUNG AUF DIE KUNDENZUFRIEDENHEIT

4.6.1.3 Sequentielle Ereignismethode und Kundenprozeßanalyse

Die Sequentielle Ereignismethode und die Kundenprozeßanalyse basieren auf der Analyse des Konsumprozesses und seiner Darstellung in einem Ablaufdiagramm. Anhand dieser Darstellung werden Kunden durch den Konsumprozeß geführt und aufgefordert, ihre Gefühle, Gedanken und Erlebnisse zu schildern, die sie in den jeweiligen Phasen des Leistungserstellungsprozesses hatten.

Die Sequentielle Ereignismethode erfaßt gestützte Erinnerungen. Das bewirkt, daß es den Kunden leichter fällt, sich an Ereignisse zu erinnern, birgt jedoch die Gefahr, daß unwichtige Ereignisse durch den Aufforderungscharakter der Befragungsmethode überbewertet werden.

Dieses Problem besteht bei der Critical-Incident-Methode nicht. Hier werden ungestützte Erinnerungen erfaßt. Das Risiko hierbei ist aber, daß kritische Erinnerungen, die vergessen werden, nicht mehr zur Sprache kommen. Es empfiehlt sich deshalb der parallele Einsatz beider Methoden.

- **Ablauf der Analyse:**[178]

1. Visualisierung des Kundenprozesses
2. Herstellung von Beziehungen zu den unternehmungsinternen Prozessen
3. Veranschaulichung, welche Aspekte der Kunde an jedem Kontaktpunkt mit der Unternehmung erlebt
4. Erhebung von Problemen, Kriterien und Teilprozessen, die einen Einfluß auf die Zufriedenheit oder Unzufriedenheit des Kunden haben.

4.6.2 Quantitative Methoden
4.6.2.1 Diskrepanzmodelle

Anhand der Diskrepanzmodelle wird das Ausmaß der Abweichung zwischen der wahrgenommenen Leistung und den diesbezüglichen Erwartungen des Kunden gemessen. Werden die Erwartungen des Kunden bestätigt oder übertroffen, so ist der

---

[178] STAUSS, B.; SEIDEL, W.: Prozessuale Zufriedenheitsermittlung und Zufriedenheitsdyamik bei Dienstleistungen, S. 188ff.; in: SIMON, H.; HOMBURG, C.: a.a.O., S. 179 - 203

UNTERNEHMUNGSAUSRICHTUNG AUF DIE KUNDENZUFRIEDENHEIT 195

Kunde zufrieden. Eventuell ist er sogar begeistert. Werden die Erwartungen nicht bestätigt, so ist er unzufrieden.

Das Ausmaß der (Nicht-) Bestätigung dient als Indikator der Kundenzufriedenheit. Es können zwei Varianten zu Messung der (Nicht-) Bestätigung eingesetzt werden:[179]

- Bei der ersten Variante wird der Kunde sowohl vor als auch nach Nutzung bzw. Konsumation des Produktes zu dessen Bewertung aufgefordert. Die Änderung dieser Bewertung ist das Ausmaß der Bestätigung oder der Nichtbestätigung.

- Bei der zweiten Variante wird der Kunde direkt nach dem Ausmaß der (Nicht-) Bestätigung seiner Erwartungen gefragt. Zur Bewertung werden Ratingskalen eingesetzt (siehe Kapitel 7).

4.6.2.2 Direkte Befragung nach der Gesamtzufriedenheit

In diesem Fall der Quantitativen Erhebung der Kundenzufriedenheit kann eine Unternehmung die Zufriedenheit der Kunden durch den Einsatz von Ratingskalen direkt erfassen. Hierzu können verschiedene Skalierungen eingesetzt werden. Der Kunde wird dabei aufgefordert, auf einer Skala von 1 bis 100 seine Zufriedenheit mit verschiedenen Elementen der Leistung oder des Produktes anzugeben. Auch Zufriedenheitsabstufungen von sehr zufrieden über zufrieden, indifferent, unzufrieden bis sehr unzufrieden sind möglich.

Die Analyse des Globalurteils kann jedoch nur die allgemeine Zufriedenheitsstimmung des Kunden wiedergeben, sie liefert keinen Aufschluß über die Ursachen der Zufriedenheit oder der Unzufriedenheit.[180]

4.6.2.3 Multiattributive Messung

Im Gegensatz zur direkten Befragung nach der Gesamtzufriedenheit wird hier nach der Zufriedenheit mit einzelnen Produktattributen gefragt. Damit können die möglichen Ursachen der Unzufriedenheit erkannt werden. Die multiattributive Messung

---

[179] vgl. KOTLER, P.; BLIEMEL, F.: a.a.O., S. 58

[180] Jung sieht Gespräche oder formalisierte Interviews sowohl mit Kunden als auch mit Mitarbeitern als wichtiges Informationsmittel über die Kundenzufriedenheit. Siehe JUNG, H.: Grundlagen zur Messung von Kundenzufriedenheit, S. 145; in: SIMON, H.; HOMBURG, C.: a.a.O., S. 139 - 159

196 UNTERNEHMUNGSAUSRICHTUNG AUF DIE KUNDENZUFRIEDENHEIT

unterstellt, daß sich die Gesamtzufriedenheit mit einem Produkt oder mit einer Dienstleistung, aus den Teilzufriedenheiten mit den verschiedenen Produktattributen zusammensetzt.[181] Zuerst werden die relevanten Produktattribute ermittelt. Dann werden die Kunden befragt, wie wichtig diese einzelnen Attribute für sie sind und wie die zufriedenstellend sie bei dem vorliegenden Produkt ausgeprägt sind. Diese Teilzufriedenheiten werden dann zur Gesamtzufriedenheit verknüpft. Hinsichtlich der Verknüpfung werden zwei verschiedene Modelle unterschieden: Einerseits die nichtkompensatorischen und andererseits die kompensatorischen Modelle.[182]

Bei dem kompensatorischen Modell wird eine niedrige Zufriedenheit mit dem einen Produktattribut durch eine hohe Zufriedenheit mit einem anderen Attribut ausgeglichen. Bei dem nicht-kompensatorischen Modell muß dagegen jede Teilzufriedenheit ein gewisses Niveau erreichen. Ist dies nicht der Fall, so wir unterstellt, daß dies zur Unzufriedenheit mit der gesamten Produktleistung führt.

4.6.3 Methoden der Auswertung
4.6.3.1 Problem-Frequenz-Relevanz-Analyse

Bei dieser Methode zur Auswertung von Kundenzufriedenheitsanalysen werden die abgefragten Faktoren der Kundenzufriedenheit in einem zweidimensionalen Diagramm, welches durch die Faktoren Problemfrequenz und Problemrelevanz aufgespannt wird, positioniert. Je häufiger ein Unzufriedenheitsfaktor genannt wird und je relevanter dieser Faktor für die Unzufriedenheit des Kunden gewertet werden muß, um so dringender muß an die Verbesserung desselben herangegangen werden.

---

[181] Das sogenannte Multiattributmodell ist eine Methode zur mehrdimensionalen Messung der Einstellungen. Es wird konkreter Bezug auf das Untersuchungsobjekt genommen. Das Multiattributmodell geht davon aus, daß sich die Einstellungen gegenüber einem Untersuchungsobjekt aus der Wahrnehmung dessen einzelner Eigenschaften bilden. Siehe dazu GABLERS-WIRTSCHAFTS-LEXIKON, 13. Auflage, Wiesbaden 1993, S. 2327

[182] vgl. KOTLER, P.; BLIEMEL, F.: a.a.O., S. 58

UNTERNEHMUNGSAUSRICHTUNG AUF DIE KUNDENZUFRIEDENHEIT

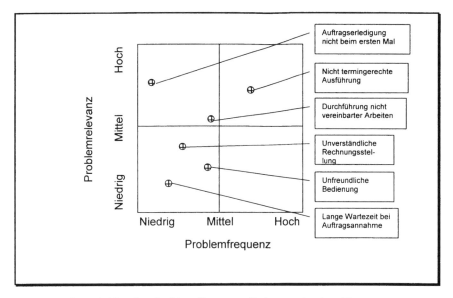

Abb. 4.32: Beispiel für eine Problem-Frequenz-Relevanz-Analyse[183]

Für das Diagramm (siehe Abbildung 4.32) bedeutet das, daß je näher ein Faktor der rechten oberen Ecke der Darstellung positioniert werden muß, um so stärker ist dieser für die Unzufriedenheit des Kunden verantwortlich.[184]

In ähnlicher Art funktioniert die Einordnung der Faktoren nach Wichtigkeit ihrer Behebung bei einem als Problem-Detection-System bezeichneten Verfahren als ein weiteres, in drei Phasen untergliedertes quantitatives Verfahren:[185]

1. Problemerfassung
2. Erstellung einer Liste der Probleme
3. Quantifizierung der Probleme

---

[183] vgl. STAUSS, B.: Augenblicke der Wahrheit in der Dienstleistungserstellung - Ihre Relevanz und ihre Messung mit Hilfe der Kontaktpunkt-Analyse; in: BRUHN, M.; STAUSS, B.: Dienstleistungsqualität, Konzepte - Methoden - Erfahrungen, Wiesbaden 1995, S. 345 - 365;

[184] vgl. STAUSS, B.: a.a.O., S. 345 - 365

[185] vgl. QUARTAPELLE, A.Q.; LARSEN, G.: a.a.O., S. 145

198 UNTERNEHMUNGSAUSRICHTUNG AUF DIE KUNDENZUFRIEDENHEIT

4.6.3.2 Zufriedenheitsprofile

Zufriedenheitsprofile stellen die Zufriedenheit des Kunden mit den einzelnen Leistungsprofilen dar. Um den Aussagegehalt der Darstellung zu erhöhen, ist es auch möglich, Zufriedenheitsprofile des Kunden mit Konkurrenzprodukten und eventuell eine durchschnittliche Zufriedenheit der Branche darzustellen.

Die Aussage von Zufriedenheitsprofilen kann noch weiter erhöht werden, wenn man die relative Wichtigkeit der einzelnen Produkteigenschaften berücksichtigt. Priorität für Verbesserungsmaßnahmen sollten jene Produkteigenschaften haben, die einen starken Einfluß auf die Gesamtzufriedenheit haben und bei denen die Zufriedenheit der Kunden vergleichsweise niedrig ist.[186]

4.6.3.3 Kano-Methode

Nach dieser Methode werden die verschiedenen Produkt- oder Leistungseigenschaften anhand eines Fragebogens nach Basis-, Leistungs- und Begeisterungseigenschaft klassifiziert. Ziel dieser Befragung ist es, festzustellen, auf welche Arten von Produktanforderungen die einzelnen Kernkompetenzen der Unternehmung zutreffen. Geht es bei dieser Befragung um technische Lösungen, kann es leicht passieren, daß der Kunde die Frage nicht richtig versteht. Für ihn ist es eher irrelevant, wie ein technisches Problem gelöst ist, sondern welches seiner Probleme damit gelöst wird, ist wichtig.[187]

Durch unterschiedliche Reaktionen des befragten Kunden auf jeweils Vorhandensein oder nicht Vorhandensein einer Leistung lassen sich Produkteigenschaften den Klassen Basiseigenschaft, Leistungseigenschaft und Begeisterungseigenschaft zuordnen.[188]

---

[186] vgl. HINTERHUBER, H.H.; HANDLBAUER, G.; MATZLER, K.: a.a.O., S. 80

[187] vgl. BAILOM, F.; TSCHEMERNJAK, D.; MATZLER, K.; HINTERHUBER, H.H.: Durch strikte Kundennähe die Abnehmer begeistern, S. 53; in: Harvard Business manager (1998) 1, S. 47 - 56

[188] vgl. KANO, N.: Attractive Quality and Must-be Quality; in: HINSHITSU: The Journal of Japaneses Society for Quality Control (1984) 4, S. 39 - 48; zitiert in: HINTERHUBER, H.H.; HANDLBAUER, G.; MATZLER, K.: a.a.O., S. 87

UNTERNEHMUNGSAUSRICHTUNG AUF DIE KUNDENZUFRIEDENHEIT 199

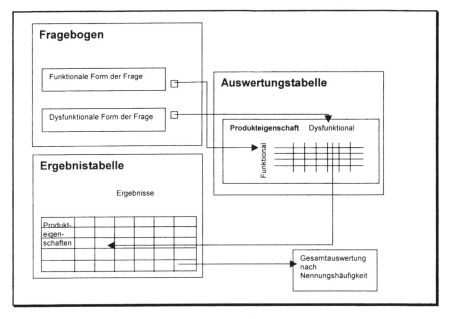

Abb. 4.33: Der Auswertungsprozeß nach Kano[189]

Die Vorgehenssystematik ist aus Abbildung 4.31 ersichtlich und soll kurz erklärt werden:

- Eine gewisse Leistungseigenschaft wird funktional abgefragt. (Wenn die Leistungseigenschaft gut ist, was denken Sie?)
- Anschließend wird dieselbe Leistungseigenschaft dysfunktional abgefragt. (Wenn die Leistungseigenschaft schlecht ist, was denken Sie?)
- Beide Antworten zusammen ergeben eine Antwortkategorie (z.B.: A...Begeisterungseigenschaft etc.)
- Die Antwortkategorien für jede Leistungseigenschaft werden in der Ergebnistabelle zusammengefaßt.
- Eine Gesamtauswertung ergibt sich für jede Leistungseigenschaft nach der Häufigkeit der Nennungen der verschiedenen Kategorien. Dadurch ist die Typologie jeder Leistungseigenschaft eindeutig bestimmt.[190]

---

[189] HINTERHUBER, H.H.; HANDLBAUER, G.; MATZLER, K.: a.a.O., S. 86
[190] zu den verschiedenen Typologien von Kundenanforderungen siehe Kapitel 3.5, S. 46

5 Die Marke: Erfolgsfaktor in der Kundenorientierung

Der Marke kommt seit jeher erhebliche Bedeutung zu. Durch die dynamische Entwicklung der Märkte hat sich in den letzten Jahren allerdings das Verständnis der klassischen Marke beziehungsweise des Markenartikels erheblich gewandelt. In den Anfängen stand die Kennzeichnung von Objekten im Sinne einer Markierung von Waren und im Vordergrund, die als Eigentumszeichnung beziehungsweise als Herkunftsnachweis für die Produkte diente. Seitdem hat sich allerdings sowohl der Charakter von Marken als auch deren Geltungsbereich grundlegend erweitert.[1]

Die Fähigkeit des Individuums zur Verarbeitung von Informationen, ermöglicht diesem aus der gesamten Vielfalt des Informationsangebotes die für ihn wichtigen Signale herauszufiltern und diese zu verarbeiten. Dazu ist es nötig, daß Signalmuster gelernt werden, die wiedererkannt werden können. Aus Signalmustern mit verläßlicher, gleichbleibender Aussage entwickelt sich die Marke.[2]

Der Markenartikel ist die Antwort der Unternehmung auf die Suche des Konsumenten nach Entscheidungskriterien in einer Welt, bestehend aus Informationen und Signalen vielfältiger Art.[3]

Domizlaff sieht das Ziel der modernen Markentechnik in einer Neuschöpfung von Marken und der Infektion der Masse mit neuen Markenideen, die der Masse nicht mehr das Recht der Auswahl zugestehen.[4]

In diesem Kapitel soll zunächst ein Überblick über den Themenbereich Marke und Markierung gegeben werden. Dabei werden der Markenentstehungsprozeß und der Markenlebenszyklus betrachtet und analysiert. Anschließend werden verschiedene

---

[1] MEFFERT, H.: Marketing: Grundlagen marktorientierter Unternehmensführung: Konzepte - Instrumente - Praxisbeispiele, Wiesbaden 1998, S. 784

[2] vgl. SCHIRM, R.W.: Signale für eine verläßliche Welt; in: DISCH, K.A.: Wundersame Welt der Markenartikel, Hamburg 1982

[3] vgl. DISCH, K.A.: Braucht der „neue" Konsument überhaupt noch Marken?, S. 344; in: Marketing Journal (1995) 5, S. 342 - 350

[4] vgl. DOMIZLAFF, H.: Die Gewinnung des öffentlichen Vertrauens: Ein Lehrbuch der Markentechnik, Hamburg 1992, S. 176

Markenstrategien erörtert. Schließlich sollen die Einflüsse der Markierung auf die Thematik der unternehmerischen Kundenorientierung und auf die Kundenzufriedenheit des Konsumenten diskutiert werden. Am Schluß des Kapitels werden Sonderformen der Markierung vorgestellt.

5.1 Einleitung und Begriffsdefinitionen

Im Zeitalter der Informationsgesellschaft wird es für Unternehmungen immer schwieriger, sich mit den Produkten von der Konkurrenz zu differenzieren. Die Globalisierung der Märkte führt dazu, daß die Auswahlmöglichkeiten für den Abnehmer steigen und es reicht in vielen Branchen nicht mehr aus, das Produkt zu vermarkten, sondern dem Konsumenten muß durch die Kommunikation eines Markenbildes ein Mehrwert geschaffen werden.

Markentechnik ist eine Kunst, die stets auf das wechselnde Bild des Marktes, auf die gewaltigen Unterschiede in den Anschauungsbereichen verschiedener Marken und besonders auf die mannigfaltigen Größenordnungen der in Betracht kommenden Verbrauchermassen Rücksicht nehmen muß.[5]

---

5   vgl. DOMIZLAFF, H.: a.a.O., S. 139

> Die **Marke** ist ein Name, Begriff, Zeichen, Symbol, eine Gestaltungsform oder eine Kombination aus diesen Bestandteilen zum Zwecke der Kennzeichnung der Produkte oder Dienstleistungen eines Anbieters oder einer Anbietergruppe und zu ihrer Differenzierung gegenüber Konkurrenzangeboten.
>
> Der **Markenname** ist der verbal wiedergebbare, artikulierbare Teil der Marke.
>
> Das **Markenzeichen** ist der erkennbare, jedoch nicht verbal wiedergebbare Teil der Marke, z.B. ein Symbol, eine Gestaltungsform, eine charakteristische Formgebung oder Schrift.

Abb. 5.1: Definition Marke, Markenname und Markenzeichen[6]

Was das Alter der Zielgruppen, die durch Marken angesprochen werden, betrifft, geben Unternehmungen an, daß bereits ab dem 11. Lebensjahr Marketingmaßnahmen zur Hebung des Markenbewußtseins Erfolg haben. Zwischen 12 und 13 Jahren achten bereits 41% der Jugendlichen auf für sie wichtige Markenembleme.[7]

Der Markenname steht stellvertretend für ein Produkt, eine Dienstleistung oder besser für die Einzigartigkeit und Persönlichkeit des oder derselben. Er vermittelt Image (das im Kopf vorhandene Bild[8]) und Emotion (die eine Aktion auslösende Kraft[9]) und bildet für den Verbraucher einen Mehrwert, der nicht durch das Produkt und die Faktoren Zeit, Qualität, Kosten an sich erreicht werden kann. Die Marke verleiht der Leistung oder dem Erzeugnis Charakterzüge wie Sympathie, Vertrauen oder Sicher-

---

[6] vgl. KOTLER, P.; BLIEMEL, F.: Marketing-Management: Analyse, Planung, Umsetzung und Steuerung, Stuttgart 1995, S. 679

[7] vgl. INRA Deutschland: Deutsche Kinder stehen auf US-Marken, S. 181; in: Marketing Journal (1996) 3, S. 180 - 181

[8] lat. imago, inis f.: Bild, Scheinbild, Trugbild; in: der kleine Stowasser - lateinisch deutsches Schulwörterbuch, München 1979, S. 218

[9] lat. emoveo: hinaustreiben herausheben, in: der kleine Stowasser - lateinisch deutsches Schulwörterbuch, München 1979, S. 157

DIE MARKE: ERFOLGSFAKTOR IN DER KUNDENORIENTIERUNG

heit. Diese „Added Values" stellen gegenüber der Konkurrenz eine Abgrenzungsmöglichkeit dar, die für den Kunden nachvollziehbar und wichtig für die Kaufentscheidung ist.[10] Die Marke hat zusätzlich Einfluß auf das soziale Umfeld des Konsumenten und das, mit der Marke verbundene Image hat großen Anteil an der Kaufentscheidung.

5.2 Dimensionen der Markierung

Die Marke ist nicht nur ein Name oder ein Symbol, sondern kommuniziert dem Kunden in kompakter Form verschiedene Aspekte:[11]

- **Eigenschaften**: Die Marke ruft Assoziationen mit gewissen Eigenschaften hervor.

- **Nutzenaspekte**: Die Marke übersetzt Produkteigenschaften in emotionalen und funktionalen Kundennutzen.

- **Wert**: Die Marke kommuniziert gesellschaftliche Werte des Produkt- oder Markeninhabers.

- **Kultur**: Die Marke kommuniziert eine gewisse Produkt- oder Markenkultur.

- **Persönlichkeit**: Die Marke kommuniziert ein gewisses Persönlichkeitsprofil des Markeninhabers.

- **Nutzeridentifizierung**: Bestimmte Marken werden mit bestimmten Nutzergruppen verbunden, die speziell diese Marke suchen, sie nutzen und sich damit zeigen wollen.

Markierung alleine ist noch keine Garantie dafür, daß die markierten Produkte eine Markenpersönlichkeit entwickeln oder daß Markierung mehr wird als Zierde und Verschönerung. *Meyer/Tostmann* sprechen von sechs Anforderungen an die Kommuni-

---

[10] vgl. MEYER, A.; TOSTMANN, T.: Die nur erlebbare Markenpersönlichkeit zählt, S. 9; in: Harvard Business manager (1995) 4, S. 9 - 15

[11] vgl. KOTLER, P.; BLIEMEL, F.: a.a.O., S. 679ff.

kation der Marke, die speziell für Dienstleistungen definiert sind und die auch auf den Nicht-Dienstleistungssektor ausgeweitet werden sollen.[12]

Abb. 5.2: Die 6 Dimensionen der Markenentstehung

Zwischen zu markierenden Produkten und zu markierenden Dienstleistungen besteht ein Unterschied dadurch, daß bei Dienstleistungen keine physische Existenz der verkauften Leistung vorhanden ist und somit eine direkte Markierung unmöglich ist. Als Träger des Markenzeichens bieten sich alle materiellen internen Kontaktsubjekte und -objekte an, aber auch die materiellen externen Kontaktsubjekte.[13]

Die Aspekte zur Entstehung einer Markenpersönlichkeit müssen gemeinsam mit anderen Profilierungsinstrumenten wie der Preispositionierung oder der Ausstattung gesehen werden.[14]

---

[12] MEYER, A.; TOSTMANN, T.: a.a.O. S. 12ff.

[13] Beispiele für Kontaktsubjekte sind: Friseur, Stewardeß, Schaffner; Beispiele für Kontaktobjekte: Gebäude, Fahrzeuge, Werkzeuge; Beispiele für externe Kontaktsubjekte: Fußballfans mit T-Shirt, Schals;
vgl. dazu MEYER, A.; Dienstleistungs-Marketing: Erkenntnisse und praktische Beispiele, Augsburg 1990; in: HERMANNS, A.; BERNDT, R.: Handbuch Marketing-Kommunikation, Wiesbaden 1993, S. 895 - 921

[14] vgl. MEYER, A.; TOSTMANN, T.: a.a.O., S. 12

5.2.1 Vertrauensbildung

Die Qualität von Dienstleistungen kann vom Konsumenten schwer beurteilt werden. Bei Sachleistungen hängt die Möglichkeit einer Einschätzung von Produktspezifikationen stark davon ab, ob der Konsument als Erstkäufer oder als Wiederkäufer auftritt, ob er also bereits individuelle Erfahrung gesammelt hat oder nicht. Bei Standardprodukten ist es möglich, die Ware zu begutachten und sich so ein Bild von Leistungsart und -umfang zu machen. Bei Erzeugnissen, die stark die Integration des Kunden in die Phasen des Leistungserstellungsprozesses benötigen (Customized Produkt), kann es zwar möglich sein, etwaige Referenzanlagen zur Vertrauensbildung heranzuziehen, aber die Ausprägung des für den Kunden individuell erstellten Erzeugnisses kann ähnlich der Dienstleistung erst nach dessenFertigstellung beurteilt werden.

Kaas unterscheidet sechs Wege, um beim Konsumenten Wissen über und Vertrauen in eine Marke entstehen zu lassen:[15]

1. Wissen entsteht durch Gebrauchs- oder Verbrauchserfahrung.

2. Wissen entsteht, wenn der Konsument den Erfolg des Produktes bei anderen Konsumenten beobachtet oder durch persönliche Kommunikation erfährt.

3. Wissen entsteht durch direkte Kommunikation des Anbieters mit dem Konsumenten.

4. Vertrauen entsteht durch Berechenbarkeit, durch Stabilität und Kontinuität.

5. Vertrauen entsteht durch Selbstbindung des Anbieters.

6. Vertrauen entsteht durch Sicherheit.

---

[15] vgl. KAAS, K.P.: Langfristige Werbewirkung und Brand Equity; in: Werbeforschung und -praxis (1990) 3, S. 48 - 52; zitiert in: KOTLER, P.; BLIEMEL, F.: a.a.O., S. 681f

206 DIE MARKE: ERFOLGSFAKTOR IN DER KUNDENORIENTIERUNG

5.2.1.1 Vertrauensbildung bei Produkten

Grundvoraussetzung für ein Vertrauensverhältnis zwischen Unternehmung und Kunde ist, daß nur Dinge versprochen werden, welche die Unternehmung auch in der Lage ist anschließend einzuhalten. Der Leistungsersteller muß von sich aus erfüllbare und überprüfbare Leistungsversprechen kommunizieren. Maßnahmen zur Bildung des Kundenvertrauens sind zum Beispiel:

- Rückgabemöglichkeiten oder andere Maßnahmen, die den Kunden in die Lage versetzen, eine einmal getroffene Kaufentscheidung rückgängig zu machen.

- Informationsveranstaltungen oder Tage der offenen Tür, die den Konsumenten in der Lage versetzen, das vorhandene Potential zur Leistungserstellung zu erkennen und sich somit ein eigenständiges Bild zu schaffen.

5.2.1.2 Vertrauensbildung bei Dienstleistungen

Bei unvollständiger oder nicht zufriedenstellender Leistungserstellung kommen Maßnahmen, wie die Überreichung eines Gutscheines oder ein Preisnachlaß, in manchen Fällen eine Nachbesserung oder ein Schadensersatz in Frage. Nicht oder nicht vollständig erbrachte Leistungen müssen eingestanden werden.

So können zum Beispiel nicht bekanntgegebene Zugverspätungen die Tatsache der Verspätung nicht verschweigen, sondern sorgen nur für zusätzlichen Unmut der auf den Zug wartenden Personen. Verzögerungen, Verspätungen oder allgemeine Qualitätsmängel sollten dem Kunden aktiv kommuniziert werden.[16]

5.2.2 Langfristigkeit und Konstanz

Der Aufbau eines Markenbildes setzt langfristige Betrachtungen und strategische Überlegungen voraus. Die Marke ist nicht als zusätzliches Marketinginstrument zu sehen, sondern sie ist langfristige Basis für den erfolgreichen Einsatz der Marketinginstrumente im Marketing-Mix.

---

[16] vgl. MEYER, A.: Kommunikationspolitik von Dienstleistungsunternehmen; in: HERMANNS, A.; BERNDT, R.: Handbuch Marketing-Kommunikation, Wiesbaden 1993, S. 895 - 921

Im Unterschied zu dem durch eine Marke nach außen getragenen Markenbild, welches auch kurzfristig geändert werden kann, ist das aufgebaute Markenimage beim Konsumenten nicht einfach abzuändern. Erstens dauert es eine Zeit, bis über das Produkt hinaus, auch die damit verbundene Marke einen Mehrwert für den Kunden darstellt, und zweitens kann kurzfristiges Justieren an diesem Markenbild das Kundenvertrauen schnell negativ beeinflussen.

Für den Kunden hat die Markierung den Vorteil, daß er nicht mehr lange nachzudenken braucht, sondern schnell weiß, was er zu erwarten hat. Zu einem Markenartikel zu greifen, ist in der Regel mit weniger Risiko behaftet, als einen Nicht-Markenartikel zu erwerben. Ein Markenartikel des täglichen Bedarfes zeichnet sich durch eine konstante Aufmachung und Beschaffenheit aus. Das gilt ebenso für die täglich konsumierte Dienstleistung.

Nach *Meyer/Tostmann* ist all zu oft zu beobachten, daß kurzfristiges Denken und Handeln den Marketingalltag zu beherrschen scheint, so daß es bei Dienstleistungen nicht zu einer nachhaltigen Markenbildung kommen kann.[17]

5.2.3 Kommunikation von Ersatzindikatoren

Mit steigender Unübersichtlichkeit des Marktes vergrößert sich der Wunsch des Konsumenten nach Orientierungspunkten zu Entscheidungsfindung. Diese Marktindikatoren werden immer vielfältiger, je komplizierter der Prozeß zur Kaufentscheidung ist. Neben der Beurteilung der Leistungsindikatoren kommt es verstärkt zur Orientierung mittels sogenannter Ersatzindikatoren.

Für Produkte oder für Dienstleistungen, deren Leistungsspezifizierungen nicht von vornherein zu erfassen sind, kann es sinnvoll sein, Ersatzindikatoren zu formulieren, diese dem Kunden zu kommunizieren und damit das Markenimage von der Unternehmung aus bewußt und aktiv zu steuern.

---

[17] vgl. MEYER, A.; TOSTMANN, T.: a.a.O., S. 13

Indikatoren für die Ausprägung der Leistung tragen dazu bei, diese für den Kunden greifbar und somit beurteilbar zu machen. Dabei wird versucht, durch greifbare Leistungsbe- und Leistungsnachweise die Immaterialität des Leistungsangebotes zu verringern und die bei den Abnehmern vorhandenen subjektiven Ersatzindikatoren für sich nutzbar zu machen.[18] Je stärker das Defizit an Leistungsindikatoren ist, um so mehr Augenmerk wird auf Ersatzindikatoren gelegt. Einer dieser Ersatzindikatoren ist das Markenimage.

5.2.4 Umkehrung der Kommunikationsziele

Hat eine Unternehmung erkannt, daß der Konsument andere Indikatoren zur Kaufentscheidung heranzieht als jene, die Produkt- oder Leistungsqualität tatsächlich beschreiben, dann muß sie in der Folge das Kommunikationsbild der Marke bewußt auf diese Ersatzindikatoren ausrichten um somit Kundenorientierung wieder sicherstellen zu können. Es kommt zu einer Umkehrung der Kommunikationsziele, weg von dem Typus „Produktkommunikation" hin zur „Imagekommunikation" und der dementsprechenden Ausprägung der Markierung.

Die klassische Lerntheorie unterteilt in die Bereiche Lernen - Fühlen - Handeln.[19] Wird nun der Ablauf dieser drei lerntheoretischen Aspekte geändert, so kommt es dadurch zu einer Umkehrung der Ziele für den Bereich Marketing-Kommunikation. Die Phase Handeln wird immer weiter nach vorne gerückt. Je stärker die Werbung gefühlsbetonte Aussagen in den Vordergrund stellt, um so mehr wird das Lernprinzip umgedreht, so daß es zu einer Umkehrung der Lerntheorie in Richtung Fühlen - Handeln - Lernen kommen kann.

Ein durch die Werbeaktivitäten einer Unternehmung beim möglichen Konsumenten hervorgerufenes Gefühl führt direkt zur Kaufhandlung. Das Lernen findet erst anschließend statt. Der Grund für verstärkte Ausrichtung der Werbung auf transportierte Emotionen statt auf konnotative und kognitive Aspekte liegt darin, daß die transportierten Emotionen den möglichen Abnehmer schneller zur Aktion bewegen.

---

[18] das sind zum Beispiel: Freundlichkeit der leistungserstellenden Personen, optisches Erscheinungsbild, Gestaltung der Leistungserstellungsumgebung etc.
[19] vgl. MEYER, A.; TOSTMANN, T.: a.a.O., S. 14

DIE MARKE: ERFOLGSFAKTOR IN DER KUNDENORIENTIERUNG 209

Dies kann soweit gehen, daß die in der Werbung transportierten Emotionen nicht mehr direkt mit der dahinter stehenden Marke in Verbindung gebracht werden können. Zur Vermittlung von Emotionen eignen sich Bilder besonders, da sie gut wahrgenommen und behalten werden. (Sie werden kognitiv weniger analytisch verarbeitet als Worte)[20]

Zur Auswahl von emotional wirksamen Bildern schlägt *Kroeber-Riel* folgende drei Suchfelder vor:[21]

1. Biologisch vorprogrammierte Erkenntnisschemata
2. Kulturell geprägte Erkenntnisschemata
3. Zielgruppenspezifisch gelernte Erkenntnisschemata

Berry/Parasuraman bezeichnen Imagemanagement als eine der Hauptaufgaben des Marketingleiters, die darin besteht, alle mit der Unternehmung verbundenen Sinneseindrücke in einem Bild zu vermitteln und diese Reize in eine aussagekräftige Botschaft zu verwandeln.[22]

- **Beispiele für Imagewerbung**

Die Marke Benetton transportiert Werbebotschaften, die nicht mehr die Absicht haben, das Produkt zu zeigen oder durch mit dem Erzeugnis in Verbindung stehende Emotionen zum Erwerb des Produktes zu animieren. Die Werbung von Benetton ist rein darauf ausgelegt, Aufmerksamkeit zu erregen und vom Erzeugnis unabhängige Emotionen hervorzurufen.

Ebenso funktioniert die Vermarktung von Mineralwasser. Die Differenzierung kann kaum über das Produkt erfolgen. Deshalb wird versucht, der Marke ein Image zu geben, das beim Konsumenten Emotionen weckt und diesen schließlich dazu veranlaßt, das Produkt zu erwerben (Beispiele: Römerquelle, Evian).

---

[20] vgl. ROSENSTIEL, L.; KIRSCH, A.: Psychologie der Werbung, Rosenheim 1996, S. 115
[21] vgl. KROEBER-RIEL, W.: Strategie und Technik der Werbung. Verhaltenswissenschaftliche Ansätze, Stuttgart 1993, S. 15ff.; in: ROSENSTIEL, L.; KIRSCH, A.: a.a.O., S. 116
[22] vgl. BERRY, L.L.; PARASURAMAN, A.: Service-Marketing, Frankfurt/Main 1992, S. 103

210 DIE MARKE: ERFOLGSFAKTOR IN DER KUNDENORIENTIERUNG

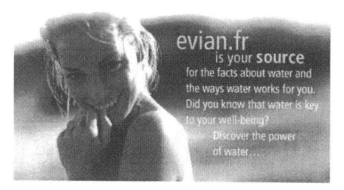

Abb. 5.3: Imagewerbung für eine Internet-Seite eines Mineralwasserherstellers[23]

In letzter Zeit ist diese Methode der Imagewerbung nicht mehr nur auf Produkte beschränkt, die sich aufgrund der Produkteigenschaften nur schwer voneinander differenzieren lassen. In der Autowerbung ist immer weniger vom Fahrzeug an sich zu sehen. Oft sind es auch hier schon Landschaftseindrücke und Imagewerte, die gegenüber den Produkteigenschaften ein wesentlich stärkeres Werbegewicht erhalten (siehe Abbildung 5.4).

---

[23] siehe Internetseite evian: http://www.evian.fr/

DIE MARKE: ERFOLGSFAKTOR IN DER KUNDENORIENTIERUNG 211

Abb. 5.4: Imagewerbung Automobilhersteller[24]

5.2.5 Erweiterte Kommunikationszielgruppen

Neben den Kommunikationszielgruppen registrieren auch außerhalb dieser Zielsegmente positionierte Personen das kommunizierte Markenbild und das damit verbundene Image. Auf diese außerhalb des Zielsegmentes gelegenen Personen muß ebenso Rücksicht bei der Markenkommunikation genommen werden.

Auf dem Sektor der Tabakwerbung zum Beispiel stehen gesundheitliche Interessen der Gesellschaft den Vermarktungsabsichten der Tabakindustrie entgegen. Damit sind für die Unternehmung theoretisch sinnvolle Werbeaktivitäten in der Praxis nicht durchzuführen.

Wirkt die Markenpersönlichkeit nach außen, aber leben die Mitarbeiter diese nicht auch für den Kunden erkenntlich, so kann der Schlüsselfaktor externe Vertrauensbildung nie erreicht werden. Dies gilt zum Beispiel für Hotelbetriebe und die in diesem Zusammenhang angebotenen Dienstleistungen; vor allem für jene Personen, die als Leistungsersteller vielseitigen und oft sehr verschiedenartigen Kundenkontakt haben. Es muß darauf geachtet werden, daß das nach außen kommunizierte Markenbild der Hotelkette in jedem einzelnen Hotel in ähnlicher und für den Kunden erkennbarer Weise gelebt und umgesetzt wird. Das beginnt beim Hoteldirektor und führt über das

---

[24] siehe Internetseite Audi: http://www.audi.de/rep/gallery/werbung/df_werbe.html#top

Zimmermädchen bis hin zu den Küchenbediensteten. Alle müssen an einem Strang ziehen und müssen somit auch Kommunikationszielgruppen darstellen.

5.2.6 Die 3-Phasen-Kommunikation

Die letzte Dimension zur Erstellung eines Markenbildes ist die Berücksichtigung der zeitlichen Dimension. Markenkommunikation beginnt in der Informationsphase, wird fortgesetzt in der Phase der Leistungserstellung und ist auch nach der Leistungserstellung wichtig. Das in der Vorphase vom Abnehmer erworbene Vertrauen in die Leistungserstellung kann in dem Moment der Leistungserstellung verloren gehen. Findet in dieser Phase eine Kommunikation statt, so ergibt sich für den Leistungsersteller die Möglichkeit, erklärend und eventuell korrigierend einzugreifen. Oft hilft auch schon die Tatsache, daß der Kunde die Möglichkeit erhält, seiner Meinung Ausdruck zu verleihen.

- **Beispiel**

Bei Kreditkartenunternehmung geht der Prozeß der Leistungserstellung über einen sehr langen Zeitraum, so lange der Kunde die Kreditkarte besitzt. Natürlich sind für die Auswahl der Karte aus dem vorherrschenden Angebot das von der Unternehmung kommunizierte Markenbild und alle damit zusammenhängenden Kommunikationsinhalte maßgebend. Hat sich der Konsument für eine bestimmte Kartenmarke entschieden, so gilt diese Entscheidung nur für eine bestimmte Zeitdauer. Um den Kunden auch längerfristig an die Marke zu binden, ist es unumgänglich, auch während der Leistungserstellung mit ihm in Kontakt zu bleiben. Werkzeuge dafür sind die Zusendungen von Informationsbroschüren, Geburtstagskarten, Gewinnspielen, Kundenbefragungen oder die Durchführung von Vorteilsaktionen.

Auch nach der erbrachten Leistung kann Kommunikation des Markenbildes sinnvoll sein. Dadurch kann positive Mund-zu-Mund-Kommunikation ausgelöst werden. Maßnahmen, die hier angewendet werden, sind zum Beispiel die Zusendung von Katalogmaterial der neuen Saison, Dankschreiben oder von Fragebögen.

DIE MARKE: ERFOLGSFAKTOR IN DER KUNDENORIENTIERUNG 213

5.3 Der Prozess der Markenentstehung

Der Prozeß der Markenentstehung ist eine Zusammenfassung rationaler und nicht rationaler Werte, die das Produkt oder die Dienstleistung am Markt einheitlich beschreiben und repräsentieren sollen und wird auch als „branding" bezeichnet.[25] Bei komplexeren Produkten oder stark differenzierten Einschätzungen der Marketingfachleute wird zusätzlich eine „Brand Probe" (Probemarke) erstellt. Diese resultiert aus einer intensiven Suche nach den relevanten Marktfaktoren.[26]

Die Stadien, die eine Marke in ihrer Entstehung durchläuft, sind die Markenbekanntheit, die Markensympathie und die Markenverwendung.

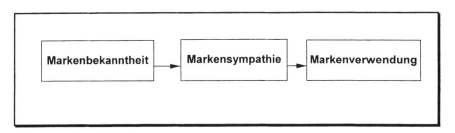

Abb. 5.5: Die Markenentstehung

Um die Mechaniken der Markenbildung transparent zu machen, können 4 typische Phasen, die den Status einer Marke beschreiben, dargestellt werden:[27]

1. **Die Situation der abgewogenen Abstufung**: Das Sympathiepotential weist im Vergleich zum Verwendungspotential und zum Bekanntheitspotential eine mittlere Größenordnung auf.

---

[25] vgl. dazu den Artikel Branding Today - Ein Name sagt mehr als tausend Worte, S. 27 in: Manager Magazin (1996) 9, S. 25 - 29

[26] vgl. MARTINEK, T.: Die Marken-Macher, S. 114; in: Trend (1996) 11, S. 112 - 115

[27] vgl. GRUNER; JAHR: Kommunikationsanalyse 1984; in: FELSE, P.: Wie international läßt sich eine Marke führen?, S. 254; zitiert in: Marketing Journal (1995) 4, S. 252 - 256

2. **Die Situation eines geringen Sympathieüberhanges**: Es gibt wenige Sympathisanten. Das Sympathisantenpotential ist durch Verwender ausgeschöpft. Der Verwendernachwuchs fehlt.

3. **Die Situation der geringen Verwender-Ausschöpfung des Sympathiepotentiales**: Sympathisanten stehen äußere Hindernisse (hoher Preis, schwere Erhältlichkeit, ausgeprägte Exklusivität) im Wege. Das als sympathisch empfundene Produkt wird nicht erworben.

4. **Die Situation der geringen Ausschöpfung des Bekanntheits-Potentials durch Sympathisanten und Verwender:** Nicht ausreichende oder nicht mehr zeitgemäße Markeninhalte. Die Marke ist der Verbraucherschicht bekannt, aber nur auf ein kleines Zielgruppensegment ausgerichtet.

Die Einflußparameter, die auf eine Marke während des Prozesses ihrer Entstehung wirken, sind in Abbildung 5.6 dargestellt. Ausgehend von dem zu markierenden Ausgangsprodukt kommt es zur Kommunikation einer Marke. Diese kann entweder das Produkt oder die Problemlösung in den Vordergrund stellen.

Zusammen mit den Produktspezifikationen werden Motivatoren kommuniziert, die beim Konsumenten schlußendlich die Kaufhandlung auslösen sollen. Das so gestaltete Markenbild ergibt verbunden mit den externen Einflußfaktoren des Marktes das Gesamtbild der Marke. Das Ziel des Prozesses der Markenentstehung ist bestmögliche Erfüllung der Kundenanforderungen, die als Folgewirkung Kundenzufriedenheit und Kundenbindung hat.

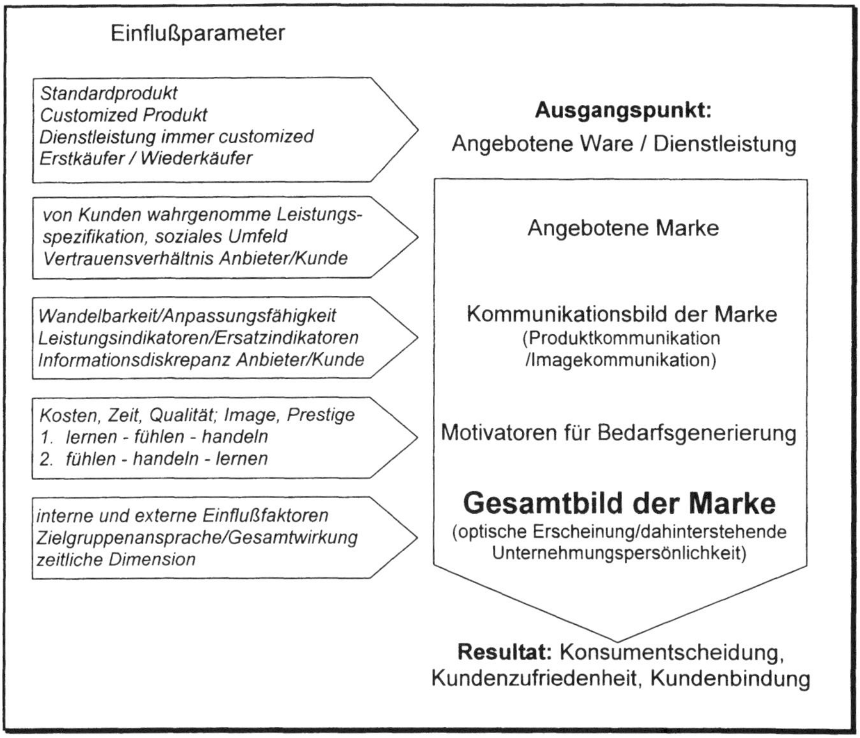

DIE MARKE: ERFOLGSFAKTOR IN DER KUNDENORIENTIERUNG 215

Einflußparameter	
Standardprodukt Customized Produkt Dienstleistung immer customized Erstkäufer / Wiederkäufer	**Ausgangspunkt:** Angebotene Ware / Dienstleistung
von Kunden wahrgenomme Leistungs- spezifikation, soziales Umfeld Vertrauensverhältnis Anbieter/Kunde	Angebotene Marke
Wandelbarkeit/Anpassungsfähigkeit Leistungsindikatoren/Ersatzindikatoren Informationsdiskrepanz Anbieter/Kunde	Kommunikationsbild der Marke (Produktkommunikation /Imagekommunikation)
Kosten, Zeit, Qualität; Image, Prestige 1. lernen - fühlen - handeln 2. fühlen - handeln - lernen	Motivatoren für Bedarfsgenerierung
interne und externe Einflußfaktoren Zielgruppenansprache/Gesamtwirkung zeitliche Dimension	**Gesamtbild der Marke** (optische Erscheinung/dahinterstehende Unternehmungspersönlichkeit)

Resultat: Konsumentscheidung,
Kundenzufriedenheit, Kundenbindung

Abb. 5.6: Einflüsse auf die Markenentstehung

Eine starke Marke besitzt Kompetenz, Kultcharakter, ökonomische Vorzüge und sinnstiftende Kennwerte. Diese Qualitäten sind nicht unabhängig voneinander zu bewerten.[28]

---

[28] WIPPERMANN, P.: Starke Marken als Inhalt der Medien: Zukunft im Informationszeitalter, S. 37; in: Die Absatzwirtschaft (1996) 1, S. 36 - 37

5.4 Der Markenlebenszyklus

Das Konzept des Produktlebenszyklus läßt sich auf die Analyse einer Produktkategorie, auf eine Produktform und auf eine Marke übertragen. Diese Marken können sehr kurze oder auch sehr lange Lebenszyklen durchlaufen.

5.4.1 Teilphasen des Markenlebenszyklus

Die Länge dieses Lebenszyklus wird nicht nur durch die Marktkräfte, sondern auch durch die Markenführungsstrategien der Unternehmung bestimmt. Marken, die nur an einen konkreten Artikel einer bestimmten Produktform gebunden werden, durchlaufen im allgemeinen den kürzesten Lebenszyklus. In diesem Fall spricht man von einem kurzlebigen Markenartikel. Marken existieren hingegen sehr lange, wenn sie in ihrer Markenführung an bestimmte Kundenbedürfnisse gebunden werden und ständig auf ihre Zweckerfüllung hin durch neue Produktformen verjüngt und aktualisiert werden.[29]

---

[29] vgl. KOTLER, P.; BLIEMEL, F.: a.a.O., S. 559ff.

DIE MARKE: ERFOLGSFAKTOR IN DER KUNDENORIENTIERUNG

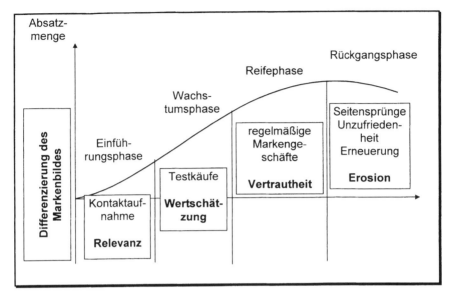

Abb. 5.7: Der Markenlebenszyklus

Nach der einer empirischen Studie entwickelt sich eine Marke unabhängig von der Produkt-Kategorie in eine ganz bestimmte Richtung. Die Entwicklungsstufen werden in folgende Phasen eingeteilt: [30]

1. **Differenzierung als Ausgangspunkt**: Die Marke hebt sich von anderen Produkten ab. Hier erst erlangt die Marke ihre Daseinsberechtigung. Konsumenten werden auf das Markenerzeugnis aufmerksam.

2. **Relevanz**: Die Marke muß imstande sein, eine größere Anzahl von Verbrauchern anzuziehen. Es muß zu einer Vergrößerung des Marktpotentials kommen. Ist die Relevanz nicht gegeben, so können die Abnehmer nicht überzeugt werden, daß das Produkt auf ihre persönlichen Bedürfnisse zugeschnitten ist.

3. **Wertschätzung**: Diese kann als Maß für das Ansehen einer Marke betrachtet werden. Wurde die Differenzierung und Relevanz erreicht, so muß der Konsu-

---

[30] vgl. ADVICO YOUNG & RUBICAM: BrandAsset TM Valuator, Verbraucherbefragung in 27 Ländern; in: FELSER, P.: Wie international läßt sich eine Marke führen?, S. 254; in: Marketing Journal (1995) 4, S. 252 - 256

ment noch überzeugt werden, daß die Marke ihr Versprechen hält und ihre Aufgabe erfüllen kann.

4. **Vertrautheit**: Hat eine Marke nun all diese Phasen erfolgreich passiert, so tritt als Ergebnis die Vertrautheit des Verbrauchers mit der Marke ein.

In Abbildung 5.8 ist der Prozeß des Markenwachstums und der Markenerosion in Abhängigkeit von den Variablen Markenvitalität und Markenstatur dargestellt.

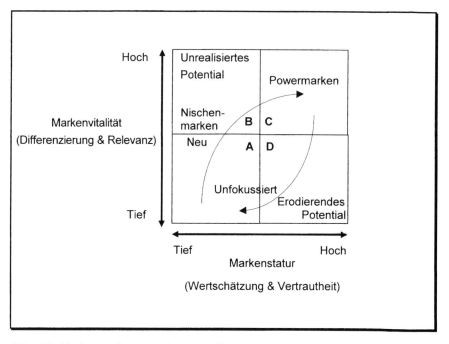

Abb. 5.8: Markenwachstum und -erosion[31]

Neue Marken beginnen ihren Lebenszyklus in Quadrant A (geringe Vertrautheit und geringe Relevanz) und werden zu Nischen- und weiter zu Powermarken (sehr hohe Vertrautheit und Relevanz). Der Vertrauensaufbau erfolgt langsamer als die Diffe-

---

[31] vgl. ADVICO YOUNG & RUBICAM: a.a.O., S. 254

DIE MARKE: ERFOLGSFAKTOR IN DER KUNDENORIENTIERUNG

renzierung. Finanzielle Aufwendungen müssen vor allem den Nischenmarken zukommen, wobei besonders auf Markeninnovationen geachtet werden muß.[32] In der Phase der Erosion sinkt die Markenvitalität schneller als die Wertschätzung. Schlußendlich endet die Marke wieder bei niedriger Wertschätzung und geringer Relevanz. Für die Quadranten der Abbildung 5.8 gelten folgende Besonderheiten:

- **Quadrant A**

In diesem Quadranten befinden sich neue Marken, aber auch alte, stark erodierte Marken. Die relevante Differenzierung ist gering, Ansehen und Vertrautheit ebenfalls. Erfolgreicher Markenaufbau bedingt zuerst klare Kommunikation, was diese Marke eigenständig macht. Reine Bekanntheitswerbung genügt nicht.

- **Quadrant B**

Ausgesprochen viele Marken sind in diesem Quadranten zu finden. Diese genießen allerdings nur bei einer kleinen Fangemeinde hohes Ansehen. Es muß die Entscheidung getroffen werden, ob diese Nischenposition gefestigt werden soll oder ob die Markenkommunikation das Markenversprechen breiter etablieren soll.

- **Quadrant C**

Qualitativ hochwertige und populäre Marken sind in diesem dritten Quadranten gelegen. Durch aufmerksames Marketing kann die Vitalität und die hohe Vertrautheit bei breiten Verbraucherschichten gefestigt und eine Markterosion verhindert werden. Ein Absinken der Vitalität bei innovativen Segmenten ist als Erosionsindikator rechtzeitig ernst zu nehmen.

---

[32] vgl. VISHWANATH, V.; MARK, J.: Premiummarken richtig führen, S. 34; in: Harvard Business manager (1997) 4, S. 31 - 38

220 DIE MARKE: ERFOLGSFAKTOR IN DER KUNDENORIENTIERUNG

- **Quadrant D**

Diese Marken verlieren an Vitalität. Die Verbraucher kennen die Marke, wissen aber nicht mehr, was sie von den Konkurrenzangeboten unterscheidet. Momentane Absatzerfolge verschleiern oft die zunehmende Markenerosion. Um größeren Schaden entgegenzuwirken, sind eigenständige und kreative Ansätze gefragt.

5.4.2 Aufeinanderfolgende Markenlebenszyklen

Eine Marke durchläuft zunächst einen primären Produktlebenszyklus und anschließend eine Zykluserneuerung. Die Marke ist dadurch mit dem Verlauf des Lebenszyklus eines Stils gleichzusetzen.[33]

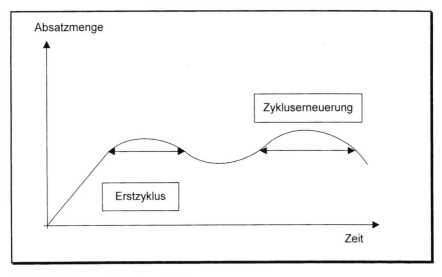

Abb. 5.9: Lebenszyklus eines Stils[34]

---

[33] zu einer Darstellung von unterschiedlichen Formen von Produkt- und Markenlebenszyklen siehe auch COX, W.E.: Product Life Cycle as Marketing Models; in: Journal of Business (1967) 10, S. 375 - 384; zitiert in: KOTLER, P.; BLIEMEL, F.: a.a.O., S. 561

[34] vgl. KOTLER, P.; BLIEMEL, F.: a.a.O., S. 564

Ein Stil ist eine grundlegende und charakteristische Ausdrucksform, die in einem bestimmten Bereich menschlichen Strebens zutage tritt.[35] Der Lebenszyklus eines Stils spiegelt das Auf und Ab der Zeit wider und zeigt mehrere Phasen eines wiedererwachenden Interesses.

Diese Situation tritt aber erst dann ein, wenn aggressiver Verkauf und intensive Werbung zum Erstzyklus führen und durch verringerte Anstrengungen der Absatz anschließend zurückgeht. Durch erneute Anstrengungen kommt es schließlich zu einem nochmaligen Ansteigen des Absatzvolumens.

5.5 Markenstrategien

Unterschiedliche Ausprägungen von Unternehmungen erfordern unterschiedliche Markenstrategien. Umgekehrt können verschieden Markenstrategien bestimmten Typen von Unternehmungen zugeordnet werden.[36]

5.5.1 Die Monolythische Strategie

Die Unternehmung konzentriert sich auf eine Markenidentität. Diese wird mit den gewünschten Werten und Images belegt. Submarken werden mit der Dachmarke im Markenverband differenziert.

Unternehmungen, zu denen diese Strategie paßt, sind meist Ein-Produkt-Unternehmungen. Wenden Unternehmungen diese Strategie an, obwohl sie ein breit gefächertes Produktangebot haben und auch die unterschiedlichsten Kundensegmente mit den unterschiedlichsten Werten und Bedürfnissen ansprechen, so kann es im Extremfall dazu kommen, daß neue Produkte oder Produktfamilien zwar theoretisch gute Absatzchancen aufweisen, aber das Markenbild, welches hinter dem Produkt steht, eine gute Akzeptanz beim Kunden verhindert.

---

[35] vgl. KOTLER, P.; BLIEMEL, F.: a.a.O., S. 563f

[36] HAUSLEITNER, M.: Viele Identitäten führen zum Marken-Brei, S. 263f; in: Marketing Journal (1995) 4, S. 262 - 265

5.5.2 Die Individual-Strategie

Bei Unternehmungen mit stark differenziertem Angebot und stark unterschiedlichen Zielgruppen werden unterschiedliche Markenidentitäten für die einzelnen Bereiche entwickelt, positioniert und schließlich beworben. In der Konsumgüterindustrie geht man zum Beispiel soweit, daß einander konkurrenzierende Marken auf den Markt gebracht werden. Der Konsument hat meist keine Ahnung, daß die verschiedenen Produkte von ein und derselben Unternehmung stammen.

5.5.3 Die Bekräftigungs-Strategie

Es existiert eine sogenannte Dachmarke, deren Aufgabe es ist, die einzelnen Marken, die ein Eigenleben mit eigener Identität, eigenem Image und eigenem Design haben, in einem genau festgelegten System zu halten, so daß ein Markenportfolio entsteht. Dieses kann kundengerecht und mit Effizienz geführt werden. Die Submarken haben genug Eigenleben, um sich auf die Kundenschicht einstellen zu können, aber durch die Existenz der Dachmarke muß die Submarke zum Aufbau einer eigenen Imageposition nicht bei Null beginnen.

Diese einzelnen Strategien schließen einander a priori nicht aus, sondern können je nach Unternehmungsprofil und Situation miteinander kombiniert werden, sich ergänzen und das Markenkonzept vervollständigen.

5.5.4 Internationalität von Markenstrategien

Eine der Hauptfragen, die sich den Marketingverantwortlichen in international tätigen Unternehmungen stellt, ist, ob sich ein auf einem Markt erfolgreiches Markenkonzept auch auf anderen Märkten behaupten kann. Nicht alle Marken eignen sich für einen internationalen Ansatz, und oft existieren neben unternehmungsinternen Gründen für den Mißerfolg der Expansion eines Konzeptes noch marktbedingte Gründe und Markteinstiegsbarrieren. Die relevante Frage ist also nicht, „Global oder Lokal", sondern man muß sich die Frage stellen, welche Märkte sich aufgrund vergleichbarer Ausgangslagen und Ziele gleich bearbeiten lassen. Ein und dieselbe Marke wird auf unterschiedlichen Märkten unterschiedlich erlebt.

DIE MARKE: ERFOLGSFAKTOR IN DER KUNDENORIENTIERUNG 223

Kreutzer spricht bei der geographischen Abgrenzung von internationalen Märkten von drei möglichen Markenstrategien:[37]

1. **Weltmarkenstrategie**: Markenzeichen und Markenname werden global standardisiert.

2. **Lokalmarkenstrategie**: Markenzeichen und/oder Markenname werden in jedem einzelnen Land unterschiedlich gestaltet.

3. **Regionalmarkenstratgie**: Mischung aus den ersten beiden Strategien: Auf regional begrenzten Märkten werden identische Markennamen und -zeichen angeboten. Auf Märkten, die außerhalb der identisch bearbeiteten Regionen liegen, werden unterschiedliche Markennamen und -zeichen verwendet.

Eine Biermarke zum Beispiel kann auf den Heimmarkt ein sehr breites Ansehen und bei einer großen Bevölkerungsschicht hohes Vertrauen genießen. In den umgebenden Ländern gehört sie zu den Power-Marken. In Übersee aber nimmt sie hingegen eine Nischenstellung ein. Sie wird hier als sehr eigenständig erlebt, genießt aber nur bei einer relativ kleinen Fangemeinde hohes Ansehen. In den Ländern des ehemaligen Ostens aber ist diese Marke kaum bekannt und es hat keine Differenzierung, keine Entwicklung von Ansehen und Vertrautheit stattgefunden.

Die Konsequenz dieser Tatsache ist, daß international tätige Unternehmungen globale Markenstrategien wählen und umsetzten müssen, und daß sie aber bei der Abstimmung der Strategien auf die einzelnen Märkte sehr wohl auf lokale Besonderheiten und Abweichungen einzugehen haben. In diesem Zusammenhang wurde das Wort „Glocal" geprägt, welches als Kurzform von „Globaly Localitzed" die Notwendigkeit globalen Denkens unter der Voraussetzung lokaler Abstimmung auf die Anforderungen des Marktes zum Inhalt hat.[38]

Faßt man nun Märkte nicht in geographischer Hinsicht zusammen, sondern läßt als Kriterium die relative Sicht des Kunden und die auf den Märkten festgestellten Situa-

---

[37] vgl. KREUTZER, R.: Global - Marketing - Konzeption eines länderübergreifenden Marketing, Wiesbaden 1989, S. 283ff.; in: BERNDT, R.; ALTOBELLI, C.F.; SANDER, M.: Internationale Marketing-Politik, Berlin 1997, S. 137

[38] BULLINGER, H.J.: Neue Organisationsformen und Strategien der Zukunft, Vortrag anläßlich des Deutschen Wirtschaftsingenieurtages 1997 mit dem Thema „Organisation als Strategie", Berlin 1997

tionen gelten, so kann der Fall eintreten, daß Nachbarländer und geographisch nahe gelegene Regionen völlig unterschiedliche Marktbearbeitungsstrategien erfordern, geographisch weit auseinander gelegene Verkaufsgebiete aber eventuell mit gleichen Markenstrategien bearbeitet werden können.

Um von internationalen Synergien zu profitieren, müssen aber nicht „einheitliche" Konsumenten gefunden werden. Lifestyle-Unterschiede sind sekundär. Wichtig sind vielmehr die dominierenden Werthaltungen und Motivationen. Offensichtlich existieren in unterschiedlichen Kulturkreisen Kunden, die gerne im Mittelpunkt stehen und die Aufmerksamkeit anderer auf sich ziehen. Überall gibt es Konsumenten, die nicht auffallen wollen, und welche, die sich den gesellschaftlichen Normen unterwerfen. Diese Segmente (Mind-Set-Strukturen) dienen zur Fokussierung der Marketingaktivitäten.

Eine Kampagne richtet sich zum Beispiel an ein junges trendiges Publikum. Eine andere an Personen, die im Business-Bereich in leistungs- und erfolgsorientierten Segmenten arbeiten.

5.5.5 Erfolgsprinzipien der Markenführung

Um eine erfolgversprechende Werbeidee zu lancieren, ist es zu allererst notwendig, einen relevanten Verbrauchernutzen zu finden. Die Marke muß sich erst einmal von der Konkurrenz differenzieren, damit überhaupt jemand darauf aufmerksam wird. Dann geht es darum, diesen Nutzen für Kunden und Konkurrenz überraschend zu dramatisieren. Für den aufmerksam gewordenen potentiellen Käufer darf es quasi keinen Weg daran vorbei geben, das Produkt auch tatsächlich zu erwerben.[39]

Bei der Auswahl und Umsetzung von markenstrategischen Optionen im horizonatlen, vertikalen und internationalen Wettbewerb ist die konsequente Anwendung der folgenden Erfolgsprinzipien der Markenführung von Bedeutung[40] (6C-Modell der Markenführung):

---

[39] vergleiche dazu die AIDA-Regel der Verkaufsförderung im Marketing
[40] vgl. MEFFERT, H.: Markenführung in der Bewährungsprobe; in: Markenartikel (1994) 10, S. 478 - 481; zitiert in: MEFFERT, H.: a.a.O., S. 814

DIE MARKE: ERFOLGSFAKTOR IN DER KUNDENORIENTIERUNG 225

1. **Competence:** Je höher die Qualitätsanforderungen an den funktionalen, ökologischen und erlebnisbezogenen Markenutzen sind, desto wichtiger erscheinen Markenkonzepte, die in der Gebrauchs-, Verbrauchs- und Entsorgungsphase echte Problemlösungskompetenz beweisen.

2. **Credibility:** Je kritischer Konsumenten und Öffentlichkeit gegenüber Marktleistungen von Unternehmungen werden, um so wichtiger ist die Glaubwürdigkeit des Unternehmungsverhaltens, getragen durch eine identitäsorientiert-ganzheitliche Markenpolitik.

3. **Concentration:** Je intensiver der Wettbewerb und je größer der Kostendruck, um so wichtiger ist die Konzentration der Unternehmungsressourcen auf wenige starke Marken.

4. **Continuity:** Je größer die Umweltdynamik und je größer die Komplexität auf den Märkten, um so wichtiger ist die Kontinuität des Markenauftritts als Orientierungshilfe bei der Markenwahl der Konsumenten.

5. **Commitment::** Je größer die Gefahr der Markenimitation und der mangels echter Leistungsvorteile bestehende Markenähnlichkeit, desto wichtiger erweist sich ein konsequentes Innovationsstreben, das in der Unternehmungskultur verankert ist.

6. **Cooperation:** Je heterogener die Wertvorstellungen, Denk- und Verhaltensweisen der Konsumenten werden, um so wichtiger ist eine partnerschaftliche Zusammenarbeit von Hersteller und Handel zur frühzeitigen Anpassung an Marktveränderungen.

Eine leistungsfähige Organisationsstruktur, Informations- und Steuerungssysteme sowie eine sensible, auf die Marken bezogene Unternehmungskultur tragen in diesem Rahmen dazu bei, eine profilschaffende Identität mit der notwendigen Flexibilität der Markenführung erfolgreich zu verbinden.[41]

---

[41] vgl. MEFFERT, H.: a.a.O., S. 815

5.6 Die Markenbewertung in finanzieller Hinsicht

Markennamen repräsentieren enorme Vermögenswerte, die dadurch gerechtfertigt erscheinen, daß dieser Markenschutz solange bestehen bleibt, wie der Name ordnungsgemäß verwendet und der Schutz entsprechend verlängert wird. Patente können im Gegensatz dazu nur über gesetzlich geregelte Zeiträume aufrechterhalten werden und stehen danach Dritten zur Nutzung zu Verfügung.[42]

5.6.1 Faktoren des Markenwertes

Neben der Markierung beeinflussen auch andere Komponenten die Erträge einer Marke. Dazu gehören der eigentliche Produktwert (= die materielle Komponente), das Management Know-how, Patente oder die neben der Markierung relevanten Marketing-Mix-Parameter.[43] Das wahre Kapital der Marke ist aber letztlich die Prägnanz des Markenbildes sowie die Stärke der in den Köpfen der Konsumenten verankerten Assoziationen.[44] Je früher ein Kunde an eine Marke gebunden wird, desto höher ist der potentielle Lebensertrag der Kundenbeziehung.[45]

Hamman unterscheidet fünf Fälle zur Ermittlung des Markenwertes:[46]

1. Der Geltungswert der Marke wird erhoben, indem diesem ein Kapitalwert der Nutzung der Markenrechte zugeordnet wird.

2. Der Markenwert entspricht dem für den Erwerb der Markenrechte erzielten Kaufpreis.

---

[42] vgl. dazu den Artikel Branding Today - Ein Name sagt mehr als tausend Worte, S. 25; in: Manager Magazin (1996) 9, S. 25 - 29

[43] zu Markenwerten der weltweit erfolgreichsten Marke siehe: BERNDT, R.; ALTOBELLI, C.F.; SANDER, M.: Internationale Marketing-Politik, Berlin 1997, S. 137

[44] MUSSLER, D.; MUSSLER, S.: Markenbewertung in der Praxis; eine Zwischenbilanz - Teil 2, S. 247.; in: Marketing Journal (1995) 4, S. 246 - 250

[45] SPECHT, U.: Mit Marken Zeichen setzen: Neue Wege zur Dynamisierung von Märkten, S. 11; in: Die Absatzwirtschaft (1997) 10, S. 10 - 11

[46] vgl. HAMMAN, P.: Der Wert der Marke aus betriebswirtschaftlicher und rechtlicher Sicht; in: DICHTL, E.; EGGERS, W.: Marke und Markenartikel als Instrument des Wettbewerbes, dtv 1992, S. 205 - 245; zitiert in: KOTLER, P.; BLIEMEL, F.: a.a.O., S. 682

3. Bei Handelsunternehmungen, die selbst nicht im Besitz der Markenrechte sind, wird der Markenwert danach ermittelt, welche Wirkung die Marke im Sortiment zeigt, welchen Einfluß sie auf den Kunden, die Attraktivität der Einkaufsstätte und welche Synergien sie mit anderen im Sortiment vorhandenen Marken besitzt.

4. Potentielle Kunden beurteilen den Markenwert über den Betrag des Zusatznutzens, den die Marke für sie im Vergleich zu einem Produkt eines anderen Herstellers aufweist.

5. Im Fall des Entstehens von Schadenersatzansprüchen durch widerrechtliche Verwendung des Markenzeichens, kann der Markenwert durch die Komponenten Umsatzentgang durch widerrechtliche Verwendung und Minderung der Reputation durch minderwertige Produkte des Nachahmers ermittelt werden.

5.6.2 Markenbewertung des Konsumenten

Für den Konsumenten stellen die von der Unternehmung erzeugten Werte nicht automatisch auch wahrgenommene Werte dar. In Abbildung 5.10 ist gezeigt, welche Unterschiede zwischen bei der Wertbeurteilung der Unternehmung und der Wertbeurteilung des Konsumenten gegeben sind. Ein aus der Sicht der Unternehmung höherer gelieferter Wert ist nicht gleichzeitig auch für den Kunden ein höheren wahrgenommener Wert.

228   DIE MARKE: ERFOLGSFAKTOR IN DER KUNDENORIENTIERUNG

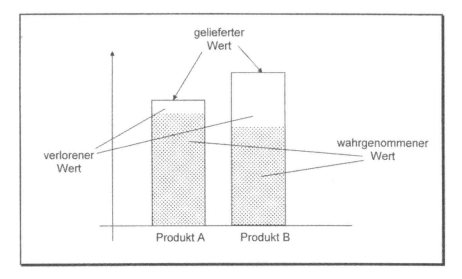

Abb. 5.10: Gelieferter, wahrgenommener und verlorener Wert[47]

Die Marke ist eine der Komponenten, die zur Entstehung des Wertes beim Abnehmer beitragen. Kann durch den Mehrwert der Markierung zum Beispiel die Differenz zwischen geliefertem und wahrgenommenem Wert verkleinert werden, so kann der Fall auftreten, daß trotz eines im Vergleich zur Konkurrenz höheren gelieferten Wertes des eigenen Produktes, dieser Wert vom Kunden als niedriger wahrgenommen wird als der des Konkurrenzproduktes.

In dieser Situation gibt es zwei mögliche Handlungsalternativen, um den für den Abnehmer verlorenen Wert zu verringern:

---

[47] QUARTABELLE, A.Q.; LARSEN, G.: Kundenzufriedenheit - Wie Kundentreue im Dienstleistungsbereich die Rentabilität steigert, Frankfurt am Main 1996, S. 55

1. **Der gelieferte Wert kann zurückgenommen werden:**
Anscheinend stellen nicht alle Komponenten des Produktes oder der Leistung für den Kunden den erhofften Wert dar. Da der Abnehmer diese Leistungskomponenten nicht benötigt, können sie entfernt werden, ohne daß sich der wahrgenommene Wert verringert.

2. **Der wahrgenommene Wert muß erhöht werden:**
Mit Hilfe des Marketings kann versucht werden, den gelieferten Wert besser zu kommunizieren, um dadurch beim Kunden zu einem neuen Wertebild zu gelangen. Durch Etablierung eines Markennamens kann ein Mehrwert geschaffen werden, der die Differenz zwischen geliefertem und wahrgenommenem Wert verringert.

Greifen Verbraucher nur aus Gewohnheit oder Bequemlichkeit zu gewissen Marken, werden sie zu potentiellen Markenwechslern, sobald Konkurrenzmarken mit attraktiven Nutzenangeboten am Markt auftreten. Sind die Kunden hingegen von der Leistung einer Marke überzeugt, schlägt sich ihre Kundenzufriedenheit in langfristiger Markentreue und Kundenbindung nieder.[48]

5.7 Die Marke als Mittel zur Kundenorientierung

Das Ziel der Positionierung von Marken besteht darin, mit bestimmten Produkt- oder Leistungseigenschaften eine dominierende Stellung in der Psyche des Konsumenten zu erreichen.[49] Dem Konsumenten wird durch die Marke ein psychologischer Zusatznutzen geboten, der in der Vermittlung eines speziellen Prestiges, eines bestimmten Lebensstils (American Way of Life) oder von außerordentlichen Ergebnisdimensionen begründet sein kann.[50] Kundeneinstellungen und -bedürfnisse stellen

---

[48] SPECHT, U.: a.a.O., S. 11

[49] vgl. BECKER, J.: Marketing-Konzeption: Grundlagen des strategischen Marketing-Managements, München 1988, S. 176

[50] vgl. NOMMENSEN, J.: Die Prägnanz von Markenbildern, Heidelberg 1990, S. 13ff

230   DIE MARKE: ERFOLGSFAKTOR IN DER KUNDENORIENTIERUNG

den Ausgangspunkt für den Prozeß der Markenpositionierung dar.[51] Der Wert der Marke kann nur durch echten Zusatznutzen für den Kunden gesteigert werden.[52]

Mussler/Mussler beschreiben zwei Tendenzen, die im Schnittfeld von Markierung und Kundenorientierung zu beobachten sind:[53]

- Immer mehr sogenannte „No-Name-Produkte" überschwemmen den Markt mit teilweise minderer Qualität, aber gleichem oder ähnlichem Aussehen und ähnlicher Funktion. Markennamen und damit verbundene Images können sich gerade in dieser Situation zunehmender Beliebtheit und vor allem Kundentreue freuen, da für diese Artikel zwar in der Regel ein höherer Preis zu zahlen ist, jedoch die Qualitätsanforderungen wesentlich besser erfüllt werden, und zusätzlich ein Mehrnutzen darin besteht, daß ein gutes Markenimage auch dem Träger oder Benützer des Produktes zu einer gewissen Imageposition verhilft.

- Durch Erreichen einer positiven Assoziation mit einem Markennamen, wird der Konsument wesentlich an das Produkt gebunden. Der Wert eines treuen Kundenstammes wird deutlich, wenn man die vergleichsweise geringen Marketingaufwendungen zum Halten von Kunden mit jenen vergleicht, die zum Gewinnen neuer Abnehmer aufgewendet werden müssen. Im Durchschnitt entfallen ca. 70 Prozent des Umsatzes auf Wiederholungskäufe.[54]

Bekannte Marken signalisieren eine gewisse Vertrautheit, die sich positiv auf die Beurteilung durch den Konsumenten auswirkt. Bei sehr positiver Beurteilung nimmt der Kunde die Marke in ein sogenanntes „Consideration Set" auf. Dieses, auch als „Relevant Set" bezeichnete, Markenbündel kommt für den Konsumenten prinzipiell bei einer Kaufentscheidung in Frage, während der Rest nicht beachtet wird.[55] Im Kurz-

---

[51] vgl. MEFFERT, H.: Strategien zur Profilierung von Marken; in: DICHTL, E.; EGGERS, W.: Marke und Markenartikel, München 1992, S. 129 - 156; zitiert in: MEFFERT, H.: a.a.O., S. 789

[52] vgl. DUDENHÖFFER, F.: Was tun, wenn Produkthelden sterben?, S. 104; in: Harvard Business manager (1997) 3, S. 101 - 109

[53] vgl. MUSSLER, D.; MUSSLER, S.: Markenbewertung in der Praxis; eine Zwischenbilanz - Teil 1, S. 185; in: Marketing Journal (1995) 3, S. 184- 187

[54] GRIFFIN, A.; GLEASON, G.; PREISS, R.; SHEVENAUGH, D.: Die besten Methoden zu mehr Kundenzufriedenheit, S. 65; in: Harvard Business manager (1995) 3, S. 65 - 76

[55] vgl. DemoSCOPE Research and Marketing: Marken-Treue schwindet immer mehr, S. 328; in: Marketing Journal (1996) 5, S. 328

speicher des Gehirns behält der Konsument maximal sieben Marken pro Branche.[56] Zur Befriedigung bestimmter, wiederkehrender Bedürfnisse erwirbt oder verwendet der Konsument immer wieder gleiche Markenprodukte oder markierte Dienstleistungen. Bei der Kaufentscheidung selbst zieht er die Möglichkeit, anstatt zur bisherigen Marke plötzlich zu einer Neuen zu greifen, nicht mehr ins Kalkül.

Marken erleichtern dem Konsumenten und der Unternehmung den Ausdruck und die Kommunikation bestimmter mit dem Produkt oder mit der Dienstleistung verbundener Einstellungen und Gefühle. Konsumenten vergleichen zum Beispiel Marken unterschiedlicher Kategorien miteinander und ziehen Parallelitäten zu anderen Marken. So wird zum Beispiel Caterpillar zum Rolls-Royce unter den Baumaschinen. Unternehmungen machen sich diese Tatsache zu Nutzen und kombinieren das vorhandene Image anderer Unternehmungen mit angestrebten eigenen Markenimage. Aus dem Fast-Food-Image von Mc Donalds wird das Mc übernommen und als Synonym für Geschwindigkeit, Günstigkeit und Schnörkellosigkeit in anderen Branchen (z.B. Diskonthandelskette) verwendet. Intel profitierte zum Beispiel von den Namen renommierter PC-Hersteller wie Compaq und IBM und erfuhr eine Aufwertung des eigenen Images.[57]

5.7.1 Kundennutzen durch Markenschutz

Die Marke signalisiert die Herkunft des Produktes. Der Markeninhaber besitzt das ausschließliche Nutzungsrecht für Markennamen und Markenzeichen in seinem Produktbereich.[58]

Um die Besonderheit der eigenen Marke vor Nachahmungen zu schützen, gibt es in den USA bereits mehr als 730.000 sogenannte „Trademarks". Darunter befindet sich nicht nur Produkte im herkömmlichen Sinn, sondern unter anderem auch 23 geschützte Geräusche, wie zum Beispiel das Auspuffgeräusch von Harley Davidson Motorrädern oder das Löwengebrüll von MGM. Dieser Markenschutz ist nicht nur

---

[56] vgl. BENISCH, R.; MILLONIG, C.: Nur ein Cola ist ein Cola: Können Sie es sich leisten, auf eine gute Marke zu verzichten?, S. 233; in: Trend (1997) 7, S. 231 - 237

[57] vgl. SCHMÄH, M.; ERDMEIER, P.: Sechs Jahre „Intel inside", S. 124; in: Die Absatzwirtschaft (1997) 11, S. 122 - 129

[58] vgl. KOTLER, P.; BLIEMEL, F.: a.a.O., S. 679

wirksame Waffe, um die eigene Unternehmung vor Nachahmungen zu schützen, sondern wird, wie im Fall Harley Davidson auch direkt im Marketing eingesetzt.[59] Auf der Basis international geschützter Markennamen kann eine einheitliche Produktidentität geschaffen und kommuniziert werden. Das Marketing muß in diesem Zusammenhang die in der Unternehmung verantwortlichen Markenrechtsbeauftragten oder Patentanwälte früh und fundiert einbeziehen um Risiken für die Einführung eines neuen Produkts mit einem neuen Markennamen rechtzeitig zu erkennen und entsprechende Vorkehrungen zu treffen.[60]

Für den Kunden bedeutet das, daß er darauf vertrauen kann, daß gewisse urheberrechtlich geschützte Produkt- oder Leistungseigenschaften für die erworbene Marke garantiert werden und nicht bei Konkurrenzerzeugnissen zu finden sind. Er erwirbt dadurch Einzigartigkeit und das gesicherte Markenimage verstärktes das erwünschte Image der Person, die das Produkt verwendet oder die die Leistung in Anspruch nimmt. Bezüglich weiterer rechtlicher Implikationen dieser Thematik sei auf die Arbeit von *Reiter* verwiesen.[61]

---

[59] Harley Davidson Produkt-Katalog 1996: als Beilage ein dünner Tonträger, bespielt mit den Auspuffgeräuschen der einzelnen Modelle und als Hintergrundmusik typischer Amerikanischer Blues.

[60] vgl. dazu den Artikel Branding Today - Ein Name sagt mehr als tausend Worte, S. 25; in: Manager Magazin (1996) 9, S. 25 - 29

[61] vgl. REITER, G.R.: Die Implementierung von Dienstleistungsmarketing, Ein phänomenologisches Prozeßmodell unter besonderer Berücksichtigung des Marketing-Accounting sowie rechtlicher Implikationen, Graz 1997, S. 269ff.

5.8 Sonderformen der Markierung

5.8.1 Das Badge Engineering

Automobilhersteller verringern zusehends ihre Fertigungstiefe, und die Anforderungen an Komponentenerzeuger steigen ständig an. Hersteller greifen immer lieber in die großen Regale der Zulieferer, als Teile, Komponenten oder ganze Systeme selbst zu produzieren. Die verschiedenen Marken werden immer ähnlicher in ihren Merkmalsausprägungen (Komfort, Handlichkeit, Sicherheit, Bedienbarkeit etc.). Oft bleibt nur im Design eine Differenzierungsmöglichkeit bestehen. Die Nutzung von „Economies of Scale" wird zum Erfolgsfaktor in einem kostengetriebenen Anpassungsprozeß vieler Branchen. Nachdem die Einsparungspotentiale durch Outsourcing und Simultaneous Engineering ausgeschöpft wurden, müssen Unternehmungen neue Einsparungsmöglichkeiten erschließen.[62]

Ausdruck dieser Tendenzen ist das Badge Engineering (Marken-Engineering). Dabei werden baugleiche Fahrzeuge mit verschiedenen Etiketten versehen und unter verschiedenen Markennamen den unterschiedlichen Kundenzielgruppen angeboten. Ziel dieses Badge Engineering ist es, durch Globalisierungs- und Standardisierungseffekte Kosten und Preisvorteile gegenüber der Konkurrenz zu erwirken und so den Aufbau einer USP (Unique Selling Proporsition) zu unterstützen.[63]

Diese Entwicklung ist nicht nur am Automobilsektor zu beobachten. In vielen Branchen werden baugleiche Fabrikate unter verschiedenen Markennamen verkauft. Vom Toaster bis zur Waschmaschine kann der Konsument bei unterschiedlichen Markenartikeln auf das baugleiche Fabrikat treffen. Die Produktkompetenz tritt anstelle der Problemlösungskompetenz als Kombination von Produkt- und Dienstleistungskompetenz in den Hintergrund.

---

[62] vgl. DUDENHÖFFER, F.: Outsourcing, Plattform-Strategien und Badge Engineering: Markenentwicklung bei austauschbaren Produkten, S. 144; in: Wirtschaftswissenschaftliches Studium (1997) 3, S. 144 - 149

[63] vgl. LEVITT, T.: Die Globalisierung der Märkte; in: Harvard manager, Marketing Band 1, Hamburg (1984) 4, S. 19 - 27; wiederabgedruckt in: Edition Harvard manager, Marketing Band 1, Hamburg 1986, zitiert in: DUDENHÖFFER, F: Baugleiche Autos - gut fürs Markenbild?, S. 116; in: Harvard Business manager (1995) 2, S. 116 - 123

Badge Engineering kann in verschiedenen Entwicklungsstufen realisiert werden:[64]

5.8.1.1 Die Entwicklungsstufen

1. Gleichteilepolitik - Plattform Engineering

Durch eine große Anzahl an baugleichen Teilen in verschiedenen Fabrikaten wird ein Sinken der Entwicklungskosten erreicht. Die baugleichen Teile werden hauptsächlich bei Baugruppen verwendet, die dem Abnehmer verborgen bleiben.

Beispiel: Gleiche Bodengruppen oder Bodenplattformen in verschiedenen Automarken (dem Kunden nicht kommuniziert und von diesem nicht für Wichtig erachtet).

2. Verstärkte Gleichteilepolitik - strategische Teile

Aus Kostengründen werden immer mehr und bereits auch strategisch wichtige Baugruppen nach den Regeln der Gleichteilepolitik produziert und eingesetzt. Das Risiko für die Unternehmung steigt, da Kundenreaktionen nicht genau vorhergesehen werden können.

Beispiel: Motor der Marke A in Auto der Marke B (dem Kunden möglicherweise kommuniziert und für diesen eventuell auch wichtig).

3. Völlige Baugleichheit - Badge Engineering

Auch strategisch wichtige Teile werden identisch gestaltet. Das führt zur völligen Baugleichheit von Produkten unterschiedlicher Unternehmungen.

Beispiel: Baugleiche Autos unterschiedlicher Marken (Baugleichheit nicht mehr zu verbergen aber Marke A versucht, Unterschiede gegenüber baugleicher Marke B zu kommunizieren. Für den Kunden ist das Markenimage ausschlaggebend.)

---

[64] vgl. DUDENHÖFFER, F: (1995), a.a.O., S. 120f

5.8.1.2 Die Anforderungen

Soll ein Produkt-Dienstleistungsbündel zu einer Marke werden, müssen folgende Voraussetzungen erfüllt sein:[65]

- Das Produkt-Leistungsbündel muß eindeutig markiert sein.
- Der Kunde muß auf eine gleichbleibende garantierte Qualität vertrauen können.
- Der Kunde muß die Möglichkeit einer direkten Rückkopplung mit dem Hersteller haben, um diesem Qualitätsmängel oder Nachbesserungsanforderungen mitteilen zu können. Bei „No-Name-Produkten" existiert diese Rückkopplungsfunktion nicht. Tritt ein Problem auf, so ist der einzige Ansprechpartner oft der Händler. Die Rückkopplungsfunktion minimiert das Risiko für den Kunden.

Um Badge Engineering zu einem erfolgsversprechenden Konzept der Globalisierung und der Standardisierung von Marken ausbauen zu können, sind folgende Voraussetzungen vom Produkt oder der Dienstleistung zu erfüllen:[66]

- **Universalität**

Um durch Überstreifen einer Badge verschiedene Zielgruppen anzusprechen, muß das Produkt (Modell) in seiner Urform und Verwendungsmöglichkeit möglichst viele Anwendungspotentiale besitzen. Durch die erhaltene Badge ändert sich beim Produkt nicht das äußere Erscheinungsbild und nicht die Funktionalität, sondern nur das, mit der Marke verbundene Markenimage.

- **Wandelbarkeit und Industrielle Formgebung**

Aus dem Ausgangsprodukt muß durch Überstreifen einer Badge ein individuell auf eine Zielgruppe ausgerichtetes Produkt gemacht werden können, das dann ein zielgruppengerechtes Erscheinungs- und Markenbild aufweist. Durch die Badge muß ein eigenständiges Marktsegment erschlossen werden können, in welchem die bestehenden Differenzierungmöglichkeiten ausgenützt werden können.

---

[65] vgl. DUDENHÖFFER, F.: (1997),a.a.O., S. 149
[66] vgl. DUDENHÖFFER, F.: (1995), a.a.O., S. 121ff.

- **Geographische Verbreitung**

Gleiche Produkte, die sich nur durch eine Badge unterscheiden, können nicht auf regional begrenzten Märkten abgesetzt werden. Je identischer die Markenkommunikation, die Art der Distribution, das Produkt an sich und der Preis werden, um so globaler muß die Vermarktungsausrichtung und die Verbreitung des Produktes gestaltet sein.

5.8.1.3 Die Auswirkungen

Badge Engineering beinhaltet ähnliche Entwicklungspotentiale wie die Erfindung des Fließbandes und die Entwicklung des Just-in-Time Konzeptes. Der Wettbewerb verlagert sich weg vom Wettstreit der Einzelmarken hin zu einem Wettbewerb der Markenteams, in dem Einzelkämpfer, die sich nicht mit anderen zusammenschließen, einen schweren Stand haben werden. Eine Folge dieser Entwicklung ist, daß die Bedeutung der Vertriebsnetze und der Absatzförderung als Mittel der Markenprofilierung und -positionierung zunimmt.

Die zunehmende Austauschbarkeit der Produkte erhöht den Bedarf nach Auskünften von unabhängigen Testinstituten oder ähnlichen Institutionen. Das führt wieder zu einer steigenden Transparenz am Markt und mündet in einem wachsenden Preisdruck auf die Unternehmungen.

Die Produktkompetenz tritt gegenüber der Problemlösungskompetenz in den Hintergrund. Für das Produkt oder die Dienstleistung muß der Status einer eindeutigen Identifizierbarkeit erreicht werden, der dann, im Falle einer positiven Assoziierung der Marke mit dem Erzeugnis, beim Kunden den Eindruck einer Anbieter- und Problemlösungskompetenz hervorrufen kann.

Baugleichheit von Waschmaschinen oder Autos als Gratwanderung zwischen Verlust der Markenidentität und des damit verbundenen Images und der aufgrund der besseren Kostenstruktur gesicherten Wettbewerbsfähigkeit stellt somit Chance und Gefahr gleichzeitig dar. Unterschieden werden die baugleichen Produkte nur mehr durch verschieden plazierte Markennamen und durch verschieden gestaltete Marketingaktivitäten („Badges"). Differenzierungspotentiale der Unternehmungen bestehen

DIE MARKE: ERFOLGSFAKTOR IN DER KUNDENORIENTIERUNG

nur noch über Service, Händlernetze und andere Zusatzdienstleistungen, wie zum Beispiel die Finanzierung.

5.8.2 Verkaufsförderung durch Produkt- und Markenverbund

- **Banded Pack**

Unter dem Begriff Banded Pack versteht man eine Maßnahme zur Verkaufsförderung, die darin besteht, zwei komplementäre Marken in einer Verpackung anzubieten (z.B. Hemd und Krawatte, Zahnpasta mit Zahnbürste oder Mundwasser, Reis im Multipack zusammen mit einer Paella Pfanne).[67] Dadurch wird erreicht, daß ein neues Produkt leichter von der angesprochenen Zielgruppe im Markt angenommen und das bisherige Produkt stärker genutzt wird. Auch fällt der objektive Vergleich mit den Konkurrenzprodukten für den Konsumenten schwieriger aus, da der wahre Wert des beigepackten Erzeugnisses oft nicht abzuschätzen oder einer stark imageabhängigen Komponente unterworfen ist.

Durch dieses Banded Pack kann für den Konsumenten durchaus ein Vorteil entstehen, da bei der Preiskalkulation große Absatzmengen zu grunde gelegt werden können und somit beide zusammen verpackten Produkte zu einem niedrigen Gesamtpreis angeboten werden.

- **Self Liquidation Offer**

Eine ähnliche, aber noch weitergehende Maßnahme der Verkaufsförderung stellt ein sogenanntes Self Liquidation Offer dar.[68]

Das Ziel dieser Verkaufsförderungsaktion besteht darin, daß ein Produkt als Zusatzartikel zu dem Produkt, auf welches sich die Verkaufsförderungsaktion bezieht, beigepackt wird, und beide gemeinsam zu einem Paketpreis angeboten werden (z.B. Handtuch mit Besteck, Gläser Set in Geschenkverpackung, Schinken mit Zinnkrug). Der Preis für das eigentliche Produkt wird dabei nicht reduziert und dieses wird somit nicht zum Gegenstand einer Preisreduktion. Durch den interessant erscheinenden

---

[67] vgl. GABLER-WIRTSCHAFTS-LEXIKON, 13. Auflage, Wiesbaden 1993, S. 334
[68] vgl. GABLER-WIRTSCHAFTS-LEXIKON, a.a.O., S. 2962

Gesamtpreis wird eine umsatzsteigernde Wirkung erzielt. Im Gegensatz zu dem Begriff Banded Pack wird nicht die Attraktivität der zusammen verkauften Marken gemeinsam gesteigert, sondern jede Marke muß für sich allein dem Kunden als attraktiv erscheinen. Hinter dieser Maßnahme steht der Gedanke, daß zwei gemeinsam verkaufte Produkte zusammen für den Kunden günstiger erscheinen, als jedes Produkt für sich allein. Der Käufer erwirbt statt des einen Erzeugnisses allein, nun ein zweites dazu, obwohl er dies sonst nicht tun würde.

6 Modell zur Unternehmungsausrichtung auf die Kundenzufriedenheit

Voraussetzung für die Lösung jedes Entscheidungsproblems ist eine klare Strukturierung. Die betriebswirtschaftliche Entscheidungstheorie untersucht die Strukturen komplexer Wahlhandlungen von Personen und Organisationen. Das diesen Theorien zugrundeliegende Denkschema der Bewertung von Alternativen ist geeignet, auch die Entscheidungsprobleme im Marketing transparent zu machen und für alle Unternehmungen generell zu charakterisieren.[1]

6.1 Einleitung

Marketingentscheidungen stellen, wie alle unternehmerischen Entscheidungen, den Entscheidungsträger vor das Problem, aus einer Vielzahl mehr oder weniger gut strukturierter Alternativen diejenige auszuwählen, die den größten Erfolg in bezug auf die Unternehmungsziele verspricht. Entgegen den meisten Entscheidungen in anderen funktionalen Teilgebieten der Unternehmung, hebt sich das Wahlproblem bei Marketingentscheidungen dadurch hervor, daß es zwei Komponenten beinhaltet. Einmal muß die Entscheidung unternehmungsbezogenen Gegebenheiten gerecht werden, zum anderen muß sie stark marktbezogen ausgerichtet sein. Marketing als marktorientierte Unternehmungsführung läßt sich nur dann konsequent verwirklichen, wenn dem unternehmerischen Handeln eine unternehmungsindividuelle und abgesicherte Marketingkonzeption zugrundeliegt.[2]

In diesem Kapitel soll ein Modell zur Unternehmungsausrichtung auf die Kundenzufriedenheit erarbeitet werden. Dieses Modell wird in den Teilphasen beschrieben und es werden die Einflüsse und Auswirkungen der Kundenorientierung auf die Prozeßphasen Konzeption und Implementierung erörtert. Am Ende des Kapitels werden die Teilprozesse zu einem Gesamtmodell der Konzeptionierung und Implementierung

---

[1] vgl. ENGEL, W.: Betriebswirtschaftliche Bewertungslehre im Licht der Entscheidungstheorie, Köln 1962, S. 3 und HEINEN, E.: Der entscheidungsorientierte Ansatz in der Betriebswirtschaftslehre; in: Zeitschrift für Betriebswirtschaft (1971) 7, S. 429ff.; in: MEFFERT, H.: Marketing: Grundlagen marktorientierter Unternehmungsführung: Konzepte - Instrumente - Praxisbeispiele, Wiesbaden 1998, S. 55

[2] vgl. MEFFERT, H.: (1998), a.a.O., S. 55

von Kundenorientierung in der Unternehmung zusammengefaßt und in einem Modellbild dargestellt.[3] Dieses Modell entstand einerseits aufgrund von theoretischen Überlegungen und andererseits durch die in Kapitel 7 beschriebenen Praxisprojekte.

6.2 Die Konzeption

Eine Konzeption ist die Auffassung, Strukturierung bzw. Planung, die einem Werk oder einer Lehrmeinung zugrunde liegt.[4]

Das Erfordernis, eine Konzeption als Prozeß zu betrachten, ergibt sich daraus, daß komplexe Konzeptionierungs- und Implementierungsvorgänge, welche große Teile einer Unternehmung betreffen, durch eine Kette verschiedener Handlungen einer Vielzahl von Personen beschrieben werden können. Diese Handlungskette erstreckt sich über einen längeren Zeitraum. Die in diesem Kapitel angewandte prozessuale Betrachtung soll dabei eine Strukturierung des Vorgehens ermöglichen und es erlauben, die Konzeption als Ganzes und nicht nur einzelne Problemteilaspekte zu betrachten.[5]

Eine Marketingkonzeption ist ein umfassender gedanklicher Entwurf, der sich an einer Leitidee beziehungsweise bestimmten Richtgrößen (Zielen) orientiert und grundlegende Handlungsrahmen (Strategien) wie auch die operativen Handlungen (Instrumenteneinsatz) in einem schlüssigen Plan zusammenfaßt.[6]

---

[3] zur Abgrenzung der Begriffe Kundenorientierung und Kundenzufriedenheit siehe Kapitel 4.1
[4] vgl. GABLER-WIRTSCHAFTS-LEXIKON, 13. Auflage, Wiesbaden 1993, S. 1918
[5] vgl. HILKER, J.: Marketingimplementierung: Grundlagen und Umsetzung am Beispiel Ostdeutscher Unternehmen, Wiesbaden 1993, S. 225
[6] vgl. BECKER, J.: Marketing-Konzeption: Grundlagen des strategischen Marketing-Managements, München 1993, S. 2

6.2.1 Ebenen der Konzeption

Die Erarbeitung von Konzeptionen setzt im Prinzip Entscheidungen auf drei Ebenen voraus. Die Zielebene bezieht sich auf Zielsetzungsentscheidungen. Die Strategie- und die operative Ebene beziehen sich auf Zielerreichungsentscheidungen. Diese drei Ebenen können auch als drei logisch aufeinanderfolgende, aber dennoch interdependente Teilstufen eines konzeptionellen Gesamtprozesses aufgefaßt werden.[7]

Diese Unterteilung in drei Konzeptionsebenen berücksichtigt die Tatsache, daß eine Konzeption nicht in einem Schritt entwickelt werden kann, sondern das Ergebnis eines umfassenden iterativen und dynamischen Planungsprozesses darstellt.[8]

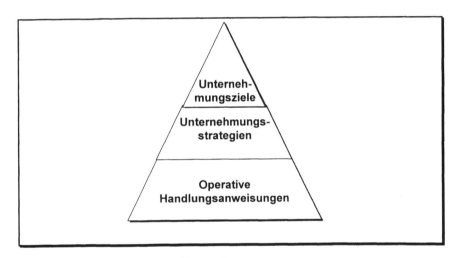

Abb. 6.1: Aufbau und Inhalt von Konzeptionen

---

[7] vgl. BECKER, J.: a.a.O., S. 4
[8] vgl. MEFFERT, H.: (1998), a.a.O., S. 61

6.2.2 Die Konzeptionsphase

Ausgehend von einer Analyse des Unternehmungsumfeldes werden Bereichsziele zur Kundenorientierung der Unternehmung formuliert. Aus diesen Ziele können Strategien zur Erreichung der Kundenzufriedenheit entwickelt werden. Abgeleitet von den Strategien wird eine Beschreibung der eigenen Leistung entwickelt werden. Diese Leistung muß im letzten Schritt der Konzeptionsphase mit den Kundenanforderungen abgestimmt werden.[9]

6.2.2.1 Die Umfeldanalyse

Eine Unternehmung ist eingebettet in das wirtschaftliche und soziale Umfeld der Gesellschaft. Einerseits übt das Umfeld Einfluß auf die Unternehmung aus (Gesetze, Normen, Wertvorstellungen) und andererseits beeinflußt die Unternehmung direkt oder indirekt durch die erzeugten Produkte das Umfeld (z.B. „Mc Donaldisierung" der Gesellschaft).[10] Produktionsbetriebe wie auch Dienstleistungsunternehmungen unterliegen also politischem, technologischem und wirtschaftlichem Einfluß, der als Prämisse bei der Strategieformulierung berücksichtigt werden muß.

Die Umfeldanalyse gibt ein Bild über die Situation der eigenen Unternehmung am Markt. Dieser Markt besteht aus der Makroumwelt mit ihren demographisch-ökonomischen, technologischen, politisch-rechtlichen und sozio-kulturellen Komponenten und aus der Mikroumwelt, den Kunden, den Konkurrenten, den Absatzkanälen und den Lieferanten. Sowohl Marko- als auch Mikroumwelt haben Einfluß auf den Erfolg der Unternehmung.[11]

---

[9] in Anlehnung an QUARTABELLE, A.Q.; LARSEN, G.: Kundenzufriedenheit - Wie Kundentreue im Dienstleistungsbereich die Rentabilität steigert, Frankfurt/Main 1996, S. 63ff.

[10] *Scheuch* unterteilt in direkt und indirekt am Tauschprozeß beteiligte Gruppen, siehe SCHEUCH, F.: Marketing, München 1993, S. 24

[11] vgl. KOTLER, P.; BLIEMEL, F.: Marketing-Management: Analyse, Planung, Umsetzung und Steuerung, Stuttgart 1995, S. 112

MODELL ZUR UNTERNEHMUNGSAUSRICHTUNG 243

- **Marktchancen und -gefahren**

Wichtigster Faktor der Umfeldanalyse sind die Chancen, die der Markt bereit hält. Diese Chancen müssen auf ihre Attraktivität und die Erfolgswahrscheinlichkeit hin untersucht werden.

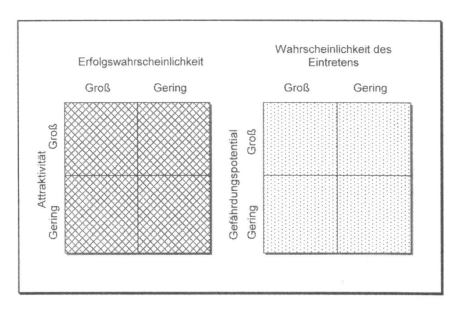

Abb. 6.2: Chancen Matrix - Gefahren Matrix

Den Chancen stehen die Gefahren gegenüber, die die Unternehmung in ihrem Umfeld erkennen muß und die nach ihrem Gefährdungspotential und dem Wahrscheinlichkeitsgrad des Eintretens klassifiziert werden können. Aus dem Gesamtbild aller Chance und Gefahren ergibt sich die Attraktivität des Marktes oder des Geschäftsfeldes.

- **Verhaltensmuster der Gesellschaft**

Verhaltensmuster, die im sozialen Umfeld verankert sind, haben maßgeblichen Einfluß auf die Unternehmung. Der Mensch lebt in seiner Umwelt als Teil des Ganzen, als wichtige Organismuszelle der Gemeinschaft.[12] Kundenzufriedenheit kann niemals erreicht und gesichert werden, wenn dem Konsumenten mit unüblichen Verhaltensweisen gegenübergetreten wird. Die zum Aufbau einer Geschäftsbeziehung nötige zwischenmenschliche Komponente darf nicht außer Acht gelassen werden. So gibt es kulturelle Aspekte, wie die Religion, Lebensanschauung, Moralvorstellungen etc., die beachtet werden müssen. Das Einbeziehen der kulturellen Typologie in die Analyse von Marktprozessen ist in der Lage, den Erklärungswert von Analysen beträchtlich zu erhöhen.[13]

Zum Beispiel gilt es in unseren Gegenden als unhöflich, jemanden bei einer Verabredung warten zu lassen und terminliche Pünktlichkeit wird zum obersten Gebot für erfolgreiche Kundenbeziehungen. Es gibt aber auch Länder, in denen der am Geschäft interessierte Geschäftspartner nie pünktlich erscheinen würde, da er befürchtet, dadurch seine Kaufabsicht zu stark zum Ausdruck zu bringen und dadurch seine Verhandlungsposition zu schwächen. Kennt man als Lieferant diese Verhaltensweise, so ist man über jede Minute, die sich der Kunde verspätet, erfreut, da dies Ausdruck seiner starken Kaufabsicht ist.

6.2.2.1.1 Instrumente der Umfeldanalyse

Meffert nennt im Zusammenhang mit der strategischen Unternehmungsplanung folgende strategischen Analyse- und Planungsinstrumente:[14]

- Die Gap-Analyse

- SWOT-Analyse

- Die Lebenszyklusplanung

- Die Diskontinuitäten- und Portfolioplanung

- Die Wertkettenanalyse

- Das Konzept der strategischen Gruppen

---

[12] vgl. PECHTL, W.: Zwischen Organismus und Organisation: Wegweiser und Modelle für Berater und Führungskräfte, Linz, 1989, S. 89

[13] KARMASIN, H.; KARMASIN, M.: Cultural Theory: ein neuer Ansatz für Kommunikation, Marketing und Management, Wien 1997, S. 94

[14] vgl. MEFFERT, H.: Marketing-Management: Analyse, Strategie, Implementierung, Wiesbaden 1994, S. 45

6.2.2.2 Die Phase der Strategieformulierung

Nach der Analyse des Unternehmungsumfeldes kann daran gegangen werden, Haupt- oder Leitziele zur Erreichung der Kundenzufriedenheit zu formulieren[15] und daraus Wettbewerbsstrategien auszuarbeiten, die die Besonderheiten des Marktes berücksichtigen und zugleich durch Beachtung der Kernkompetenzen die eigenen Stärken wirksam werden lassen.[16]

Gelegentlich kann eine Unternehmung wirtschaftlichen Erfolg haben, indem sie verschiedene strategische Ansätze als Hauptziel verfolgt. Die effiziente Umsetzung einer dieser Ansätze fordert in der Regel aber vollen unternehmerischen Einsatz und auch unterstützende organisatorische Maßnahmen, die leicht verwässert werden, wenn es mehr als ein Hauptziel gibt.[17]

6.2.2.2.1 Ansätze zur Formulierung von Marketingstrategien

Bei der Konzeption von Strategien kann zwischen Partialansätzen und integrativen Ansätzen unterschieden werden. Partialansätze behandeln in der Regel nur einen Abschnitt des strategischen Entscheidungsproblems, wie etwa den Aspekt der wettbewerbsorientierten Marketingstrategie oder Strategien der Produkt-Markt-Entwicklung. Integrative Ansätze versuchen, das gesamte Entscheidungsspektrum grundsätzlicher Marketingstrategien, welches sich aus den Aufgaben der strategischen Marketingplanung ergibt, abzudecken und zu systematisieren.[18]

Folgende wichtige Partialansätze zur Entwicklung von Strategien können unterschieden werden:

---

[15] zur Festlegung und Systematisierung von Zielen siehe MEFFERT, H.: (1994), a.a.O., S. 88 - 107
[16] vgl. KOTLER, P.; BLIEMEL, F.: a.a.O., S. 117f
[17] vgl. PORTER, M.E.: Wettbewerbsstrategien - Methoden zur Analyse von Branchen und Konkurrenten, Frankfurt 1992, S. 63
[18] vgl. KOTLER, P.; BLIEMEL, F.: a.a.O., S. 109

- Die Wettbewerbsstrategien nach *Porter*[19]
- Die Produkt-Markt-Matrix nach *Ansoff*[20]
- Marktpositionierungsstrategien nach *Kotler*[21]
- Die Outpacingstrategien nach *Gilbert* und *Strebel*[22]

Auf die Bedeutung der Wettbewerbsstrategien von *Porter* für die Ausrichtung der Unternehmung auf die Kundenzufriedenheit soll nun noch weiter eingegangen werden.

6.2.2.2.2 Wettbewerbsstrategien nach *Porter* und die Kundenzufriedenheit

Porter spricht in diesem Zusammenhang von drei Strategietypen, die es einer Unternehmung ermöglichen sollten, Konkurrenten der Branche zu übertreffen. Diese drei Typen sind die

- die umfassende Kostenführerschaft,
- die Differenzierung und
- die Konzentration auf die Schwerpunkte.[23]

- **Kostenführerschaft**

Die Strategie der Kostenführerschaft erfordert den Aufbau von Produktionsanlagen effizienter Größe oder die Bereitstellung von genügend standardisiertem Dienstleistungspotential, um somit energisch erfahrungsbedingte Kostensenkung praktizieren zu können. Niedrigere Kosten im Verhältnis zu den Konkurrenten werden zum roten Faden der gesamten Strategie, obwohl Qualität, Service und andere Bereiche nicht außer Acht gelassen werden dürfen. Nach *Porter* kann es zum Beispiel notwendig

---

[19] siehe PORTER, M.E: a.a.O., S. 63ff.

[20] siehe ANSOFF, H.I.: Management Strategie, München 1966, S. 132ff.

[21] siehe dazu KOTLER, H.: Marketing Management: Analysis, Planning, Implementation and Control, Englewood Cliffs 1988

[22] siehe GILBERT, X.; STREBEL, P.J.: Outpacing Strategies; in: IMEDE, Perspectives for Managers (1985) 2; zitiert in: MEFFERT, H.: (1994), a.a.O., S. 117; und siehe Kapitel 4.2

[23] vgl. PORTER, M.E.: a.a.O., S. 63

MODELL ZUR UNTERNEHMUNGSAUSRICHTUNG

sein, das Produktdesign einem möglichst einfachen Herstellungsprozeß anzupassen. Hohe Marktanteile sollen Einsparungen im Einkauf ermöglichen. All diese Forderungen stehen entgegen dem Wunsch des Abnehmers, eine individuell auf ihn abgestimmte Leistung zu erhalten. Um trotz der Strategie Kostenführerschaft das Oberziel der Kundenzufriedenheit zu erreichen, muß über den Faktor Preis die vom Kunden wahrgenommene Leistungsminderung bei den übrigen Faktoren der Kundenzufriedenheit ausgeglichen werden.

- **Differenzierung**

Differenzierungsstrategien sehen ihre Aufgabe darin, daß Produkte oder Leistungen kreiert werden, die in der gesamten Branche einzigartig sind und dadurch dem Kunden einen Mehrwert anbieten können. Unabhängig von der Tatsache, ob diese Differenzierung durch herausragendes Produktdesign, durch einen mit der Leistung in Verbindung gebrachten Markennamen, durch Technologievorsprung oder durch außergewöhnliches Service erreicht wird, wird die Kostensituation doch meist negativ beeinflußt. Maßnahmen zur Differenzierung sind teuer. Was das Bedürfnis des Kunden nach Individualität angeht, trifft die Differenzierungsstrategie sicher ins Schwarze, aber dennoch müssen die Konsumenten erst einmal bereit sein, für die Besonderheit der Leistung oder des Produktes die entstandenen Mehrkosten und die nötigen Ertragsspannen zu bezahlen.

- **Konzentration auf die Schwerpunkte**

Durch die Strategie der Konzentration auf die Schwerpunkte erfolgt eine Beschränkung auf ein oder mehrere Marktsegmente, in welchen die unternehmerisch möglichen Marktleistungen optimal mit den vorherrschenden Kundenanforderungen übereinstimmen.[24] Dadurch entsteht die Möglichkeit, auf die Anforderungen der Abnehmer intensiver einzugehen, da Gestaltungsfreiheiten sowohl auf der Kostenseite (Kostenführer im Marktsegment) als auch auf der Differenzierungsseite (Kundenbindung durch Differenzierung) vorhanden sind. Erfolgsfaktoren sind hohe Flexibilität, kurze Produkteinführungszeit und guter Service.[25] Es kann zu einer Ausrichtung auf Kundenanforderungen kommen, ohne dabei vom Konsumenten zu verlangen, Abstriche von seinen Leistungsvorstellungen zu machen. Werden solche Marktnischen entdeckt, so wird es für die Unternehmung möglich, eine Position der hundertpro-

---

[24] vgl. dazu auch OHNO, T.: Das Toyota-Produktionssystem, Frankfurt/Main 1993, S. 67ff.
[25] vgl. BECKURTS, K.H.: Chancen für einen zweiten Aufbruch; in: Manager Magazin (1984) 9, S. 154 - 167

zentigen Kundenzufriedenheit zu erreichen. Dazu ist es nötig, Beziehungen zu bestehenden und zu möglichen neuen Kunden aufzubauen. Diese geschäftsvorbereitenden Maßnahmen, auch „Pre-Marketing" genannt, erleichtern es, neue Produkte einzuführen, neue Märkte zu erschließen und neue Branchen zu bearbeiten und dadurch die angebotene Leistung publik zu machen.[26]

6.2.2.3 Die Leistungsdefinition

Wurde die Situation der Unternehmung im Umfeld erfaßt und wurden Strategien formuliert, die die Bedingungen des Umfeldes berücksichtigen und daraus die bestmöglichen Wettbewerbsvorteile gegenüber der Konkurrenz ermöglichen, so muß als nächster Schritt die eigene Leistung definiert und die zu ihrer Entstehung notwendigen Schritte müssen erfaßt werden.

Durch Zerlegung der Leistungserstellung in die einzelnen Bearbeitungs- oder Ablaufschritte kann eine Basis geschaffen werden, die es ermöglicht, Leistungsvariationen als Reaktion auf geänderte Kundenanforderungen in den Prozeß der Leistungserstellung einzuplanen und ihre Auswirkungen bezüglich Zeit, Qualität und Kosten festzulegen.

6.2.2.3.1 Das 7S-Modell nach McKinsey

Um zu zeigen, daß ein klares strategisches Konzept und wohldurchdachte Programme noch keinen ausreichenden Garanten für unternehmerischen Erfolg darstellen, entwickelte die McKinsey Company das „Konzept der 7 S".

---

[26] vgl. BELZ, C.: Geschäftsbeziehungen aufbauen und gestalten, S. 47; in: Beziehungsmarketing - neue Wege zur Kundenbindung, Dokumentation des Workshops, Wissenschaftliche Gesellschaft für Marketing und Unternehmensführung e.V., Münster 1994, S. 31 - 55

MODELL ZUR UNTERNEHMUNGSAUSRICHTUNG 249

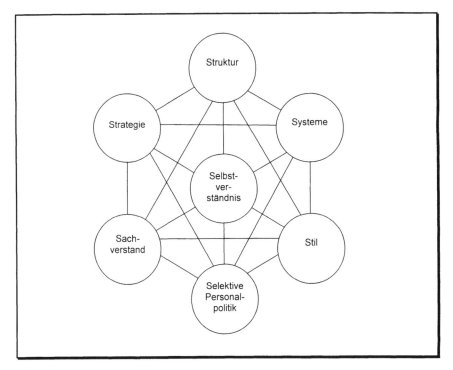

Abb. 6.3: Das 7S-Modell nach McKinsey[27]

Die drei oberen Elemente, die Strategie, die Struktur und die Systeme werden als die Hardware des Erfolges bezeichnet. Die übrigen vier Elemente, das Selbstverständnis, der Stil, der Sachverstand und die selektive Personalpolitik, bilden die Software des Erfolges. Außerdem besitzen erfolgreiche Unternehmungen über alle Bereiche hinweg eine gemeinsame Firmenkultur, die zu ihrer Strategie paßt.[28] Erfolgreiche Unternehmungen berücksichtigen bei der Gestaltung der eigenen Leistung nicht nur die Hardware, sondern legen ihr Augenmerk auch auf das Selbstverständnis, den Sachverstand, den Stil und die selektive Personalpolitik. Nach McKinsey kommt das

---

[27] vgl. PETERS, T.J.; WATERMANN, R.H.: Auf der Suche nach Spitzenleistungen, Was man von den bestgeführten US-Unternehmen lernen kann, München 1993, S. 32

[28] vgl. DEAL, T.E.; KENNEDY, A.A.: Corporate Cultures: The Rites and Rituals of Corporate Life, Reading 1982; in: Business Week (1980) 10, S. 148 - 160; und DAVIS, S.M.: Managing Corporate Culture, Cambridge 1984; zitiert in: KOTLER, P.; BLIEMEL, F.: a.a.O., S. 126

wirklich Besondere an erfolgreichen, innovativen Unternehmungen in folgenden acht Merkmalen zum Ausdruck:[29]

1. Primat des Handelns („Do it, try it, fix it.")
2. Nähe zum Kunden
3. Freiraum für Unternehmertum
4. Produktivität durch Menschen
5. Sichtbar gelebtes Wertsystem
6. Bindung an das angestammte Geschäft
7. Einfacher flexibler Aufbau
8. Straff-lockere Führung

6.2.2.3.2 Leistungstypologien

Folgende Typologien von Marktleistungen können unterschieden werden:

- Der Immaterialitätsgrad der Leistung (Sachleistung/Dienstleistung)
- Der Interaktionsgrad der Leistung mit dem Kunden (interaktiv mit dem Kunden/unabhängig vom Kunden)
- Der Individualisierungsgrad/Standardisierungsgrad der Leistung (Standardleistung/Individuelle Leistung)

- **Beispiel**

Die Dienstleistung oder das Produkt sind das Resultat der einzelnen Schritten des Leistungserstellungsprozesses. Der Gesamtprozeß setzt sich aus den Teilprozessen zusammen, denen wiederum die oben genannten Typologien der Leistungserstellung zugeordnet werden können.

---

[29] PETERS, T.J.; WATERMANN, R.H.: a.a.O., S. 36ff.

MODELL ZUR UNTERNEHMUNGSAUSRICHTUNG

Als Beispiel einer Leistungsdefinition soll eine Pizzeria dienen.[30] Die Entstehung der Rohmaterialien für Teig und Auflage wird von den Kunden nicht beurteilt und ist für diese nicht sichtbar. Änderungen beim Einkauf werden sich, soweit die Qualität unverändert bleibt, nicht auf die Kundenzufriedenheit auswirken.

Nicht mehr so eindeutig stellt sich die Situation bei der Teigzubereitung und der Vorbereitung der Auflagematerialien. Sollte das für einen Pizzakoch typische händische Teig-ausbreiten von einer Maschine übernommen werden, so kann dies der Kunde bemerken und diese Rationalisierungsmaßnahme könnte die Kundenzufriedenheit negativ beeinflussen. Käme man als Pizzeriabesitzer schließlich auf die Idee, die gesamte Küche inklusive Ofen, für den Kunden nicht mehr sichtbar zu gestalten, so hätte dies durch die Änderung der Atmosphäre im Lokal sicher stark negative Auswirkungen auf die Kundenzufriedenheit (Verhältnis Sachleistung zu Dienstleistung).

Eine positive Auswirkung auf die Kundenzufriedenheit könnte eine direkte Integration des Kunden in den Leistungserstellungsprozeß (Bestimmung der Pizzagröße, Auswahl der Pizzabelegung, Wahl der Pizzabackzeit) und eventuell sogar in die Leistungsentwicklung (durch das Bedienungspersonal wahrzunehmen) bedeuten (Interaktionsgrad und Individualisierungsgrad steigen).[31]

Kotler /Bliemel formulieren vier Fragen zur Leistungsgestaltung, die hier vom Autor um die Frage 2 erweitert wurden:[32]

1. Was wird im einzelnen getan?
2. Wie wird es getan?
3. Wann wird es getan?
4. Wer wird etwas tun?
5. Wieviel wird es kosten?

---

[30] vgl. QUARTABELLE, A.Q.; LARSEN, G.: a.a.O., S. 78
[31] vgl. MALORNY, C.: TQM umsetzten: Der Weg zur Business Excellence, Stuttgart 1996, S. 531ff.
[32] KOTLER, P.; BLIEMEL, F.: a.a.O., S. 156

6.2.2.4 Die Anforderungsdefinition

Nach der somit erfolgten Abgrenzung der angebotenen Leistung und der Erfassung der Wirkung auf den potentiellen Konsumenten, muß nun untersucht werden, wie diese mit den Anforderungen des Kunden in Übereinstimmung gebracht werden kann. Um zu den Anforderungen des Kunden an die Leistung zu gelangen, ist ein Wechsel der Betrachtungsposition vorzunehmen. Relevant sind nur jene Leistungskomponenten, die vom Abnehmer auch nachgefragt werden.

Kunden-erwartungen	Phasen der Leistungserstellung				
	Phase 1	Phase 2	Phase 3	Phase 4	Phase 5
Ruf					
Kommunikation					
Reaktionsfähigkeit					
Kompetenz					
Höflichkeit					
Zugänglichkeit					
Zuverlässigkeit					
Sicherheit					
Erscheinung					
Sauberkeit					
Komfort					
Problemlösung					

Tab. 6.1: Schema von Kundenerwartungen bei einer Dienstleistung[33]

---

[33] vgl. QUARTABELLE, A.Q.; LARSEN, G.: a.a.O., S. 84

Faktoren eines Schemas von möglichen Kundenerwartungen in den Teilphasen der Leistungserstellung sind in der Tabelle 6.1 dargestellt. Weiters ist es wichtig, Aspekte zukünftiger Kundenanforderungen zu berücksichtigen:[34]

- Für welchen Zeitraum sind die derzeit relevanten Kundenanforderungen gültig?
- Mit welcher Bedeutung für das zukünftige Verhalten des Kunden werden sich verändernde Rahmenbedingungen in die Betrachtung mit einbezogen?
- Welche Rolle spielen potentielle Kunden und die Wettbewerber?
- Inwieweit werden sich verändernde und neue Marktsegmente und deren Auswirkung auf aktuelle Produkte und Dienstleistungen berücksichtigt?

Ist es im Zuge von Produkt- oder Leistungsinnovationen nicht möglich, auf tatsächliche Kundenanforderungen zurückzugreifen, da ein Bedarf erst generiert werden muß, so kann versucht werden, eine zumindest theoretische Kundenperspektive zu erlangen.

Die Anforderungen des Kunden an die Art und Weise der Leistungserstellung werden durch alle qualitativen Methoden zur Erhebung der Kundenanforderungen ermittelt.

6.3 Die Implementierung

Im Zuge der Beschäftigung mit prozeßorientierter Unternehmungsgestaltung und anderen Maßnahmen zur nachhaltigen Sicherung der Wettbewerbsfähigkeit stößt man immer wieder auf das Problem, die theoretischen Modelle und Analysemethoden erfolgreich in die unternehmerische Tätigkeit zu implementieren.[35]

---

[34] vgl. ZINK, K.J.: TQM als integratives Managementkonzept: Das Europäische Qualitätsmodell und seine Umsetzung, München 1995, S. 183

[35] vgl. NIPPA, M.: Erfolgsfaktoren organisatorischer Veränderungsprozesse in Unternehmen: Ergebnisse einer Expertenbefragung, S. 21; in: NIPPA, M.; SCHARFENBERG, H.: Implementierungsmanagement: Über die Kunst Reengineeringkonzepte erfolgreich umzusetzen, Wiesbaden 1997, S. 21 - 57

Unter dem Begriff der Implementierung wird der Prozeß der Verwirklichung eines gedanklich formulierten Konzeptes verstanden.[36] Diese Verwirklichung von Lösungen, die in konzeptioneller Form vorhanden sind, muß in der Umsetzung zu konkreten Handlungen führen.[37]

Chandler sieht in der Implementierung ein Problemfeld der Anpassung der Organisationsstruktur an die Strategie.[38]

Kotler definiert Marketingimplementierung wie folgt:[39]

„Marketing implementation is the process that turns marketing plans into action assignments and ensures that such assignments are executed in a manner that accomplishes the plan's stated objectives."

6.3.1 Determinanten der Implementierung

6.3.1.1 Kontinuierliche und diskontinuierliche Implementierung

In der Literatur werden zwei verschieden Kategorien von Implementierungsprozessen beschrieben. Es sind dies die kontinuierliche und die diskontinuierliche Implementierung.[40]

Die kontinuierliche Veränderung einer bisherigen Vorgehensweise erfolgt ohne grundlegende Umstrukturierung der zu betrachtenden Eigenschaften oder Vorgänge (Wachstum einer Raupe).[41] Im Gegensatz dazu steht die diskontinuierliche Imple-

---

[36] vgl. KOLKS, U.: Strategieimplementierung: Ein anwendungsorientiertes Konzept, Wiesbaden 1990, S. 77

[37] vgl. STEINLE, C.: Zur Implementierung partizipativer Führungsmodelle; in: GRUNWALD, E.; LILGE, H.G.: Partizipative Führung - Betriebswirtschaftliche und Sozialpsychologische Aspekte, Stuttgart 1980, S. 287; zitiert in: HILKER, J.: a.a.O., S. 225

[38] vgl. CHANDLER, A.D.: Strategy and Structure: Chapters in the History of the American Industrial Enterprise, Cambridge 1962; in: LEHNER, J.M.: Implementierung von Strategien: Konzeption zur Berücksichtigung von Unsicherheit und Mehrdeutigkeit, Wiesbaden 1996, S. 3

[39] KOTLER, P.: Marketing Management - Analysis, Planning, Implementation and Control, Englewood Cliffs 1991, S. 704

[40] vgl. LEVY, A.; MERRY, U.: Organizational Transformation. Approaches, Strategies, Theories, New York 1986, S. 6f

[41] vgl. IMAI, M.: KAIZEN: Der Schlüssel zum Erfolg der Japaner im Wettbewerb, München 1992, S. 15ff.

mentierung, die mit einer vollkommenen Änderung der bisherigen Arbeitsweise oder der bisherigen Organisationsstrukturen verbunden ist (Metamorphose einer Raupe zu einem Schmetterling).[42]

Im Rahmen der diskontinuierlichen Implementierung wirken zu jeder Zeit auch kontinuierliche Prozesse der Implementierung. Für die diskontinuierlichen Implementierungsprozesse stehen am Zeitablauf orientierte Phasenmodelle und für die kontinuierlichen Implementierungsprozesse Modelle des organisatorischen Lernens zur Verfügung.[43]

6.3.1.2 Aufgabenverteilung im Implementierungsprozeß

In einem Implementierungsprozeß sind mehrere Gruppen von Personen unterschiedlicher Hierarchiestufen involviert. Die wahrzunehmenden Aufgaben sind den einzelnen Hierarchiestufen angepaßt. Aus Tabelle 6.2 geht hervor, welche Unternehmungsebenen von welchen Implementierungsschritten betroffen sind und für welche Schritte sie Verantwortung tragen.

Dabei ist anzumerken, daß die auf den verschiedenen Ebenen tätigen Personengruppen verschiedene und zum Teil sich überschneidende Aufgaben wahrzunehmen haben.

Das Top-Management übernimmt eine besondere Rolle, da von diesem die Gestaltung der Unternehmungsphilosophie, der Unternehmungsziele und anderer zentraler Bausteine der Unternehmungsausrichtung determiniert werden. Das Top-Management schafft also die Voraussetzung für kontinuierliche und diskontinuierliche Implementierungsprozesse.

Das mittlere Management nimmt eine zentrale Rolle im Rahmen des Implementierungsprozesses ein. Es stellt das Bindeglied zwischen Top-Management und ausführender Ebene dar. Die Aufgaben betreffen auf der einen Seite die Implementierungskoordination und die Implementierungdurchführung und auf der anderen Seite

---

[42] vgl. HILKER, J.: a.a.O., S. 225
[43] HILKER, J.: a.a.O., S. 228

die Bildung der erforderlichen Strukturen und Verhaltensweisen der von der Implementierung betroffenen Personen.

Hierarchie- ebenen	Aufgaben und Verantwortung	Implementie- rungsparameter
Top- Management		• Unternehmungs- philosophie • Unternehmungs- kultur • Ziele, Strategien • Organisations- struktur
Mittleres Management		• Funktionsüber- greifende Zu- sammenarbeit • Führungsstil • Motivation, Aus- bildung • Managementsy- steme
Operative Ebene		• Teamarbeit • Arbeitsplatzge- staltung • Soziale Umstän- de

Tab. 6.2: Aufgaben im Implementierungsprozeß[44]

Die Mitarbeiter auf der ausführenden Ebene übernehmen ihrerseits die Aufgabe, die festgelegten Vorgaben und Abläufe möglichst genau umzusetzen und im Rahmen dieser Aufgaben nach konkreten Verbesserungspotentialen Ausschau zu halten.

In Abhängigkeit von den Hierarchieebenen erfolgt ein Wandel, von systemerhaltenden hin zu systemgestaltenden Aufgaben. Hat das Top-Management neben kontinuierlich ablaufenden Prozessen hauptsächlich die Gestaltung der diskontinuierlich ablaufenden Prozesse über, so ist die operative Ebene fast zur Gänze mit der Ausführung jener in den kontinuierlichen Prozessen vorgegebenen Aufgaben befaßt.

---

[44] vgl. HILKER, J.: a.a.O., S. 271

6.3.1.3 Die Bedeutung des internen Marketings bei der Implementierung

Je nach Betrachtungsweise bewegt sich das interne Marketing an der Schnittstelle zwischen personalorientiertem Marketing und marketingorientiertem Personalmanagement. Einerseits werden somit ähnliche Verhaltensleitlinien, Methoden und Instrumente zugrunde gelegt wie beim extern gerichteten Marketing. Andererseits werden im Rahmen eines Personalmanagements, welches sich am Marketinggedanken ausrichtet, sämtliche personalpolitischen Aktivitäten unter dem Primat der Markt- und Kundenorientierung durchgeführt. Alle Maßnahmen tragen somit letztlich dazu bei, die Qualität und Motivation der Führungskräfte und der Mitarbeiter zu steigern und die Implementierung strategischer Konzepte zu erleichtern.[45]

Die folgenden Instrumente sind im Rahmen des internen Marketings bei der Implementierung von besonderer Bedeutung:[46]

- **Internes Training**

Um den Kenntnisgrad der Unternehmungskultur, der Unternehmungsphilosophie und der Unternehmungsaktivitäten zu gewährleisten, sind Schulungsmaßnahmen für neue und vorhandene Mitarbeiter durchzuführen.

- **Interne interaktive Kommunikation**

Der Kontakt zwischen der Führungsspitze und jenen Mitarbeitern, die Kundenkontakt haben, muß auf unterer Ebene gepflegt werden.

- **Interne Massenkommunikation**

Das Informationsbedürfnis der Mitarbeiter muß befriedigt werden und die zentralen Unternehmungsaktivitäten müssen bekanntgemacht werden.

- **Personalmanagement**

Sämtliche Maßnahmen der Personalpolitik müssen sich an den Grundsätzen der Mitarbeiter- und der Kundenzufriedenheit ausrichten.

---

[45] vgl. BRUHN, M.: Internes Marketing, Integration der Kunden- und Mitarbeiterorientierung, Grundlagen - Instrumente - Praxisbeispiele, Wiesbaden 1995, S. 43 ff.

[46] vgl. STAUSS, B.; SCHULZE, H.S.: Internes Marketing; in: Marketing ZfP (1990) 3, S. 149 - 158

- **Externe Massenkommunikation**

  Die eigenen Mitarbeiter sind ebenso Empfänger der Werbebotschaft der Unternehmung, wie externe Kunden. Das Bild der Unternehmung bei den internen Kunden (Mitarbeitern) wird auch durch die externe Kommunikation beeinflußt, obwohl diese nicht die direkte Zielgruppe der Werbung darstellen.

- **Interne Marktforschung**

  Um unternehmungsinterne Verbesserungen der Zufriedenheit zu ermöglichen, muß die Mitarbeiterzufriedenheit regelmäßig erhoben werden und in Verbesserungsvorschläge münden.

- **Interne Marktsegmentierung**

  Durch die Segmentierung aktueller und potentieller Mitarbeiter innerhalb der Unternehmung soll eine für die jeweilige Mitarbeiterzielgruppe spezifische Ansprache gewährleistet werden. Dies dient der Festigung der internen Kunden-Lieferantenbeziehung und letztendlich zur internen Kundenbindung.

Durch den Einsatz dieser Maßnahmen ist es möglich, eine starke Mitarbeiterorientierung in der Unternehmungsphilosophie zu verankern. Richtig verstandenes internes Marketing sorgt im Sinne eines „Verkaufens der entwickelten Konzepte nach innen" dafür, daß eine konsequente Absicherung, Fortsetzung und Erfüllung der absatzmarktgerichteten Orientierung ermöglicht wird.[47]

---

[47] vgl. MEFFERT, H.: (1998), a.a.O., S. 1031f

6.3.1.4 Implementierungsprinzipien nach TQM

Beim Konzept des TQM (Total Quality Management) handelt es sich um eine Unternehmungsführungsphilosophie, die, ausgehend von den Kundenbedürfnissen, ein von allen Mitarbeitern akzeptiertes und umgesetztes Qualitätsdenken ermöglicht. *Hilker* spricht von einem Totalansatz zur Marketingimplementierung.[48]

Folgende grundsätzliche Gestaltungsprinzipien des TQM stellen wichtige Ansatzpunkte für eine erfolgreiche Implementierung dar:[49]

- **Das Prinzip der Eindeutigkeit und der Einfachheit**

  Mitarbeiter werden möglichst schnell und genau über ihre Aufgaben und die an sie gestellten Anforderungen informiert. Die zu implementierende Strategie wird in möglichst kleine, klar beschriebene Teilprozesse untergliedert und den Verantwortlichen zugeordnet. Dadurch wird die Implementierungszielsetzung des Kennens und Verstehens der Strategie erfüllt.

- **Das Prinzip der Prozeßorientierung**

  Die Idee des Mitarbeiters als interner Kunden gilt als Grundpfeiler zur Umsetzung der Kundenorientierung im gesamtem Prozeß der innerbetrieblichen Leistungserstellung. Für die Implementierung ergibt sich aus der Prozeßorientierung der Vorteil, daß die Kundenorientierung während der gesamten Leistungsprozesse nicht verloren geht. So wird sichergestellt, daß die vom Kunden geforderte und vom Marketing versprochene Produktleistung in produktmerkmalsbezogene Qualität und anschließend in fertigungsprozeßbezogene Qualität umgesetzt wird.

- **Das Prinzip der Mitarbeiterorientierung**

  Eine explizite Berücksichtigung des Verhaltens und der Problemlösungsfähigkeiten der Mitarbeiter zählt ebenfalls zu den Grundprinzipien des TQM-Ansatzes. Dem einzelnen Mitarbeiter wird möglichst viel Verantwortung übertragen. Der Vorgesetzte übernimmt unterstützende und moderierende Funktion. Dadurch wird die Akzeptanz der Mitarbeiter in bezug auf die Implementierung durch ihre Behandlung als interne Kunden wesentlich erhöht.

---

[48] vgl. HILKER, J.: a.a.O., S. 182

[49] vgl. SCHILDKNECHT, R.: Total Quality Management, Frankfurt/Main 1992, S. 124ff.

Hilker nennt folgende Koordinationsinstrumente, die für die funktionsübergreifende Marketingimplementierung einen Problemlösungsbeitrag leisten können:[50]

- **Policy Deployment**
  Implementierung von Unternehmungsphilosophien und Unternehmungszielen[51]

- **Benchmarking**
  Beschaffung von Daten zur Verbesserung der Konkurrenzsituation und Orientierung der Unternehmung an Bestleistungen [52]

- **Quality Function Deployment**
  Interfunktionale Implementierung der Kundenzufriedenheit[53]

- **Target Costing**
  Verankerung eines marktorientierten Kostendenkens[54]

Pilotprojekte zur Kundenzufriedenheit mit wichtigen Kunden bilden den Anfang einer Umsetzung der Unternehmungsausrichtung auf Kundenzufriedenheit. Danach können die gewonnenen Ergebnisse breitere Anwendung finden und mit Hilfe der daraus entwickelten Ansätze und Systeme erfolgreich eingesetzt werden.

6.3.1.5 Ursachen für das Scheitern der Implementierung

Aus dem nicht eintretenden Erfolg einer Strategie wird in der Unternehmung häufig der falsche Schluß gezogen. Statt die Instrumente der Implementierung zu verbessern, wird oftmals das an sich gute Konzept verändert und erleidet im nächsten Schritt wiederum einen Mißerfolg, da dieselben Implementierungsfehler wiederholt werden.[55]

---

[50] vgl. HILKER, J.: a.a.O., S. 194ff.

[51] zum Prozeß des Policy Deployment siehe HILKER, J.: a.a.O., S. 196

[52] siehe dazu SABISCH, H.; TINTELNOT, C.: Integriertes Benchmarking für Produkte und Produktentwicklungsprozesse, Berlin 1997, S. 12

[53] siehe dazu SAATWEBER, J.: Kundenorientierung durch Quality Function Deployment: Systematisches Entwickeln von Produkten und Dienstleistungen, München 1997, S. 18ff.

[54] siehe dazu SEIDENSCHWARZ, W.: Target-Costing, München 1993

[55] vgl. HILKER, J.: a.a.O., S. 11

MODELL ZUR UNTERNEHMUNGSAUSRICHTUNG 261

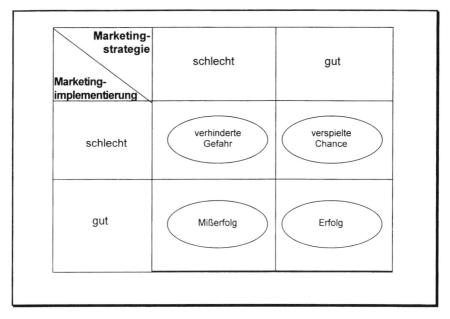

Abb. 6.4: Ursachen für das Scheitern von Strategien[56]

Abbildung 6.4 stellt gute oder schlechte Strategien guten oder schlechten Implementierungen gegenüber und zeigt dadurch Ursachen für das Scheitern von Strategien auf.

Wird sowohl die Strategie als auch die Implementierung als schlecht erkannt und verhindert, so konnte eine Gefahr für die erfolgreiche unternehmerische Tätigkeit abgewendet werden. Wird eine schlechte Strategie nicht als solche erkannt, sondern gut umgesetzt, so ist der Mißerfolg nicht aufzuhalten. Wird eine gute Strategie schlecht implementiert, so hat die Unternehmung eine Chance verspielt. Erst, wenn eine gute Strategie auch gut umgesetzt wird, kann man von Erfolg sprechen.

---

[56] vgl. MEFFERT, H.: (1994), a.a.O., S. 362

6.4 Prozessmodell zur Konzeption und Implementierung von Kundenorientierung

Im folgenden wird das Modell des Prozesses zur Konzeption und Implementierung von Kundenorientierung in der Unternehmung dargestellt.

Nach *Kricsfalussy* spricht für die Prozeßdarstellung, daß mit den traditionell vertikalen Strukturen der Unternehmungen die Anforderungen auf der einen und die Erwartungen auf der anderen Seite kaum zu erfüllen sind. Eine horizontale Ausrichtung der Unternehmung wird dem Anspruch nach Ent-Bürokratisierung gerecht und entspricht obendrein unternehmungsintern der Forderung der Mitarbeiter nach Mündigkeit am Arbeitsplatz und unternehmungsextern den Individualitätsansprüchen der Konsumenten.[57]

6.4.1 Managementvorgabe

Ohne eine entsprechende Ausrichtung der Unternehmung droht die Gefahr eines reaktiven „Muddling Through" („Durchwurstelns").[58] Dabei kommt im Rahmen einer Zielplanung der differenzierten Betrachtung des Zielbegriffes erhebliche Bedeutung zu. Stellen übergeordnete Ziele quasi Prämissen beziehungsweise Leitlinien für den Prozeß der Bildung und Auswahl von Strategien dar, so können konkrete inhaltliche Handlungsziele erst im Anschluß an die gewählte Strategie gebildet werden.[59] Die unterschiedlichen Zielebenen können als Pyramide dargestellt werden, wobei die Zahl und der Konkretisierungsgrad der Ziele von der Spitze zur Basis jeweils zunehmen.

Die Managementvorgabe für den Prozeß zur Konzeption und Implementierung von Kundenorientierung in der Unternehmung stellen die oberen Zielhierarchien dar.

An der Spitze steht der Unternehmungszweck („business mission"), der bestimmt, welche Arten von Leistungen die Unternehmung als Teil der Gesamtwirtschaft er-

---

[57] vgl. KRICSFALUSSY, A.: Vom kurzfristigen Verkaufen zur langfristigen Geschäftsbeziehung, S. 248; in: Marketing Journal (1996) 4, S. 242 - 248

[58] vgl. RAFFÉE, H.: Marktorientierung der BWL zwischen Anspruch und Wirklichkeit, S. 3; in: Die Unternehmung, (1984) 1, S. 3 - 18

[59] vgl. SCHREYÖGG, C.: Unternehmensstrategie, Berlin 1984, S. 87

bringen soll.⁶⁰ Dabei verwenden Unternehmungen heute zunehmend markt- und kundenbezogene Formulierungen.

Die Corporate Identity steht für die Unternehmungspersönlichkeit und Unternehmungs-identität, die sich in der Kommunikation und dem Erscheinungsbild der Unternehmung ausdrückt. Sie spiegelt den gegenwärtigen Zustand der Unternehmung, ihre Tradition, die bisherige Unternehmungspolitik sowie Einstellungen der Führungskräfte und Mitarbeiter wider.⁶¹

Die Unternehmungsgrundsätze und Leitbilder beeinflussen in erheblichem Ausmaß die Zielinhalte. Nach *Ansoff* verändern sich die Zielprioritäten in Abhängigkeit vom Gewin-niveau der Unternehmung. Sind Gewinn und Wachstum in einem Mindestmaß erfüllt, gewinnen zunächst kunden- und arbeitnehmerorientierte sowie in weiterer Folge auch umweltorientierte Verhaltensweisen und Ziele an Wichtigkeit.⁶²

Auf der Ebene der Zielplanung steht das Management vor der Aufgabe, den Unternehmungszweck unter Berücksichtigung der Corporate Identity und der Unternehmungsgrundsätze in konkrete Handlungsziele umzusetzen. Diese Oberziele stellen Orientierungs- oder Richtgrößen für unternehmerisches Handeln dar. Sie sind zugleich Aussage über anzustrebende Zustände, die mit Hilfe unternehmerischer Maßnahmen erreicht werden sollen.⁶³

6.4.2 Prozeßinput und Prozeßoutput

Als Prozeßinput steht die Managemententscheidung, die Unternehmung auf die Zufriedenheit des Abnehmers auszurichten. Dieses Oberziel stellt den Prozeßinput dar und stößt in der Unternehmung den Prozeß zur Konzeption und Implementierung von Kundenorientierung an.

---

⁶⁰ vgl. HILL, W.C.: Die unternehmenspolitische Zielordnung. Mit jedem Planungszyklus muß die Rangordnung neu definiert werden, S. 13; in VDI-Nachrichten (1968) 7; zitiert in: MEFFERT, H.: (1998), a.a.O., S. 67

⁶¹ vgl. GUTTERNIGG, M.: Corporate Identity als Basis eines erfolgreichen Dienstleistungsmarketings, Dissertation an der TU-Graz, Graz 1994, S. 32

⁶² vg. ANSOFF. H.J.: Implanting Strategic Management, Englewood Cliffs 1984, S. 141; in: MEFFERT, H.: (1998), a.a.O., S. 69f

⁶³ vgl. KUPSCH, P.: Unternehmensziele, Stuttgart 1979, S. 15f

Dazu gehören die Konzeption von Bereichszielen, Strategien und Maßnahmen zur Kundenorientierung und die Implementierung der erarbeiteten Konzeption. Prozeßoutput ist die Zufriedenheit des Abnehmers.

6.4.3 Kontroll- und Steuerungsprozeß

Das Management hat nicht nur die Aufgabe, sämtliche Aktivitäten zu planen und zu realisieren, sondern muß das gesamte Instrumentarium mit entsprechenden Kontrollmaßnahmen steuern.

Der Kontroll- und Steuerungsprozeß der Konzeption und Implementierung von Kundenorientierung in der Unternehmung unterteilt sich in die Teilprozesse Kontrolle und Steuerung der Konzeption sowie Kontrolle und Steuerung der Implementierung. Diese Teilprozesse sind nach Ideen des „Management by Objectives" gestaltet. Eine schematische Prozeßdarstellung liefert die Abbildung 6.5.[64]

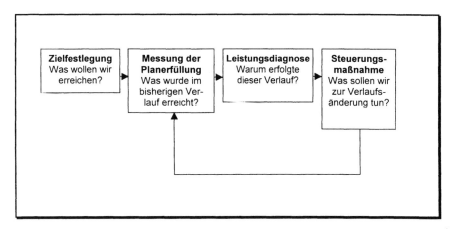

Abb. 6.5: Der Kontroll- und Steuerungsprozeß[65]

---

[64] vgl. KÜHN, R.; FASNACHT, R.: Strategisches Audit im Marketing; in: Thexis (1992) 5, S. 4 - 10; zitiert in: KOTLER, P.; BLIEMEL, F.: a.a.O., S. 1151

[65] vgl. KOTLER, P.; BLIEMEL, F.: a.a.O., S. 1151

MODELL ZUR UNTERNEHMUNGSAUSRICHTUNG

Dieses Kontroll- und Steuerungsmodell ist auf allen Ebenen der Organisation anwendbar. Für den Fall der Zielerreichungskontrolle des Oberzieles Kundenzufriedenheit hat der Prozeß folgende drei Fragen zu beantworten:

1. **Strategische Betrachtung:**
   Werden die richtigen Maßnahmen zur Erreichung der Kundenzufriedenheit ausgewählt?

2. **Operative Betrachtung:**
   Werden die Maßnahmen zur Erreichung der Kundenzufriedenheit richtig getan?

3. **Rückkopplung:**
   Was können wir tun, um das Ziel Kundenzufriedenheit doch noch zu erreichen?

Die Gesamtheit aus den Managementvorgaben zur Erreichung der Kundenzufriedenheit, aus dem Prozeß der Konzeption und Implementierung von Kundenorientierung und aus dem Kontroll- und Steuerungsprozeß ergibt das Kundenzufriedenheits-Implementierungs-modell. Dieses Modell ist in Abbildung 6.6 dargestellt.

6.4.3.1 Typologien von Kontrollgrößen

Verschiedene Autoren definieren folgende Typologien von Kontrollgrößen:[66]

- **Ökonomische Kontrollgrößen**
  Umsatz, Marktanteil, Bereichskosten

- **Psychografische Kontrollgrößen**
  Image, Kundenzufriedenheit, Markentreue, Beschwerden

---

[66] siehe MEFFERT, H.: (1998), a.a.O., S. 1054ff. und KOTLER, P.; BLIEMEL, F.: a.a.O., S. 1170ff.

- aus den ersten beiden Größen abgeleitet:
  Kennzahlen und Kennzahlensysteme
  Deckungsbeitrag/Umsatz
  Umsatz/Kapitaleinsatz
  Deckungsbeitrag/Kapitaleinsatz
  Marktanteil/Marketingbudget
  Neukunden/Gesamtkunden
  Lebensumsatz/Kunde

- **Kontrollaudits**

6.4.3.2 Instrumente in der Kontroll- und Steuerungsphase

Folgende Instrumente werden in der Kontroll- und Steuerungsphase eingesetzt:

- Quantitative Methoden zur Messung der Kundenzufriedenheit
- Qualitative Methoden zur Messung der Kundenzufriedenheit
- Methoden zur Auswertung von Kundenzufriedenheitserhebungen
- Methoden zur Verbesserung der Kundenzufriedenheit

Da einmal erhobene Faktoren der Kundenzufriedenheit nicht über lange Zeiträume gültig bleiben müssen, ist es notwendig, daß es in zeitlich konstanten Abständen zu einer Verifizierung der Konzeption und gegebenenfalls, zu einer Justierung am Prozeß zur Ausrichtung der Unternehmung auf die Kundenzufriedenheit kommt.

6.5 Das Kundenzufriedenheits-Implementierungs-Prozessmodell

In Abbildung 6.6 ist das Modellbild des Kundenzufriedenheits-Implementierungsprozesses dargestellt. Dieses Modellbild verweist auf für die Teilprozesse relevante Bereiche der vorliegenden Arbeit (aus Kapiteln 3, 4 und 5). Lediglich die Implementierung ist in diesem Kapitel beschrieben und bedarf daher keiner Verweise auf die anderen Arbeitsabschnitte.

MODELL ZUR UNTERNEHMUNGSAUSRICHTUNG

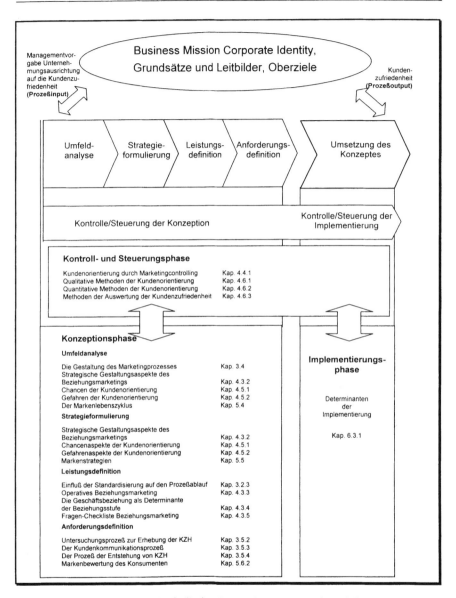

Abb. 6.6: Das Kundenzufriedenheits-Implementierungsprozeßmodell

7 Kundenorientierung in der betrieblichen Praxis

In diesem Kapitel soll anhand von drei verschiedenen Untersuchungen aufgezeigt werden, was Unternehmungsausrichtung auf die Kundenzufriedenheit in der betrieblichen Praxis bedeutet. Um Unterschiede und Gemeinsamkeiten aufzuzeigen, wurden auf der einen Seite eine Dienstleistungsunternehmung der öffentlichen Hand und auf der anderen Seite zwei Produktionsbetriebe, der eine in der Kfz-Branche und der andere im Bereich Maschinenbau, einer näheren Analyse unterzogen. Die Ergebnisse aus diesen Projekten flossen teilweise in die Konzeption und Implementierung des Prozesses zur Unternehmungsausrichtung auf die Kundenzufriedenheit (Kapitel 6) ein. Dieses Prozeßmodell beeinflußte wiederum die Ausarbeitung der Projekte.

7.1 Analyse der Kundenzufriedenheit in einem Betrieb der öffentlichen Hand

7.1.1 Grundlagen der Untersuchung

Die Erhebung zur Analyse der Kundenzufriedenheit und zur Erstellung einer Dienstleistungsmarketingkonzeption wurde in Zusammenarbeit mit dem LKH-Univ.Klinikum Graz in Form einer Diplomarbeit durchgeführt. Mit der Durchführung der Arbeit wurde Herr Thomas Landl betraut. Die inhaltliche Konzeption und die Betreuung der Diplomarbeit erfolgte durch den Autor der vorliegenden Arbeit. Das Ziel der Erhebung war die Erforschung der Bedürfnisse und der Wünsche der Patienten. Daraus konnten Faktoren der Kunden- bzw. in diesem Fall Patientenzufriedenheit abgeleitet werden. Aus dieser Erkenntnis wurden anschließend Möglichkeiten zur Steigerung der Kundenzufriedenheit entwickelt.

7.1.1.1 Vorgehensweise

Die Methodik des Vorgehens umfaßte drei verschiedene und voneinander unabhängige Schritte.

Mit einem Benchmarking wurde versucht, herauszufinden, wie andere Krankenanstalten auf die Herausforderung der Kundenorientierung reagieren. Es wurden verschiedene Bereiche abgefragt, die direkt oder indirekt einen Zusammenhang mit der Patientenzufriedenheit aufwiesen.

Bei einer Bedürfnisumfrage wurden 200 Personen auf der Straße befragt, welche Leistungen sie an einem Krankenhaus besonders schätzen und welchen sie weniger Bedeutung schenken. Anhand dieser Umfrage sollten Faktoren gefunden werden, die ein Krankenhaus zur Ausrichtung auf die Kundenanforderungen unbedingt zu beachten hat. Durch eine Gewichtung der gefundenen Faktoren sollten Ansatzpunkte zur Verbesserung der Kundenzufriedenheit vorgeschlagen werden.

Bei einer Patientenbefragung wurden auf sieben verschiedenen Stationen Patienten befragt. Die Befragung erfolgte mittels Fragebogen, der den Patienten am Tag ihrer Entlassung zum Ausfüllen vorgelegt wurde. Weiters wurden auf einer Station Patienten befragt, die bereits seit vier bis sechs Wochen das Krankenhaus verlassen und so einen Abstand zu den Ereignissen des Krankenaufenthaltes erlangt hatten.

Diese drei verschiedenen Teilstudien wurden anschließend zusammengeführt und es konnten sowohl allgemeine Aussagen über die Kundenzufriedenheit am LKH-Univ.Klinikum Graz gefunden werden als auch speziell auf die einzelnen Stationen abgestimmte Besonderheiten dargelegt werden.

7.1.1.2 Der österreichische Gesundheitsmarkt

Das österreichische Sozialversicherungssystem ist als Pflichtversicherungssystem aufgebaut. Die Versicherung wird bei Ausübung einer selbständigen oder unselbständigen Erwerbstätigkeit automatisch wirksam und bewirkt den Schutz in der Kranken-, Unfall- und Pensionsversicherung, bei den unselbständig Erwerbstätigen auch in der Arbeitslosenversicherung. Von diesen Versicherungsregelungen gibt es personengruppenbezogene Ausnahmen und Besonderheiten. Die Durchführung der

Sozialversicherung obliegt den Versicherungsträgern. Derzeit gibt es 19 Krankenkassen und 9 Versicherungsanstalten, von denen einige zwei oder alle drei Zweige der Sozialversicherung abdecken.[1]

Die Leistungen der Krankenversicherung erhalten Versicherte und Familienangehörige, die keinen eigenen gesetzlichen Krankenversicherungsschutz haben. Der Versicherte kann jeden Vertragsarzt, sowohl einen praktischen Arzt als auch einen Facharzt, der sein Vertrauen genießt, aufsuchen. Er hat aber auch die Möglichkeit, einen Arzt ohne Kassenvertrag in Anspruch zu nehmen. In diesem Fall gebührt ihm der Ersatz der Kosten bis zur Höhe des Betrages, der vom Krankenversicherungsträger für die Behandlung durch einen Vertragsarzt aufzuwenden gewesen wäre. Der behandelnde Arzt hat das Recht, den Patienten an einen Facharzt oder in das Spital zu überweisen.

Österreichische Spitäler haben zwei unterschiedliche Gebührenklassen. In der allgemeinen Klasse haben die Versicherten einen geringen Kostenbeitrag zu leisten. In der Sonderklasse muß der Patient die von der Krankenanstalt in Rechnung gestellten Sonderleistungen aus eigener Tasche bezahlen. Dazu haben im Jahr 1996 1,082.814 Personen eine private Zusatzversicherung abgeschlossen.

7.1.1.3 Anforderungen an Krankenanstalten

Auf der einen Seite haben Krankenanstalten die Aufgabe, die Leiden der Versicherten mit möglichst optimalen Mitteln zu lindern. Auf der anderen Seite unterliegt das Sozialversicherungssystem einem enormen Kostendruck und hat somit die Aufgabe, kostengünstigst zu wirtschaften. In Österreich wurden 1994 rund 85,8 Mrd. Schilling[2] für die Behandlung von Patienten in Krankenanstalten aufgewendet. Somit sind die Krankenanstalten die teuersten betrieblichen Einheiten des Gesundheitswesens. Von der Bevölkerung werden diese Spitzeneinrichtungen in der Hoffnung, dort schnell wieder die Gesundheit zu erlangen gerne angenommen. Man spricht heute sogar von Krankenhausfreudigkeit.[3] Finanziert wird das Gesundheitswesen aus den Beiträgen der Versicherten und aus Steuermitteln. Dabei sind budgetäre Limitierungen im Bereich der Arzneimittel notwendig. Der Einsatz von Qualitätskontrolle und

---

[1] vgl. RUDOLF, G.: Soziale Sicherheit in Österreich, Bundespressedienst Bundeskanzleramt, Wien 1994, S. 11

[2] Die Bundesministerin für Arbeit, Gesundheit und Soziales, Gesundheitsbericht an den Nationalrat 1997, Wien 1997, S. 91

[3] DEZSY, J.: Einführung in das Krankenhausmanagement, Wien 1993, S. 20

von einem professionell gestalteten Krankenhausmanagement soll dieses System letztendlich finanziell absichern. Dabei werden zukünftig folgende Anforderungen von den Krankenanstalten zu erfüllen sein:

- Bei der stationären Versorgung soll stärker die leistungsabhängige und bedarfsgerechte Komponente beachtet werden.

- Akutkrankenanstalten sollen eine möglichst gleichmäßige und bestmöglich erreichbare, aber auch medizinisch und wirtschaftlich sinnvolle Versorgung der Bevölkerung gewährleisten.

- Die Belegdauer der Betten und die Krankenhaushäufigkeit soll durch Verlagerung von Leistungen in den ambulanten Bereich verringert werden.

- Die Errichtung isolierter Fachabteilungen in dislozierter Lage soll vermieden werden.

- Medizinisch-technische Großgeräte sollen nur in jenen Krankenanstalten angeschafft werden, die diese zur Bewältigung der sich aus der jeweiligen Flächenstruktur ergebenden medizinischen Anforderung benötigen.

7.1.1.4 Der Qualitätsbegriff in der Medizin

Seit Jahren wird die Qualität eines Produktes oder einer Leistung als entscheidender Wettbewerbsfaktor angesehen, welchem besondere Bedeutung zukommt. Die steigende Anzahl der Sanatorien und Kliniken sättigen den Markt im Gesundheitswesen zusehends. Das hat zur Folge, daß Kunden, in diesem Fall Patienten, vor der Wahl zwischen sich konkurrierenden Anbietern stehen. Qualität wird so zu einem Differenzierungskriterium, um selbst besser zu sein als die Guten und um selbst die Maßstäbe zu setzen und nicht diejenigen der Anderen anerkennen zu müssen. Somit hat die praktische Umsetzung des Begriffs Qualität in den nächsten Jahren für Dienstleistungsbetriebe wie Krankenhäuser oder ambulante Praxen erhebliche Bedeutung, da davon das wirtschaftliche Überleben abhängig sein wird.

Der Grundgedanke, der hinter der Verbesserung einer Produkt- oder einer Leistungsqualität steht, ist immer die Zufriedenstellung von Kundenwünschen. Auf dem Gebiet der Medizin steht man nun dem Problem gegenüber, daß es nahezu keine die Realität widerspiegelnde Aussage darüber gibt, was die Qualität des ärztlichen

Handels bedeutet. So ist zum Beispiel die Zielsetzung im ambulanten und stationären medizinischen Versorgungsbereich eine optimale Behandlungsqualität. Die Qualität der Produkteigenschaften bzw. der Dienstleistungen in einem Krankenhaus wird dabei durch die Wahrnehmung des Patienten bestimmt. Da jeder Patient entsprechend seiner Vorstellung, seinen Ansprüchen und Erwartungen für sich ein individuelles Qualitätsniveau festlegt, wird die Qualitätsmessung nach subjektiven Kriterien vorgenommen werden müssen. Für den Patienten hängt subjektiv und objektiv die Qualität der medizinischen Leistung von der Qualifikation der Ärzte, Schwestern, Therapeuten, vom Ablauf des Diagnose- und Behandlungsprozesses und von der Heilung oder Besserung des Krankheitszustandes nach der Entlassung ab.

Die Patientenbefragung ist als Maßnahme der Selbstkontrolle für die Beschäftigten in einer Krankenanstalt zu sehen. Mit Unterstützung empirischer Methoden werden subjektive Eindrücke und Beurteilungen zu einem möglichst aussagekräftigen und über alle Patientengruppen gültigen Spiegel zur Orientierung für die Beschäftigten zusammengefaßt. Dabei sind nicht alle Leistungen des Krankenhauses für den Patienten erkenn- und durchschaubar. Für die Patientenbefragung eignen sich daher insbesondere direkt an ihm erbrachte Leistungen. Darunter fallen zum Beispiel die Spitalsaufnahme, die Versorgung und Betreuung, die Verpflegung, die Reinigung, die Besuchszeiten oder die Zimmerausstattung.

Da der Zufriedenheitsgrad der Patienten als wichtiger Maßstab für die Beurteilung der Krankenhausleistungen herangezogen werden muß, bildet die Befragung über die Qualität der Versorgung Anlaß für Veränderungen in jenen Krankenhausbereichen, die für den Patienten durchschaubar und somit beurteilbar sind.[4]

---

[4] vgl. HAUKE, E.: Qualitätssicherung im Krankenhaus, Wien 1994, S. 24

KUNDENORIENTIERUNG IN DER BETRIEBLICHEN PRAXIS

Folgende praxisbezogene Teilqualitäten sollten ermittelt und erörtert werden:

- Medizinische und pflegerische Behandlung
- Hotelleistung
- Image
- Führung
- Zusammenarbeit
- Ausführungsplanung
- Zulieferung

Ziel aller Bemühungen zur Qualitätsverbesserung im LKH-Univ.Klinikum Graz ist auf der einen Seite die Verbesserung der Patientenversorgung; oft wissen die Mitarbeiter nicht über die Qualität der eigenen Leistungen Bescheid. Auf der anderen Seite soll damit eine effizientere und effektivere Leistungserbringung ermöglicht werden. Dabei sollte eine qualitative Verbesserung auch zu Kosteneinsparungen führen. Hauptaugenmerk muß dabei auf ein wirtschaftliches und wirkungsvolles Zusammenspiel von allen Personen, die Dienstleistungen in einem Krankenhaus erbringen, gelegt werden.

7.1.1.5 Repräsentanz der Untersuchung

Der erste Teil der Untersuchung beschäftigte sich mit einem Benchmarking des LKH-Univ.Klinikums Graz mit anderen Krankenanstalten. Als Grundlage dieses Benchmarking wurden die Universiätsklinik für Chirurgie und die Medizinische Universitätsklinik herangezogen. Als Benchmarkingpartner des ersten Teils der Untersuchung wurden Krankenanstalten in Österreich, in der Schweiz und in Deutschland ausgewählt. Von den 23 ausgewählten Partnern haben 7 auch tatsächlich den Fragebogen retourniert.

Im zweiten Teil der Untersuchung, der Bedürfniserhebung, wurden 200 Personen auf der Straße angehalten und befragt. Die Größe der Stichprobe von 200 Personen ergibt einen zulässigen Fehlerbereich von 95,5% bei einer Genauigkeit von ±7,07%.

Im dritten Teil der Untersuchung, der Patientenbefragung wurden alle stationär aufgenommenen Patienten befragt, die im Erhebungszeitraum aus dem Krankenhaus entlassen wurden und die im Ermessen des Stationspersonals physisch und psychisch in der Lage waren, einen Fragebogen zu beantworten. Das entspricht einer Anzahl von 296 ausgeteilten Fragebögen. Der Rücklauf betrug im Durchschnitt über alle Stationen 82,4%. Die Schwankungsbreite befand sich dabei zwischen 60% und 97,6%.

7.1.1.6 Methoden der Marktforschung

7.1.1.6.1 Benchmarking

Benchmarking ist ein systematischer Ansatz, der darauf abzielt, Spitzenleistungen aufzuspüren. Dabei sollen die Arbeitsinhalte und -prozesse der erfolgreichen Unternehmungen erlernt und übernommen werden. Die eigene Organisation soll auf diese Weise zur Meisterklasse aufsteigen.[5]

Durch Erkennen von Verbesserungspotentialen im Umfeld soll ein strukturierter Benchmarkingprozeß ausgelöst werden, der weiterverfolgt und vervollständigt werden muß (siehe Abb. 7.1).

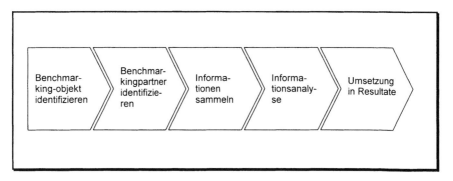

Abb. 7.1: Der Benchmarkingprozeß

---

[5] KARLÖF, B.: Das Benchmarking Konzept, München 1994, S. 71

Als Benchmarkingobjekt wurde die in einem Krankenhaus der Kundenorientierung entsprechende Patientenorientierung ausgewählt. Dabei sollten folgende Kriterien Eingang in die Untersuchung finden:

- Qualität der medizinischen und pflegerischen Versorgung
- Betreuung der Patienten
- Verpflegung
- Zimmerausstattung
- Weckzeiten
- Zusatzangebote

Das Auffinden geeigneter Benchmarkingpartner setzte eine systematische Suche in den verschiedensten Informationsquellen voraus. Das Spektrum dieser Quellen reichte von schriftlichen Berichten und persönlichen Erfahrungen bis hin zu Zeitschriften und anderen Veröffentlichungen. Dabei lag der wichtigste und ergiebigste Ort, um nach Informationen zu suchen, innerhalb der eigenen Unternehmung selbst, da die Mitarbeiter meist sehr gut darüber informiert sind, wo Spitzenleistungen zu finden sind.

Um die Mitarbeitsfreudigkeit der ausgewählten Benchmarkingpartner zu erhöhen, wurden die von den Partnern erfragten Daten vom LKH-Univ.Klinikum vorerhoben und der Aussendung beigelegt. Außerdem wurde der mitarbeitenden Institution versprochen, im Falle der Mitarbeit eine anonymisierte Diskette mit der Auswertung der Daten aller Benchmarkingteilnehmer zukommen zu lassen.

In dieser ersten Phase des Benchmarkingprozesses wurden jene Daten im LKH-Univ.Klinikum Graz erhoben, die man von den Benchmarkingpartnern erfragen wollte. Dadurch konnten bereits zu diesem Zeitpunkt Informationen über die eigene Unternehmung analysiert werden, und außerdem wurde damit erreicht, daß die Qualität der Antworten der externen Benchmarkingpartner verbessert wurde.

Konkret wurden Daten über folgende Fragestellungen erhoben:

- Entwicklung der Ambulanzzahlen
- Entwicklung der stationären Fälle
- Entwicklung der Verweildauer

- Weckzeiten
- Zimmerverteilung
- Verpflegung
- Zusatzangebote
- Pflegebereich
- Gesundheitsförderung
- Qualitätssicherung
- Patientenbeschwerden
- Meinungen der Krankenhausleitung

In der Phase der Informationsanalyse wurden die rückgesendeten Fragebögen ausgewertet und aufbereitet. Angegebene Maßnahmen und andere Aussagen wurden klassifiziert und nach der Häufigkeit ihrer Nennungen aufgeführt.

Die letzte Phase des Benchmarkingprozesses, die Umsetzung in Resultate, oblag der Krankenhausleitung und konnte lediglich anhand von Vorschlägen zur Umsetzung ausgearbeitet werden.

7.1.1.6.2 Die Primärerhebung

- **Bedürfniserhebung**

Die Auswahl der Befragten erfolgte nach der sogenannten willkürlichen Auswahl.[6] Auf einem öffentlich zugänglichen Platz wurde jeder fünfte vorbeikommende Passant angehalten und gebeten, sich an der Befragung zu beteiligen. Im Falle der Einwilligung zog sich der Interviewer mit dem Befragten so weit zurück, daß von Außen keine Einflußmöglichkeit und keine Störung zu erwarten waren.

Als Skalierungmethode wurde die Rating-Skala eingesetzt. Als Verfahren der direkten Selbsteinstufung ist diese dadurch gekennzeichnet, daß die Befragten aufgefordert werden, ihre Position auf der interessierenden Merkmalsdimension selbst

---

[6] vgl. BEREKOVEN, L.; ECKERT, W.; ELLENRIEDER, P.: Marktforschung, Methodische Grundlage und praktische Anwendung, Wiesbaden 1993, S. 48

anzugeben. Dabei liefern Rating-Skalen streng genommen nur ordinal skalierte Angaben. Werden sie jedoch wie üblich wie metrische Meßdaten behandelt, so läßt sich dies damit begründen, daß die Abstände auf der Skala vom Befragten bei entsprechender graphischer Darstellung als gleiche Intervalle aufgefaßt werden, d.h. der Unterschied zwischen den Meßwerten 3 und 4 wird als ebenso groß wie die Differenz zwischen den Meßwerten 1 und 2 wahrgenommen. Damit sind die mathematischen Voraussetzungen für eine Intervallskala erfüllt.

Besonders wichtig, um störende Einflüsse auf das Ergebnis zu vermindern, ist die Interviewsituation. Bei der Durchführung des Interviews treffen zwei einander zunächst völlig fremde Personen aufeinander. Der Kontakt selbst, wie auch der Kommunikationsablauf und der Gesprächsgegenstand werden im wesentlichen einseitig vom Interviewer initiiert und bestimmt. Dabei muß darauf geachtet werden, Faktoren auszuschalten, die einen unerwünschten Einfluß auf das Befragungsergebnis nehmen könnten. Als eine Gruppe derartiger Faktoren sind die wahrnehmbaren sozialen Merkmale sowohl des Interviewers als auch des Befragten anzusprechen:[7]

Die Gesamtheit dieser Merkmale erzeugt bereits zu Gesprächsbeginn bei den Interviewpartnern ein bestimmtes Bild vom jeweils anderen, welches zugleich Mutmaßungen über dessen Einstellungen, Wertorientierung und andere Tatsachen impliziert und welches zu Anpassungsmechanismen führen kann. Abhilfe wurde in diesem Fall durch eine gezielte Interviewerauswahl und durch eine gute Fragebogengestaltung gefunden.

- **Patientenbefragung**

Die Grundgesamtheit der befragten Patienten setzte sich aus Personen zusammen, die folgende Voraussetzungen erfüllten:

- Alter größer als 16 Jahre
- Aufenthaltsdauer im Krankenhaus mindestens eine Nacht
- Entsprechende Deutschkenntnisse

Als Methode der Marktforschung wurde die schriftliche Befragung mittels eines Fragebogens ausgewählt. Dieser wurde durch das Stationspersonal zusammen mit einem neutralen Kuvert und einem Begleitschreiben der Anstaltsleitung ausgegeben. Zum Zwecke des Rücklaufes wurden auf jeder Station für alle Patienten zugängliche

---

[7] vgl. BEREKOVEN, L.; ECKERT, W.; ELLENRIEDER, P.: a.a.O., S. 100ff.

Einwurfboxen aufgestellt, in welche die ausgefüllten Fragebögen in den zugeklebten Kuverts geworfen werden konnten.

7.1.2 Ergebnisse der Teiluntersuchungen

Bei der Darstellung der Einzelergebnisse soll hauptsächlich auf Tatbestände eingegangen werden, die für die vorliegende Arbeit von Interesse sind. Detailergebnisse, die sich auf die spezielle Situation des LKH-Univ.Klinikums Graz beziehen, sind in der Diplomarbeit[8] „Externe Dienstleistungsmarketingkonzeption und Kundenzufriedenheit im LKH-Univ.Klinikum Graz" zu finden.

7.1.2.1 Ergebnisse des Benchmarkings

- **Qualitätssicherung**

Im Bereich der Qualitätssicherung konnte erhoben werden, daß 75% der beteiligten Krankenhäuser zum Zeitpunkt der Befragung ein internes Qualitätssicherungsprojekt durchgeführt haben. 3 von 8 Häusern gaben an, daß ihre Qualitätssicherungsprojekte bzw. TQM-Projekte mehr als 2 Bereiche im eigenen Haus mit einbeziehen.

Bei den angegebenen Maßnahmen wurden folgende Instrumente der internen Qualitätssicherung als bereits in Verwendung befindlich angegeben (geordnet nach der Häufigkeit der Nennungen):

1. Bereichsübergreifende klassische Maßnahmen
   (Kommissionen, Sitzungen, Beiräte, Besprechungen, Konferenzen, Konzile, Visiten)
2. Maßnahmen zur Qualitätsverbesserung
   (Fortbildung, Videoschulungen, Vorträge, Weiterbildungsveranstaltungen)
3. Problemorientierte Maßnahmen
   (Qualitätszirkel, spezielle Problemkonferenzen, interdisziplinäre Arbeitskreise, Einholung von Zweitmeinungen, Qualitätskoordinierungsteams)
4. Prozeßbezogene Maßnahmen und Audits
   (Definition von Standards, Dokumentationshandbücher, Audits)
5. Erhebungen (Patientenbefragungen, Mitarbeiterbefragungen)

---

[8] vgl. LANDL, T.: Externe Dienstleistungsmarketingkonzeption und Kundenzufriedenheit im LKH-Univ. Klinikum Graz, Diplomarbeit an der TU-Graz, Graz 1998

Als dringend notwendige Maßnahmen zur Qualitätsverbesserung wurden folgende Punkte genannt (geordnet nach der Häufigkeit der Nennungen):

1. Ausbau eines Informationswesens
2. **Mehr Kundenorientierung**
3. Definition von Standards
4. Entwicklung von Strukturkonzepten
5. Verbesserung der internen Abläufe
6. Ergebnisdokumentation
7. Mitarbeiterschulung

- **Weitere Ergebnisse**

Rund ein Viertel der Krankenanstalten haben angeführt, daß sie noch kein innerbetriebliches Vorschlagswesen installiert haben.

74% stimmten der Aussage zu, daß je zufriedener die Mitarbeiter bei der Ausübung ihrer Arbeit sind, desto zufriedener werde auch der Kunde (Patient) mit seinem Krankenhausaufenthalt sein. Ebenso bejahten 62% die Aussage, daß ein gutes Betriebs- und Arbeitsklima sich positiv auf den Genesungsverlauf des Patienten auswirke. Es gibt also nach einem Großteil der Meinungen der Umfrageteilnehmer einen direkten Zusammenhang zwischen der Mitarbeiter- und der Kundenzufriedenheit.

- **Aufenthalts- und Servicequalität**

Der Begriff „Anspruchsdenken" hat in den achtziger Jahren, als sich die Anbieter von Gesundheitsversorgungsleistungen zunehmend kritischeren Patienten gegenüber sahen, die ihre klassische Patientenrolle verließen und Ansprüche an Qualität und Umfang der Leistung stellten, eine Diskussion über die Angemessenheit dieser Ansprüche ausgelöst. Heute sind drei Viertel der an der Umfrage beteiligten Krankenanstalten nicht der Meinung, daß die Patienten ein zu hohes Anspruchsdenken besitzen. 13% der befragten Häuser haben aber sehr wohl noch ein kundenunfreundliches Denken.

Fast alle Anstalten stimmten der Aussage zu, daß der stärker werdende Komfortwunsch der Patienten als Chance und nicht als Bedrohung zu sehen sei. Auch wären die Forderungen der Kunden verständlich. Damit ist zumindest eine mentale Veränderung hin zur Kundenorientierung festzustellen. So ist speziell im Bereich der Zimmerausstattung, bei der angebotenen Essensversorgung und bei der Bettenzahl in den Zimmern bereits viel geschehen, um dem Kunden den Aufenthalt so angenehm wie möglich zu gestalten.

Zusätzliche Differenzierungspotentiale finden viele Krankenanstalten über Zusatzangebote, die die sozialen Kontakte fördern, zusätzliche Dienst- oder Serviceleistungen oder zusätzliche Informationsveranstaltungen. All jene Angebote zielen darauf ab, die Kundenzufriedenheit zu steigern und den Kunden als positiven Werbeträger aus der (Geschäfts-) Beziehung zu entlassen.

KUNDENORIENTIERUNG IN DER BETRIEBLICHEN PRAXIS 281

7.1.2.2 Ergebnisse der Bedürfnisumfrage

Die 27 im Fragebogen angeführten Leistungen einer Krankenanstalt wurden wie folgt nach ihrer Wichtigkeit gereiht (die Zahl entspricht dem Mittelwert der Nennungen, wobei 5 die höchste Wichtigkeit und 1 die geringste Wichtigkeit ausdrückt):

Leistungen in einem Krankenhaus	Bewertung
Medizinische Versorgung	4,865
Moderne medizinische Geräte	4,750
Sauberkeit in den Zimmern	4,704
Ärztliche Aufklärung des Patienten	4,670
Pflegerische Versorgung	4,555
Ausstattung mit sanitären Anlagen	4,513
Freundlichkeit des Personals	4,440
Menschliche Zuwendung	4,430
Abwechslungsreiches gutes Essen	4,135
Gutes Image des Hauses	4,265
Unbürokratische Aufnahme	4,055
Flexible Besuchszeiten	3,965
Aufklärung der Angehörigen	3,925
Aufenthaltsräume	3,695
Zusätzliche psychologische Betreuung	3,685
Freizeitbeschäftigungsmöglichkeiten	3,613
Parkplätze	3,610
Information über das Krankenhaus	3,593
Zimmerausstattung mit Telefon	3,545
Zimmerausstattung mit Radiogerät	3,375
Einkaufsmöglichkeit im Krankenhaus	3,120
Späte Weckzeiten	3,045
Veranstaltungen	3,025
Zimmerausstattung mit Fernseher	2,940
Raucherzimmer	2,705
Friseur im Krankenhaus	2,675
Kosmetik im Krankenhaus	2,280

Tab. 7.1: Leistungen einer Krankenanstalt

Diese Leistungen entsprechen den Kundenanforderungen, die die Bevölkerung an ein Krankenhaus stellt. Man sieht, daß die medizinische Versorgung an erster Stelle steht. Auch die Verwendung von modernen medizinischen Geräten gehört eigentlich zu einer guten medizinischen Versorgung und wird als sehr wichtig eingestuft.

Aber schon auf den nächst folgenden Plätzen sind Faktoren wie Sauberkeit, Aufklärung, oder pflegerische Versorgung zu finden. In diesen Bereichen kann noch viel zur Steigerung der Kundenzufriedenheit beigetragen werden. (92% möchten über alle Risiken und Behandlungsalternativen aufgeklärt sein!) Damit wird nachgewiesen, daß Verbesserungen auf dem Sektor Aufklärung oder pflegerische Versorgung genauso wichtig sind, wie eine moderne medizinische Versorgung.

- **Weitere Ergebnisse**

Aufgrund der Auswertung einiger Zusatzdienstleistungen kann aufgezeigt werden, daß Kundenorientierung nur dann funktioniert, wenn die Ausrichtung auf homogene Gruppen erfolgt.

Die Zusatzleistung „Friseur und Kosmetik in Krankenhaus" wurde zum Beispiel von Frauen als wesentlich wichtiger bewertet als von Männern. Ebenso legten Frauen wesentlich mehr Wert auf Betreuung und Versorgung als dies die Männer taten.

Männer hingegen befanden die Hotelleistungen eines Krankenhauses als viel wichtiger als Frauen.

Personen, die eine Zusatzversicherung abgeschlossen hatten, legten deutlich mehr Wert auf gute Versorgung und Betreuung als jene ohne Zusatzversicherung.

Je älter Patienten werden, desto weniger wichtig beurteilten sie Leistungen, die nicht direkt mit der medizinischen Versorgung in Zusammenhang stehen.

Die Durchschnittsbildung würde alle oben angeführten Aussagen verfälschen. Die Erfüllung dieser Kundenanforderungen würde damit nur schlecht, in einigen Kriterien gar nicht möglich werden.

7.1.2.3 Ergebnisse der Patientenbefragung

- **Ergebnisse zum Thema Erwartungsbildung[9]**

Der am häufigsten genannte Grund für einen Aufenthalt im LKH-Univ.Klinikum Graz war eine Überweisung durch einen Haus- oder Facharzt.

Nimmt man aber die Gründe „durch Empfehlung", „auf persönlichen Wunsch" und „war schon Patient hier" zusammen, kann gesagt werden, daß 51% der Patienten durch den guten Ruf oder durch persönliche Erfahrungen in dieses Krankenhaus gekommen sind.

Durch den Prozeß der Bedürfnis- und der Erfahrungsbildung und durch den Kommunikationsprozeß ist es zur Bildung der persönlichen Erwartung gekommen. Diese Erwartung hat den Wunsch ausgelöst, die Leistung im LKH-Univ.Klinikum Graz zu konsumieren.

Es kam zum nächsten Schritt im Prozeß der Entstehung von Kundenzufriedenheit, der Leistungswahrnehmung.

- **Ergebnisse zum Thema Leistungswahrnehmung**

Der erste Punkt Leistungswahrnehmung ist die Krankenhausaufnahme. Hier wurden speziell die Freundlichkeit bei der Aufnahme, die Dauer der Wartezeit auf ein Bett und die Kontaktaufnahme mit den verantwortliche Ärzten und Pflegepersonal untersucht.

Auch bei diesen Punkten ergab die Auswertung durchwegs gute Ergebnisse. So sahen beim Pflegepersonal 84% freundliche Gesichter und bei den Ärzten 77%. Es soll allerdings darauf verwiesen werden, daß einige wenige schlechte Erfahrungen wesentlich schwerer wiegen als die guten. So überschreiten gute Eindrücke wesentlich schwerer die Schwelle der Wahrnehmungsindifferenz hin zur Begeisterung als schlechte Nachrichten die Schwelle zur Unzufriedenheit.[10]

Die weiteren Punkte der Leistungswahrnehmung sollen gemeinsam mit der Leistungsbewertung erläutert werden.

---

[9] siehe auch Kapitel 3.5.4 Der Prozeß der Entstehung von Kundenzufriedenheit
[10] siehe auch Tab.3.3 Typologien von Kundenanforderungen

- **Ergebnisse zum Thema Leistungsbewertung**

Den Input in diesen dritten Teilprozeß zur Erreichung der Kundenzufriedenheit stellen die Kundenerwartungen und die Leistungswahrnehmungen dar. Dabei wurden die einzelnen Leistungsbereiche wie folgt bewertet:

Bewertete Leistungsbereiche	Bewertung
Versorgung durch das Pflegepersonal	4,68
Aufklärung	4,47
Essensbewertung	4,32
Zimmerbewertung	4,26
Diätessensbewertung	4,03

Tab. 7.2: Bewertung der Leistungsbereiche

Die durchschnittlichen Bewertungen fielen in diesen Bereichen gut aus. Lediglich das Diätessen liegt mit der Bewertung von 4,03 etwas abgeschlagen.

Dazu ist aber der Hinweis anzubringen, daß die Kundenanforderung „gutes Essen" durch eine ärztlich verordnete Diät eventuell einfach nicht zu erfüllen ist. Ist der Patient darüber aber nicht informiert, so wird er dies auch nicht in den Prozeß der Erwartungsbildung mit einbeziehen. Ausrichtung auf die Kundenanforderungen bedeutet in diesem Fall nicht, daß das Essen besser zu werden hat, sondern die Aufklärung über die notwendige Diät und das daraus resultierende weniger schmackhafte Essen können beim Kunden den Informationshorizont erweitern und das Zufriedenheitsniveau heben.

Bei der Bewertung der Leistungsbereiche wurde wiederum eine Gruppierung der Teilergebnisse zur Ergebnisgruppen vorgenommen. Um genauere Ergebnisse zu erhalten, müssen die Gruppen aufgebrochen und die Einzelresultate betrachtet werden.

So schneidet bei der Bewertung des Pflegepersonals die Reaktion auf das Läuten überdurchschnittlich gut ab, während die Erfüllung individueller Wünsche eine verhältnismäßig schlechte Bewertung erhält.

Ein weiterer interessanter Punkt ist die Bewertung der zur Patientenbetreuung aufgewendeten Zeit. Dabei konnte die Tatsache belegt werden, daß das Verständnis der Erklärungen einen direkten Zusammenhang mit dem Empfinden der Patienten darüber hatte, ob sich die erklärende Person genügend Zeit für den Patienten genommen hatte (siehe Abb. 7.2).

Es liegt nicht daran, daß es sich bei den zu erklärenden Krankheitsbildern und Diagnosen um äußerst komplizierte Informationen handelt, sondern auch ein Nichtmediziner kann richtig aufbereitete und in genügender Zeit transportierte Informationen verstehen. Legt man diesen Sachverhalt auf die zu erreichende Optimierung der Kundenzufriedenheit um, so bedeutet das, daß es nicht möglich ist, eine für alle Kunden gültige Mindestzeit der Patientenaufklärung vorzugeben.

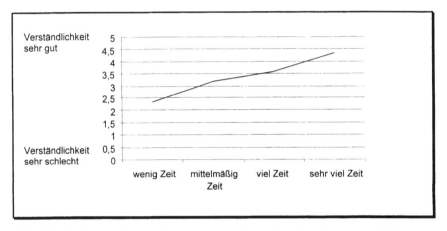

Abb. 7.2: Abhängigkeit von aufgewendeter Zeit und dem Verständnis der Erklärung

Ebensowenig kann der zu übermittelnde Informationsgehalt genau definiert werden. So muß zum Beispiel in Abhängigkeit vom Bildungsniveau den Patienten die Information unterschiedlich aufbereitet übermittelt werden. Einige Patienten erwarten genaue Angaben über Art und Verlauf ihrer Krankheit. Andere wiederum erwarten sich einfach Zuwendung und verständnisvolle Worte.

Möchte man nun die Kundenzufriedenheit erhöhen, so gilt es, jene Mitarbeiter, die direkten Kundenkontakt haben, so zu schulen, daß sie merken, wieviel Zeit sie einem Patienten widmen müssen, damit dieser sich lange genug betreut fühlt und welche Informationen sie wie aufbereitet an den Patienten weitergeben müssen, damit er sich genügend aufgeklärt fühlt. Optimale Kundenzufriedenheit kann in diesem Bereich nur durch ein sensibles Reagieren auf jeden einzelnen individuellen Kunden erreicht werden.

Ein weiteres interessantes Ergebnis zeigte sich in bezug auf die Vorbereitung auf bevorstehende Schmerzen. 13% der Befragten empfanden die Vorbereitung auf bevorstehende Schmerzen als unzureichend oder nicht vorhanden.

Dazu kann gesagt werden, daß die Zufügung von Schmerzen gerade in einem Krankenhaus oft nicht verhindert werden kann. Doch auch in diesem Bereich gilt, daß Patientenaufklärung und –betreuung enorme Steigerungen des Zufriedenheitsniveaus ermöglichen kann.

7.1.3 Zusammenführung der Teilergebnisse und Konklusion

Zusammenfassend soll nun noch eine Aufstellung gegeben werden, welche Bereiche aus dem theoretischen Teil der vorliegenden Arbeit durch diese Untersuchung berührt wurden und dabei belegt werden konnten:

- Verstärkte Kundenorientierung wurde im Benchmarking mit anderen Krankenanstalten in Österreich, Deutschland und der Schweiz als dringend notwendige Maßnahmen zur Qualitätsverbesserung im LKH-Univ.Klinikum Graz genannt.

- Die Aussage, daß je zufriedener die Mitarbeiter bei der Ausübung ihrer Arbeit sind desto zufriedener werden auch die Kunden mit den erbrachten Leistungen sein, konnte empirisch belegt werden.

- Gesteigerte Kundenanforderungen bieten zusätzliche Differenzierungspotentiale über Zusatzangebote. Zusätzliche Dienst- oder Serviceleistungen und verstärkte Informationspolitik zielen darauf ab, die Kundenzufriedenheit zu steigern und den Kunden als positiven Werbeträger aus der (Geschäfts-) Beziehung zu entlassen.

- Es konnte nachgewiesen werden, daß Verbesserungen in Bereichen, die nicht direkt mit der Leistungserstellung im Zusammenhang zu bringen waren, in vielen Fällen einen genauso großen Beitrag zur Steigerung der Kundenzufriedenheit leisteten, als Verbesserungen in der Leistungserstellung an sich.

- Kundenorientierung funktioniert nur dann, wenn die Ausrichtung der Maßnahmen auf homogene Gruppen mit einem einheitlichen Anforderungsprofil erfolgt. Jede

Zusammenfassung von Gruppen mit unterschiedlichen Bedürfnissen verringert das Potential zur Steigerung der Kundenzufriedenheit beträchtlich.

- Bei besonders wichtigen Faktoren der Kundenzufriedenheit darf man sich als Unternehmung nicht mit einem, wenn auch geringen Maß an Unzufriedenheit begnügen. Ziel muß hier eine hundertprozentige Zufriedenheit sein, da einige schlechte Reaktionen genügen, um ein gutes und lange aufgebautes Unternehmungsimage zu zerstören.

- Eine wichtige Komponente zur erfolgreichen Steigerung der Kundenzufriedenheit ist das Wissen darüber, in welchen Phasen des Prozesses zur Erreichung der Kundenzufriedenheit sich der Konsument befindet. Oft muß schon im Teilprozeß der Erwartungsbildung der Informationshorizont beim Kunden erweitert werden, um unrealistische Erwartungen zu korrigieren.

- Bei vielen Faktoren der Kundenzufriedenheit ist es unmöglich, genaue Vorgaben zur Verbesserung anzugeben. Vielmehr hängt es vom einzelnen Kunden und dessen speziellen Anforderungen ab, wie es zu Zufriedenheitsverbesserungen kommen kann. Diese Anforderungen zu erkennen und richtig darauf zu reagieren, kann jedoch dem Mitarbeiter beigebracht werden.

7.2 Empirische Untersuchung der Kundenzufriedenheit in der LKW-Kurzzeitvermietung

7.2.1 Grundlagen der Untersuchung

Die Untersuchung zur Erhebung der Kundenzufriedenheit in der LKW-Kurzzeitvermietung wurde in Zusammenarbeit mit der Firma Scania Deutschland GmbH in Form einer Diplomarbeit durchgeführt. Die Durchführung der Arbeit vor Ort wurde von Herrn Bernhard Kremser erledigt. Die Betreuung der Arbeit und die inhaltliche Abstimmung erfolgte durch den Autor der vorliegenden Arbeit. Ziel der Diplomarbeit war die Konzeption von Varianten zur Kurzzeitvermietung[11] von Lastkraftwagen. Durch diese Erweiterung des Dienstleistungsangebotes eines LKW-Herstellers sollte versucht werden, auf die geänderten Kundenanforderungen der Frächter einzugehen und so den ersten Schritt hin zu einem gänzlich auf Kundenanforderungen ausgerichteten Problemlöser zu gehen.

---

[11] Unter Kurzzeitvermietung soll in dieser Arbeit eine Vermietung von LKW über 16t Gesamtgewicht mit einer Vermietdauer von maximal 12 Monaten verstanden werden.

7.2.1.1 Vorgehensweise

Am Beginn der Untersuchung stand eine Analyse des Marktes hinsichtlich LKW-Kurzzeitvermietung in Deutschland.

In einem zweiten Schritt konnte aus den gewonnenen Sekundärinformationen ein Fragebogen zur Erhebung der Kundenanforderungen und zur möglichen Realisierung des Konzeptes der Kurzzeitvermietung entwickelt werden. Dieser Fragebogen wurde an alle Scania Partner in Deutschland ausgesendet.

Durch die Auswertung des Fragebogens konnten zwei verschiedene Konzeptionen zur Realisierung einer LKW-Kurzzeitvermietung entwickelt und der Unternehmungsleitung zur Umsetzung vorgelegt werden.

7.2.1.2 Repräsentanz der Untersuchung

An der Primäranalyse beteiligten sich 43 Partnerunternehmugen der Scania Deutschland GmbH. Die Anzahl der ausgesendeten Fragebögen betrug 51. Das ergibt eine Rücklaufquote von 84%. Die außergewöhnlich hohe Quote ist einerseits auf das Interesse der Scania Partner an der Thematik zurückzuführen. Andererseits wurden die Partnerunternehmungen von der Mutterunternehmung angehalten, sich an der Untersuchung zu beteiligen. Die von diesen Partnern getätigten Aussagen repräsentieren dabei nicht die direkte Meinung der Kunden, sondern stellen nur die von den Partnerunternehmungen getätigten Interpretationen dieser Meinungen und Anforderungen dar. Da die Partner aber im Gegensatz zur Scania Deutschland GmbH direkten Kontakt mit den Kunden haben, wurde für die Untersuchung unterstellt, daß sich die von den Partnern getätigten Aussagen mit den Meinungen und Anforderungen der tatsächlichen Kunden weitestgehend decken.

7.2.2 Ergebnisse der Untersuchung

Die in diesem Abschnitt festgehaltenen Ergebnisse der Untersuchung stellen nur einen für die vorliegende Arbeit relevanten Ausschnitt aus der Diplomarbeit „Kurzzeit-

KUNDENORIENTIERUNG IN DER BETRIEBLICHEN PRAXIS 289

vermietung am Nutzfahrzeugsektor" dar. Für genauere Ausführungen sei auf diese Diplomarbeit[12] verwiesen.

- **Ergebnisse der Sekundärforschung**

Durch Veränderungen am Transportleistungsmarkt sind Frächter derzeit angehalten, Rationalisierungs- und Flexibilisierungsprogramme durchzuführen. Als Instrument der Auslastungsoptimierung und der Flexibilitätssteigerung wurde die Kurzzeitmiete von LKW erkannt. Der Frächter kann die Grundauslastung durch einen geringeren Bestand an Fahrzeugen abdecken, und die kurzzeitigen Auslastungsspitzen werden durch anmieten zusätzlicher Fahrzeuge bewältigt. Somit ist eine neue Kundenanforderung in Form einer von Herstellern von LKW-Nutzfahrzeugen zusätzlich geforderten Dienstleistung entstanden.

Diese angestrebte Erweiterung des Dienstleistungsangebotes sollte neben bereits angebotenen Dienstleistungen (24-Stunden-Notdienst, Finanzierungsleistungen, Fuhrparkberechnungen, Serviceleistungen etc.) eine weitere Differenzierung gegenüber der Konkurrenz ermöglichen. Dabei ist zu berücksichtigen, daß die Erfüllung dieser Kundenanforderung derzeit noch das Indifferenzniveau der Kundenerwartung[13] überschreiten sollte und somit Begeisterung beim Kunden hervorrufen dürfte. In Zukunft aber werden sich die Auslastungsoptimierungsprogramme der Frächter noch weiterentwickeln und LKW-Hersteller, die keine Kurzzeitvermietung anzubieten haben, werden in der Erfüllung der Kundenanforderungen deutlich an Boden verlieren.

Zwei unterschiedliche Hauptziele des Frächters stehen hinter der neuen Kundenanforderung Kurzzeitvermietung:

- Kostenreduktion beim Frächter
  Ein optimal ausgelasteter Fuhrpark erzeugt weniger Kosten, da Fahrzeuge nicht ungenutzt am Hof stehen. Bei Fahrzeugausfällen kann auf Mietfahrzeuge zurückgegriffen werden.

- Akquisition von Zusatzaufträgen
  Zusätzliche, über die Fuhrparkkapazität hinausgehende Aufträge können ange-

---

[12] KREMSER, B.: Kurzzeitvermietung am Nutzfahrzeugsektor, Diplomarbeit an der TU-Graz, Graz 1997

[13] siehe auch Tab. 3.3 Typologien von Kundenanforderungen

nommen werden. Die fehlenden Fahrzeugeinheiten werden durch Mietfahrzeuge ausgeglichen.

- **Ergebnisse der Primärforschung**

In der Primäranalyse wurden anhand eines Fragebogens, der an alle Scania Partner in Deutschland versendet wurde, Informationen über die Gestaltung der Dienstleistung Kurzzeitvermietung erhoben.

Folgende Fragenbereiche wurden in die Untersuchung aufgenommen:

- Größe des Bedarfes an Vermietfahrzeugen
- Motive des Kunden für die Inanspruchnahme von Kurzzeitvermietung
- Gestaltung der Dienstleistung aus Kundensicht
- Mietdauer
- Einwegmieten
- Kilometerleistungen
- Verkehrssegmente
- Kostenbewußtsein des Kunden
- Alter und Größe der Kundenfuhrparks
- Mietabwicklung aus Händlersicht
- Anzahl der Mietfahrzeuge zur Deckung der Nachfrage aus Händlersicht
- Vorführfahrzeuge
- Marktanteil der Konkurrenten im jeweiligen Händlergebiet
- Weitere Ideen und Vorschläge

Der Bedarf an Kurzzeitvermietung ist aus der Primärerhebung deutlich ersichtlich. So gaben 90% der Partner an, schon einmal von Kunden auf dieses Thema angesprochen worden zu sein. Einige Händler haben auf eigene Faust bereits Fahrzeuge kurzzeitig vermietet.

Die durch die Sekundäranalyse erhobenen Gründe für die Inanspruchnahme der neuen Dienstleistung konnten wie erwartet verifiziert werden. Auch reagierten die Partnerunternehmungen positiv. Sie sahen durchwegs vorteilhafte Auswirkungen auf die Geschäftstätigkeit durch das Anbieten dieser Zusatzdienstleistung. So könne zum Beispiel das Kaufinteresse verstärkt geweckt werden. Man könne mit stärkerer Kundenbindung rechnen, da man für den Kunden nun eine komplette Transportproblemlösung anzubieten in der Lage wäre. Auch wurde positiv angemerkt, daß so die Vorführfahrzeuge wieder für ihren ursprünglichen Zweck frei seien und nicht mehr zweckentfremdet eingesetzt werden müßten.

Ein interessanter Punkt der Kundenanforderungen ist die Preisgestaltung. Die Vorstellungen gehen bezüglich der Mietpreise stark auseinander. Grundsätzlich konnten drei unterschiedliche Denkweisen bei den Kunden festgestellt werden. Einige Kunden verlangen, daß ihnen der Hersteller zur Überbrückung eines Engpasses Fahrzeuge kostenlos zur Verfügung stellen sollte. Die zweite Gruppe von Kunden orientiert sich an den derzeit üblichen Monatsraten für Langzeitmiete. Erst die dritte Gruppe von Kunden erkennt den gesteigerten Aufwand beim Anbieter, aber auch den eigenen Vorteil durch die Inanspruchnahme von Kurzzeitvermietung. Diese Kunden haben durchaus realistische Preisvorstellungen für die neue Dienstleistung.

Dazu kann angemerkt werden, daß bei der Erfüllung der Preisvorstellungen des Kunden sehr stark die Erwartungsbildung betroffen ist. Ist der Kunde von früheren Geschäftsbeziehungen gewohnt, daß ihm ein LKW kurzzeitig ohne Verrechnung von Kosten überlassen wird, so wird derselbe Kunde nicht verstehen, warum er für diese Leistung nun auf einmal Mietgebühren zahlen soll. Erkennt derselbe Kunde aber, daß es sich bei dieser neuen Dienstleistung um ein gänzlich anderes Konzept handelt, von dem er unter dem Strich profitieren kann, so wird er die Leistung gerne annehmen und seine Zufriedenheit wird sich steigern.

Der wichtigste Punkt, der also zusammen mit der Einführung des Konzeptes zur LKW-Kurzzeitvermietung gesetzt werden muß, ist die Aufklärung und Information der potentiellen Kunden. Dabei kann eventuell die Kurzzeitvermietung sogar im Hintergrund stehen und ein verbessertes und für den Frächter günstigeres Fuhrparkgesamtmodell als Ausgangspunkt für die Vermarktung der neuen Dienstleistung stehen. Das realistische Kostenbewußtsein beim Kunden muß verstärkt werden. Nach Meinung der Partnerunternehmungen ist sich ungefähr die Hälfte aller Kunden nicht bewußt, welche Kosten ihre Fahrzeuge verursachen. Weder die Gesamtkosten pro Kilometer noch die Fixkosten der Fahrzeuge sind bekannt. Ein Drittel weiß nicht, wie groß die Auslastung ihres Fuhrparks ist.

Eine weitere wichtige Kundenanforderung betraf den Zeitpunkt der Rückgabe des Fahrzeuges. Dabei stellte sich heraus, daß es für den Partner notwendig ist, eine gewisse Flexibilität zuzulassen. Möchte ein Frächter das gemietete Fahrzeug länger als vorgesehen behalten oder aber früher als beabsichtigt retournieren, so muß der Bestand an Vermietfahrzeugen des Partners dies zulassen können. Kann diese Kundenanforderung nicht erfüllt werden, so führt das auf Kundenseite zu extremer Unzufriedenheit. Die Forderung nach flexiblen Rückgabemöglichkeiten stellt also für den Kunden eine Mindestanforderung dar.

7.2.3 Zusammenfassung und Konklusion

Durch den Aufbau der Zusatzdienstleistung können die Kundenanforderungen weitaus besser erfüllt werden als bisher. Speziell die Anforderungen des Kunden bezüglich Zuverlässigkeit und Flexibilität eröffnen die Chance, die Geschäftsbeziehung wesentlich zu festigen. Dabei sind folgende Tatsachen zu vermerken:

- Potentielle Neukunden werden durch die Zusatzdienstleistung auf die Unternehmung aufmerksam gemacht. Sie mieten ein Fahrzeug zur Überbrückung eines Engpasses an und testen dieses gleichzeitig. Entspricht dieses den Anforderungen besser als die bisher eingesetzten Fahrzeuge besteht die Chance, einen neuen Kunden für die Unternehmung gewonnen zu haben. Somit unterstützt die neue Dienstleistung die Aktivitäten bezüglich der Neukundenakquisition.

- Da eine der größten Kundenanforderungen an die Dienstleistung Kurzzeitvermietung der für den Frächter günstige Preis ist, kann es sinnvoll sein, den Vermietpreis von seiten der Unternehmung zu stützen. Der auf diese Weise für die Unternehmung gewonnene Kunde wird mit der gebotenen Preis-Leistungskombination zufrieden sein und durch zukünftige Umsätze zum Erfolg der Unternehmung beitragen.

- Noch vor dem Preis ist die Information der wichtigste Aspekt dieser Dienstleistung. Erst wenn der Kunden erkennen kann, was für ihn der Nutzen ist, wird er bereit sein, das Zusatzangebot anzunehmen.

7.3 Kundenorientierung und Servicestrategien im Maschinenbau

7.3.1 Grundlagen der Untersuchung

Die Erhebung zur Ausarbeitung von kundenorientierten Servicestrategien und zur Gestaltung eines Servicecenters wurde in Zusammenarbeit mit der BEISPIEL AG (der Name der Unternehmung wurde aus Gründen der Geheimhaltung geändert) in Form einer Diplomarbeit durchgeführt. Mit der Durchführung der Arbeit wurde Herr Reinhard Schindler betraut. Die inhaltliche Konzeption und die Betreuung der Diplomarbeit erfolgte durch den Autor der vorliegenden Arbeit. Zielsetzung war eine Neugestaltung des Services bei Geräten der schweren Diamanttechnik. Dadurch sollten zwei verschiedenartige Effekte erzielt werden. Auf der einen Seite sollten die Kundenanforderungen an den Service berücksichtigt und somit die Kundenzufriedenheit erhöht werden. Auf der anderen Seite sollte die Serviceprofitabilität verbessert werden.

7.3.1.1 Vorgehensweise

Am Beginn der Untersuchung stand eine Marktforschung, die zur Erfassung des Servicestandards am Markt diente. Daraus konnte ermittelt werden, welche Maßnahmen zur Ausrichtung des Services an den Anforderungen der Kunden unternommen werden und welche Faktoren der Kundenzufriedenheit erfüllt werden müssen.

Als zweiter Schritt wurde mittels eines Benchmarkings der interne Servicestandard erhoben. Aus dem Vergleich zwischen den internen Standards und den Benchmarks des Marktes kam es zur Entwicklung von Ansatzpunkten zur Serviceverbesserung.

Im dritten Teil der Untersuchung konnte ausgehend von diesen Ansatzpunkten und unter der Prämisse optimale Ausrichtungen auf die Anforderungen des Kunden, die Neugestaltung eines zentralen Servicecenters erarbeitet und dieses schlußendlich implementiert werden.

7.3.1.2 Repräsentanz der Untersuchung

Die Kundenbefragung teilte sich in 4 Kategorien. Abgefragt wurden die Servicetiefe, die Servicequalität, der Reparaturablauf und das Preis-Leistungsverhältnis im Service. Als Methode der Marktforschung wurde die Befragung mittels telefonisch durchgeführter Interviews ausgewählt. Dazu mußte ein Fragebogen erstellt werden, der vor seiner Verwendung einem Pretest unterzogen wurde.

Es wurden insgesamt 40 Interviews durchgeführt, wobei 23 der eingebundenen Unternehmungen in Deutschland, 13 in der Schweiz und 4 in Österreich angesiedelt waren.

Für das interne Benchmarking wurde ebenso ein Fragebogen entworfen. Dabei wurden Fragen zu den Themen Reparaturhäufigkeit, Servicetiefe, Servicequalität, Durchlaufzeit, Ersatzteillogistik und Allgemeines gestellt. Dieser Fragebogen wurde an die 10 wichtigsten Marktorganisationen in Europa versendet. Als Ansprechpartner in den einzelnen Marktorganisationen wurde der zuständige Reparaturleiter definiert. Die Erhebung an sich erfolgte wiederum in Form eines telefonisch geführten Interviews. Der vorabgesendete Fragebogen diente den Reparaturleitern somit als Informationsbasis über die zu erwartenden Fragen.

7.3.2 Ergebnisse der Untersuchung

Die in diesem Kapitel dargestellten Ergebnisse der Untersuchung beziehen sich hauptsächlich auf die für die vorliegende Arbeit relevanten Tatbestände. Für weiterführende Ausführungen sei auf die Diplomarbeit[14] „Servicestrategie für die schwere Diamanttechnik - Schwerpunkt zentrales Servicecenter" verwiesen.

Eine Besonderheit diese Untersuchung ist die Tatsache, daß die Kunden der BEISPIEL AG selbst Dienstleistungsunternehmungen sind, die ihrerseits für den Endkunden eine Dienstleistung zu erbringen haben. Um in diesem Fall eine Ausrichtung auf die Kundenanforderungen dieser Dienstleistungsunternehmungen zu erlangen, reicht es nicht aus, nur deren Anforderungsprofil zu kennen, sondern es ist auch notwendig, die Kundenanforderungen der Endkunden zu kennen. Erst wenn die zwischengeschalteten Dienstleister in der Lage sind, bei ihren Kunden volle Zufriedenheit zu erreichen, werden sie ihrerseits mit den Leistungen der BEISPIEL AG voll zufrieden sein. Für die BEISPIEL AG bedeutet dies, daß die Notwendigkeit eines mehrstufigen Beziehungskonzeptes besteht, welches über zwei Beziehungsstufen hinweg Kundenorientierung und -integration ermöglicht. Damit kann unter anderem

---

[14] SCHINDLER, R.: Servicestrategie für die schwere Diamanttechnik - Schwerpunkt zentrales Servicecenter, Diplomarbeit an der TU-Graz, Graz 1997

KUNDENORIENTIERUNG IN DER BETRIEBLICHEN PRAXIS

erreicht werden, daß der Endkunde vom Dienstleister erwartet, bei der Leistungserstellung Aggregate der BEISPIEL AG zu verwenden.[15]

7.3.2.1 Ergebnisse zum Thema Servicestandard am Markt

- **Dauer und Art der Instandhaltung**

Unter Kundenorientierung muß in diesem Fall verstanden werden, daß die Maschine funktionstüchtig ist, wenn sie gebraucht wird. Ist sie nicht im Einsatz, ist eventuell eine vorbeugende Instandhaltung möglich. Damit können spätere Ausfälle auf der Baustelle verringert werden. Um die Zufriedenheit des Kunden zu erhöhen, reicht eine Minimierung der Reparaturzeit nicht aus.

Eine optimale Kundenorientierung kann erreicht werden, indem in Stillstandszeiten regelmäßig eine vorbeugende Instandhaltung durchgeführt wird und somit sich anbahnende Schäden rechtzeitig erkannt werden können. Bei dieser Instandhaltungswartung ist der Faktor Reparaturzeit nicht unbedingt maßgebend. Tritt ein Defekt aber während des Einsatzes ein, so muß das Gerät so schnell wie nur möglich wieder in einen funktionsfähigen Zustand gebracht werden. Hier ist der Faktor Reparaturzeit das Nonplusultra der Kundenzufriedenheit. Die einzige Abhilfe kann in diesem Fall ein Leihgerät bieten. Dieses kann aber nicht immer bereitgestellt werden.

Durch die Umfrage wurde belegt, daß die BEISPIEL AG weniger vorbeugende Instandhaltung (60%) als der größte Konkurrent (fast 100%) anbietet und daß die durchschnittliche Reparaturdauer generell höher ist. Die Bereitstellung von Leihgeräten ist fast gleich oft gewährleistet wie beim stärksten Mitbewerber.

- **Instandsetzung bei Ausfall**

Tritt auf der Baustelle ein Ausfall eines Gerätes ein, so gibt es für den Dienstleister grundsätzlich zwei Möglichkeiten. Er kann entweder den Servicemann von der BEISPIEL AG verständigen oder versuchen, den Schaden selbst zu beheben. In ganz seltenen Fällen kann die Reparatur auch von Fremdfirmen durchgeführt werden.

Kundenorientierung bedeutet hier, dem Dienstleister das Know-how zu geben, daß er erkennt, ob und wie er das defekte Gerät selbst reparieren kann oder ob er den Service der Herstellerfirma benötigt. Bei der BEISPIEL AG nehmen durchschnittlich 50% der Kunden kleinere Reparaturen selbst vor. Im Durchschnitt über alle unter-

---

[15] siehe dazu Abb. 4.19: Mehrstufiges Beziehungsmarketing im Investitionsgüterbereich

suchten Unternehmungen sind es aber bereits rund 70% und beim größten Konkurrenten sind es 100% der Dienstleistungsunternehmungen, die durch gute Schulung erkennen, daß sie in der Lage sind, den entstandenen Schaden selbst zu reparieren und daher das Gerät nicht unnötig an die Herstellerfirma senden. Der normale Verschleiß, defekte Kupplungen, kaputte Hydraulikschläuche und kaputte Dichtungen sind die häufigsten Ausfallsursachen, die meist noch dazu leicht vom Kunden behoben werden könnten.

Eine Steigerung der Kundenzufriedenheit kann durch Schulung der Dienstleistungsunternehmer und durch zur Verfügungstellung von Reparaturhandbüchern mit klar definierten Reparaturinhalten zur Selbstreparatur erfolgen.

Daß es hier Nachholbedarf gibt, zeigen auch die Antworten auf die Frage nach der Zufriedenheit mit dem Service. Die BEISPIEL AG liegt deutlich hinter dem stärksten Konkurrenten zurück.

Je mehr Reparaturen zum Dienstleister ausgelagert werden, um so wichtiger wird eine schnelle Versorgung mit Ersatzteilen. Mit 38% Nennungen ist dieser Aspekt der deutlich wichtigste bei der Frage nach wichtigen Aspekten des Services. Weniger wichtig ist in diesem Zusammenhang der Preis. Mit 17% ist der Preis deutlich untergewichtet. Kunden sind bereit, für einen hervorragenden Service einen entsprechenden Preis zu zahlen, wenn sie dafür zuverlässige Maschinen zur Verfügung haben.

7.3.2.2 Ergebnisse zum Thema internes Benchmarking

- **Belastung der Monteure/Reparaturinhalte**

Die Belastung der Monteure und die erledigten Reparaturinhalte sind Parameter, die einen bedeutenden Einfluß auf die Zufriedenheit der Kunden ausüben. Es wurde deutlich, daß in den einzelnen Marktorganisationen stark unterschiedliche Belastungen für die Monteure auftreten. In Ländern wie Frankreich, Schweden oder Österreich haben Monteure deutlich weniger Reparaturen zu bewältigen als zum Beispiel in Spanien, der Schweiz oder in England. Das Folgeproblem aus der Überlastung ist ein geringerer Reparaturinhalt, der sich darin äußert, daß bei den Reparaturen hauptsächlich nur noch die unmittelbare Defektursache behoben wird. Somit wird die Möglichkeit vorbeugender Wartung minimiert. Zusätzliche Reparaturen, die mitunter relativ einfach und günstig durchgeführt werden könnten, da das Gerät gerade zerlegt oder geöffnet ist, müssen dann als teure und aufwendige Folgereparaturen extra behandelt werden. Dadurch steigt wiederum die Reparaturhäufigkeit, und der Kreis für die noch höhere Belastung der Monteure schließt sich.

Letztendlich hat dieses Faktum einen sehr negativen Einfluß auf die Kundenorientierung. Sowohl die Anzahl der Tage steigt, an denen das Gerät nicht betriebsbereit ist, als auch die Kosten für die durchgeführten Reparaturen gehen in die Höhe.

- **Servicedauer**

Einen großen Teil der Zeit, die eine Maschine beim Service ist und somit nicht verwendet werden kann, nimmt der Transport vom Kunden in das Servicecenter und von diesem wieder zum Kunden zurück ein. Gerade in diesem Punkt schnitt die Marktorganisation Österreich sehr schlecht ab. Um in diesem Punkt eine Optimierung der Abläufe zu erreichen, muß die richtige Abstimmung zwischen optimaler Nähe am Kunden und den Vorteilen aus einer zentralen Serviceabwicklung gefunden werden. Eventuell können Möglichkeiten gefunden werden, Transportzeiten zu minimieren.

Ähnliches gilt für die Wartezeiten auf Ersatzteile. Mit 30% Zustimmung ist das Warten auf Teile, die aufgrund der Lagerhaltungsphilosophie oder aufgrund nicht rechtzeitiger Bestellvorgänge nicht zur richtigen Zeit am richtigen Ort zur Verfügung stehen, das Hauptproblem bei Reparaturen.

In Hinsicht auf die Kundenzufriedenheit muß gesagt werden, daß es sich bei diesen Kriterien um absolute Mindestanforderungen des Kunden handelt. Dauert der Service für den Dienstleister unverständlich lange und ist ein Konkurrent in der Lage, diesen in kürzerer Zeit zu erledigen, so ist das Ende der Geschäftsbeziehung nicht weit.

7.3.3 Zusammenfassung und Konklusion

Der Service stellt in vielen Bereichen heute noch immer ein stiefmütterlich vernachlässigtes Aktionsfeld zur Verbesserung der Ausrichtung auf die Kundenanforderungen dar. Schafft es eine Unternehmung, den Wechsel von der Sicht „Service als Bedrohung" hin zum „Service als Chance" zur Zufriedenstellung des Kunden zu vollziehen, so ist man einen großen Schritt auf dem Weg zur Begeisterung des Kunden gegangen.

Bei der vorliegenden Untersuchung bestanden die eruierten Verbesserungspotentiale aus einer Verbesserung des Kontaktes mit den Dienstleistungsunternehmungen, die ihrerseits dadurch für die Endkunden die Qualität ihrer Leistungen verbessern konnten. Es konnten die Servicekosten gesenkt werden. Außerdem können zukünftig durch die Zentralisierung des Services Synergieeffekte aus Produktions- und Entwicklungsbereich genutzt werden. Dies kommt in erster Linie wieder der Optimierung der Ausrichtung an den Kundenwünschen zugute, da fertigungstechnische Probleme, die zu Reparaturen führen, von der Entwicklungsabteilung aufgegriffen und beseitigt werden können.

Durch die Ausarbeitung von Standardreparaturinhalten soll zukünftig eine weitere Optimierung der Serviceabwicklung erreicht werden. Durch einen modular gestalteten Aufbau der Reparaturschulungen soll speziell ausgebildeten Mitarbeitern einerseits unternehmungsintern eine Weiterentwicklungsmöglichkeit gegeben werden. Andererseits sind diese Mitarbeiter in der Lage, die an sie gestellten Anforderungen zu erfüllen und ihren Teil an der Zufriedenstellung des Kunden leisten.

7.4 Zusammenfassung der Ergebnisse

Einige der in den Kapitel 3, 4 und 5 dargestellten Sachverhalte und Aussagen konnten durch diese drei unterschiedlichen Untersuchungen belegt und verifiziert werden. Die verstärkte Ausrichtung von Teilbereichen der Unternehmungen auf die Anforderungen der Kunden bot Potentiale, die es nun zu nützen gilt. Für alle drei Untersuchungen gemeinsam gilt, daß der Prozeß der Unternehmungsausrichtung auf die Kundenzufriedenheit[16] maßgebenden Input zur Bewältigung der Probleme geleistet hat.

Im Zuge der Durchführung der Untersuchungen konnte gezeigt werden, daß Unternehmungsausrichtung auf die Kundenzufriedenheit ausgehend von einer Geisteshaltung weit mehr bedeutet als Ablaufoptimierung oder -umstrukturierung. Kundenzufriedenheit wurde auch in diesen drei Beispielen erst dadurch erreicht, daß man den Kunden an die Spitze der Unternehmung zu stellen versuchte. Der so vollzogene Wechsel der Betrachtungsperspektive ermöglichte erst die Identifikation und die Erfüllung der Wünsche und Anforderungen des Kunden. Bei einer der an den Untersuchungen beteiligten Unternehmungen steht der Kunde inzwischen symbolisch sogar an der Spitze der Aufbauorganisation.

---

[16] siehe dazu Kapitel 6

8 Zusammenfassung und Ausblick

In diesem Kapitel werden die wichtigsten Erkenntnisse der vorliegenden Arbeit zusammengefaßt und in einem Überblick dargestellt. Anschließend wird ein Ausblick auf Entwicklungstendenzen des Marketings im allgemeinen und der Kundenorientierung im besonderen gegeben. Am Schluß des Kapitels werden Implikationen für künftige Forschungstätigkeiten dargestellt.

8.1 Zusammenfassung

In dieser Arbeit wurde ein Modell zur Konzeption und Implementierung von Kundenzufriedenheit erarbeitet. Dabei wurden zwei verschiedene Aspekte berücksichtigt: Erstens wurde eine prozessuale Grundhaltung bei der Modellentwicklung zugrunde gelegt und zweitens wurden, jeweils für die Teilbereiche der Konzeptionierung und der Implementierung, die für die Kundenorientierung der Unternehmung relevanten Teilkapitel integriert. Die Ausrichtung von Teilbereichen der Unternehmung auf die Zufriedenheit des Kunden konnte in drei Praxisfällen erarbeitet und umgesetzt werden.

Zunächst konnte gezeigt werden, daß Kundenorientierung mehr ist, als ein Schlagwort des Marketings. Die Orientierung an der Zufriedenheit des Abnehmers muß vielmehr die Gesamtheit der Unternehmungsgrundsätze, Leitbilder und Einzelmaßnahmen umfassen, die eine zielgerichtete Selektion, Anbahnung, Steuerung und Kontrolle von Geschäfts- und Kundenbeziehungen ermöglichen.[1]

---

[1] vgl. dazu DILLER, H.: Bestandsaufnahme und Entwicklungsperspektiven des Beziehungsmanagements, S. 6; in: Beziehungsmarketing - neue Wege zur Kundenbindung, Dokumentation des Workshops, Wissenschaftliche Gesellschaft für Marketing und Unternehmungsführung e.V., Münster 1994, S. 6 - 30

Weiters wurde die Notwendigkeit aufgezeigt, die unternehmerische Orientierung am Kunden als Prozeß, mit einem definierten Prozeßin- und Prozeßoutput zu sehen. Das Aufgaben- und Problemfeld des Marketings wurde in einer ablauforientierten Darstellung, dem Marketingprozeß, veranschaulicht. Unter diesem Marketingprozeß wurde die Analyse der Marketingchancen, die Erarbeitung der Marketingstrategien, die Planung des taktischen Vorgehens mit Marketingprogrammen und die Organisation, Planung, Durchführung und Steuerung der Marketingaktivitäten verstanden.[2]

Ausgehend vom Fachbereich des Marketings wurden weitere Prozesse in der Unternehmung definiert und dargestellt, welchen Beitrag diese an der Kundenorientierung zu leisten imstande sind. So wurden der Untersuchungsprozeß zur Erhebung der Kundenzufriedenheit, der Kundenkommunikationsprozeß und der Prozeß der Entstehung von Kundenzufriedenheit untersucht. Dabei wurde speziell auf die unterschiedlichen Typologien von Anforderungen Rücksicht genommen, die der Kunde an eine Leistung oder an ein Produkt stellt. Diese Basis-, Leistungs- und Begeisterungsanforderungen müssen von der Unternehmung erkannt, richtig eingeordnet und bei der Leistungsgestaltung entsprechend beachtet werden.

Im Hauptteil der Arbeit, dem Kapitel Unternehmungsausrichtung auf die Kundenzufriedenheit, wurden zunächst unterschiedliche Dimensionen der Kundenorientierung erörtert. Es wurde gezeigt, daß Kundenorientierung nicht nur die Ausrichtung an den Wünschen des externen Endkunden meint. Kundenorientierung mit ihrer internen und externen Sichtweise betrifft vielmehr direkt und indirekt nachgelagerte Abnehmer verschiedenster Wirtschaftsstufen in der Wertschöpfungskette. Ob es sich dabei tatsächlich um Kunden oder aber um Mitarbeiter handelt, macht für die Erfassung der Dimensionen dieser Thematik keinen Unterschied.

Große Bedeutung wurde dem Begriff Relationship-Marketing beigemessen. Dieser Prozeß des bewußten Herbeiführens und Gestaltens von Transaktionen zur Erzeugung und zum Austausch von Waren oder Dienstleistungen, dient der Ausrichtung des Marketings auf individuelle Geschäftsbeziehungen statt auf anonyme Märkte.[3]

---

[2] vgl. KOTLER, P.; BLIEMEL, F.: Marketing-Management: Analyse, Planung, Umsetzung und Steuerung, Stuttgart 1995, S. 134
[3] vgl. BRUHN, M.; BUNGE, B.: Beziehungsmarketing als integrativer Ansatz der Marketingwissenschaft, S. 177; in: Die Unternehmung (1996) 3, S. 171 - 194

ZUSAMMENFASSUNG UND AUSBLICK

Die zentrale Herausforderung stellte sich im Aufbau von langfristigen Kundenbeziehungen und in der Berücksichtigung des wachsenden Interaktions- und Integrationsbedürfnisses des Abnehmers dar.[4] Das Konzept des Produktlebenszyklus wurde zu einem Konzept des Kundenlebenszyklus ausgebaut und es wurden Situationen gezeigt, die Produkte in den unterschiedlichen Stadien des Produktlebenszylus Kunden in den verschiedenen Phasen des Kundenlebenszyklus gegenüberstellten. Im Themenbereich operatives Beziehungsmarketing wurden verschiedene Ebenen der Geschäftsbeziehung aufgearbeitet und es konnte am Beispiel des mehrstufigen Beziehungsmarketings im Industriegüterbereich gezeigt werden, welche Bedeutung das Management der Geschäftsbeziehung für Kunden-Lieferanten-Ketten hat. Dabei wurde der auftretend Pull-Effekt behandelt und diskutiert.

Nach einer Analyse von verschiedenen Instrumenten der Kundenorientierung wurde auf Chancen und Gefahren durch umfassende Kundenorientierung hingewiesen. Als Chancen konnten das erhöhte Ertragspotential des Kunden, die bessere Abstimmung im Wertsystem und eine bessere Know-how-Übertragung erkannt werden. Auf Gefahren für die Unternehmung konnte aus der möglichen innovationshemmenden Wirkung von Kundenorientierung, aus einer zu starken Auslieferung an den Kunden, aus einem Ungleichgewicht der Beziehungspartner, aus einer zu starren Einbindung in der Kundenkette, aus einem falschen Begriffsverständnis und aus einer zurückgehenden Kundenanzahl geschlossen werden.

Bei der Ausrichtung der Unternehmung auf die Kundenanforderungen machen Methoden zur Messung dieser Zufriedenheit einen wesentlichen Erfolgsfaktor aus. Diese Messung ermöglicht erst die Erhebung von Faktoren der Kundenzufriedenheit und in weiterer Folge eine Anpassung der Leistung an geänderte Anforderungen. Bei den Ausführungen zu dieser Thematik wurde zwischen qualitativen und quantitativen Methoden sowie Methoden zur Auswertung unterschieden. Erst durch die Benennung der Kundenzufriedenheitsfaktoren und durch die Erhebung der mit diesen Faktoren in Verbindung stehenden Zufriedenheitswerte kann der notwendige Wechsel der Betrachtungsperspektive weg von der Unternehmungssicht hin zur Kundensicht vollzogen werden.

---

[4] MEFFERT, H.: Einführung in die Problemstellung, S. 3; in: Beziehungsmarketing - neue Wege zur Kundenbindung, Dokumentation des Workshops, Wissenschaftliche Gesellschaft für Marketing und Unternehmungsführung e.V., Münster 1994, S. 1 - 5

Einen wichtigen Bestandteil der Arbeit stellte die Marke sowie ihre Auswirkung und Bedeutung in der unternehmerischen Kundenorientierung dar. Es konnte gezeigt werden, daß das Vertrauen in die Leistungsfähigkeit durch Markenerzeugnisse unterstützt werden kann und daß die Kommunikation von Ersatzindikatoren einen wichtigen Bestandteil von Markenstrategien darstellt. Außerdem wurde verdeutlicht, welchen Wert die Marke für den Konsumenten auf der einen und für die Unternehmung auf der anderen Seite darstellt. Am Schluß der Ausführungen zum Thema Markierung wurden zwei Sonderformen vorgestellt. Das Badge Engineering, als Möglichkeit, Standardisierung und Kundenorientierung zu verknüpfen, und die Maßnahmen zum Produkt- und Markenverbund stellen zukünftige Möglichkeiten der verstärkten Kundenorientierung dar.

8.2 Ausblick

8.2.1 Zukunftsperspektiven des Marketings

Marketing als angewandte betriebswirtschaftliche Disziplin mit dem Ziel der Erklärung und Gestaltung von Markttransaktionen wird seit geraumer Zeit in Wissenschaft und Praxis kritisiert. Die Kritik reicht von der „Theorielosigkeit der Aussagensysteme", über das Instrumentarium des Marketing-Mix bis hin zur Infragestellung des Integrationsanspruches der Marketingphilosophie. In diesem Zusammenhang werden von der Wissenschaft neue Schlagworte in die Diskussion eingebracht.[5]

---

[5] vgl. MEFFERT, H.: Marketing-Management: Analyse, Strategie, Implementierung, Wiesbaden 1994, S. 471 und SCHNEIDER, D.: Marketing als Wirtschaftswissenschaft oder Geburt einer Marketingwissenschaft aus dem Geiste des Unternehmungsversagens?, S. 198ff.; in: Zeitschrift für betriebswirtschaftliche Forschung (1983) 3, S. 197 - 222

ZUSAMMENFASSUNG UND AUSBLICK 303

Meffert meint dazu, daß sich das Marketing der Zukunft als ein individualisiertes, vernetztes und multioptionales Market-Management verstehen müsse. Nach dem Siegeszug des strategisch konzeptionellen Marketings wird die Implementierungsqualität des Marketings zum zentralen Wettbewerbsfaktor. Die dabei wichtigen Instrumente sind die Gestaltung der Unternehmungs- und Marketingkulturen und die Schaffung effektiver und effizienter Anreiz- und Controllingstrukturen.[6]

Bisher bestehende Erfolgsfaktoren, wie Marktanteil, Umsatzentwicklung und Ertrag, werden durch folgende neue ergänzt: Erhaltung des Kundenstammes, Grenzgewinn bei Maßnahmen zur Gewinnung neuer Kunden, Berechnung eines Wertes des Kundenstammes aufgrund der Dauer von Kundenbeziehungen etc.

Die Überprüfung dieser Erfolgsfaktoren erfolgt teils noch periodisch (z.B. jährlich) oder es tritt ein ständiges Beobachten dieser Faktoren in den Vordergrund.

8.2.2 Zukunftsperspektiven der Kundenorientierung

Durch die Ausrichtung der Unternehmung auf Kundenzufriedenheit erhält das Marketing an sich neue Bedeutung. Es wird immer mehr zur unternehmungsinternen Servicestelle.[7] Die Aufgabe dieser Servicestelle ist es, die Kundenorientierung in die gesamte Organisation zu tragen. Die Vermittlung der Kundenansprüche, des Kundenverhaltens oder des Umgangs mit Beschwerden müssen von dieser Marketingstelle neuer Prägung initiiert, durchgeführt und kontrolliert werden. So kann garantiert werden, daß Kundenorientierung nicht nur nach außen auf die Fahnen der Unternehmung geschrieben wird, sondern innerbetrieblich ganzheitlich umgesetzt und gelebt wird.[8]

Die Marketingabteilung wird zum Dreh- und Angelpunkt, um Geschäftsprozesse kundenorientiert auszurichten. Kundenorientierung wird zur Unternehmungsphilosophie, wenn jeder Teilschritt der unternehmerischen Wertschöpfungskette mit der Ausrichtung auf nachgelagerte Bereiche der Wertschöpfungskette konfrontiert wird. Der kunden- also marktorientierte Managementprozeß wird dabei angesichts der er-

---

[6] vgl. MEFFERT, H.: a.a.O., S. 471
[7] vgl. DISCH, W.K.A.: Jetzt oder nie, S. 299; in: Marketing Journal (1995) 5, S. 299 - 300
[8] vgl. KRICSFALUSSY, A.: Vom kurzfristigen Verkaufen zur langfristigen Geschäftsbeziehung, S. 246; in: Marketing Journal (1996) 4, S. 242 - 248

höhten Komplexität und des intensiveren Einflusses interner und externer Anspruchsgruppen vermehrt Planungsressourcen binden.[9]

Betreffend das Management der Geschäftsbeziehung, ist die strategisch angesetzte Perspektive ein zukunftsweisender Ansatz. Speziell im Bereich des Investitionsgütermarketings sind Geschäftsbeziehungen auf den unterschiedlichen Ebenen schon längere Zeit Zielpunkt der Überlegungen. Die durch das Relationship-Marketing zum Ausdruck gebrachte innere Verpflichtung der bewußten Gestaltung der Geschäftsbeziehung sowohl auf strategischer als auch auf operativer Ebene bringt einen Vorzug, der über eine Neubenennung von bereits praktizierten Ansätzen hinausgeht. *Webster* meint dazu: „Customer Relationship becomes the key strategic asset defining the form as a distinct entity in the network."[10]

Verschiedene neue Schlagworte, wie Efficient Consumer Response oder Relationship Management, stellen eine echte Innovation in den Beziehungen zwischen allen Beteiligten der Wertschöpfungskette dar und ermöglichen in Zukunft eine noch bessere Erfüllung der Kundenwünschen ohne dem oft beobachteten Manko der steigenden Kosten.[11] Als Gewinner im Wettbewerb werden sich zukünftig jene Unternehmungen erweisen, die ihren Kunden nahezu jeden Wunsch flexibel, schnell, günstig und vor allem von Herzen gerne erfüllen.[12] Je effizienter die Wertaktivitäten im Vergleich zur Konkurrenz gestaltet sind, desto besser wird die Wertschöpfung und desto stärker wird der daraus resultierende Wettbewerbsvorteil werden.[13]

Hanselmann/Selm schreiben in ihren Artikel „Kundenorientierung - aber wie?", daß „ein Managementhandbuch, das unter dem Stichwort Kundenorientierung eine Auswahl von geeigneten Managementinstrumenten auflistet", noch nicht existiere und, daß hier noch Handlung- und Forschungsbedarf bestünde.[14] Die vorliegende Arbeit

---

[9] vgl. MEFFERT, H.: a.a.O., S. 479
[10] vgl. WEBSTER, F.E.: Toward a New Marketing Concept; Vortrag anläßlich der Konferenz der American Marketing Association am 8. August 1993 in Boston; in: MEFFERT, H.: a.a.O., S. 473
[11] vgl. KALMBACH, U.: Handel und Industrie schmieden Prozeßketten - Kundenorientierung mit ECR, S. 40; in: Office Management (1997) 9, S. 37 - 40
[12] vgl. ZAHN, E.; SCHMID, U.: Produktionswirtschaft im Wandel, S. 457; in: Wirtschaftswissenschaftliches Studium (1997) 9, S. 455 - 460
[13] vgl. SWOBODA, B.: Wertschöpfungspartner in der Konsumgüterwirtschaft, Ökonomische und ökologische Aspekte des ECR-Managements, S. 449; in: Wirtschaftswissenschaftliches Studium (1997) 9, S. 449 - 454
[14] HANSELMANN, M.; SELM, R.: Kundenorientierung - aber wie?, S. 1245; in: Qualität und Zuverlässigkeit (1997) 11, S. 1244 - 1248

soll ein Schritt in diese Richtung sein und die Möglichkeit zur weitergehenden Forschungstätigkeit auf dem Gebiet der Kundenorientierung von Unternehmungen bieten.

8.3 Implikationen für zukünftige Forschungstätigkeiten

Aufbauend auf den Inhalten der vorliegenden Arbeit sollen an dieser Stelle dem Autor als interessant erscheinende, zukünftige Ansatzpunkte zu weiteren Forschungstätigkeiten angeführt werden.

- **Rechtliche Implikationen auf die Kundenzufriedenheit**

Die Möglichkeit der Reaktionen des Kunden infolge von einer wahrgenommenen Unzufriedenheit über die erhaltene Leistung oder über das gekaufte Produkt ist sehr verschieden.[15] Drückt sich die Unzufriedenheit in Form einer Beschwerde aus, so ist der Fortbestand an sich noch nicht bedroht. Der einzelne Kunde ist eventuell verloren, vielleicht wandern auch einzelne Käuferschichten ab. Auf jeden Fall ist die Unternehmung aber dazu angehalten, auf die Unzufriedenheit zu reagieren und so ihre Position am Markt zu verteidigen oder wiederherzustellen.

Leitet der unzufriedene Kunde aber rechtliche Schritte gegen die Unternehmung ein, so kann diese sehr wohl gefährdet sein. Prozeßkosten, Kosten für entstandenen Schaden und Gewährleistungsansprüche stellen erhebliche Gefahrenpotentiale dar. Eine Analyse im Schnittpunkt zwischen Unzufriedenheit und den daraus erwachsenden Rechtsfolgen stellt einen Ausgangspunkt für weitere Forschungsaktivitäten dar.

- **Unterschiede und Besonderheiten der Kundenorientierung Sachleister/Dienstleister**

In dieser Arbeit wurde auf die Kundenzufriedenheit von Sachleistungs-, wie auch von Dienstleistungsunternehmungen eingegangen. Beschränkt man sich jedoch auf einen dieser beiden Bereiche, so sind weit speziellere Analysen und Aussagen zu erwarten. Spezielles Potential sieht der Autor in dem Themenbereich der Kundenzufriedenheit in der Investitionsgüterbranche und den damit verbundenen mehrstufigen Kunden-Lieferanten-beziehungen.

---

[15] siehe dazu Kapitel 4.6

- **Der Einfluß der Vernetzung auf die Kundenorientierung**

Die Vernetzung der Kunden und der Unternehmungen nimmt stetig zu. Es entstehen neue Wirtschaftszweige und Berufsbilder. Dies erfordert eine Weiterentwicklung der unternehmerischen Kundenorientierung. Für eine Unternehmung in der Automobilbranche zum Beispiel bedeutet dies, daß nicht mehr ein schöner Verkaufsraum alleine zur Zufriedenstellung der Kundenanforderungen genügt. Eine leistungsfähige Internet-Datenbank, in der Kunden aus dem Wagenangebot verschiedener Marken wählen können, rückt so in den Blickpunkt der Kundenanforderungen.

- **Der Kundenwert der Marke**

Die Marke als Faktor der Kundenorientierung ist in Kapitel 5 diskutiert. Neben einer Weiterentwicklung von Markenstrategien zur Kundenorientierung sieht der Autor ein Forschungspotential in der Untersuchung von aufeinanderfolgenden Markenlebenszyklen und deren Auswirkungen auf die Zufriedenheit des Markenartikel-Konsumenten.

- **Soziologische Analyse der Kundenzufriedenheit**

Die Analyse des Kaufentscheidungsprozesses und der Entstehung von Erwartung und Anforderung des Kunden an eine Leistung oder an ein Produkt werden in Kapitel 3.5 dargestellt. Auf diesen Ansätzen aufbauende betriebssoziologische Betrachtungen sind für die Auswahl der von einer Unternehmung angebotenen Leistungsspezifikationen und -modifikationen von erheblicher Bedeutung und sollten zukünftig verstärkt Berücksichtigung bei der Entscheidungsfindung finden.

Literaturverzeichnis

ADVICO YOUNG & RUBICAM: BrandAsset TM Valuator, Verbraucherbefragung in 27 Ländern; in: FELSER, P.: Wie international läßt sich eine Marke führen?; in: Marketing Journal (1995) 4, S. 252 - 256

AHLERT, D.; SCHRÖDER, H.: Rechtliche Grundlagen des Marketing, Stuttgart 1996

ANSOFF, H.I.: Management Strategie, München 1966

ANSOFF, H.J.: Implanting Strategic Management, Englewood Cliffs 1984; in: MEFFERT, H.: Marketing: Grundlagen marktorientierter Unternehmensführung: Konzepte - Instrumente - Praxisbeispiele, Wiesbaden 1998

ATKINS, C.: Becoming a Customer-Driven Utility; in: Public Utilities Fortnightly 1992; zitiert in: MACDONALD, S.: Wenn zuviel Kundennähe zur Abhängigkeit führt, S. 96; in: Harvard Business manager (1996) 2, S. 95 - 103

BACKHAUS, K.: Industriegütermarketing, München 1997

BACKHAUS, K.; WEIBER, R.: Das industrielle Anlagengeschäft - ein Dienstleistungsgeschäft?; in: SIMON, H.: Industrielle Dienstleistungen, Stuttgart 1993, S. 67 - 84

BAILOM, F.; TSCHEMERNJAK, D.; MATZLER, K.; HINTERHUBER, H.H.: Durch strikte Kundennähe die Abnehmer begeistern; in: Harvard Business manager (1998) 1, S. 47 - 56

BAUER, U.: Wettbewerbsfaktor „Corporate Identity"; Ein Erfahrungsbericht als Modell; in: Der Wirtschaftsingenieur (1995) 4; S. 39 - 41

BEA, F.X.; SCHNAITMANN, H.: Begriff und Struktur betriebswissenschaftlicher Prozesse; in: Wirtschaftswissenschaftliches Studium (1995) 6, S. 278 - 282

BECKER, C.: Die Kundenschiene; in: Manager Magazin (1997) 6, S. 120 - 128

BECKER, J.: Grundlagen des strategischen Marketing-Managements, München 1988

BECKER, J.: Marketing-Konzeption: Grundlagen des strategischen Marketing-Managements, München 1993

BECKURTS, K. H.: Chancen für einen zweiten Aufbruch; in: Manager Magazin (1984) 9, S. 154 - 167

BELZ, C.: Geschäftsbeziehungen aufbauen und gestalten; in: Beziehungsmarketing - neue Wege zur Kundenbindung, Dokumentation des Workshops, Wissenschaftliche Gesellschaft für Marketing und Unternehmungsführung e.V., Münster 1994, S. 31 - 55

BENISCH, R.; MILLONIG, C.: Nur ein Cola ist ein Cola: Können Sie es sich leisten, auf eine gute Marke zu verzichten?; in: Trend (1997) 7, S. 231 - 237

BEREKOVEN, L.; ECKERT, W.; ELLENRIEDER, P.: Marktforschung. Methodische Grundlagen und Praktische Anwendung, Wiesbaden 1991

BERGEN v., H.: New Marketing - die Zukunft inszenieren, Freiburg im Breisgau 1988

BERNDT, R.; ALTOBELLI, C.F.; SANDER, M.: Internationale Marketing-Politik, Berlin 1997

BERRY, L.L.; PARASURAMAN, A.: Service-Marketing, Frankfurt/Main 1992

BINGHAM, F.; RAFFIELD, B.: Business to Business Marketing Management, Homewood 1990

BITNER, M.; NYQUIST, J.D.; BOOMS, B.H.: The Critical Incident as a Technique for Analyzing the Service Encounter; in: BLOCH, T.M.; UPAH, G.D.; ZEITHAML, V.A.: Services Marketing in a Changing Environment, Proceedings Series, Chicago 1985, S. 48 - 51; zitiert in: HINTERHUBER, H.H.; HANDLBAUER, G.; MATZLER, K.: Kundenzufriedenheit durch Kernkompetenzen, Wien 1997

LITERATURVERZEICHNIS

BITNER, M.J.; ZEITHAML, V.A.: Fundamentals in Services Marketing; in: SURPRENANT, C. (ed.): Add Value to Your Service, Proceedings Series, Chicago 1987

BLATTBERG, R.C.; DEIGHTON, J.: Aus rentablen Kunden den vollen Nutzen ziehen; in: Harvard Business manager (1997) 1, S. 24 - 32

BONOMA, T.V.: The Marketing Edge: Making Strategies Work, New York 1985; zitiert in: KOTLER, P.; BLIEMEL, F.: Marketing Management: Analyse, Planung, Umsetzung und Steuerung, Stuttgart 1995

BOSTON CONSULTING GROUP, Studie der; zitiert in: HINTERHUBER, H.H.; HANDLBAUER, G.; MATZLER, K.: Kundenzufriedenheit durch Kernkompetenzen, Wien 1997

BOUTTELLIER, R.; VÖLKER, R.: Erfolg durch innovative Produkte: Bausteine des Innovationsmanagements, München 1997

BRANDING TODAY - Ein Name sagt mehr als tausend Worte, S. 25; in: Manager Magazin (1996) 9, S. 25 - 29

BRUHN, M.: Internes Marketing, Integration der Kunden- und Mitarbeiterorientierung, Grundlagen - Implementierung - Praxisbeispiele, Wiesbaden 1995

BRUHN, M.: Marketing: Grundlagen für Studium und Praxis, Wiesbaden 1997

BRUHN, M.; BUNGE, B.: Beziehungsmarketing als integrativer Ansatz der Marketingwissenschaft; in: Die Unternehmung (1996) 3, S. 171 - 194

BRUHN, M.; BUNGE, B.: Beziehungsmarketing: Neuorientierung für Marketingwissenschaft und -praxis?; in: BRUHN, M.; MEFFERT, M.; WEHRLE, H.: Marktorientierte Unternehmensführung im Umbruch: Effizienz und Flexibilität als Herausforderung des Marketing, Stuttgart 1994, S. 41 - 84

BÜCHNER, U.; KÜNZEL, H.: Interne Kundenzufriedenheit messen; in: Qualität und Zuverlässigkeit (1996) 8, S. 887 - 890

BULLINGER, H.J.: Neue Organisationsformen und Strategien der Zukunft, Vortrag anläßlich des Deutschen Wirtschaftsingenieurtages 1997 mit dem Thema „Organisation als Strategie", Berlin 1997

BUTZER-STROHMANN, K.: Den Abbruch von Geschäftsbeziehungen verhindern - Früherkennung von Unzufriedenheit; in: Die Absatzwirtschaft (1998) 2, S. 70 - 74

BYRNE, P.M.; MARKHAM, W.J.: Improving Quality and Productivity in the Logistics Process - Achieving Customer Satisfaction Breakthroughs, Council of Logistics Management 1991; in: MEISTER, H.; MEISTER, U.: Kundenzufriedenheit im Dienstleistungsbereich, Oldenburg 1996

CHANDLER, A.D.: Strategy and Structure: Chapters in the History of the American Industrial Enterprise, Cambridge 1962; in: LEHNER, J.M.: Implementierung von Strategien: Konzeption zur Berücksichtigung von Unsicherheit und Mehrdeutigkeit, Wiesbaden 1996

CORSTEN, H.: Die Produktion von Dienstleistungen, Betriebswirtschaftliche Studien, Nr.51, Berlin 1985; zitiert in: MEFFERT, H.; BRUHN, M.: Dienstleistungsmarketing, Grundlagen - Konzepte - Methoden, Wiesbaden 1995

COX, W.E.: Product Life Cycle as Marketing Models; in: Journal of Business (1967) 10, S. 375 - 384

CROTT, H.; KUTSCHKER, M.; LAMM, H.: Verhandlungen, Band I und II, Stuttgart 1977

DAVIS, S.M.: Managing Corporate Culture, Cambridge 1984

DAY, R.L.; LANDON, E.L.: Toward a Theory of Consumer Complaining Behavior; in: WOODSIDE, A.G.; SHETH, J.N.; BENNETT, P.D.: Consumer and Industrial Buying Behavior, New York 1977

DEAL, T.E.; KENNEDY, A.A.: Corporate Cultures: The Rites and Rituals of Corporate Life, Reading 1982; in: Business Week (1980) 10

LITERATURVERZEICHNIS 311

DEMMLER, W.; HOMBURG, C.: Das Controllingsystem eines Großunternehmens im Maschinenbau - Das Beispiel der KSB AG; in: WITT, F.: Controlling-Profile, München 1993

DemoSCOPE Research and Marketing: Marken-Treue schwindet immer mehr; in: Marketing Journal (1996) 5, S. 328

DEYHLE, A.; GÜNTHER, C.; RADINGER, G.: Controlling Leitlinien - Stammsatz für eine Controller's Toolbox mit Gebrauchsanleitung, Gauting/München 1996

DEZSY, J.: Einführung in das Krankenhausmanagement, Wien 1993

DICHTL, E.; SCHNEIDER, W.: Kundenzufriedenheit im Zeitalter des Beziehungsmanagements, in: BELZ, C.; SCHÖGEL, M.; KRAMER, M.: Thexis, Lean Management und Lean Marketing, St. Gallen 1994, S. 6 - 12

DIE BUNDESMINISTERIN FÜR ARBEIT, GESUNDHEIT UND SOZIALES, Gesundheitsbericht an den Nationalrat 1997, Wien 1997

DILLER, H.: Bestandsaufnahme und Entwicklungsperspektiven des Beziehungsmanagements; in: Beziehungsmarketing - neue Wege zur Kundenbindung, Dokumentation des Workshops, Wissenschaftliche Gesellschaft für Marketing und Unternehmungsführung e.V., Münster 1994, S. 6 - 30

DILLER, H.: Beziehungsmarketing; in: Wirtschaftswissenschaftliches Studium (1995) 9, S. 442 - 447

DILLER, H.; KUSTERER, M.: Beziehungsmanagement: Theoretische Grundlagen und empirische Befunde; in: Marketing ZFP (1988) 10

DILLER, H.; LÜCKING, J.; PRECHTL, W.: Gibt es Kundenlebenszyklen im Investitionsgütergeschäft? Ergebnisse einer empirischen Studie, Erlangen - Nürnberg, 1992; zitiert in: DILLER, H.: Bestandsaufnahme und Entwicklungsperspektiven des Beziehungsmanagements; in: Beziehungsmarketing - neue Wege zur Kundenbindung, Dokumentation des Workshops, Wissenschaftliche Gesellschaft für Marketing und Unternehmungsführung e.V., Münster 1994, S. 6 - 30

DISCH, K.A.: Braucht der „neue" Konsument überhaupt noch Marken?; in: Marketing Journal (1995) 5, S. 342 - 350

DISCH, K.A.: Jetzt oder nie; in: Marketing Journal (1995) 5, S. 299 - 300

DOMIZLAFF, H.: Die Gewinnung des öffentlichen Vertrauens: Ein Lehrbuch der Markentechnik, Hamburg 1992

DUDENHÖFFER, F.: Outsourcing, Plattform-Strategien und Badge Engineering: Markenentwicklung bei austauschbaren Produkten, S. 144; in: Wirtschaftswissenschaftliches Studium (1997) 3, S. 144 - 149

DUDENHÖFFER, F.: Was tun, wenn Produkthelden sterben?, S. 104; in: Harvard Business manager (1997) 3, S. 101 - 109

DUDENHÖFFER, F: Baugleiche Autos - gut fürs Markenbild?; in: Harvard Business manager (1995) 2, S. 116 - 123

DUVENECK, D.; REYHER, C.: Mit Database-Marketing zu Information und Wissen über Kunden; in: Technologie & Management (1997) 3, S. 36 - 38

DWYER, F.; SCHURR, P.; OH, S.: Developing Buyer-Seller Relationships; in: Journal of Marketing (1987) 4; zitiert in: HOMBURG, C.; DAUM, D.: Die Kundenstruktur als Controlling Herausforderung, S. 400; in: Controlling (1997) 12, S. 394 - 405

EHRET, M.; GLOGOWSKY, A.: Customer Integration im industriellen Dienstleistungsmanagement, in: KLEINALTENKAMP, M.; FLIESS, S.; JACOB, F.: Customer Integration - Von der Kundenorientierung zur Kundenintegration, Wiesbaden 1996, S. 204 - 218

ENGEL, W,: Betriebswirtschaftliche Bewertungslehre im Licht der Entscheidungstheorie, Köln 1962

ENGELHART, W.H.; FREILING, J.: Integrativität als Brücke zwischen Einzeltransaktionen und Geschäftsbeziehungen; in: Marketing ZFP (1995) 10, S. 37 - 43

LITERATURVERZEICHNIS

FESTINGER, L.: A Theory of Cognitive Dissonance, Stanford 1957

FISCHER, M.: Controlling im Wandel der Zeit - Zukünftige Herausforderungen aus der Sicht des Unternehmungsberaters; in: Kostenrechnungspraxis (1996) 4, S 193 - 196

FISCHER, R.; URY, W.: Das Harvard-Konzept, Frankfurt 1989

FORNELL, C.: A National Customer Satisfaction Barometer: The Swedish Experiance; in: Journal of Marketing (1992) 1, S. 6 - 21; zitiert in: HINTERHUBER, H.H.; HANDLBAUER, G.; MATZLER, K.: Kundenzufriedenheit durch Kernkompetenzen, München 1997

GABLERS-WIRTSCHAFTS-LEXIKON, 13. Auflage, Wiesbaden 1993

GAITANIDES, M.; SCHOLZ, R.; VROHLINGS, A.; RASTER, M.: Prozeßmanagement: Konzepte, Umsetzungen und Erfahrungen des Reengineering, München 1994

GEFFROY, E.K.: Clienting - Kundenerfolge auf Abruf, Landsberg/Lech 1995

GILBERT, X.; STREBEL, P.J.: Outpacing Strategies; in: IMEDE, Perspectives for Managers (1985) 2

GILBERT, X.; STREBEL, P.J.: Strategies to Outpace the Competition; in: Journal of Business Strategy (1987) 8, S. 28 - 36

GILMORE, J.H.; PINE, J.: Massenproduktion auf den Kunden zugeschnitten; in: Harvard Business manager (1997) 4, S. 105 - 113

GOODMAN, S.R.: Increasing Corporate Profitability, New York, 1982; in: KOTLER, P.; BLIEMEL, F.: Marketing Management: Analyse, Planung, Umsetzung und Steuerung, Stuttgart 1995

GOUILLART, F.; KELLY, J.: Business Transformation, Wien 1995; zitiert in: BÜCHNER, U.; KÜNZEL, H.: Interne Kundenzufriedenheit messen, in: Qualität und Zuverlässigkeit (1996) 8, S. 887 - 890

GRIFFIN, A.; GLEASON, G.; PREISS, R.; SHEVENAUGH, D.: Die besten Methoden zu mehr Kundenzufriedenheit; in: Harvard Business manager (1995) 3, S. 65 - 76

GRUNER; JAHR: Kommunikationsanalyse 1984; in: FELSE, P.: Wie international läßt sich eine Marke führen?; zitiert in: Marketing Journal (1995) 4, S. 252 - 256

GUMMESSON, E.: Quality Management in Service Organizations, ISQA 1993; in: KUNST, P.; LEMMINK, J.: Quality Management in Services, Maastrich 1992, S. 101 - 114; zitiert in: SIMON, H.; HOMBURG, C.: Kundenzufriedenheit - Konzepte - Methoden - Erfahrungen, Wiesbaden 1995

GUMMESSON, E.; KINGMAN-BRUNAGE, J.: Service Design and Quality: Applying Service Blueprinting And Service Mapping to Railroad Services; in: KUNST, P.; LEMMINK, J.: Quality Management in Services, Maastrich 1992, S. 101 - 114; zitiert in: SIMON, H.; HOMBURG, C.: Kundenzufriedenheit - Konzepte - Methoden - Erfahrungen, Wiesbaden 1995

GÜNTER, B.; HUBER, O.: Beschwerdemanagement als Instrument der Customer Integration; in: KLEINALTENKAMP, M.; FLIESS, S.; FRANK, J.: Customer Integration: Von der Kundenorientierung zur Kundenintegration, Wiesbaden 1996

GUTENBERG, E.: Grundlagen der Betriebswirtschaftslehre, Die Produktion, Berlin 1983

GUTTERNIGG, M.: Corporate Identity als Basis eines erfolgreichen Dienstleistungsmarketings, Dissertation an der TU-Graz, Graz 1994

HABERFELLNER, R.: Unternehmungsführung und Organisation, Vorlesungsskriptum an der TU-Graz, Graz 1993

HAIST, F.; FROMM, H.: Qualität im Unternehmen: Prinzipien, Methoden, Techniken, München 1989; zitiert in: NIEMAND, S.: Target Costing für industrielle Dienstleistungen, München 1996, S. 70

LITERATURVERZEICHNIS

HAMEL, G.; PRAHLAD, C.K.: Corporate Imagination and Expeditionary Marketing; in: Harvard Business Review (1991) 7, S. 81 - 92

HAMMAN, P.: Der Wert der Marke aus betriebswirtschaftlicher und rechtlicher Sicht; in: DICHTL, E.; EGGERS, W.: Marke und Markenartikel als Instrument des Wettbewerbes, dtv 1992, S. 205 - 245

HAMMER, M.; CHAMPY, J.: Business Reengineering, Frankfurt am Main 1994

HANAN, M.; KARP, P.: Customer satisfaction, how to maximise, measure and market your company's ultimate product, New York 1989

HANSELMANN, M.; SELM, R.: Kundenorientierung - aber wie?; in: Qualität und Zuverlässigkeit (1997) 11, S. 1244 - 1248

HAUKE, E.: Qualitätssicherung im Krankenhaus, Wien 1994

HAUSLEITNER, M.: Viele Identitäten führen zum Marken-Brei; in: Marketing Journal (1995) 4, S. 262 - 265

HEIDE, J.B.: International Governance in Marketing Channels; in: Journal of Marketing (1994) 1, S. 71 - 85

HEINEN, E.: Der entscheidungsorientierte Ansatz in der Betriebswirtschaftslehre; in: Zeitschrift für Betriebswirtschaft (1971) 7

HENTSCHEL, B.: Dienstleistungsqualität aus Kundensicht: Vom merkmals- zum ereignisorientierten Ansatz, Wiesbaden 1992

HERMANNS, A.; BERNDT, R.: Handbuch Marketing-Kommunikation, Wiesbaden 1993

HERZBERG, F.: Work and the Nature of Man, Cleveland 1966

HILKER, J.: Marketingimplementierung: Grundlagen und Umsetzung am Beispiel Ostdeutscher Unternehmen, Wiesbaden 1993

HILL, W.C.: Die unternehmenspolitische Zielordnung. Mit jedem Planungszyklus muß die Rangordnung neu definiert werden; in VDI-Nachrichten (1968) 7; zitiert in: MEFFERT, H.: Marketing: Grundlagen marktorientierter Unternehmensführung: Konzepte - Instrumente - Praxisbeispiele, Wiesbaden 1998

HINTERHUBER, H.H.; HANDLBAUER, G.; MATZLER, K.: Kundenzufriedenheit durch Kernkompetenzen, Wien 1997

HIPPEL, E.: The Sources of Innovation, Oxford 1988, in: MACDONALD, S.: Wenn zuviel Kundennähe zur Abhängigkeit führt; zitiert in: Harvard Business manager (1996) 2, S. 95 - 103

HIRZEL; LEDER & Partner: Die dynamische Organisation, Wiesbaden 1996

HOFMAIER, R.; LEUTBECHER, K.: Investitionsgüter zeitgemäß vermarkten; in: Harvard Business manager (1996) 3, S. 106 - 110

HOMBURG, C.; DEMMLER, W.: Ansatzpunkte und Instrumente einer intelligente Kostenreduktion; in: Kostenrechnungspraxis (1995) 1, S. 21 - 28

HOMBURG, C.; RUDOLPH, B.; WERNER, H.: Messung und Management von Kundenzufriedenheit in Industriegüterunternehmen; in: SIMON, H.; HOMBURG, C.: Kundenzufriedenheit - Konzepte - Methoden - Erfahrungen, Wiesbaden 1995, S. 313 - 365

HOROWITZ, J.: Service entscheidet - Im Wettbewerb um den Kunden, Frankfurt/Main 1992

HORVÁTH, P.: Kunden und Prozesse im Fokus: Controlling und Reengineering, Stuttgart 1994

HOUSTON, F.S.; GASSENHEIMER, J.B.; MASULKA, J.M.: Marketing Exchange Transactions and Relationships, London 1992; in: BRUHN, M.; BUNGE, B.: Beziehungsmarketing als integrativer Ansatz der Marketingwissenschaften, S. 189; zitiert in: Die Unternehmung (1996) 3, S. 171 - 194

IMAI, M.: KAIZEN: Der Schlüssel zum Erfolg der Japaner im Wettbewerb, München 1992

INFORMATIONSBROSCHÜRE zum ECR-Symposium in Wien am 23.10.1997

INRA Deutschland: Deutsche Kinder stehen auf US-Marken; in: Marketing Journal (1996) 3, S. 180 - 181

JACOB, F.: Produktindividualisierung: Ein Ansatz zur innovativen Leistungsgestaltung im Business-to-Business-Bereich, Wiesbaden 1995

JACOB, F.; KLEINALTENKAMP, M.: Einzelkundenbezogene Produktgestaltung - Ergebnisse einer empirischen Erhebung: Arbeitspapier Nr. 4 der Berliner Reihe „Business-to-Business-Marketing", Berlin 1994

JOHANSSON, H.J.: Business Process Reengineering - BreakPoint Strategies for Market Dominance, New York 1993; in: HINTERHUBER, H.H.; HANDLBAUER, G.; MATZLER, K.: Kundenzufriedenheit durch Kernkompetenzen, Wien 1997, S. 6

JUNG, H.: Grundlagen zur Messung von Kundenzufriedenheit; in: SIMON, H.; HOMBURG, C.: Kundenzufriedenheit, Konzepte - Methoden - Erfahrungen, Wiesbaden 1995, S. 139 - 159

KAAS, K.P.: Langfristige Werbewirkung und Brand Equity; in: Werbeforschung und - praxis (1990) 3; zitiert in: KOTLER, P.; BLIEMEL, F.: Marketing Management: Analyse, Planung, Umsetzung und Steuerung, Stuttgart 1995

KALMBACH, U.: Handel und Industrie schmieden Prozeßketten - Kundenorientierung mit ECR; in: Office Management (1997) 9, S. 37 - 40

KANO, N.: Attractive Quality and Must-be Quality; in: HINSHITSU: The Journal of Japaneses Society for Quality Control (1984) 4, S. 39 - 48; zitiert in: HINTERHUBER, H.H.; HANDLBAUER, G.; MATZLER, K.: Kundenzufriedenheit durch Kernkompetenzen, Wien 1997, S. 17

KARLÖF, B.: Das Benchmarking Konzept, München 1994

KARMASIN, H.; KARMASIN, M.: Culturall Theory: ein neuer Ansatz für Kommunikation, Marketing und Management, Wien 1997

KLEINALTENKAMP, M.; FLIESS, S.; FRANK, J.: Customer Integration: Von der Kundenorientierung zur Kundenintegration, Wiesbaden 1996

KLEINALTENKAMP, M.; RIEKER, S.A.: Kundenorientierte Organisation; in: KLEINALTENKAMP, M.; PLINKE, W.: Geschäftsbeziehungsmanagement, Berlin 1997, S. 161 - 215

KLEINSORGE, P.: Geschäftsprozesse; in: MASING, W.: Handbuch Qualitätsmanagement, München 1994, S. 49 - 64

KÖHLER, R.: Beiträge zum Marketing-Management, Planung, Organisation, Controlling, Stuttgart 1993

KÖHLER, R.: Target Marketing; in: Die Betriebswirtschaft (1994) 54, S 121 - 123

KOLKS, U.: Strategieimplementierung: Ein anwendungsorientiertes Konzept, Wiesbaden 1990

KOPPELMANN, U.: Beschaffungsmarketing, Berlin 1995

KOPPELMANN, U.: Produktmarketing: Entscheidungsgrundlagen für Produktmanager, Berlin 1997

KOTLER, P.: Marketing Management: Analyse, Planung und Kontrolle, Stuttgart 1982

KOTLER, P.: Marketing Management: Analysis, Planning, Implementation and Control, Englewood Cliffs 1994

KOTLER, P.; ARMSTRONG, G.: Marketing: eine Einführung, Wien 1997

KOTLER, P.; BLIEMEL, F.: Marketing Management: Analyse, Planung, Umsetzung und Steuerung, Stuttgart 1995

KOZIOL, H.; WELSER, R.: Grundriß des bürgerlichen Rechts, Wien 1995

KRAFFT, M.; MARZIAN, S.: Dem Kundenwert auf der Spur; in: Die Absatzwirtschaft (1997) 6, S. 104 - 107

KREMSER, B.: Kurzzeitvermietung am Nutzfahrzeugsektor, Diplomarbeit an der TU-Graz, Graz 1997

KREUTZER, R.: Global - Marketing - Konzeption eines länderübergreifenden Marketing, Wiesbaden 1989; in: BERNDT, R.; ALTOBELLI, C.F.; SANDER, M.: Internationale Marketing-Politik, Berlin 1997, S. 137

KRICSFAUSSY, A.: Vom kurzfristigen Verkaufen zur langfristigen Geschäftsbeziehung; in: Marketing Journal (1996) 4, S. 242 - 248

KROEBER-RIEL, W.: Strategie und Technik der Werbung. Verhaltenswissenschaftliche Ansätze, Stuttgart 1993; in: ROSENSTIEL, L.; KIRSCH, A.: Psychologie der Werbung, Rosenheim 1996, S. 116

KÜHN, R.; FASNACHT, R.: Strategisches Audit im Marketing; in: Thexis (1992) 5, S. 4 - 10; zitiert in: KOTLER, P.; BLIEMEL, F.: Marketing Management: Analyse, Planung, Umsetzung und Steuerung, Stuttgart 1995, S. 1151

KUNDENZUFRIEDENHEIT: Produkte weniger wichtig, Kurzbericht über eine Befragung der Wissenschaftlichen Hochschule für Unternehmungsführung, Lehrstuhl für BWL, Marketing Vallendar; in: io Management Zeitung (1996) 12, S. 10

KUPSCH, P.: Unternehmensziele, Stuttgart 1979

LAKER, R.M.; PETERSDORF, F.: Moderne Informationstechnologie in Marketing und Vertrieb, Fluch oder Chance?; in: Absatzwirtschaft (1997) 6, S. 44 - 47

LANDL, T.: Externe Dienstleistungsmarketingkonzeption und Kundenzufriedenheit im LKH-Univ.Klinikum Graz, Diplomarbeit an der TU-Graz, Graz 1998

LANGE-PROLLIUS, H.: Beziehungsmarketing; in: BELZ, C.: Realisierung des Marketing; zitiert in: BELZ, C.: Geschäftsbeziehungen aufbauen und gestalten, S. 31; in: Beziehungsmarketing - neue Wege zur Kundenbindung, Dokumentation des Workshops, Wissenschaftliche Gesellschaft für Marketing und Unternehmungsführung e.V., Münster 1994, S. 31 - 55

LECHNER, K.; EGGER, A.; SCHAUER, R.: Einführung in die allgemeine Betriebswirtschaftslehre, Wien 1992

LEHNER, J.M.: Implementierung von Strategien: Konzeptionen unter Berücksichtigung von Unsicherheit und Mehrdeutigkeit, Wiesbaden 1996

LEVITT, T.: Die Globalisierung der Märkte; in: Harvard manager, Marketing Band 1, Hamburg (1984) 4; wiederabgedruckt in: Edition Harvard manager, Marketing Band 1, Hamburg 1986, zitiert in: DUDENHÖFFER, F: Baugleiche Autos - gut fürs Markenbild?, S. 116; in: Harvard Business manager (1995) 2, S. 116 - 123

LEVY, A.; MERRY, U.: Organizational Transformation. Approaches, Strategies, Theories, New York 1986

MACDONALD, S.: Wenn zuviel Kundennähe zur Abhängigkeit führt; in: Harvard Business manager (1996) 2, S. 95 - 103

MAGRATH, A. J.: When Marketing Services, 4 P's Are Not Enough, in: Business Horizons (1986) 3, S. 44 - 50

MALORNY, C.: TQM umsetzen: Der Weg zur Business Excellence, Stuttgart 1996

MARTINEK, T.: Die Marken-Macher; in: Trend (1996) 11, S. 112 - 115

MASING, W.: Handbuch Qualitätsmanagement, München 1994

MASLOW, A.H.: A Theory of Human Motivation, Psychological Review, New York 1943

MEFFERT, H.: Einführung in die Problemstellung; in: Beziehungsmarketing - neue Wege zur Kundenbindung, Dokumentation des Workshops, Wissenschaftliche Gesellschaft für Marketing und Unternehmungsführung e.V., Münster 1994, S. 1 - 5

MEFFERT, H.: Markenführung in der Bewährungsprobe; in: Markenartikel (1994) 10, S. 478 - 481

MEFFERT, H.: Marketing Management: Analyse - Strategie - Implementierung, Wiesbaden 1994

MEFFERT, H.: Marketing: Grundlagen marktorientierter Unternehmensführung: Konzepte - Instrumente - Praxisbeispiele, Wiesbaden 1998

MEFFERT, H.: Strategien zur Profilierung von Marken; in: DICHTL, E.; EGGERS, W.: Marke und Markenartikel, München 1992, S. 129 - 156

MEFFERT, H.: Strategische Unternehmungsführung und Marketing, Beiträge zur Marktorientierten Unternehmungspolitik, Wiesbaden 1988

MEFFERT, H.; BIRKELBACH, R.: Customized Marketing; in: Thexis (1992) 1, S. 18 - 19; zitiert in: MEFFERT, H.; BRUHN, M.: Dienstleistungsmarketing, Grundlagen - Konzepte - Methoden, Wiesbaden 1995, S. 189

MEFFERT, H.; BRUHN, M.: Dienstleistungsmarketing, Grundlagen - Konzepte - Methoden, Wiesbaden 1995

MEISTER, M.; MEISTER, U.: Kundenzufriedenheit im Dienstleistungsbereich, München 1996

MEYER, A.: Dienstleistungs-Marketing: Erkenntnisse und praktische Beispiele, Augsburg 1990, S. 13

MEYER, A.: Kommunikationspolitik von Dienstleistungsunternehmen; in: HERMANNS, A.; BERNDT, R.: Handbuch Marketing-Kommunikation, Wiesbaden 1993, S. 895 - 921

MEYER, A.; DORNACH, F.: Das Deutsche Kundenbarometer - Qualität und Zufriedenheit; in: SIMON, H.; HOMBURG, C.: Kundenzufriedenheit: Konzepte - Methoden - Erfahrungen, Wiesbaden 1995, S. 161 - 178

MEYER, A.; TOSTMANN, T.: Die nur erlebbare Markenpersönlichkeit zählt; in: Harvard Business manager (1995) 4, S. 9 - 15

MEYER, P.W.: Die machbare Wirtschaft, Grundlagen des Marketing, Essen 1973

MEYER, P.W.; HERMANNS, A.: Theorie der Wirtschaftswerbung - Ein Beitrag zum Wissenschafts-Praxis-Transfer, Stuttgart 1981

MULTERER, N.: Qualitätscontrolling - Der betriebswirtschaftliche Blickwinkel auf Qualität, unveröffentlichtes Manuskript, Graz 1998

MUNKELT, I.: Allzeit bereiter Service; in: Die Absatzwirtschaft (1997) 10, S. 108

MUNKELT, I.: Neue Erkenntnisse für kreative Prozesse; in: Die Absatzwirtschaft (1997) 3, S. 36 - 41

MUSSLER, D.; MUSSLER, S.: Markenbewertung in der Praxis; eine Zwischenbilanz - Teil 1; in: Marketing Journal (1995) 3, S. 184- 187

NAISBITT, J.: Megatrends 2000, New York 1990

NAISBITT, J.: Megatrends Asia, New York 1997

NAISBITT, J.: Megatrends, Ten New Directions Transforming Our Lives, New York 1982

NIEMAND, S.: Target Costing für industrielle Dienstleistungen, München 1996

NIESCHLAG, R.; DICHTL, E.; HÖRSCHGEN, H.: Marketing, 15. Auflage, Berlin 1988

# LITERATURVERZEICHNIS

NIPPA, M.: Erfolgsfaktoren organisatorischer Veränderungsprozesse in Unternehmen: Ergebnisse einer Expertenbefragung; in: NIPPA, M.; SCHARFENBERG, H.: Implementierungsmanagement: Über die Kunst Reengineeringkonzepte erfolgreich umzusetzen, Wiesbaden 1997, S. 21 - 57

NOMMENSEN, J.: Die Prägnanz von Markenbildern, Heidelberg 1990

OHNO, T.: Das Toyota-Produktionssystem, Frankfurt/Main 1993

PATT, P.J.: Der Handel als Zielgruppe der Industrie - Strukturen und Konzeption im Handel: Internationalisierung im Einzelhandel; in: IRRGANG, W.: Vertikales Marketing im Wandel: aktuelle Strategien und Operationalisierung zwischen Hersteller und Handel, München 1993, S. 81 - 95

PECHTL, W.: Zwischen Organismus und Organisation: Wegweiser und Modelle für Berater und Führungskräfte, Linz, 1989

PETERS, T.J.; WATERMANN, R.H.: Auf der Suche nach Spitzenleistungen, Was man von den bestgeführten US-Unternehmen lernen kann, München 1993

PLÖTTNER, O.: Das Vertrauen des Kunden: Relevanz, Aufbau und Steuerung auf industriellen Märkten, Wiesbaden 1995

PORTER, M.E.: Wettbewerbsstrategien: Methoden zur Analyse von Branchen und Konkurrenten, Frankfurt/Main 1992

PORTER, M.E.: Wettbewerbsvorteile, Spitzenleistungen erreichen und behaupten, Frankfurt 1992

PRAHALAD, C.K.; HAMEL, G.: Strategy As a Field of Study: Why Search For a New Paradigm? in: Strategic Management Journal (1994) 15, S. 6

PRETZEL, J.: Gestaltung der Hersteller-Handel-Beziehung durch Category Management; in: Markenartikel (1996) 1, S. 21 - 25; zitiert in: MEFFERT, H.: Marketing: Grundlagen marktorientierter Unternehmensführung: Konzepte - Instrumente - Praxisbeispiele, Wiesbaden 1998, S. 634

PRUITT, D.G.; CARNEVALE, P.J.: Negotiation in Social Conflict, Buckingham 1993;

QUARTAPELLE, A.Q.; LARSEN, G.: Kundenzufriedenheit: Wie Kundentreue im Dienstleistungsbereich die Rentabilität steigert, Berlin 1996

RAFFÉE, H.: Gegenstand, Methoden und Konzepte der Betriebswirtschaftslehre; in: BAETGE, J. et al. (Hrsg.): Vahlens Kompendium der Betriebswirtschaftslehre, Band 1, München 1984

RAFFÉE, H.: Marktorientierung der BWL zwischen Anspruch und Wirklichkeit; in: Die Unternehmung, (1984) 1 S. 3 - 18

RALPH, B.; FANTAPIE ALTOBELLI, C.; SANDER, M.: Internationale Marketingpolitik, Berlin 1997

RAPP, R.: Kundenzufriedenheit durch Servicequalität: Konzeption - Messung - Umsetzung, Wiesbaden 1995

RASCHE, C. Wettbewerbsvorteile durch Kernkompetenzen: Ein ressourcenorientierter Ansatz, Wiesbaden 1994; in: MEFFERT, H.: Marketing: Grundlagen marktorientierter Unternehmensführung: Konzepte - Instrumente - Praxisbeispiele, Wiesbaden 1998, S. 1004

REICHERT, E.: Kundenbindung im Computergeschäft - Veränderungen und Chancen in einer zunehmend offenen Systemwelt; in: Wissenschaftliche Gesellschaft für Marketing und Unternehmungsführung e.V.; Dokumentation des Workshops Münster 1994, S. 70 - 87

REINHARDT, W.A.: Kundenbindung im Servicebereich eines Automobilherstellers; in: Beziehungsmarketing - neue Wege zur Kundenbindung, Dokumentation des Workshops, Wissenschaftliche Gesellschaft für Marketing und Unternehmungsführung e.V., Münster 1994, S. 64 - 69

REISS, M.: Reengineering: Radikale Revolution oder realistische Reform?; in: HORVÁTH, P.: Kunden und Prozesse im Fokus, Controlling und Reengineering, Stuttgart 1994, S. 12

REISS, M.; BECK, T.: Mass Customization-Geschäfte: Kostengünstige Kundennähe durch zweigleisige Geschäftssegmentierung; in: Thexis (1995) 3; zitiert in: EHRET, M.; GOLGOWSKY, A.: Customer Integration im industriellen Dienstleistungsmanagement

REITER, G.R.: Die Implementierung von Dienstleistungsmarketing, Ein phänomenologisches Prozeßmodell unter besonderer Berücksichtigung des Marketing-Accounting sowie rechtlicher Implikationen, Dissertation an der TU-Graz, Graz 1997

ROBINSON, P.J.; FARIS, C.W.; WIND, Y.: Industrial Buying and Creative Marketing, Boston 1967

ROGERS, E.M.: Diffusion of Innovations, New York 1993

ROSENSTIEL, L.: Grundlagen der Organisationspsychologie, Stuttgart 1992

ROSENSTIEL, L.; KIRSCH, A.: Psychologie der Werbung, Rosenheim 1996

RUDOLF, G.: Soziale Sicherheit in Österreich, Bundespressedienst Bundeskanzleramt, Wien 1994

RÜDRICH, G.: Strategisches Beschaffungsmanagement; in: HIRZEL; LEDER & Partner: Die dynamische Organisation, Wiesbaden 1996

SAATWEBER, J.: Kundenorientierung durch Quality Function Deployment: Systematisches Entwickeln von Produkten und Dienstleistungen, München 1997

SABISCH, H.; TINTELNOT, C.: Integriertes Benchmarking für Produkte und Produktentwicklungsprozesse, Berlin 1997

SCHEUCH, F.: Marketing, 4.Auflage, München 1993

SCHILDKNECHT, R.: Total Quality Management, Frankfurt/Main 1992

SCHIMANOFSKY, W.: Beziehungsmarketing - Erfolgsfaktor in der Kundenorientierung, in: Der Wirtschaftsingenieur (1997) 2, S. 28 - 31

LITERATURVERZEICHNIS

SCHINDLER, R.: Servicestrategie für die schwere Diamanttechnik - Schwerpunkt zentrales Servicecenter, Diplomarbeit an der TU-Graz, Graz 1997

SCHIRM, R.W.: Signale für eine verläßliche Welt; in: DISCH, K.A.: Wundersame Welt der Markenartikel, Hamburg 1982

SCHMÄH, M.; ERDMEIER, P.: Sechs Jahre „Intel inside"; in: Die Absatzwirtschaft (1997) 11, S. 122 - 129

SCHNEIDER, D.: Marketing als Wirtschaftswissenschaft oder Geburt einer Marketingwissenschaft aus dem Geiste des Unternehmungsversagens?; in: Zeitschrift für betriebswirtschaftliche Forschung (1983) 3, S. 197 - 222

SCHÖN, T.: Erfahrungsberichte aus der Unternehmerpraxis; Dienstleistungsbranche: Management von Kundenbindungssystemen; in: Beziehungsmarketing - neue Wege zur Kundenbindung, Dokumentation des Workshops, Wissenschaftliche Gesellschaft für Marketing und Unternehmungsführung e.V., Münster 1994, S. 56 - 63

SCHREYÖGG, C.: Unternehmensstrategie, Berlin 1984

SCHWANER, J.: Integration von Kunden und Lieferanten: Analyse langfristiger Geschäftsbeziehungen auf Businessmärkten, Wiesbaden 1996

SEBASTIAN, K.; HILLEKE, K.: Rückzug ohne Risiko, Absatzwirtschaft 1; Absatzwirtschaft 2

SEIDENSCHWARZ, W.: Target-Costing, München 1993

SENN, C.: Key Account Management für Investitionsgüter: Ein Leitfaden für den erfolgreichen Umgang mit Schlüsselkunden, Wien 1997

SHOSTACK, G.: Planning the Service Encounter; in: CZEPIEL, J.; SOLOMON, M.; SURPRENANT, C.: The Service Encounter, Lexington 1985, S. 243 - 253

SHOSTACK, G.: Service Positioning Through Structural Change; in: Journal of Marketing (1987) 51, S. 134 - 143

SIMON, H.: Preispolitik für industrielle Dienstleistungen; in: SIMON, H.: Industrielle Dienstleistungen, Stuttgart 1993, S. 187 - 218

SIMON, H.; HOMBURG, C.: Kundenzufriedenheit, Konzepte - Methoden - Erfahrungen, Wiesbaden 1995

SOMMERLATTE, T.; WEDEKIND, E.: Leistungsprozesse und Organisationsstruktur; in: LITTLE, A.D.: Management der Hochleistungsorganisation, Wiesbaden 1990, S. 25 - 41; zitiert in: MEFFERT, H.: Marketing: Grundlagen marktorientierter Unternehmensführung: Konzepte - Instrumente - Praxisbeispiele, Wiesbaden 1998, S. 923

SPECHT, U.: Mit Marken Zeichen setzen: Neue Wege zur Dynamisierung von Märkten; in: Die Absatzwirtschaft (1997) 10, S. 10 - 11

SPRENGER, R.: Das Märchen vom König Kunde; in: Trend (1997) 5, S. 94 - 95

STAHL, H.K.: Die Vertrauensorganisation: Wie sie entsteht, welche Vorteile sie schafft, wo ihre Grenzen liegen; in: io Management Zeitschrift (1996) 9, S. 29 - 32

STAUSS, B.: Augenblicke der Wahrheit in der Dienstleistungserstellung - Ihre Relevanz und ihre Messung mit Hilfe der Kontaktpunkt-Analyse; in: BRUHN, M.; STAUSS, B.: Dienstleistungsqualität, Konzepte - Methoden - Erfahrungen, Wiesbaden 1995, S. 345 - 365;

STAUSS, B.: Beschwerdepolitik als Instrument des Dienstleistungsmarketing; in: Jahrbuch der Absatz- und Verbraucherforschung (1989) 1, S. 41 - 62; zitiert in: STAUSS, B.; SEIDEL, W.: Beschwerdemanagement: Fehler vermeiden - Leistung verbessern - Kunden binden, München 1996, S. 27

STAUSS, B.: Internes Marketing; in: DILLER, H.: Vahlens großes Marketing Lexikon, München 1992

STAUSS, B.; SCHULZE, H.S.: Internes Marketing; in: Marketing ZfP (1990) 3, S. 49 - 158

STAUSS, B.; SEIDEL, W.: Beschwerdemangement: Fehler vermeiden - Leistung verbessern - Kunden binden, München 1996

STAUSS, B.; SEIDEL, W.: Prozessuale Zufriedenheitsermittlung und Zufriedenheitsdyamik bei Dienstleistungen; in: SIMON, H.; HOMBURG, C.: Kundenzufriedenheit: Konzepte - Methoden - Erfahrungen, Wiesbaden 1995, S. 179 - 203

STEFFENHAGEN, H.: Wirkung absatzpolitischer Instrumente: Theorie und Messung der Marktreaktionen, Stuttgart 1978

STEGMAIER, P.: Erfolgreiche Kundenbindung: Checklisten, Sofortmaßnahmen, Tips, Praxisbeispiele, Tests und Fragebögen, Kissing 1997

STEINLE, C.: Zur Implementierung partizipativer Führungsmodelle; in: GRUNWALD, E.; LILGE, H.G.: Partizipative Führung - Betriebswirtschaftliche und Sozialpsychologische Aspekte, Stuttgart 1980

SULLIVAN, K.; BOBBE, R.; STRASMORE, M.: Transforming the Salesforce in a Maturing Industrie; in: Management Review (1988) 6, S. 46 - 49

SWOBODA, B.: Wertschöpfungspartner in der Konsumgüterwirtschaft, Ökonomische und ökologische Aspekte des ECR-Managements; in: Wirtschaftswissenschaftliches Studium (1997) 9, S. 449 - 454

TRIBUKAIT, B.: Direktwerbung, Punktgenauer Katalogeinsatz; in: Absatzwirtschaft (1998) 1, S. 36 - 44

TROMMSDORF, V.; BINSACK, M.: Wie Marketinginnovationen durchsetzen; in: Absatzwirtschaft (1997) 11, S. 60 - 65

VEIT, W.: Betriebswirtschaftslehre, Vorlesungsskriptum an der TU Graz, Graz 1995

VEIT, W.: Corporate Identity im Tourismusbereich; in: Der Wirtschaftsingenieur (1990) 1, S. 7 - 9

VISHWANATH, V.; MARK, J.: Premiummarken richtig führen; in: Harvard Business manager (1997) 4, S. 31 - 38

VOLK, H.: Eine Profilierungschance: Besserer Umgang mit Kunden; in: io Management Zeitschrift (1994) 3, S. 19 - 21

WACKMANN, D.B.; SALMON, C.T.; SALMON, C.C.: Developing and Advertising Agency-Client-Relationship; in: Journal of Advertising Research (1986) 4, S. 21 - 28

WAGE, J.L.: Kundenhege - Kundenpflege: Der Baustein zum Verkaufserfolg, Wien 1994

WEBSTER, F.E.: Toward a New Marketing Concept; Vortrag anläßlich der Konferenz der American Marketing Assosiation am 8. August 1993 in Boston; in: MEFFERT, H.: Marketing-Management: Analyse, Strategie, Implementierung, Wiesbaden 1994

WEBSTER, F.E.; WIND, Y.: Organizational Buying Behavior, Englewood Cliffs 1972; in: BACKHAUS, K.: Industriegütermarketing, München 1997, S. 56

WEBSTER, F.E.; WIND, Y.: Organizational Buying Behavior, Englewood Cliffs 1972

WEIBER, R.: Das Management von Geschäftsbeziehungen im Systemgeschäft; in: KLEINALTENKAMP, M.; PLINKE, W: Geschäftsbeziehungsmanagement, Berlin 1997, S. 277 - 348

WEIBER, R.; JACOB, F.: Kundenbezogene Informationsgewinnung; in: KLEINALTENKAMP, M.; PLINKE, W.: Technischer Vertrieb - Grundlagen; Berlin 1995, S. 569

WHITNEY, J.O.: Welche Kunden und welche Produkte behalten - und welche besser nicht?; in: Harvard Business manager (1996) 4, S. 93 - 105

WIEDMANN, K.P.; KREUTZER, R.: Strategische Marketingplanung - Ein Überblick; in: RAFFÉE, H.; WIEDMANN, K.P. (Hrsg.): Strategisches Marketing, Stuttgart 1989, S. 66 - 141

WIMMER, F.: Beschwerdepolitik als Marketinginstrument; in: HANSEN, U.; SCHOENHEIT, I.: Verbraucherabteilungen in privaten und öffentlichen Unternehmungen, Frankfurt 1985, S. 225 - 254

WIPPERMANN, P.: Starke Marken als Inhalt der Medien: Zukunft im Informationszeitalter; in: Die Absatzwirtschaft (1996) 1, S. 36 - 37

WÖHE, G.: Einführung in die allgemeine Betriebswirtschaftslehre, München 1976

WÜNSCHL, D.: Prozeßmanagement und Controlling-relevante Aspekte im Rahmen des Prozeßmanagements, Dissertation an der TU-Graz, Graz 1997

ZAHN, E.; SCHMID, U.: Produktionswirtschaft im Wandel; in: Wirtschaftswissenschaftliches Studium (1997) 9, S. 455 - 460

ZEHETBAUER, R.: Dialogmarketing: Branchenspezifische Presales- und Aftersales-Konzepte; in: Die Absatzwirtschaft (1997) 10, S. 112 - 115

ZINK, K.J.: TQM als integratives Managemnetkonzept: Das Europäische Qualitätsmodell und seine Umsetzung, München 1995

 **Deutscher Universitäts Verlag**
GABLER · VIEWEG · WESTDEUTSCHER VERLAG

Aus unserem Programm

Antje Bastian
Erfolgsfaktoren von Einkaufszentren
Ansätze zur kundengerichteten Profilierung
1999. XVIII, 204 Seiten, 31 Abb., 17 Tab., Broschur DM 89,-/ ÖS 650,-/ SFr 81,-
"Marketing und Innovationsmanagement", hrsg. von Prof. Dr. Martin Benkenstein
GABLER EDITION WISSENSCHAFT
ISBN 3-8244-6972-3
Das Erfolgsfaktorenmodell wird empirisch validiert und liefert Erkenntnisse zur Fundierung unternehmens- und marketingspezifischer Entscheidungen bei der Planung und dem Management von Einkaufszentren.

Jan Becker
Marktorientierte Unternehmensführung
Messung - Determinanten - Erfolgsauswirkungen
1999. XVI, 237 Seiten, 27 Abb., 39 Tab., Broschur DM 98,-/ ÖS 715,-/ SFr 89,-
"Schriftenreihe des Instituts für Marktorientierte Unternehmensführung (IMU)"
GABLER EDITION WISSENSCHAFT
ISBN 3-8244-7009-8
Jan Becker entwickelt auf Basis einer branchenübergreifenden empirischen Untersuchung eine umfassende Konzeptualisierung und Operationalisierung des Konstrukts "Marktorientierte Unternehmensführung".

Martina Botschen
Marketingorientierung und Unternehmenserfolg
Integration austausch- und beziehungstheoretischer Ansätze
1999. XVI, 152 Seiten, 17 Abb., 28 Tab., Broschur DM 84,-/ ÖS 613,-/ SFr 76,-
DUV Wirtschaftswissenschaft
ISBN 3-8244-0432-X
Die Autorin erläutert den Zusammenhang zwischen Marketingorientierung und Unternehmenserfolg und entwickelt ein psychometrisches Messinstrument, das Einstellungen und Intentionen ermittelt.

Helmut Degen
Kundenorientierte Softwareproduktion
1999. XXII, 454 Seiten, 126 Abb., 94 Tab., Br. DM 138,-/ ÖS 1.007,-/ SFr 122,-
DUV Wirtschaftswissenschaft
ISBN 3-8244-0474-5
Helmut Degen entwickelt ein Softwareproduktmodell, bei dem die Ansprüche privater Kunden im Mittelpunkt stehen und Softwareproduktleistungen sowie Produktionsmittel integriert sind.

Deutscher Universitäts Verlag
GABLER · VIEWEG · WESTDEUTSCHER VERLAG

Klaus Erlbeck
Kundenorientierte Unternehmensführung
Kundenzufriedenheit und -loyalität
1999. XVI, 219 Seiten, 50 Abb., Broschur DM 89,-/ ÖS 650,-/ SFr 81,-
DUV Wirtschaftswissenschaft
ISBN 3-8244-0415-X
Der Autor zeigt, daß sich Kundenorientierung nur durch eine ganzheitliche Ausrichtung des Unternehmens auf den Kunden erzielen läßt, und diskutiert, wie die verschiedenen Bereiche kundenbezogen ausgestaltet werden können.

Oliver Jöbstl
Einsatz von Qualitätsinstrumenten und -methoden
Ein Anwendungmodell für Dienstleistungen am Beispiel der Instandhaltung
1999. XVII, 293 Seiten, 98 Abb., 25 Tab., Broschur DM 108,-/ ÖS 788,-/ SFr 96,-
"Techno-ökonomische Forschung und Praxis", hrsg. von Prof. Dr. Ulrich Bauer, Prof. Dr. Hubert Biedermann, Prof. Dr. Josef W. Wohinz
DUV Wirtschaftswissenschaft
ISBN 3-8244-0487-7
Oliver Jöbstl stellt Anwendungsbedingungen, Funktionsweise und Verwendungsprofil sowie Möglichkeiten und Grenzen der wichtigsten Qualitätsinstrumente und -methoden systematisch und einheitlich dar.

Dietrich von der Oelsnitz
Marktorientierter Unternehmenswandel
Managementtheoretische Perspektiven der Marketingimplementierung
1999. XI, 369 Seiten, 30 Abb., Broschur DM 118,-/ ÖS 861,-/ SFr 105,-
"neue betriebswirtschaftliche forschung (nbf)", Band 258
ISBN 3-8244-9013-7
Um eine marktorientierte Führungskonzeption zu entfalten, sind die Strukturen, Prozesse, Systeme und Kulturen in Unternehmen im Gleichklang einer systematischen Reorganisation zu unterwerfen.

Michael J. Waltert
Markt- und Prozessorientierung im industriellen Mittelstand
1999. XIX, 356 Seiten, 39 Abb., 9 Tab., Broschur DM 118,-/ ÖS 861,-/ SFr 105,-
GABLER EDITION WISSENSCHAFT
ISBN 3-8244-6913-8
M. J. Waltert untersucht Möglichkeiten und Grenzen der Markt- und Prozessorientierung im industriellen Mittelstand und entwirft ein Strategiemodell, das sich an den Bedürfnissen der Zielgruppe orientiert.

**Deutscher Universitäts-Verlag
Abraham-Lincoln-Straße 46
65189 Wiesbaden**

Wanted:
A team of
Leaders

The future is here at A.T. Kearney

In sports, in business – and in life – great success is rarely achieved alone. The strongest teams blend individual strengths to gain collective achievement. At A.T. Kearney teamwork is a value we share worldwide, in our relationships with our clients and with each other. It's the way we've become the fastest growing high value-added management consulting firm in the world.

Wenn Sie bereit sind für diese Herausforderung und in einer der unten aufgeführten Niederlassungen mitarbeiten möchten, sprechen Sie uns an oder besuchen Sie unsere Website unter http://www.atkearney.com

Dr. Robert Kremlicka
Vice President
A.T. Kearney Ges.m.b.H
Trattnerhof 1
1010 Wien
Tel. +43 1 53 667
e-mail: office_vienna@atkearney.com

ATKEARNEY

69 Büros weltweit, in Zentraleuropa u.a.: BERLIN • BUDAPEST • DÜSSELDORF • FRANKFURT • MOSKAU
MÜNCHEN • PRAG • STUTTGART • WARSCHAU • WIEN • ZÜRICH

Printed in Poland
by Amazon Fulfillment
Poland Sp. z o.o., Wrocław